Manfred Geier

Die Liebe
der Philosophen

Von Sokrates bis Foucault

ROWOHLT

Originalausgabe
Veröffentlicht im Rowohlt Verlag, Hamburg, August 2020
Copyright © 2020 by Rowohlt Verlag GmbH, Hamburg
Lektorat Uwe Naumann
Satz aus der Questa, InDesign,
bei Pinkuin Satz und Datentechnik, Berlin
Druck und Bindung CPI books GmbH, Leck, Germany
ISBN 978-3-498-02543-4

Die Rowohlt Verlage haben sich zu einer nachhaltigen Buchproduktion
verpflichtet. Gemeinsam mit unseren Partnern und Lieferanten setzen
wir uns für eine klimaneutrale Buchproduktion ein, die den Erwerb von
Klimazertifikaten zur Kompensation des CO_2-Ausstoßes einschließt.
www.klimaneutralerverlag.de

MIX
Papier aus verantwor-
tungsvollen Quellen
FSC® C083411
FSC
www.fsc.org

INHALT

Hinter einem Feigenblatt

Ein Vorwort

«*Die wahre philosophische Haltung ist nie die eines
logischen Tyrannen, der durch sein Anstarren das Leben
verängstigt. Sondern es ist Platons Eros. Aber der hat noch
eine viel lebendigere Funktion als bei Platon.*»[1]

MARTIN HEIDEGGER

L iebe ist ein altehrwürdiges Thema der Philosophie. Seit den
Anfängen des philosophischen Denkens in der griechischen
Antike spielt sie eine wichtige Rolle, wenn es um die Beantwortung der
Frage geht: Was ist der Mensch? Denn es war zwar schon allgemein
bekannt, dass er nicht nur ein arbeitendes, denkendes und sprechen-
des Tier war, sondern auch ein zur Liebe fähiges Wesen. Doch es galt,
dieses Bekannte ins Erkannte zu überführen, sodass auch die Frage
gestellt werden musste: Was ist das Wesen der Liebe? Auf einem amüsanten und unterhaltsamen Gastmahl und Trinkgelage *(symposion)*,
das in Athen im Frühjahr 416 v. Chr. im Hause des Tragödiendichters
Agathon stattfand, diente sie zum Anlass einer geistreichen Unterhaltung, an der mehrere Freunde teilnahmen. Am Anfang fühlten sich
die meisten von ihnen ziemlich unwohl, weil sie tags zuvor zu viel
Wein getrunken hatten. Deshalb wollten sie sich an diesem Abend
keinen Rausch ansaufen, sondern nur nach Lust und Laune trinken
und ihr Treffen durch kluge Gespräche gestalten.[2] Dazu sollte ihnen
der *Eros* genügend Gesprächsstoff bieten können.

Auf ihren Liegen machten sie es sich bequem und brachten zunächst, wie es üblich war, Dionysos, dem Gott des Weins, ein Trankopfer dar. Dann hielt reihum jeder von ihnen eine schöne Rede. Aus unterschiedlichen Perspektiven versuchten sie die Eigenart des Eros zu erhellen. Zunächst erinnerte der junge Phaidros, ein ausgezeichneter Kenner der kulturellen Tradition, an die überlieferten Mythen, die ihn als den ältesten aller Götter eingeführt hatten; für den Sophisten Pausanias, einen Experten des Wissens, war der Gott der Liebe mehr der Seele als dem Leib, dem männlichen mehr als dem weiblichen Geschlecht zugeneigt, wobei auch der Liebe zu jugendlichen Männern ein himmlischer Wert zukomme; dagegen verwies der aufgeklärte Arzt Eryximachos darauf, dass Eros als Grundkraft auf alles Seiende einwirke, von der Natur des Leibes, wie es die Heilkunde zeige, bis hin zur Kunst der religiösen Mantik, die den Gegensatz von Göttlichem und Menschlichem aufzuheben helfe; für den komödiantischen Dichter Aristophanes soll Eros für das Zerschneiden der ursprünglich jeweils eins gewesenen Doppelwesen – Mann-Mann, Frau-Frau, Mann-Frau – verantwortlich gewesen sein, sodass es zu schwulen, lesbischen und heterosexuellen Wiedervereinigungsbestrebungen kommen musste; dagegen beschwor der Tragödiendichter Agathon die souveräne Humanität dieses jüngsten, schönsten, besten und glücklichsten aller Götter, der die Menschen von der Fremdheit befreit und mit Vertrautheit erfüllt habe, «indem er bewirkt, dass alle Zusammenkünfte in Liebe miteinander stattfinden»[3].

Schließlich war Sokrates an der Reihe. Anders als alle seine Vorredner gab er sich äußerst bescheiden. Er war weder Wissenschaftler, der zu wissen beanspruchte, was tatsächlich der Fall war, noch Dichter, der seine phantasievollen Geschichten als denkbare Möglichkeiten ins Spiel brachte. Seine Rede war die Stunde der Philo-sophie. Denn er gab sich nicht als Wissender, als Sophist aus, sondern stellte sich zunächst als ein Unwissender dar, der sich seines Nichtwissens bewusst war, sich mit ihm jedoch nicht zufriedengeben wollte und deshalb nach Wissen strebte. Er war auch kein Weiser, der die göttliche Weisheit (sophía) besaß, sondern nur ein nachdenklicher

Mensch, der sie liebte und begehrte. Diese Liebe *(philia)* erhob keinen Besitzanspruch. Sie war auch kein statischer Zustand, sondern blieb in Bewegung. Sie war ein Verlangen, ein Streben, ein Begehren – und gerade deshalb in der besonderen Lage, das dynamische Wesen des Eros verstehen zu können.

Es war ein geschickter, vielleicht auch ironischer Schachzug, dass Sokrates seine Rede auf den Eros nicht selbst autorisierte und für sich beanspruchte, sondern einer weisen Frau in den Mund legte, die ihn in Liebesdingen *(erotika)* unterwiesen haben soll. Er blieb also in der Rolle des *Philó-sophos*, der liebte, was ihm die Priesterin und Seherin Diotima von Mantinea gesagt hatte und er nun auch seinen Freunden über das eigentliche Wesen des Eros mitteilen wollte. Und er konnte es, weil es ihm so ähnlich war und er sich in der Rede der Diotima selbst wiedererkannt hatte. Denn auch Eros, dieser Streber zum Schönen und Guten, konnte ja, wie Diotima zeigte, kein Gott sein, der als solcher vollkommen gut und schön sein musste. «Was wäre also Eros?», fragte Sokrates, «etwa sterblich?» – «Keineswegs.» – «Aber was denn?» – «Wie vorher gezeigt», sagte sie, «etwas zwischen einem Sterblichen und einem Unsterblichen.» – «Was also, Diotima?» – «Ein großer Dämon, Sokrates, denn alles Dämonische steht zwischen Gott und den Sterblichen.»[4]

Als Philosoph stellte Sokrates den Eros als *daímon* vor. Er hielt ihn jedoch für keine unheimliche, bedrohliche Macht des Schicksals, der man unentrinnbar ausgeliefert sei. Er dachte ihn als eine übermenschliche Kraft, die zwischen Göttern und Menschen vermittelnd wirke; und zugleich als eine philosophierende Zwischenexistenz, die zwischen dem endgültigen Wissen der Götter und der unaufhebbaren Unwissenheit der Menschen stehe. Damit war zum ersten Mal der *Eros philósophos* zur Sprache gebracht worden, wobei Platon seinen Lehrer Sokrates als Personifikation dieser dämonisch-philosophischen Energie auftreten ließ.[5]

Das war die Ursprungsszene einer langen Geschichte, in der immer wieder auch über die sokratischen Liebesdinge *(erotika)* nachgedacht und gestritten wurde. Begriffsklärungen führten zu nachhaltigen Differenzierungen. Schon früh wurde zwischen dem aufstrebenden *Eros*, der freundschaftlichen *Philia* und der göttlichen *Agape* unterschieden.[6] Von der Antike bis in die Gegenwart, von Platon bis Hannah Arendt, von Aristoteles bis Martha C. Nussbaum wurde über die Liebe philosophiert, die sich in einer Vielfalt von Formen und Normen zu erkennen gibt: als Weltzugang und soziale Beziehung, als Tugend und Gabe, als Weg zu Gott, sinnlicher Genuss und sexuelle Ekstase. Es gibt zahlreiche Philosophien der Liebe. Der Begriff «Liebe» wurde untersucht und reflektiert, bis hin zu einer analytischen Philosophie der Liebe; und die Geschichte dieses Begriffs wurde zu einem Lieblingsthema von Philosophiehistorikern.[7]

Doch niemand schien sich für das Liebes- und Sexualleben der Philosophen zu interessieren. Was geschah wirklich, wenn Philosophen liebten, von den anfänglichen Spielen der Verführung bis zum Höhepunkt der sexuellen Lust? Nicht zufällig war es Sigmund Freud, der auf den Nachteil hinwies, den die Verwendung des mythopoetischen «Eros» mit sich bringt, der die sexuellen Lebenstriebe zu verdecken droht. Denn er selbst hatte den Widerstand oder die Abwehr erfahren müssen, als er Phänomene der Liebe und den Ablauf seelischer Vorgänge aus dem Lustprinzip ableiten wollte, statt sie einem zum Guten und Schönen strebenden Eros zuzuschreiben. «Wer die Sexualität für etwas die menschliche Natur Beschämendes und Erniedrigendes hält, dem steht es ja frei, sich der vornehmeren Ausdrücke Eros und Erotik zu bedienen. Ich hätte es auch selbst von Anfang an so tun können und hätte mir dadurch Widerspruch erspart. Aber ich mochte es nicht, denn ich vermeide gern Konzessionen an die Schwachmütigkeit. Man kann nicht wissen, wohin man auf diesem Wege gerät; man gibt zuerst in Worten nach und dann allmählich auch in der Sache.»[8]

Ich kenne keine größere Darstellung oder Untersuchung der libidinösen Erfahrungen von Philosophen. Ihr Werk blieb von ihrer sexuellen Energie abgetrennt, als seien Philosophen noch immer gespalten in Denken und Lieben, Geist und Körper, Sinn und Sinnlichkeit, wobei nur der eine Teil die Aufmerksamkeit auf sich ziehen könne. Die tatsächlichen Liebesgeschichten blieben ausgespart. Wurden

HINTER EINEM FEIGENBLATT

sie einfach als bedeutungslos übersehen? Oder wurden sie verdrängt und verworfen, weil sie ein heißes oder schmuddeliges Thema sind, von dem man in Philosophenkreisen lieber die Finger ließ oder das man, wie nach dem biblischen Sündenfall im Paradies, schamhaft mit einem Feigenblatt verdeckte? Jedenfalls sieht es oft so aus, als seien Philosophen geschlechtslose Wesen, sodass man bereits lachen kann, wenn Fred Astaire in dem amerikanischen Filmmusical *Funny Face* seine Filmpartnerin Audrey Hepburn darüber informiert: «Jeder Mensch möchte geküsst werden – selbst ein Philosoph.»[9] Der «sinnliche Philosoph»[10] ist eine Sonderexistenz, der «impotente Philosoph» eine Lachnummer: «Die Geburt der Philosophie aus dem Geiste des Eros: So hat man(n)'s gern! Doch das sind alles verschämte Ausreden. Das Denken ist unfruchtbar. Man zieht sich zum Denken zurück ... Liebe zur Wahrheit, Liebe zur Weisheit (welch ein Wahnsinn!). Liebe der schönen Seelen. Aber vom Lieben ist noch niemand schwanger geworden. Man bedient sich auch hier eines Tricks: Man sagt ‹Liebe›, meint in Wahrheit aber etwas, bei dem man sich hinterher nicht die Hände waschen muss. Der feine Unterschied zwischen ‹lieben› und ‹Liebe machen›.»[11]

So bleibt also nur die *philosophische Hintertreppe*, über die man in den Alltag und das Denken der Philosophen hinaufsteigen kann, um ihnen in ihrem Lebens- und Liebesraum so zu begegnen, wie sie als Menschen wirklich sind: «mit ihren Menschlichkeiten und zugleich mit ihren großartigen und ein wenig rührenden Versuchen, über das bloß Menschliche hinauszugelangen»[12]. Aber dieser Aufgang zur Philosophie könnte sich ja auch als ein Königsweg erweisen, wie ihn die Psychoanalyse an der Wende zum 20. Jahrhundert gefunden hat, um das menschliche Subjekt über sein libidinöses Begehren und seine sexuellen Impulse aufzuklären, die es zu verkennen droht. Allerdings kann es nicht darum gehen, die «großartigen Werke» der Philosophen nur als manifesten Ausdruck ihrer latenten Triebstruktur zu analysieren. Schließlich sind Philosophen in der Regel keine Hysteriker, die man von ihren unbewussten Antriebskräften befreien müsste. Als Richtlinie, um einen Zugang zum Leben und Werk, zum Lieben und

Denken der Philosophen zu finden, soll stattdessen die Empfehlung des Philosophen und Kulturhistorikers Michel Foucault dienen, der sich nicht nur auf die Geschichte der Sexualität seit Sokrates konzentriert hat, sondern auch die eigene Sexualität als Zugang zu einem schöpferischen Leben zu gestalten versuchte: «Das private Leben eines Individuums, seine sexuellen Vorlieben und sein Werk sind untereinander verbunden, nicht weil das Werk das Sexualleben ausdrückt, sondern weil es das Leben ebenso wie auch den Text umfasst. Das Werk ist mehr als das Werk: Das Subjekt, das schreibt, ist Teil des Werkes.»[13] Und sein Sexual- und Liebesleben ist mehr als das Leben in seiner bloßen Faktizität, wenn es dem philosophischen Eros folgt und von seiner geistigen Energie zehrt.

Am Ende einer Doppelbiographie über die beiden Philosophen Ludwig Wittgenstein und Martin Heidegger, in der auch ihr Liebesleben zur Sprache kam, habe ich mich selbst ermahnt mit dem Hinweis: «Der Schutz der Privatsphäre, in der mündige Individuen ihr Recht auf sexuelle Aktivitäten in Anspruch nehmen können, ist nicht nur durch Menschenrechtserklärungen und grundgesetzliche Regelungen garantiert. Auch die Arbeit des Biographen sollte auf diese Schutzpflicht Rücksicht nehmen und nicht leichtfertig einen voyeuristischen Blick in die Privatsphäre libidinöser Vorlieben und sexueller Handlungen werfen. Legitimiert werden kann die Erhellung des Liebeslebens nur, wenn sie aufzeigen kann, dass dabei charakterliche Eigenarten mitspielen, die mit dem Denken und der Weltsicht der Akteure wesentlich zusammenhängen.»[14] An diese Maxime habe ich mich auch in diesen sexual-biographischen Untersuchungen zu halten versucht. Denn bei all den Philosophen, die hier auftreten, bestand eine äußerst angespannte Beziehung zwischen leidenschaftlichem Philosophieren und erotischem Begehren, die oft auch schwer zu bewältigende Probleme mit sich brachte. Einige von ihnen zogen sich in ein zölibatäres oder keusches Leben zurück, weil sie keine andere Lösung finden konnten. Oder sie steigerten ihre Lust in Ausnahmezustände, die sie ins Gefängnis brachten oder mit dem Tode bedrohten.

Es ist ein breites Spektrum erotischer Erfahrungen, das zur Sprache kommen soll. Es zeigt, dass es *die* Liebe oder *den* Eros nicht als eines gibt, das den verschiedenen Weisen zu lieben gemeinsam ist. Das gleiche Wort bezeichnet vielfältige Erscheinungen, die in verschiedenen Weisen verwandt sind, wie jene «Familienähnlichkeiten», von denen Ludwig Wittgenstein gesprochen hat: «Wir sehen ein kompliziertes Netz von Ähnlichkeiten, die einander übergreifen und kreuzen. Ähnlichkeiten im Großen wie im Kleinen.»[15] Es charakterisiert die Philosophen, dass sie sich dessen bewusst sind. Denn sie nehmen ihre Schriften untereinander zur Kenntnis und verknüpfen sie zu einem intertextuellen Netzwerk, das den «*daimon*» des Sokrates mit dem dämonischen Eros von Søren Kierkegaard und mit Martin Heideggers Dämonischem verbindet, die sexualpathologischen *Confessiones* des Augustinus mit den *Bekenntnissen* Jean-Jacques Rousseaus und den *Geständnissen des Fleisches*, die Michel Foucault nachgezeichnet hat. Wittgenstein hat sich auf Augustinus und Søren Kierkegaard bezogen, Wilhelm von Humboldt auf Immanuel Kant, Foucault auf den Marquis de Sade.

Der Liebesbegriff, der uns als Leitfaden dienen soll, hat nur einen «graduellen Charakter», wie ihn Niklas Luhmann in seiner systemtheoretischen Analyse der *Liebe als Passion* entwickelt hat. «Er geht davon aus, daß nie die Gesamtheit dessen, was konkret einen Einzelmenschen, seine Erinnerungen, seine Einstellungen ausmacht, für einen anderen zugänglich sein kann.»[16] Es gibt nur ein mehr oder weniger dessen, was man vom anderen Menschen wahrnehmen, beachten, verstehen oder wissen kann. Das mag erhellen, warum in den folgenden Untersuchungen nur von Philosophen die Rede ist. Denn nicht zu übersehen ist ja jene Ähnlichkeit, die sie als Männer charakterisiert. Ich habe sie ausgewählt, weil mir ihre Praktiken und Phantasien vertrauter waren als die Art und Weise, wie Philosophinnen begehren. Deren Erkundung soll Philosophiehistorikerinnen überlassen bleiben, denen die weibliche Erotik leichter oder besser zugänglich ist.

Dass mehrmals von «Lustprinzip»[17] und «Triebschicksalen» die

Rede ist, soll zwar an das sexualtheoretische Abenteuer erinnern, auf das sich Sigmund Freud einließ, als er der oralen, analen und genitalen Befriedigung, der Libido, der Lust und dem Lust-Ich, den Trieben und ihren Quellen, ihren Regungen und Zielen auf der Spur war. Aber diese Begriffe werden nicht als psychoanalytische Termini technici eingesetzt, die bei Freud in einer ökonomischen Theorie von gesteigerten und verminderten Erregungsquantitäten ihren Platz haben. «Lustprinzip» wird hier im umgangssprachlichen Gebrauchssinn verwendet, um auf das praktische Liebesleben, wie es wirklich der Fall war, hinzuweisen. Und «Triebschicksale» halten daran fest, dass dabei sexuelle Antriebskräfte wie Schicksalsmächte zu wirken scheinen. Dass *das philosophische Lustprinzip* im Mittelpunkt der Aufmerksamkeit steht, mag auf den ersten Blick unpassend erscheinen. Es soll das weitverbreitete Vorurteil herausfordern, dass es sich dabei nur um ein Oxymoron handeln könne, weil die beiden Begriffe einander zu widersprechen scheinen, wie im Fall des «schwarzen Schimmels» oder «hölzernen Eisens». Die Liebhaber des Geistes sollen keine sinnliche Lust empfinden, ihre erotische Begierde passe nicht mit ihrer Berufung zur Philosophie zusammen.

Die Liebe der Philosophen erinnert daran, dass Sokrates, der Prototyp der europäischen Liebe zur Weisheit, sich auch praktisch auf die Erotika verstand; dass der heilige Augustinus, vor seiner Bekehrung, der fleischlichen Begierlichkeit *(concupiscentia carnis)* verfallen war; dass der Marquis de Sade die tierische Geilheit als Naturgabe feierte und in ausschweifender Libertinage zu praktizieren strebte; dass Wilhelm von Humboldt, der die Ideen liebte, zugleich ein Mann der groben Sinnlichkeit war, ohne die er nichts Großes schaffen zu können glaubte; dass Martin Heidegger nicht nur nach dem Sein strebte, sondern auch vom dämonischen Eros ergriffen war, den er nicht platonisch vergeistigen, sondern in seiner «viel lebendigeren Funktion» lustvoll genießen wollte; dass Michel Foucault sein Glück nur in den Lüsten des Körpers zu finden hoffte. Und auch die Philosophen, die sich gegen die sexuelle Wollust zur Wehr setzen wollten, waren sich ihrer verführerischen Stärke bewusst, die sie durch permanente Reflexion oder einen reinen guten Willen abschwächen oder außer Kraft setzen wollten.

Der Verlauf des Liebeslebens der elf ausgewählten Philosophen ist chronologisch. Er umfasst genau 2400 Jahre. Er beginnt mit dem heiteren Trinkgelage im Frühjahr 416 v. Chr. Er beginnt mit dem heiteren Trinkgelage im Frühjahr 416 v. Chr., bei dem Sokrates seine Rede auf den dämonischen *Eros philósophos* hielt, und endet am 25. Juni 1984, um 13:15 Uhr, in einem Pariser Krankenhauszimmer, in dem Michel Foucault, der kritische Historiker der Sexualität und glückliche Philosoph des körperlichen Lustprinzips[18], vermutlich an Aids gestorben ist.

Hamburg, 6. April 2020

ERSTES KAPITEL

Nichts anderes behaupte ich zu verstehen als die Liebesdinge

Sokrates, der wahrhafte Erotiker,
und seine Spiele mit der Liebe

*«Erotiker ist er gewiß in höchstem Maße gewesen, die
Schwärmerei der Erkenntnis besaß er nach einem
außerordentlichen Maßstabe, kurz gesagt, er besaß alle
verführerischen Gaben des Geistes; jedoch mitteilen,
erfüllen, bereichern, das vermochte er nicht.»*[1]

SØREN KIERKEGAARD

Schön war er nicht. Er entsprach ganz und gar nicht dem klassischen griechischen Ideal männlicher Schönheit. Skulpturen und Beschreibungen zeigen Sokrates als einen Mann, dessen Körper weder anmutig noch athletisch war. Er war gedrungen, mit einem fülligen Bauch, «der größer als nötig ist»[2], und mit einem Kopf, der ihn mit den Silenen aus den griechischen Satyrspielen vergleichen ließ, jenen hässlichen tierisch-menschlichen Doppelwesen mit Pferdeohren, Schwänzen und Hufen, die ständig Unfug trieben und taumelnd-begeistert dem Gott Dionysos nachfolgten. Er hatte einen runden, kahlen Schädel, seine vorstehenden Augen neigten zu stieren, seine breiten Backenknochen ließen die Kopfform klobig erscheinen, seine platte Stupsnase, die im Krieg deformiert worden war, ließ in große Nasenlöcher hineinsehen, und seine Lippen reizten durch ihre wulstige Sinnlichkeit.

Aber in diesem auffällig und anstößig wirkenden hässlichen Mann soll sich ein schöner Geist befunden haben, der seinen animalischen Ausdruck durch eine gleichsam göttliche Kraft beseelte oder aufhob. Deshalb konnte ihn Alkibiades, sein Freund und Kampfgefährte, mit jenen Silenen-Statuen in den Werkstätten der Bildhauer vergleichen, die wie Schachteln aufklappbar waren und in deren Innerem Götterstatuen zu sehen waren. Golden strahlte aus ihm seine innere Weisheit und Besonnenheit, und auch seine Reden sollen «jenen aufzuschließenden Silenen äußerst ähnlich»[3] gewesen sein: äußerlich oft frech, unangenehm provokant oder scheinbar trivial erscheinend, aber von einer tiefen Weisheit erfüllt, wenn man ihren wahren Sinn zu verstehen gelernt hatte.

Denn wie sein hässlicher Körper war auch sein Diskussionsstil nicht schön, weder rhetorisch ausgefeilt noch kommunikativ angenehm. Er war kein freundlicher, guter Gesprächspartner, sondern provozierte gern mit penetranten Fragen, mit denen er verletzen konnte wie ein «Zitterrochen»[4], der schmerzhafte elektrische Schläge versetzt. Er selbst verglich sich mit einer Bremse, die ein Pferd sticht.[5] Es schien ihm Spaß zu machen, den Mitbürgern seine Widerlegungskunst zu demonstrieren und ihnen nachzuweisen, dass sie in der Regel nicht wussten, was sie zu wissen glaubten. Er entlarvte ihr Scheinwissen. Wie in einem unangenehmen Verhör zog er allgemein anerkannte Meinungen vor den Richterstuhl der Philosophie. Das betraf vor allem das scheinbare Wissen vom Guten, dessen wahres Wesen den meisten Menschen unbekannt sein sollte. Kein Wunder, dass er vielen seiner Zeitgenossen mit seinen Untersuchungsmethoden gehörig auf die Nerven ging und schließlich für seinen provozierenden Eigensinn zum Tode verurteilt wurde.

So wurde 399 v. Chr., als Sokrates 70 Jahre alt war, politisch durchgesetzt, was der Dichter Aristophanes, der Sokrates schon als junger Mann kennengelernt hatte, bereits vierundzwanzig Jahre früher in seiner scheinbar amüsanten, witzigen Komödie *Die Wolken* vorausgedichtet hatte. Das Lachen sollte den Zuschauern im Halse stecken bleiben angesichts der Brutalität, mit der am Ende des Lustspiels

Sokrates und seine Schüler elend in ihrem einstürzenden und brennenden Haus zugrunde gingen, das von ihren Gegnern zerstört und in Brand gesetzt worden war. Sie waren zu Hassobjekten geworden, «aus tausend Gründen, vor allem, weil sie unsre Götter schmähten»[6]. Denn statt die mythisch beglaubigten Götter Griechenlands zu verehren, wie es im Stadtstaat Athen üblich war, hatten sie die am Himmel dahinziehenden Wolken zu ihren Götterwesen erklärt, «die Verstand, Debattierkunst und Urteilskraft uns Erwählten gnädig gewähren, auch Tricks und pfiffige Ausflücht', dazu Effekte und plumpes Düpieren»[7]. Sokrates wusste Dinge und Argumente so geschickt und raffiniert umzudrehen, dass das Wissen seiner Gesprächspartner, die sich durch seine dialektischen Sprachspiele übertölpeln ließen, als Nichtwissen erkennbar wurde.

Äußerlich also widersprach Sokrates dem altgriechischen Ideal des Schön-Guten *(kalòn-kagatón)* sowohl mit seiner körperlichen Gestalt als auch mit seiner verletzenden Redekunst, mit der er seine Mitbürger bloßstellte. Nur wer ihm als Schüler oder Weggefährte zu folgen bereit war, konnte die geistige Schönheit und wahre Güte erkennen, über die er innerlich verfügte. Wie sich im skurrilen Fabelwesen eines hässlichen Silen ein Gott verbergen konnte, so begannen sich in seiner Person Schein und Sein zu trennen und wechselseitig herauszufordern. Das aber konnte nur gelingen, wenn Sokrates über Mittel verfügte, mit denen er die Menschen, die er philosophisch auf den rechten Weg zu bringen versuchte, verführen und «bezaubern»[8] konnte. Er musste eine «erotische» Fähigkeit entwickeln, um in seiner hässlich-unangenehmen Erscheinung das Schön-Gute offenbaren zu können. Wer das Göttliche in ihm erkennen wollte, musste ihn lieben lernen und dem großen Dämon «Eros» folgen, den Sokrates in seiner Person verkörperte. Deshalb inszenierte er sich als Erotiker und behauptete selbstbewusst von sich, dass er «nichts anderes verstehe als die Liebesdinge *(erotika)*»[9]. Dabei war ihm nicht nur bekannt, was allgemein als Liebe praktiziert und begriffen wurde. Dass er die Erotika «verstand», das hieß für ihn: Er selbst wusste sie verführerisch einzusetzen, um sein Ziel zu erreichen. Er wollte als der Mensch und

Philosoph geliebt werden, der er wirklich war, verborgen hinter den Masken einer hässlichen Gestalt und einer verletzenden kommunikativen Kompetenz. Der Einsatz von Liebesmitteln war für Sokrates eine konzeptionelle Kunstaktion, auf die sich zu verstehen er vorgab. Vielleicht erklärt das seine Weigerung, seine Lehre schriftlich mitzuteilen, sodass es von ihm keine einzige schriftliche Überlieferung gibt. Und es könnte auch die scheinbar uneinheitliche Komposition seines erotisch-philosophischen Gesprächs mit Phaidros verstehen lassen, das wegen seiner inhaltlichen und stilistischen Brüche die Leser und Kommentatoren irritiert hat. Denn während im Ersten Hauptteil des *Phaidros* um das Wesen der Liebe gestritten wurde, die Sokrates als oberste und edelste Form eines Wahnsinns pries, der auf das überirdische Ideenreich des Schönen hinweise, widmete sich der Zweite Hauptteil einer Kritik der Kommunikationsformen, wie die Liebe zur Sprache gebracht werden kann. Sokrates vertraute auf die Kraft der mündlichen Rede; denn nur sie sei wirklich lebendig und könne die Liebe als Lebensform zum Ausdruck bringen. Er wollte dabei sein, wenn man sich mit ihm auf den Eros des Philosophierens einließ. Dagegen richte sich eine stumme Rede, von ihrem Autor niedergeschrieben und allein gelassen, nicht an anwesende Gesprächspartner, um sie philosophisch verführen zu können, sondern «schweift gleichermaßen unter denen umher, die sie verstehen, und unter denen, für die sie nicht gehört, und versteht nicht, zu wem sie reden soll und zu wem nicht»[10]. Sokrates jedenfalls wollte als Mensch wahrgenommen, gehört und geliebt werden. Deshalb setzte er seine sprach-gedanklichen Praktiken als Erotika ein, die als tote Schriftzeichen ihre Wirkung verspielt hätten.

Hat Sokrates erreicht, was er begehrte? Wie stand es wirklich mit seinem Liebesleben? Sein philosophischer Anspruch muss unsere Aufmerksamkeit auf das lenken, was durch den sokratischen «*eros philósophos*» tatsächlich zum Fall wurde, auch wenn es schwer ist, den echten, historischen Sokrates[11] unter den vielen poetischen oder fiktionalen Geschichten freizulegen, die über ihn von Anfang an im

Umlauf waren. Wir werden uns dabei vor allem auf seine Ehe, seine außerehelichen Beziehungen und seine Männerfreundschaften konzentrieren.

Xanthippe, die Frau des Sokrates

Schön war er jedenfalls nicht. Aber er verfügte über einen geistreichen Witz, womit er auch seinem hässlichen Aussehen eine schöne Seite abzugewinnen wusste. Er hat es in einer amüsanten Szene demonstriert, in der er sich auf einen Schönheitswettbewerb mit dem jungen Kritobulos einließ, dessen Aussehen bei allen Anwesenden eines Gastmahls und Trinkgelages *(symposion)*, das Xenophon geschildert hat, eine begehrliche Sehnsucht provozierte. Mit seinem leichten Haarwuchs an den Wangen war Kritobulos noch in einem Alter, das den Griechen als körperlich besonders reizvoll galt. Auch ohne Worte konnte dieser Jüngling Menschen dazu verführen, ihn zu küssen und lieb zu haben. Was sollte der alte vollbärtige Silen Sokrates dagegensetzen? Nichts anderes als seine Gesprächstechnik, mit der er Kritobulos scherzhaft in die Falle lockte. Denn nachdem dieser auf seine Schönheit so stolze Junge die sokratische Frage, ob denn auch viele andere Tiere oder Dinge, wie Rinder, Pferde, Schilder oder Speere, schön sein können, insofern sie für ihre Aufgaben zweckvoll und kunstgerecht angefertigt worden seien, unvorsichtigerweise bejaht hatte, konnte Sokrates all das für sich ins Feld führen, was ihn physiognomisch auszeichnete.

«Weißt du», fragte Sokrates, «wozu wir die Augen brauchen?» – «Natürlich zum Sehen», antwortete Kritobulos. – «Dann wären bereits meine Augen schöner als deine.» – «Wieso?» – «Weil deine nur geradeaus, meine dagegen durch ihr Hervortreten auch seitwärts sehen.» – «Willst du behaupten», fragte Kritobulos, «daß der Krebs von allen Lebewesen die schönsten Augen hat?» – «Unbedingt!» sagte Sokrates. «Denn er hat Augen, die auch an Schärfe unübertrefflich sind.» – «Nun gut», meinte Kritobulos. «Aber die Nasen? Welche ist schöner, deine oder meine?» – «Ich glaube», antwortete Sokrates, «die meine – zumindest wenn uns die Götter die Nasen zum Riechen gemacht haben. Deine Nasenlöcher schauen nämlich zur Erde, während meine weit offen stehen, so daß sie die Düfte von allen Seiten aufnehmen können.» – «Wie sollte aber an einer Nase das Platte schöner sein als das Gerade?» – «Weil es», sagte Sokrates, «den Blicken nicht im Wege steht, sondern sie ungehindert sehen läßt, was sie wollen. Dagegen steht eine hohe Nase wie eine Mauer, als ständiges Ärgernis zwischen den Augen.» – «Was den Mund angeht», meinte Kritobulos, «gebe ich mich ohnehin geschlagen. Denn wenn er zum Abbeißen gemacht ist, beißt du wohl viel mehr ab als ich. Und glaubst du nicht, daß auch dein Kuß dank deiner dicken Lippen weicher ist?»[12]

Selbstverständlich dokumentiert diese kleine Szene aus Xenophons *Gastmahl* keine ernstzunehmende Argumentation, die Sokrates zum Sieger des Schönheitswettbewerbs werden ließ. Sie war eine kleine dialektische Übung, um den besonderen Witz zu charakterisieren, mit dem Sokrates die Menschen zum Lachen bringen und für sich gewinnen konnte. Und er zeigte damit auch einen Humor, mit dem er sich über seine eigenen Schwächen erheben konnte, um nicht unter ihnen schamvoll leiden zu müssen. Ironisch verdrehte er seine Schwächen zu Stärken, um sich als derjenige behaupten zu können, der er nun einmal war. Er verstand sich darauf, dass man ihn trotz seiner offenkundigen Hässlichkeit für einen geistreichen Menschen halten konnte, der über schönen Witz und erhabenen Humor verfügte.

Vielleicht war es ihm damit auch gelungen, im höheren Alter noch eine Frau zu finden, die ihm den Haushalt führte, drei Söhne zur Welt brachte und bis zu seinem Tode treu zu ihm hielt: Xanthippe, deren Namen sich kulturgeschichtlich von einem individuellen Eigennamen zur allgemeinen Charaktereigenschaft verschoben hat. Aus der einen Xanthippe, die mit Sokrates verheiratet war, wurde «Xanthippe» zum Inbegriff aller schwierigen, unerfreulichen, herrschsüchtigen Hausdrachen, von denen nichts Gutes und keine Liebe zu erwarten ist. Im Fremdwörterbuch findet sie sich umgangssprachlich als zanksüchtige Ehefrau eingetragen. Wie konnte es dazu kommen? Was weiß man von der echten Xanthippe und ihrem Verhältnis zu Sokrates? Stieß an ihr sein philosophischer Eros an unliebsame Grenzen, die lebenspraktisch nicht zu überwinden waren?

Es gibt drei literarische Quellen, aus denen sich die vielen Anekdoten über Sokrates und Xanthippe speisen, die seit der Antike bis in die Gegenwart in immer wieder neuen Variationen erzählt worden sind, wobei sich verächtliche Abwertungen mit wohlwollenden Ehrenrettungen abwechselten.[13] Zweimal taucht sie in den sokratischen Büchern des Xenophon auf, der sich als junger Mann in Athen an den alten Sokrates anschloss, bevor er im Jahre 401, gegen die ausdrückliche Warnung seines philosophischen Mentors, als griechischer Söldner in das Heer des Kyros eintrat, der gegen seinen Bruder, den persischen Großkönig, rebellierte; und eine besondere Rolle spielt Xanthippe in Platons Erzählung des Phaidon, der von den Gesprächen berichtet hat, die Sokrates 399 im Gefängnis mit seinen Freunden und philosophischen Lieblingen über den Tod und die Seele geführt hat, bevor er sich selbst tötete, wie es das Volksgericht mehrheitlich entschieden hatte.

Das Bild der unverträglichen, zänkischen Ehefrau geht auf einen kleinen Disput zurück, den Xenophon in seinem *Gastmahl* schilderte, in jenem Werk also, in dem er Sokrates als einen witzigen, humorvollen, ironischen Charakter zeichnete, der die unangenehmen, unerträglichen Seiten seines Lebens ins Positive umzuwenden wusste. War es im ästhetischen Wettstreit mit Kritobulos um sein Aussehen gegangen, so setzte sich Sokrates mit Antisthenes lebenspraktisch über den Nutzen und Nachteil seines Ehelebens auseinander. Dabei wurde literarisch das gleiche Muster verwendet. Es wurde auf etwas Hässliches oder Schlechtes hingewiesen, um Sokrates zu einer geistreichen Entgegnung herauszufordern.

Diesmal war es Xanthippe, die dazu herhalten musste. Anlass dazu bot die Geschicklichkeit einer jungen Tänzerin, die den Teilnehmern des Gastmahls ein kunstvolles Spiel mit Ringen vorgeführt hatte. Durch eine Flötenspielerin musikalisch begleitet, warf sie im Tanz zwölf Ringe wirbelnd in die Höhe, wobei sie genau auf die Höhe und Richtung des Wurfs achten musste, um sie im Takt wieder auffangen zu können. Dazu bemerkte Sokrates bewundernd: «Wie in vielen Dingen sonst, meine Herren, zeigt sich auch hier in der Leistung des Mädchens, daß die weibliche Natur im Grunde genommen keineswegs geringer ist als die des Mannes, daß ihr nur selbständige Einsicht und Kraft fehlt. Wer von euch eine Frau hat, soll ihr daher ruhig die Fähigkeiten beibringen, die er an ihr sehen möchte.» Diese Empfehlung provozierte Antisthenes zum Widerspruch. Jedoch opponierte er nicht mit rationalen Gründen, sondern argumentierte ad personam. Er sprach Sokrates als Ehemann an, der seine Xanthippe nicht zu bilden wusste. «Warum nur, Sokrates, erziehst dann nicht auch du in dieser Erkenntnis Xanthippe, sondern hast an ihr die unverträglichste Frau von allen, die es gibt – ja, ich glaube, sogar von allen, die es gegeben hat und geben wird?» – «Weil ich sehe», antwortete Sokrates, «daß Leute, die gute Reiter werden möchten, sich nicht die gutmütigsten Pferde, sondern die feurigsten nehmen. Sie glauben nämlich, wenn sie die zu meistern imstande sind, werden sie es mit den andern Pferden leicht haben. Und da ich mit Menschen leben und umgehen wollte, habe ich mir diese Frau genommen; denn ich wusste genau: wenn ich die ertragen kann, werde ich mit allen andern Menschen leicht auskommen.»[14] Und diese Worte, ergänzte Xenophon, scheinen auch wirklich ins Schwarze getroffen zu haben.

Im Gespräch mit Antisthenes verteidigte Sokrates seine Ehefrau nicht. Er wies den Vorwurf der Unverträglichkeit nicht offensiv zurück, sondern zog sich ironisch als Ehemann aus der Affäre. Er machte aus der Not des Ertragenmüssens eine Tugend des Lernenkönnens. In der zweiten Textstelle, in der Xanthippe als Mutter auftauchte, benutzte er eine ähnliche diskursive Taktik, wobei sein Sohn an seine Stelle rückte. Xenophon hat davon in seinen *Erinnerungen an Sokrates* berichtet, aus Anlass eines Gesprächs, in dem Sokrates als Vater seinen erstgeborenen Sohn Lamproklos darüber aufklärte, seine Mutter Xanthippe auch dann zu lieben und zu ehren, wenn sie zu wild oder verletzend mit ihm umgegangen war. Denn als er erfuhr, dass sein Sohn sich zornig über seine Mutter beklagte und «ihre ungestüme Art nicht ertragen»[15] wollte, wies er ihn auf all die Wohltaten hin, die er durch Xanthippe empfangen hatte. Als gute Mutter habe sie ihn gepflegt und aufgezogen, ihn zu einem moralischen Menschen gebildet und keine Mühe gescheut, um ihm das Leben angenehm zu gestalten. Dass sie sich dabei manchmal auch «ungestüm» verhalten habe, sei angesichts der schwierigen mütterlichen Aufgabe nicht zu vermeiden gewesen. Und wie in vielen anderen Gesprächen setzte Sokrates in dieser Ermahnung seines Sohnes auch seine Kunst der Umwendung wieder ein, indem er das scheinbar Schlechte als eigentlich Gutes vorstellte und gegen den Klagenden richtete. «Glaubst du tatsächlich, daß dir deine Mutter übelgesinnt ist?» Lamproklos: «Gewiß nicht. Das glaube ich freilich nicht.» Sokrates: «Du aber behauptest, daß sie unausstehlich sei, bei all ihrem Wohlwollen dir gegenüber und all ihrer Sorge um deine Gesundheit, wenn du krank bist, und bei ihrem Bemühen, daß dir nichts fehlt von dem, was du zum Leben brauchst. Zudem erfleht sie von den Göttern viel Gutes für dich, und sie erfüllt ihre Gelübde. Ich glaube, daß du das Gute nicht ertragen kannst, wenn du eine solche Mutter nicht erträgst.»[16]

Die dritte Quelle findet sich in Platons Bericht über den letzten Tag, den Sokrates vor seiner gerichtlich angeordneten Selbsttötung im Gefängnis verbrachte. Platon selbst war wegen Krankheit verhindert, beim Sterben seines Lehrers dabei zu sein. Deshalb ließ er den Augenzeugen Phaidon davon berichten, worüber Sokrates an seinem Todestag mit den vielen Freunden zum letzten Mal gesprochen hatte, die von ihm erfahren wollten, wie er philosophisch mit dem Tod umgehe und was er von der menschlichen Seele halte, wenn der Körper nicht mehr so existiere, wie er von der Seele belebt worden sei. Platons Werk, das inhaltlich und dramatisch mit der *Apologie*, Sokrates' Verteidigungsrede vor Gericht, zusammenhängt, ist einer seiner künstlerisch schönsten Dialoge, der intellektuell um das umstrittene Problem der Unsterblichkeit der Seele kreist, für die Sokrates in mehreren Anläufen seine Argumente vortrug und gegen skeptische Einwände verteidigte. Doch wirklich berührend an diesen Gesprächen ist die furchtlose Haltung, mit der Sokrates sein Sterbenmüssen ertrug, wobei er zum letzten Mal auch seine Kunst der Umwendung demonstrieren konnte. Er sah den Tod als eine Befreiung. Denn endlich werde beim Sterben die Seele von allem getrennt und gelöst, was sie im Leben äußerlich bedrängt und gefesselt habe, von der staatlichen Herrschaft und den gesellschaftlichen Regeln bis zu den eigenen sinnlichen, körperlichen Erfahrungen von Lust und Unlust. Und mit dieser Drehung war es ihm auch möglich, das Verhältnis zu seinen Freunden zu verkehren. Aus dem zum Tode Verurteilten, den sie mit ihrer Anwesenheit trösten wollten, wurde der Tröster, der sie beruhigte und aufmunterte.

Allerdings musste Sokrates fürchten, dass seine Frau dabei nicht mitzumachen bereit war. Also musste Xanthippe die Gefängniszelle verlassen, um mit ihren ungestümen Gefühlen das Philosophengespräch nicht zu stören. Sie hatte die Nacht mit Sokrates verbracht, zusammen mit dem jüngsten Sohn. Phaidon hat die Szene geschildert, in der Xanthippe am frühen Morgen den Freunden ihres Mannes Platz machen musste. «Als wir nun hineintraten, fanden wir den Sokrates eben entfesselt, und Xanthippe, du kennst sie doch, sein Söhnchen auf dem Arm haltend, saß neben ihm. Als uns Xanthippe nun sah, wehklagte sie und redete allerlei dergleichen, wie die Frauen es pflegen, nämlich: O Sokrates, nun reden diese deine Freunde zum letzten Male mit dir, und du mit ihnen. Da wendete sich Sokrates zum Kriton und sprach: O Kriton, laß doch jemand diese nach Hause führen. Da führten einige von Kritons Leuten sie heulend und sich übel gebärdend fort.»[17] Am Abend, kurz vor Sonnenuntergang, kam Xanthippe mit ihren drei Söhnen und einigen Frauen aus der Verwandtschaft noch einmal zurück. Sokrates sprach mit ihnen und sagte, was sie nach seinem Tod tun sollten. Dann ließ er sie wieder weggehen, um völlig ruhig und entspannt den Giftbecher zu leeren. Und als all seine Freunde zu weinen begannen, um ihm ihr Mitgefühl zu zeigen, ermahnte er sie mit den Worten: «Was macht ihr doch, ihr wunderbaren Leute! Ich habe vorzüglich deswegen die Weiber weggeschickt, daß sie dergleichen nicht begehen möchten; denn ich habe immer gehört, man müsse stille sein, wenn einer stirbt.»[18]

Das also waren die drei Schlüsselstellen, die den Charakter Xanthippes erkennen lassen sollten. Ein eindeutiges Bild ergab sich dabei nicht. Sicher war sie keine ruhige, unterwürfige Hausfrau. Aber nichts sprach dafür, dass Sokrates sie als einen zänkischen, streitsüchtigen und widerspenstigen Quälgeist ertragen musste. Denn alle drei Erzählungen lassen doch viel eher erkennen, dass er sie vor ungerechtfertigten Vorwürfen in Schutz nahm und als gute Frau und Mutter schätzte. Im Gespräch mit Antisthenes verglich er sie mit einem «feurigen Pferd», mit dem zusammen ein guter Reiter viel mehr erreichen könne als mit einem lahmen Gaul; die Klage seines pubertierenden Sohnes, der sich durch Xanthippes «ungestüme» Art ungerecht behandelt fühlte, wies er mit dem Hinweis auf ihre fürsorgliche Güte und ihr Wohlwollen ab; und dass sie anlässlich seines Todesurteils weinte und wehklagte, wird er als Zeichen ihrer tiefen Zuneigung empfunden haben, auch wenn es ihn angesichts der geforderten Selbsttötung aus der Ruhe zu bringen drohte, die er brauchte, um ohne Furcht und Zittern aus dem Leben scheiden zu können. Jedenfalls gibt es im griechischen Originaltext keinen Hinweis darauf, dass Xanthippe «sich übel gebärdete», als sie aus dem Gefängnis hinausgeführt wurde. Denn mit dieser vorwurfsvollen Abwertung hat Friedrich Schleiermacher nur das überlieferte Vorurteil gegen Xanthippe stabilisiert, indem er ihr verzweifeltes *«boosan kai koptomenen»* (sich an die Brust schlagend) tendenziös und irreführend in eine üble, unpassende Handlung übersetzte.[19]

Populär wurde die Kennzeichnung einer «Xanthippe», die ihrem Mann das Leben schwermachte; und gegen sie konnte ein bunter Reigen von Anekdoten ihren Ehemann als schlagfertigen und gelassenen Philosophen profilieren. Nachdem sie ihn wieder einmal mit Schmähungen überhäuft und ihm dann auch noch einen Topf schmutzigen Wassers auf den Kopf geschüttet haben soll, wusste er stoisch zu witzeln: «Sagte ich nicht, daß Xanthippe, wenn sie donnert, dann auch Regen bringt?»[20] Er wusste alle familiären Übel geschickt umzuwenden. Friedrich Nietzsche hat es auf den Punkt gebracht: *«Xanthippe.* – Sokrates fand eine Frau, wie er sie brauchte – aber auch er hätte sie nicht gesucht, falls er sie gut genug gekannt hätte: so weit wäre auch der Heroismus dieses freien Geistes nicht gegangen. Tatsächlich trieb ihn Xanthippe in seinen eigentlichen Beruf immer mehr hinein, indem sie ihm Haus und Heim unhäuslich und unheimlich machte: sie lehrte ihn, auf den Gassen und überall dort zu leben, wo man schwätzen und müßig sein konnte, und bildete ihn damit zum größten athenischen Gassen-Dialektiker aus: der sich zuletzt selber mit einer zudringlichen Bremse vergleichen mußte, welche dem schönen Pferde Athen von einem Gotte auf den Nacken gesetzt sei, um es nicht zur Ruhe kommen zu lassen.»[21]

Nietzsches menschlich-allzumenschliche Notiz entsprach zwar dem sokratischen Selbstbild. Er wollte seinen Mitbürgern schmerzhafte Stiche versetzen und ihre festgefügten Meinungen verstören. Aber er tat es nicht als Haus- und Heimvertriebener. Historische Nachforschungen und Quellenstudien haben ein anderes Bild von der Lebens-, Wirtschafts- und Rechtsgemeinschaft (oikos) ergeben, die Sokrates erst im hohen Alter mit seiner Frau eingegangen ist. Denn dieser philosophierende Sonderling war, entgegen der gewöhnlichen athenischen Lebensform, so lange wie möglich Junggeselle geblieben, bis er endlich, bereits über fünfzig Jahre alt, um 413 die etwa zwanzig Jahre alte Xanthippe zur Frau nahm, mit der er die letzten dreizehn Jahre seines Lebens ehelich verbrachte und drei Söhne zeugte.

Dass es ihren Namen auch in männlicher Form als «Xanthippos» gab, der im athenischen Adel weit verbreitet war, und dass ihr erster Sohn Lamproklos nach ihrem Vater benannt wurde, spricht dafür, dass sie familiär höher gestellt war als Sokrates, der als Sohn eines Steinmetzen und einer Hebamme zur Mittelschicht der Zeugiten gehörte. Gemeinsam besaßen sie das athenische Vollbürgerrecht. Sie konnten ihre Freiheit und ihre Bürgerrechte, ebenso wie ihren Grund- und Hausbesitz, ihren Kindern vererben. In dieser Hinsicht war Zeugung (tokos) eine gesellschaftspolitische Aufgabe. Sokrates hat sich ihr so lange wie möglich entzogen. Lieber wollte er sich ganz dem Philosophieren widmen, das er für den Sinn seines Lebens hielt, bevor er sich am Ende doch noch entschloss, zusammen mit Xanthippe seinen eigenen *oikos* zu gründen, um nicht nur seine Gedanken, sondern auch seine Bürgerrechte und seinen Besitz weitergeben zu können. Zweifellos herrschte im klassischen Athen ein strenges Patriarchat. Der Mann war Herr in seinem Hauswesen, auch wenn seine Frau aus einer höheren Klasse stammte. Für sie sollten Schweigen und Bescheidenheit das Beste sein. Schicklicher war es für sie, im Haus zu bleiben, «als sich draußen herumzutreiben»[22]. Die Ehre eines *oikos* hing auch vom Verhalten der Frau ab, die sich den patriarchalen Machtbeziehungen anzupassen hatte. Alles, was man von Xanthippe weiß, spricht dafür, dass sie dazu nicht bereit war. Sie besaß ihren eigenen Kopf und verletzte die allgemein geltenden Gehorsamsregeln, wenn es ihr nötig zu sein schien. Sie war wie «ein feuriges Pferd», worauf bereits ihr Name anspielte. «*Xanthe*» verwies auf hell und glänzend, «*hippe*» benannte das weibliche Pferd. Nur als selbstbewusste Frau hat sie den alten Philosophen als ihren Mann heiraten können, den sie auch in seine Schranken zu weisen wusste. Und sie muss ihn geliebt haben, oder, anders formuliert, Sokrates muss es verstanden haben, mit seinen erotischen Mitteln die junge, freie, eigenwillige Xanthippe für sich zu gewinnen, trotz seines hohen Alters und unansehnlichen Äußeren, über das zu klagen sie oft genug Anlass hatte.

Von den Hetären lernen

Als Sokrates seinen ältesten Sohn Lamproklos über das familiäre Leben aufzuklären versuchte, in dem sich das göttliche Gute und Schöne verwirklichen sollte, trennte er zwischen sexueller Lust und funktionaler Zeugung. Dabei argumentierte er nicht, sondern appellierte an eine scheinbare Selbstverständlichkeit, die allgemein bekannt war. Er bestimmte den Geschlechtstrieb als eine Energie des Leibes, die zwar nötig sei, um Nachkommen zeugen zu können. Aber die familiäre Fortpflanzung als solche sollte sich nicht aus der Lust ergeben, die Mann und Frau im gemeinsamen Liebesakt körperlich genießen können. Sie folgte einem anderen, höheren Zweck. Sokrates gab sich keine Mühe, diese Trennung von Familienplanung und Sex näher zu begründen. Sein Sohn sollte schon wissen, woran er ihn nur erinnern musste: «Du nimmst indessen gewiß nicht an, daß die Menschen um der Liebeslust willen Kinder zeugen, da ja die Straßen und Lusthäuser genug Möglichkeiten bieten, diese zu erfüllen. Es ist bekannt, daß wir darauf sehen, von welchen Frauen wir wohl die besten Kinder bekommen können. Mit diesen vereinigen wir uns, und wir zeugen Kinder.»[23]

Das sollte nicht heißen, dass es in der Ehe keine sexuelle Lust geben konnte. Aber sie war weder darauf eingegrenzt noch funktionalistisch ausgerichtet. Eheliche Liebeslust war ein angenehmer und wünschenswerter Nebeneffekt der familienkonzentrierten Zeugung, die der Kontinuität der Familie und der Stabilität der Polisgemeinschaft diente. Für die Befriedigung der Lust in ihrer sinnlichen Eigenwilligkeit boten sich andere Möglichkeiten an, jedenfalls für den Mann, während die familiäre und bürgerliche Stellung der Frau sie zu einer streng ehelichen Sexualpraktik zwang. Auf den Straßen und in den staatlich kontrollierten Bordellen Athens konnte man die gewöhnlichen Dirnen, die «Käuflichen» *(pornai)* finden, oft Sklavinnen, die sich Geld für ihren Freikauf verdienen wollten; und für den gehobenen Geschmack gab es die freien Gefährtinnen *(hetairai)*, die sich ihre Freier aussuchen und mit ihnen auch dauerhafte Beziehungen eingehen konnten. Erotik war ihr Beruf, wobei von besonders begehrten und kostspieligen Hetären auch musikalische und tänzerische Fähigkeiten erwartet wurden, ebenso wie die Kunst aufreizender Unterhaltung.

Auch Sokrates wird ihre Dienste gern in Anspruch genommen haben, bevor er sich im hohen Alter entschied, mit Xanthippe die bestmöglichen Kinder zu zeugen. Die «Erfüllung der Liebeslust» war ihm vertraut, und es lassen sich keine Hinweise finden, dass er sich für ein sexuell enthaltsames Junggesellenleben entschieden hatte. Namen von Liebhaberinnen sind allerdings nicht bekannt. Bemerkenswert sind jedoch seine Beziehungen zu zwei berühmten Hetären, die in erotischer Hinsicht für ihn interessant gewesen sind.

Aspasia. Das Bürgerrechtsgesetz für die Vollbürger Athens, das zur Zeit des Sokrates auch die legitimen Eheverhältnisse und ihre Folgen regelte, war vor allem Perikles zu verdanken, dem Ersten Strategen Athens, dem Sokrates schon als junger, etwa fünfundzwanzigjähriger Mann begegnet war. Er besuchte ihn oft in seinem Haus und wurde dabei nicht nur mit dem Philosophen Protagoras bekannt, der sich um die Erziehung der beiden Söhne des Perikles sorgte. Er lernte auch Aspasia kennen, eine äußerst schöne und kluge Hetäre, die Perikles um 450 für sich gewonnen hatte. Er hatte sich von seiner rechtmäßigen Frau getrennt und Aspasia, die aus dem kleinasiatischen Milet nach Athen gekommen war, als Geliebte in seinen *oikos* aufgenommen. Als Zugereiste besaß sie nur den minderrechtlichen Metöken-Status, war also eine freie Athener Mitwohnerin *(metoike)* ohne Bürgerrechte und auch nicht befähigt, mit Perikles ein rechtmäßiges Eheverhältnis einzugehen. Er hatte es durch seine eigene Gesetzgebung verhindert und lebte, wie seine Kritiker und politischen Gegner ihm vorwarfen, in einer unrechtmäßigen Liebesbeziehung, in der ein Sohn ohne Bürgerrecht gezeugt wurde. So wurde Aspasia zu einem beliebten Objekt des komödiantischen Spotts und der moralpolitischen Verachtung. Weil man ihren Einfluss auf den Ersten Strategen und andere hochrangige Bürger Athens fürchtete, wurde sie als Kupplerin und Bordellwirtin denunziert und wegen Gottlosigkeit angeklagt, vor allem, um ihrem Liebhaber Perikles zu schaden.

Dagegen sprach Sokrates immer mit Hochachtung von Aspasia. Denn nicht von philosophischen Lehrern oder in einem allgemein verordneten Schulunterricht, sondern ausgerechnet von dieser Hetäre habe er die beiden wichtigsten Liebesdinge gelernt, die er geschickt einzusetzen wusste. Sie betrafen zum einen seine erotische Kunst der Verführung als «Menschenjagd»; zum andern die Kunst der Rede, die man beherrschen muss, um Menschen zum Guten hinführen zu können.

Xenophon hat in seinen *Erinnerungen* an das Gespräch erinnert, das Sokrates mit Kritobulos führte, der ein guter Mensch werden wollte und auf der Suche nach einem guten Freund war. Sokrates war gern dazu bereit, diesem jungen Mann, mit dem er sich schon einmal in einem Schönheitswettbewerb gemessen hatte, als Mentor behilflich zu sein. Er wollte ihm die Liebesdinge vermitteln, von denen er selbst etwas zu verstehen glaubte. Was Kritobulos von Sokrates lernen wollte, wurde als Jagdszene nach dem Geliebten konzipiert. «Vielleicht mag ich dir ein wenig behilflich sein bei dieser Jagd, weil ich in der Kunst der Liebe erfahren bin. Denn mit aller Kraft und mit meiner ganzen Person bin ich darauf bedacht, daß meine Liebe und Sehnsucht von den mir begehrten Menschen erwidert wird, und daß sie Verlangen haben, mit mir zusammen zu sein, wie ich mit ihnen ... Da ich mich ja darin übe, dem zu gefallen, der mir gefällt, glaube ich, von der Menschenjagd etwas zu verstehen.»[24]

Dabei müsse im Erjagen eines guten Freundes oder einer guten Lebensform eine Regel besonders beachtet werden. Die angestrebte Verbindung von Liebendem und Geliebtem darf nicht durch Täuschungen oder Lügen hergestellt werden, die allenfalls einen kurzfristigen Erfolg provozieren könnten, aber keine dauerhafte Liebesbeziehung herstellen ließen. Woher er das wisse? Von niemand anderem als von Aspasia, dieser Meisterin in der Liebeskunst, die auch Liebende und Geliebte erfolgreich zu «verkuppeln» wusste. «Sie sagte nämlich, daß die guten Kupplerinnen, soweit es der Wahrheit entspricht, die guten Seiten verkünden und auf diese Weise fähig sind, Menschen miteinander zu verheiraten, daß sie aber nicht loben wollen, wenn es nichts zu loben gibt. Die Getäuschten würden nämlich zugleich einander selbst hassen, wie auch die, welche sie zusammengeführt hat. Ich bin überzeugt, daß die Aspasia recht hat.»[25]

Von einem anderen Lernerfolg, für den sich Sokrates bei der Hetäre bedankte, berichtet Platon in seinem Dialog *Menexenos*. Dabei ging es nicht um das Verkuppeln von Liebenden, sondern um eine Leichenrede, durch die es einen Verstorbenen auch vor seinen Kritikern oder Feinden zu ehren galt. Die Kunst der guten Rede zeigte sich an der Überzeugung der Gegner. Sie wendete die Feindschaft um in Anerkennung. Und wieder war es Aspasia, die Sokrates in diesem Fall als seine Meisterin anpries. Denn wenn er selbst sich auf die rhetorische

Kunst verstehe, dann nur, weil «ich eine gar nicht schlechte Lehrerin habe in der Redekunst, sondern eine, die auch viele andere treffliche Redner gebildet hat, einen aber, der es allen Hellenen zuvortut, den Perikles. – Menexenos: Wer ist die? Oder du meinst wohl gewiß die Aspasia. Sokrates: Die meine ich.»[26] Und dann referierte Sokrates die ganze Leichenrede, die er einen Tag zuvor von Aspasia gerade für den Fall gehört hatte, für den er als Redner einspringen musste. Er ahmte erfolgreich nach, was sie ihm vorgesprochen hatte. Bewunderung und Dank des Menexenos waren ihm sicher. «Beim Zeus, o Sokrates, glücklich ist Aspasia, wenn sie als eine Frau solche Reden imstande ist auszuarbeiten! – Sokrates: Wenn du es nicht glaubst, so komm mit mir, dann kannst du sie selbst vortragen hören. Menexenos: Ich bin schon oft mit der Aspasia zusammengewesen, o Sokrates, und weiß recht gut, was für eine Frau sie ist.»[27]

Aspasia war als erotische Gefährtin stadtbekannt, und ihre rhetorische Begabung wurde allgemein bewundert. Deshalb konnten sich auch die Leser von Platons *Symposion* schon bald sicher sein, dass es Aspasias Künste waren, die Sokrates der Priesterin aus Mantinea angedichtet hatte. Poetisch-fiktional schrieb er Diotima, «welche auch mich in Liebessachen unterrichtet hat»[28], die Rede über den Eros zu, die er tatsächlich Aspasia und ihren Erotika verdankte.

Theodote. Von ihr und Sokrates hat Xenophon in seinen *Erinnerungen* berichtet. Auch diese Hetäre, deren Namen wörtlich «Gottesgabe» bedeutete, war eine sehr schöne und geistreiche Frau, «die mit dem verkehrte, der sie zu gewinnen wusste»[29]. War es bei Aspasia der große Athener Stratege Perikles, so war es bei Theodote der politische Machtmensch, geniale Feldherr und sexuell ausschweifende Lebemann Alkibiades, ein Neffe des Perikles, den sie als Liebhaber bevorzugte. Schon zu seinen Lebzeiten wurde er als eine dämonische Gestalt bewundert oder verachtet, die im Guten wie im Bösen die Grenzen menschlichen Daseins zu sprengen versuchte. Bisexuell stürzte er sich in sinnliche Ausschweifungen, die ihm seine Ehefrau nicht bieten konnte, sondern nur die vielen Geliebten, denen er unermüdlich nachjagte. Theodote soll die attraktivste von ihnen gewesen sein, deren Schönheit über alle Beschreibung hinausging, weshalb vor allem Maler sie besuchten, um sie abzubilden. Alkibiades hatte sie mit Sokrates bekannt gemacht, der es nicht versäumen wollte, sie auch einmal seinen Schülern vorzustellen, um ihnen zu zeigen, was sich nicht sagen ließ. Also besuchten sie Theodote in ihrem Haus, wo sie gerade einem Maler Modell stand. Ihr Anblick erregte sie so sehr, dass Sokrates bald feststellen konnte: «Wir für unseren Teil begehren schon nach dem zu greifen, was wir betrachtet haben, und wir gehen weg mit gereizter Begierde, und zu Hause werden wir schmachten.»[30]

Doch bevor er zu seiner Xanthippe zurückkehrte, wollte er noch einiges von Theodote wissen. Womit verdiente sie ihren Lebensunterhalt? Durch Freunde, die sie für sich zu gewinnen wusste! Und welche Mittel setzte sie ein, um sie wie eine Spinne in ihrem Netz fangen oder wie ein Jäger die Hasen erlegen zu können? Darauf wusste die Hetäre so schnell keine passende Antwort, sodass Sokrates sie über sich selbst aufklären musste: «Ein Netz besitzt du auf alle Fälle, und zwar eins, das sehr gut zur Umgarnung ist, nämlich deinen Körper ... Ich weiß auch ganz gut, daß du nicht nur sinnlich, sondern auch wohlwollend zu lieben verstehst, daß du nicht nur mit dem Wort, sondern auch mit der Tat davon überzeugst, daß dir deine Freunde angenehm sind.»[31] Nur mit diesen Erotika könne man seine Liebhaber wie «Tiere» einfangen oder erjagen.

Sokrates wäre nicht der erotische Dialektiker gewesen, wenn er während dieses Hetären-Gesprächs nicht die Verhältnisse hätte umdrehen können. Nicht er wollte Theodote begehren, sondern er versuchte, sie dazu zu verführen, ihn als ihren Geliebten gewinnen zu wollen. Und er kannte auch die Liebesmittel und beherrschte die erotischen Tricks, um sie in diese Falle zu locken. Mit versteckter Ironie machte er sich als ein Mann interessant, den die Frauen liebten und der viele Freundinnen besaß, «welche mich weder bei Tag noch bei Nacht aus ihrer Mitte weggehen lassen, indem sie von mir Liebesmittel und Zauberlieder lernen»[32]. Theodote fiel darauf herein. Am Ende des Besuchs war sie ganz begierig, das Zauberrad der Liebe «umzudrehen», um Sokrates libidinös einfangen zu können. Das war der Moment seines Erfolgs, den er mit einer letzten ironischen Geste übersteigerte: «Aber wahrlich, ich habe gar kein Verlangen, zu dir hingezogen zu werden, vielmehr möchte ich, daß du mich aufsuchst.» Theodote: «So will ich denn kommen, laß mich dann aber auch eintreten.» Sokrates: «Das will ich gerne tun, wenn nicht sonst schon eine Freundin drinnen ist, die mir lieber ist als du.»[33]

Alkibiades, der enttäuschte Liebhaber

Als Sokrates sein kurzes erotisches Gastspiel im Haus der Theodote gab, da wusste er, dass sie die Geliebte des Alkibiades war, mit dem er schon seit einigen Jahrzehnten eng vertraut war. Die Schlüsselszene ihrer sonderbaren Freundschaft fand bereits ein paar Jahre zuvor statt, als Alkibiades uneingeladen in jenes Gastmahl einbrach, mit dem Agathon im Winter 416 seinen Sieg im Tragödienwettbewerb feierte. Die großen Lobreden auf die Liebe waren bereits gehalten worden, gekrönt durch die Rede der Priesterin Diotima, die Sokrates «in Liebesdingen unterrichtet»[34] und in die Geheimnisse dieses großen Dämons Eros eingeweiht hatte, der das Leben für den Menschen lebenswert machen kann in der Schau des reinen Schönen selbst, zu dem er emporzusteigen vermag. Eigentlich hätte das Symposion damit zu Ende sein müssen. Die Abfolge der einzelnen Beiträge war geistig bis zur höchsten, göttlichen Stufe gesteigert worden. Ob sie auch im praktischen Leben erreicht werden kann, blieb allerdings ungewiss; und es wird diese Unsicherheit gewesen sein, die Platon dazu motivierte, nach all den schönen Beschreibungen, Erzählungen und Gedanken plötzlich Alkibiades auftreten zu lassen. Denn er stellte nun das geistig Verstandene oder Erkannte auf die praktische Probe. So hat es jedenfalls Friedrich Nietzsche gesehen, der in einer seiner frühen Jugendschriften den überraschenden Auftritt des Alkibiades interpretierte als den «Wendepunkt des kunstvollen Dramas und zugleich der Philosophie nach der Seite der Wirklichkeit hin»[35].

Dabei ging es nicht mehr um den «*eros philósophos*» in seiner allgemeinen, wesentlichen Bedeutung, sondern um das besondere Liebesverhältnis zwischen diesen beiden individuellen Charakteren, Sokrates und Alkibiades, deren unterschiedliche Persönlichkeiten Platon durch einen kühnen Kunstgriff verdeutlichte. Denn während Sokrates nüchtern, überlegt und klar strukturiert die höchste Idee des Eros entwickelt hatte, die ihm durch Diotima vermittelt worden war, stürmte Alkibiades sturzbetrunken, herumbrüllend und von seinen Zechkumpanen gestützt ins Haus des Agathon, wo er kein theoretisches Konzept der Liebe vortrug, sondern praktisch die Spannung veranschaulichte, die in seinem besonderen Fall zwischen dem Liebenden *(erastes)* und dem Geliebten *(eromenos)* bestand. Er ließ sich auf die Liege fallen, in die Mitte zwischen Phaidros und Sokrates, ohne ihn jedoch erkannt zu haben, betrunken, wie er war. Erschrocken musste er feststellen, neben wem er lag. Ausgerechnet Sokrates, mit dem ihn schon so viele Jahre lang eine verrückte Liebe verband, die sich bis zur Raserei steigern konnte! Doch diesmal versuchte er Ruhe zu bewahren und friedlich am Gelage teilzunehmen, und er erklärte sich schließlich sogar dazu bereit, den Wunsch der anderen Gäste zu erfüllen und sie über das Liebesverhältnis aufzuklären, das schon zwischen ihm und Sokrates bestanden hatte, bevor sie gemeinsam an mehreren Schlachten während des Peloponnesischen Krieges teilnahmen.

Denn bereits vor dem Kampf um Potidaia (432 bis 429), mit dem dieser lange, fast dreißigjährige Krieg begann, hatte sich zwischen ihnen etwas ereignet, das Alkibiades nun, vom Wein berauscht, zum ersten Mal zu erzählen bereit war. Es war geschehen, als er selbst etwa sechzehn Jahre alt gewesen war, in jenem schönen Alter also zwischen Kindheit und Männlichkeit, das ihn als jungen Geliebten älterer Männer besonders begehrenswert machte. Sokrates muss damals Mitte dreißig gewesen sein. Er hatte schon einige Schüler für sich gewonnen, die ihn als geistreichen Philosophen bewunderten, der ihnen etwas zu sagen hatte. Auch Alkibiades, der aus dem hohen Adel Athens stammte, hörte ihm gern zu und suchte seine Nähe. Er war wissbegierig und hoffte, an seiner Weisheit teilhaben zu können, «wenn ich mich dem Sokrates gefällig erwiese»[36]. Er wollte alles tun, was Sokrates von ihm wünschte. Also schickte er seinen Diener weg, um endlich einmal ganz allein mit ihm zu sein, «und ich meinte, er sollte mir nun gleich solche Dinge sagen wie ein Liebhaber seinem Liebling in der Einsamkeit sagen würde, und freute mich»[37]. Alkibiades setzte alle Erotika ein, die er beherrschte, um Sokrates zu verführen und als seinen Liebhaber (erastes) für sich zu gewinnen. Er forderte ihn zu Leibesübungen und Ringkämpfen heraus, ohne Beisein anderer Sportler, «um dadurch etwas zu erreichen». Er hatte nichts davon. Er lud ihn zu Mahlzeiten ein, «ordentlich wie ein Liebhaber seinem Liebling nachstellt»[38]. Auch das führte nicht zum Erfolg. Nach einem gemeinsamen abendlichen Essen nötigte er ihn schließlich mit dem Vorwand, dass es schon sehr spät sei, bei ihm zu bleiben. Als das Licht ausgelöscht war, wollte er den letzten Schritt wagen und Sokrates ohne Umschweife sagen, was er begehrte. «Ich stieß ihn also an und sagte: Sokrates, schläfst du? – Nicht recht, sagte er. – Weißt du wohl, was ich gesonnen bin? – Was doch? sprach er.»[39] Er wollte ihm als Geliebter alles gewähren. Sokrates wies das Angebot zurück. Er verwarf den leiblichen Genuss zugunsten einer geistigen Einsicht, für die er den schönen jungen Alkibiades noch nicht reif genug hielt. Er suchte ihm das Auge des Geistes zu öffnen und forderte ihn zu reiflichen Überlegungen auf, um für sie beide das Beste erreichen zu können. «Nach dieser Rede nun und nachdem ich meine Pfeile sozusagen abgeschossen, glaubte ich ihn doch getroffen zu haben», erzählte Alkibiades, «und ich stand auf, ohne daß ich ihn weiter zu Worte kommen ließ, warf dieses mein Kleid über, denn es war Winter, und legte mich unter seinen Mantel, indem ich mit beiden Armen diesen göttlichen und in Wahrheit ganz wunderbaren Mann umfaßte, und so lag ich die ganze Nacht ... ohne etwas weiteres, als wenn ich bei einem Vater oder älteren Bruder gelegen hätte.»[40]

Alkibiades' Bericht über seine gescheiterte Verführung schien seine Zuhörer nicht entrüstet, sondern amüsiert zu haben. Sie lachten wegen seiner Freimütigkeit und weil er noch immer in Sokrates verliebt zu sein schien, dessen geistige Schönheit und charakterliche

Tugend er in diesem hässlichen Menschen, wie eine Götterstatue im Inneren einer geöffneten Silenfigur, entdeckt zu haben glaubte. Doch auch damit war das Gastmahl und Trinkgelage noch nicht zu Ende. Eine große Menge von Nachtschwärmern kam hinzu und legte sich zu ihnen. Es wurde gelärmt und eine Unmenge Wein getrunken, bis schließlich alle betrunken waren und auf den Liegen und auf der Erde schliefen, als der nächste Morgen bereits hell zu werden begann. Nur Sokrates war wach geblieben und ging zum Lykeion, dem öffentlichen Heiligtum des Apollon, wo er zunächst badete und anschließend wieder öffentlich mit Schülern und Freunden philosophierte. Erst am Abend begab er sich nach Hause zu seiner Xanthippe und ruhte sich bei ihr aus.

Während die *Symposion*-Rede des Sokrates durch die Ideen vom Eros beeindruckte, die er mit dem Namen einer gottbegeisterten Priesterin und Prophetin autorisierte, unterhielt Alkibiades seine Zuhörer mit der selbst erlebten Liebesgeschichte, die er, enthemmt durch seinen übermäßigen Alkoholgenuss, erzählte. Sie wirkte stärker und authentischer als der philosophische Diskurs. Doch sie widersprach ihm nicht. Denn sie ließ Sokrates als einen Menschen erkennen, der praktisch vorlebte, was er theoretisch von Diotima gehört und gelernt zu haben vorgab. Mit seinem Verhalten gegenüber Alkibiades stellte er auf die Probe, was ihn als einen «wahrhaften Erotiker»[41] auszeichnete; und dass es dabei um Knabenliebe gegangen war, machte die Sache besonders interessant.

Wieso konnte es der jugendliche Alkibiades überhaupt für «ein überaus glückliches Ereignis»[42] halten, mit seinen körperlichen Reizen seinem Lehrer sexuell «gefällig» sein zu können? Warum hoffte er, Sokrates als Liebhaber für sich zu gewinnen? Er konnte es, weil er mit der Kultur der homoerotischen Päderastie vertraut war, die im klassischen Griechenland seiner Zeit nicht grundsätzlich als unsittliche Verfehlung oder sexuelle Abartigkeit verurteilt wurde, sondern als eine mögliche Form der Liebe praktiziert werden konnte. Allerdings war der Gebrauch der Lüste in der Beziehung zu Knaben[43], die keine Kinder mehr waren, aber auch noch keine Männer, durchaus problematisch, und es mussten dabei einige strenge Regeln beachtet werden. Dass es in der griechischen Kultur eine umfassende und bedeutende Literatur über die Knabenliebe gab, ist kein Beweis für eine allgemein praktizierte Päderastie. Es dokumentiert vielmehr, dass sie ein besonderes Problem darstellte, über das man nicht so sprechen konnte wie über die Liebe zwischen Mann und Frau.

Die entscheidende Frage der griechischen Pädophilie, an der die moralphilosophische Reflexion über Liebe und Sexualität ansetzte, war zurück aus der Zukunft gerichtet: In welchem Maße wird der Mann in seiner Jugend ein Geliebter gewesen sein dürfen? Keinesfalls sollte die Ehre des Knaben verletzt werden, dessen zukünftige Stellung als freier Bürger mit einem mutigen, männlichen Charakter bedacht und berücksichtigt werden musste. Es wurde erwartet, dass er sich nicht passiv als bloßes Sexualobjekt beherrschen ließ oder prostituierte; und seinem Liebhaber war untersagt, ihn als solches zu penetrieren und auszubeuten. Päderastie sollte nicht der triebhaften Lustbefriedigung eines Mannes an einem Jüngling dienen. Sie war eine Art Initiationsritus, der ursprünglich aus einer archaischen, phallokratischen Kriegerkultur stammte. Der reife Mann leitete als Mentor den noch unerfahrenen Jüngling an, wobei er ihm auch zeigte, wie das genitale Begehren gesteigert und befriedigt werden kann. Er ersparte ihm desorientierte Selbstversuche, wobei der intercrurale Akt, bei dem der aktive Liebhaber *(erastes)* seinen Penis zwischen den Oberschenkeln des Geliebten *(eromenos)* rieb, die äußerste Grenze des sexuell Möglichen bildete.

Sokrates hat die Knabenliebe als eine erotische Praxis gekannt, die durch die Gesetze Athens zwar nicht verboten, aber sexualethisch durchaus problematisch und umstritten war. Er nahm teil an den Gesprächen, in denen Philosophen über den Nutzen und Nachteil der Päderastie debattierten. Im Gastmahl der erotischen Lobreden hörte er Pausanias zu, der sie als moralisches Problem analysierte und zu zeigen versuchte, dass sie auch schön und gut sein kann, wenn der junge Liebling dem Liebhaber freiwillig «gefällig» ist, «weil er glaubt, besser durch ihn zu werden»[44]. Alkibiades hat es getan. Er bot sich Sokrates an und lag die ganze Nacht eng umschlungen an seiner Seite.

Sokrates hielt dem erotischen Angriff stand. Er ließ sich nicht verführen. Er weigerte sich, die Rolle des aktiven Liebhabers zu spielen, dem sich Alkibiades aus freiem Willen hinzugeben wünschte. Dabei war ihm die sinnliche Erregung durch einen schönen Jüngling nicht fremd, und er schämte sich auch nicht, sie mitzuteilen. Platon berichtete es in seinem Dialog *Charmides*, in dem um ein adäquates Verständnis der Besonnenheit gestritten wurde. Denn Sokrates selbst hat davon erzählt, wie er nach seiner Rückkehr aus Potidaia, wo er drei Jahre lang als Soldat kämpfte, in der Palaistra, einem seiner Lieblingsplätze in Athen, sich danach erkundigt hatte, wie es jetzt mit der Philosophie und den Jünglingen stände, «ob welche von ausgezeichnetem Verstande oder Schönheit oder beidem sich seitdem hervorgetan hätten»[45]. Schon bald darauf lernte er den jungen Charmides kennen, der auf Empfehlung seines Cousins Kritias zu ihm kam, weil er sich von Sokrates ein Heilmittel gegen seine Kopfschmerzen erhoffte. So kam es zu einer ersten Begegnung und Berührung. Charmides setzte sich zu ihm. «Und hier schon», erzählte Sokrates, «ward ich verlegen, und die vorige Dreistigkeit verging mir, die ich hatte, als ob ich ganz unbefangen und leicht mit ihm würde reden können. Hernach aber, als Kritias ihm sagte, ich wäre der, welcher das Mittel wüßte, und er mich, ich kann gar nicht beschreiben wie, mit seinen Augen ansah und ansetzte, als wollte er fragen, und nun alle in der Palaistra uns ganz im Kreise umringten, da sah ich ihm unter das Gewand und entbrannte und war nicht mehr bei mir, sondern gedachte, Kydias wäre wohl sehr weise in der Liebe, welcher in Beziehung auf einen schönen Knaben bildlich sagt, es hüte das Reh sich, dem Löwen ins Angesicht kommend, zur Beute ergriffen zu werden. Denn ich selbst dünkte mich nun von einem solchen Tiere gefangen.»[46]

Ein schöner, junger, wissbegieriger Mann konnte Sokrates sinnlich provozieren. Er drohte seine Besonnenheit zu verlieren im «animalischen» Ansturm seines Begehrens. Doch er wusste dieses gefährliche «Tier»[47] der homosexuellen Lust zu besänftigen, das er nicht nur als Löwen fürchtete, sondern sich auch als eine giftige «Spinne» oder als «Schwein»[48] vorstellte, vor allem, wenn er an die intercrurale Schenkelreibung dachte. Er gewann schon bald die Gewalt über sich selbst zurück und war in der Lage, ein geistreiches Gespräch mit Charmides über das Wesen der Besonnenheit zu führen. Der Dialog endete, wie so oft bei Sokrates, mit der Einsicht, noch viel zu wenig zu wissen, und mit dem Wunsch des schönen Jünglings, sein Schüler zu werden und von ihm zu lernen. Er wollte dem sokratischen Eros folgen. «Wohl, sagte Kritias, denn wenn du dies tust, Charmides, das wird mir ein Beweis sein, daß du besonnen bist, wenn du dich dem Sokrates hingibst, um dich von ihm besprechen zu lassen, und nicht von ihm läßt weder viel noch wenig. – Gewiß, sagte er, werde ich ihm folgen und nicht von ihm lassen.»[49]

So war es also Sokrates auch bei Charmides gelungen, aus der Rolle des Verliebten, der libidinös außer sich zu geraten drohte, in die Rolle des Geliebten zu wechseln. Wieder hatte er die Erotika eingesetzt, auf die er sich verstand. Er hatte das Liebesverhältnis umgedreht, um seinen philosophischen Eros als Leitfigur durchzusetzen. Alkibiades war der Einzige, der dieses dialektische Liebesspiel der Umwendung durchschaute und Sokrates als den wahren Erotiker erkannte, der ihn in die Falle gelockt hatte. Er fühlte sich gekränkt und getäuscht. «Und nicht nur mir hat er solches angetan, sondern auch dem Charmides, dem Sohn des Glaukon, und dem Euthydemos, dem Sohn des Diokles, und gar vielen andern, die er hintergeht, als wäre er ihr Liebhaber *(erastes)*, und dann vielmehr sich zum Liebling *(eromenos)* aufwirft statt Liebhaber.»[50] Aber Alkibiades hat in seiner Enttäuschung auch erlebt, dass der Eros des Philosophen, in seiner sinnlichen wie in seiner geistigen Gestalt, kein Haben ist, sondern ein Streben, ein Begehren oder eine Jagd, die durch einen unaufhebbaren Mangel motiviert werden. Lebenspraktisch hat er die dämonische Kraft des Eros erfahren, die Sokrates theoretisch aus dem priesterlichen Mund der Diotima vernommen hatte. Er konnte Sokrates nicht als Liebhaber für sich gewinnen, sondern lernte ihn als den Geliebten zu begehren, der seine erotischen Wünsche nicht erfüllen wollte und sich ihm gegenüber gerade durch diesen Entzug als Meister der Weisheit zu behaupten wusste.

Am Ende blieb ihm nur die sokratische Einsicht und Empfehlung, sich um sich selbst zu kümmern, für sich selbst, um durch diese kultivierte Selbstsorge *(epimeleia heautou)* auch den richtigen, maßvollen Gebrauch seiner Lüste beherrschen zu lernen. Platon hat es in seinem Dialog *Alkibiades*, wie Michel Foucault in seinen letzten Vorlesungen zu den griechischen *erotika* und *aphrodisia* nacherzählte und reflektierte, zum pädagogischen Programm erklärt.[51] Die Sorge um sich richtete sich auch auf körperliche Akte und sexuelle Lüste, um sich an ihnen als selbstbewusstes Subjekt bilden zu können.

ZWEITES KAPITEL

Was mich fest umstrickt hielt, war die Frau

Die Umkehr des Aurelius Augustinus zur Liebe Gottes

> *«Das Christentum ist keine Lehre, ich meine, keine Theorie*
> *darüber, was mit der Seele des Menschen geschehen ist*
> *und geschehen wird, sondern eine Beschreibung eines*
> *tatsächlichen Vorgangs im Leben des Menschen. Denn die*
> *‹Erkenntnis der Sünde› ist ein tatsächlicher Vorgang, und*
> *die Verzweiflung desgleichen und die Erlösung durch den*
> *Glauben desgleichen.»*[1]

LUDWIG WITTGENSTEIN

Das Mittelalter war kein radikaler Neuanfang. Antikes Denken wirkte in einer Spätantike nach, in der versucht wurde, die platonischen Ideen neu zu denken und mit einer frühchristlichen Ethik zu verknüpfen. Der christliche Gott rückte an die Stelle der obersten Idee, die Platon als das Gute gedacht hatte; und der Neuplatonismus, der die strenge Trennung von sinnlicher und geistiger Welt in eine hierarchische Stufenfolge aufgelöst hatte, konnte als Anleitung für den christlichen Weg verstanden werden, wie man sich aus den Niederungen des weltlichen Lebens ins Reich Gottes erretten kann.

Aurelius Augustinus (354 bis 430 n. Chr.), der bedeutendste lateinische Kirchenschriftsteller der Spätantike und geistige Wegbereiter des christlichen Mittelalters, spielte dabei die tonangebende Rolle.[2] Vor allem in seinen frühen Werken lässt sich ein fruchtbares Durcheinander von neuplatonischer Philosophie und christlicher Gläubigkeit finden, für die ihm der Apostel Paulus als Vorbild diente. Denn es war dessen Brief an die christliche Gemeinde in Rom, der Augustinus demonstrierte, wie sich der Mensch von seinen sündigen Begierden und verwerflichen Leidenschaften befreien könne, mit der Hoffnung auf christliche Erlösung und göttliche Gnade. Dabei war es ihm zunehmend klargeworden, dass Paulus nicht bloß abstrakt von der Rettung der Menschen geschrieben hatte, sondern ihn selbst in seiner individuellen Sündhaftigkeit ansprach und im Innersten traf. Und mit Paulus konnte er auch für sich die Worte in Anspruch nehmen, die Gott einst zu Moses gesagt haben soll: *«Ich schenke Erbarmen, wem ich will, und erweise Gnade, wem ich will.»*[3] Viele sind berufen, wenige auserwählt.

Im Sinne dieser Gnadenlehre wollte Augustinus sich selbst erkennen und vor Gott und den Menschen offenbaren. Also schrieb er seine *Confessiones*, seine *Bekenntnisse*, die keine Autobiographie im modernen, psychologischen Sinn waren, sondern die dreifache theologische Bedeutung von *«confiteri»* zur Geltung brachten. Sie bezeugten seinen christlichen Glauben und bekannten sich zu Gott; sie waren ein wahrhaftiges Geständnis seiner Sünden und Verfehlungen, *«confiteri peccata»*, um sich für Gottes Gnade anzubieten; und sie waren eine Lobpreisung dieses christlichen Gottes, der sich des sündigen Menschen zu erbarmen herabließ. Die *Bekenntnisse* des Augustinus erzählten seine individuelle Lebensgeschichte, um an ihr exemplarisch zu veranschaulichen, dass es Gott gewollt hatte, ihm seine Gnade *(gratia)* als Geschenk zu gewähren.

Als Dokument des paulinisch-augustinischen Sündenbewusstseins und Erlösungsglaubens sind die *Confessiones*[4] zum Gegenstand theologischer Dogmatik geworden. Theoretisch geklärt und systematisiert werden sollte das Bild Gottes, wie es der Kirchenvater Augustinus gezeichnet hatte, und das dunkle Mysterium der Gnadenwahl, die der undurchschaubaren Eigenwilligkeit Gottes zugeschrieben wurde.[5] Dieser überhöhte theologische Sinn und die damit verbundenen Verständnisschwierigkeiten sollen uns hier nicht weiter beschäftigen. Stattdessen gilt es, das sexuelle Lustprinzip des Augustinus zur Sprache zu bringen, in dem sich das ganze Drama seiner Existenz ereignete, wobei wir uns durch die existenziell-philosophische Leseempfehlung Ludwig Wittgensteins leiten lassen wollen, für den Augustinus ein Vorbild seines eigenen gequälten Selbstverständnisses gewesen ist.[6] «Gnadenwahl: So darf man nur schreiben unter den fürchterlichsten Leiden – und dann heißt es etwas ganz anderes. Aber darum darf dies auch niemand als Wahrheit zitieren, es sei denn, er selbst sage es unter Qualen. – Es ist eben keine Theorie. – Oder auch: Ist dies Wahrheit, so ist es nicht die, die damit auf den ersten Blick ausgesprochen zu sein scheint. Eher als eine Theorie, ist es ein Seufzer, oder ein Schrei.»[7]

Im Strudel des Lasters

Am 13. November 354 wurde Aurelius Augustinus in der nordafrikanischen Kleinstadt Thagaste geboren, dem heutigen Souk Ahras in Algerien, nahe der tunesischen Grenze. Das war ein Handelsmarkt, den viele Karawanen kreuzten, umgeben von großen Pinienwäldern, Kornfeldern und Olivenbaumhainen. Er gehörte zur Provinz Africa proconsularis am Rand des Weströmischen Reiches und war durch die lateinische Kultur geprägt. Das frühe Christentum hatte sich bereits etabliert, doch der antike, mythische Götterglaube war noch lebendig, vor allem bei der Landbevölkerung, aber auch in der Schicht der gebildeten Aristokratie.

Augustinus, wahrscheinlich ein reiner Berber, war freier römisch-afrikanischer Bürger, dessen Eltern zur Mittelschicht gehörten. Sein Vater Patricius war Mitglied der städtischen Ratsverwaltung, ein kleiner Landeigentümer, der seinen Hof mit Sklaven bewirtschaftete und als Patriarch die Familie Aurelius unter Kontrolle hatte. Er soll durchaus gutwillig gewesen sein, aber familiär gefürchtet wegen seiner jähzornigen Anfälle. Zum Christentum hatte er sich nicht bekehren lassen. Seine streng christliche Frau Monnica hatte es nicht leicht mit ihm. Seine starke Sinnlichkeit, unter der sie litt, suchte nach außerehelicher Befriedigung, mit der sich Monnica zu arrangieren wusste. Sie ertrug nicht nur geduldig seine Untreue, ohne mit ihm zu streiten, sondern schien sogar froh gewesen zu sein, dass sie durch die Geliebten ihres Mannes sexuell entlastet wurde. Als Ehefrau erfüllte sie lustlos ihren Zweck und brachte drei Kinder zur Welt, ihren Liebling Augustinus, seinen Bruder Navigius und eine Tochter.

Ihre Unterwürfigkeit wurde kompensiert durch das Bewusstsein moralischer Überlegenheit gegenüber ihrem Mann. Sie war die Bessere, und mit ihrer christlichen Hypermoral konzentrierte sie sich vor allem auf Augustinus, den sie zu einem guten Christen erziehen wollte. Auf eine Kindertaufe hat sie, wie es afrikanische Sitte war, verzichtet und ihn bei seiner Geburt nur mit dem Zeichen des Kreuzes auf der Stirn gesegnet, um ihn auf den christlichen Glauben zu prägen. Sie sorgte sich darum, dass das Kind Gott als seinen wahren Vater anerkennen und lieben sollte, während es Patricius nur als seinen leiblichen Erzeuger zu respektieren habe. Geduldig wartete Monnica drauf, dass ihr Lieblingssohn aus eigenem Antrieb Christ werde «und dass er, einmal gläubig geworden, auch keusch werde»[8]. Von Anfang an war sie darum bemüht, ihn vor den Gefahren und Abgründen der Sexualität zu schützen.

Solange Augustinus in Thagaste die Elementarschule besuchte, wo er sich vor allem mit der lateinischen Grammatik herumplagen musste, war er unter der Kontrolle der Mutter. Erst als er an den weiterführenden Schulen in der 40 Kilometer südlich gelegenen Nachbarstadt Madaura Grammatik, Rhetorik und Poesie studierte, um zu einem Meister des gesprochenen und geschriebenen Wortes ausgebildet zu werden, war er der täglichen Aufsicht der Eltern entzogen. Seine Freiheit führte ihn zunächst ins Theater. Er begann die leidenschaftlichen Liebes- und Ehegeschichten zu genießen, die er auf der Bühne zu sehen bekam. Er spürte, dass sie nicht nur als Bildungsstoff vorgeführt wurden, sondern auch seine erotische Phantasie anregten.

Freunde, die mit ihren sexuellen Taten angaben, steigerten sein Begehren.

Er war etwa fünfzehn Jahre alt, als er in jene Krise geriet, die ihn verwirrte. Er spürte etwas in sich wirken und treiben, das den mütterlichen Erziehungsidealen entgegenstand. Es war nicht mehr der Weg des Geistes und des Glaubens, den er einzuhalten sich bemühte, «vielmehr erhoben sich die Dünste aus dem Sumpf fleischlicher Begierde *(concupiscentia carnis)*, aus dem sprudelnden Quell der Mannbarkeit, umwölkten und verfinsterten mein Herz, so daß sich der strahlende Glanz der Liebe *(dilectio)* nicht mehr vom Dunst der Lust *(libido)* unterscheiden ließ. Beides wogte, ineinander verwirrt, in mir, riss meine schwache Jugend durch die Abgründe der Leidenschaften und versenkte sie im Strudel der Laster.»[9] Wozu gab es die käuflichen Freudenmädchen und die Sklavinnen, die mit ihren Liebesdiensten ein wenig Geld verdienen wollten, oder die jungen Mädchen aus der Unterschicht, die sich gern auf erotische Abenteuer mit dem schönen Jungen einließen! Augustinus fühlte sich zu «Unzuchtstaten»[10] gedrängt. Er gab dem Sturm und Drang seiner jugendlichen Leidenschaft nach. Er «verwilderte aus Übermut in mannigfaltigen finsteren Liebesabenteuern»[11]. Es gab niemanden, der ihn zurückhielt. Auch der Gott seiner Mutter war ihm fremd geworden und ließ sein Gewissen in Ruhe.

Als er unfreiwillig 369/70 für ein Jahr in seine Heimatstadt Thagaste zurückkehrte, weil sein Vater nicht genug Geld hatte, um seine weiteren Studien zu finanzieren, überließ sich Augustinus ganz dem Müßiggang, und plan- und ziellos vergeudete er seine Zeit. Statt etwas zu lernen, schloss er sich lieber verkommenen Altersgenossen an und zog mit ihnen durch die Straßen des Lasters, auf der Suche nach einer flüchtigen Lust. Er befand sich in «jenem sechzehnten Lebensjahr meines Fleisches, als die Raserei der von menschlicher Schmach erlaubten ... Lust über mir das Zepter schwang und ich ihr völlig freie Hand ließ»[12].

Seine Eltern scheinen es nicht bemerkt zu haben. Jedenfalls unternahmen sie nichts, um ihn aus seiner libidinösen Überspanntheit und Ausschweifung zu lösen. Im Gegenteil. Als er eines Tages zusammen mit seinem Vater im öffentlichen Bad war und eine Erektion hatte, sollte er sich nicht schamvoll bekleiden, sondern wurde von Patricius wegen seiner genitalen Erregung gelobt. Und voller Stolz erzählte es der Vater der Mutter, sobald sie zu Hause waren. Doch Monnica reagierte anders als erwartet. Weil sie Gott liebte und die Lust des Fleisches abwehrte, «erzitterte meine Mutter sehr in frommer Angst und fürchtete für mich, ich könnte, wenngleich ich noch kein gläubiger Christ war, dennoch unheilvolle Wege beschreiten, auf denen die wandeln, die dir den Rücken und nicht ihr Gesicht zuwenden»[13]. Sie fürchtete, dass Augustinus seinem gottlosen Vater folgen würde, dessen sexuelle Energie ihr zuwider war. Doch sie wusste nicht, was sie hätte tun können, um die sinnlichen Begierden ihres Sohnes zu blockieren. Eine Ehe als Problemlösung wollte sie ihm nicht empfehlen, weil sie sich eine berufliche Karriere wünschte, die durch eine frühe Heirat erschwert worden wäre. Also blieb ihr nichts anderes übrig als eine Ermahnung und ein frommer Wunsch. «Sie wünschte nämlich – und insgeheim erinnere ich mich daran, wie sie mich mit tiefer Besorgnis davor warnte –, dass ich nicht der Unzucht verfiele und besonders nicht die Frau eines anderen zum Ehebruch verführte. Diese Warnungen hielt ich jedoch für weibisch, und ich hätte mich geschämt, ihnen nachzukommen.»[14] Monnica fürchtete, dass sich Augustinus ihrer liebenden, auf Gott vertrauenden Sorge völlig entzog. Täglich weinte sie nun um ihn, um ihn wenigstens durch ihre vielen Tränen noch zu rühren und an sich zu binden.

Doch schon bald war Augustinus wieder familiär ungebunden und so frei, alles tun zu können, was er wollte, um die Begierden des Fleisches zu befriedigen. Ein Freund der Familie begann ihn finanziell zu unterstützen und ermöglichte ihm die Fortsetzung seines Studiums. Im Herbst 370 verließ er das kleine Thagaste und seine Eltern, um seine literarischen, rhetorischen und grammatischen Studien in der Hauptstadt des römischen Afrika weiterzuführen, die nach Rom die zweitgrößte Stadt des lateinischen Abendlandes war. «Ich kam nach

Karthago, und es umgab mich von allen Seiten ein tosendes Gewirr ausschweifender Leidenschaft.»[15]

Er war sechzehn Jahre alt, als er sich in diesen Hexenkessel des Genusses und der Laster hineinstürzte. Seinen Geist schulte er an der Universität, wo er sich auf einen Staatsdienst im weströmischen Kaiserreich vorbereitete. Für sein ungezügeltes sinnliches Begehren boten sich die käuflichen Angebote der Prostituierten am Hafen an, Theaterbesuche, die das Feuer seiner Leidenschaft anfachten, Liebschaften mit willigen Freundinnen, und selbst innerhalb der Kirche, die er ab und zu besuchte, überließ er sich begehrlichen Gedanken und bemühte sich darum, Gefährtinnen seiner Lust zu finden. Nur die «Berührung mit dem Sinnlichen» und der «Genuss körperlicher Leidenschaft»[16] versprachen die libidinösen Spannungen lösen zu können, die ihn durchzogen und in einen Zustand hypersexueller Gereiztheit versetzten, der ihn auch die unheilvollen Folgen seiner Begierde in Kauf nehmen ließen. «Denn auch mir wurde Leidenschaft entgegengebracht, und auf geheimnisvollem Wege geriet ich in die Fessel des Lustgewinns und ergab mich froh in leidvolle Verstrickungen, um sogleich mit den glühenden Eisenruten der Eifersucht, des Argwohns, der Angst, des Zorns und des Gezänks gepeitscht zu werden.»[17]

Nach diesem einen Jahr, in dem er in der Hitze seiner Leidenschaft zu verbrennen drohte, entschied sich Augustinus zu einer beruhigten Lebensform, in der er seine körperliche Lust ohne Leid und Schmerz kultivieren konnte. Er suchte sich eine Geliebte, um mit ihr eine ehe-ähnliche, zwar durch das Gesetz nicht festgelegte, aber selbst von Christen als rechtskräftig akzeptierte monogame Liebesbeziehung einzugehen, in der er sexuell genießen konnte, wonach er begehrte, ohne unter den unerfreulichen Folgen seiner Lust leiden zu müssen. Im Herbst 371 wählte er sich eine Konkubine zur festen Partnerin. Sie war ein junges Mädchen aus dem unteren Volk, dessen Name unbekannt ist. «In jenen Jahren hatte ich eine Frau kennengelernt und lebte mit ihr nicht etwa in einer sogenannten rechtmäßigen Ehe zusammen; vielmehr hatte die unbesonnene Glut der Ausschweifung sie aufgespürt; doch es war nur die eine, ihr wahrte ich die Treue des Lagers; sie war es freilich, bei der ich am eigenen Leibe erfahren sollte, worin der Unterschied besteht zwischen einer rechtmäßigen Ehe, die man zum Zweck, Kinder zu zeugen, schließt, und einer Verbindung, die sich auf Lusterfüllung und Leidenschaft gründet, wo auch Kinder geboren werden, aber unerwünscht, obgleich sie, wenn nun schon einmal geboren, dazu zwingen, ihnen Liebe entgegenzubringen.»[18] Vierzehn Jahre lang lebte er mit dieser Frau zusammen, nicht um mit ihr Nachwuchs zu zeugen, sondern um sexuelle Lust zu genießen. Er blieb dem antiken Muster verhaftet, das zwischen der Fortpflanzung als ehelichem Zweck und dem sexuellen Akt als körperliche Lust zu unterscheiden wusste. Er schlief mit seiner Frau, weil er sie und den lustvollen Geschlechtsverkehr liebte, den er mit ihr problem- und zwanglos vollziehen konnte. Im Sommer 372 kam ein Sohn zur Welt, vielleicht ungeplant und unerwünscht, aber doch mit Liebe angenommen. Er wurde Adeodatus genannt: «von Gott geschenkt».

Im Kampf mit sich selbst

Sein Triebschicksal hatte es bisher gut mit ihm gemeint. Augustinus genoss es, zu lieben und geliebt zu werden. Er hatte sich in den Strudel der sinnlichen Genüsse gestürzt und schließlich in den Armen seiner Konkubine das Liebesglück gefunden. Mit achtzehn Jahren war er Vater geworden. Doch dabei sollte es nicht bleiben. Denn ab 373 begannen ihn Gedanken zu beunruhigen, die sein Liebesleben einer qualvollen geistigen Selbstprüfung unterzogen. Die kommenden zehn Jahre fühlte er sich hin- und hergerissen zwischen der lustvollen Befriedigung und der keuschen Beherrschung seines Geschlechtstriebs, bis er schließlich die Lösung dieser Spannung nicht mehr länger aufschieben konnte und eine radikale Umkehr vollzog. Durch intensive Lektüre und Streitgespräche lernte er sein sexuelles Begehren als Sünde zu empfinden, aus der ihn, endlich doch noch zum Christentum bekehrt, die Gnade Gottes erlöst haben soll.

Das Ideal der Philosophie. In seinem dritten Studienjahr (373) an der Hochschule in Karthago stand ein Werk des römischen Redners und Politikers Marcus Tullius Cicero auf dem Lehrplan, dessen Sprache in der lateinischen Kultur allgemein bewundert wurde: der Dialog *Hortensius*, in dem sich vier ehemalige Konsuln um den Wert der Dichtung, der Geschichtsschreibung und der Philosophie streiten. Die klassischen rhetorischen Lehrbücher Ciceros über den Redner und die Redekunst hatte Augustinus bereits studiert. Mit dem *Hortensius* wurde ihm ein erster Einblick in die griechische Philosophie vermittelt, deren Werke er nicht im Original lesen konnte. Durch Cicero lernte Augustinus einige Gedanken Platons und Aristoteles' kennen, die er nicht nur als akademischen Wissensstoff zu studieren begann, sondern als moralische Herausforderung annahm. Denn Cicero hatte seine Schrift *Hortensius* als eine Ermahnung im Geist des aristotelischen *Protreptikos* komponiert, der die Unumgänglichkeit und Nützlichkeit der Philosophie für das praktische Leben begründet hatte. Wer den Weg der Philosophie beschreite und seine Vernunft richtig zu gebrauchen wisse, könne ein glückliches Leben führen.

Diese Aufforderung zur Philosophie hat Augustinus begeistert. Ab jetzt wollte er nicht mehr nur seinen Sprachstil glätten und rhetorisch perfektionieren. Die «Weisheit» war sein neues Ideal. «Die Liebe zur Weisheit *(amor sapientiae)* aber heißt auf griechisch ‹Philosophie›; sie war es, zu der jene Schrift meine Begeisterung entzündete.»[19] Das war die erste große Wandlung seines Denkens. Er verstand die Mahnschrift als Empfehlung für sein eigenes Leben und bekannte, dass *Hortensius* das Buch war, «das meinen Sinn veränderte.»

Der geistige Sinn der Philosophie begann die sinnlichen Genüsse zurückzudrängen, denen sich Augustinus ausgeliefert hatte. Das Leibliche verlor an Gewicht und Bedeutung. Durch die antike platonische und aristotelische Philosophie wurde die Hitze der körperlichen Liebe ins Geistige verschoben. Augustinus wird sich sein Leben lang vor allem an die Stelle erinnern, an der Cicero den philosophisch geschulten Geist gegen die Gewalt der Sinnlichkeit ins Feld führte, die den Menschen an die niederen Genüsse des Körpers bindet. «Sind denn die Freuden des Körpers zu suchen, die Platon in allem Ernst als ‹Fallstricke und Quelle aller Übel› beschreibt? ... Die Antriebe der Sinnlichkeit sind die stärksten von allen und daher für die Philosophie am feindlichsten.»[20]

In der Kirche des Mani. Das philosophische Ideal besaß zwar eine quasi-religiöse Aura. Der Aufstieg aus den Niederungen des Körpers zur Weisheit des Geistes schien auf jenes höchste, vollkommene Wesen gerichtet zu sein, das christlich als der Gott imaginiert wurde, von dem ihm seine Mutter Monnica erzählt hatte. Doch enttäuscht musste Augustin feststellen, dass im *Hortensius* weder von Gott Vater noch von Jesus Christus die Rede war. Was er «schon mit der Muttermilch liebevoll in sich aufgenommen und tief im Innern bewahrt»[21] hatte, war in der Philosophie nicht zu finden. Deshalb beschloss er, in der *Heiligen Schrift* zu lesen, um dort zu suchen, was er in der Liebe zur Weisheit vermisste. Doch auch diese Lektüre konnte ihn nicht befriedigen. Einige Erzählungen im *Alten* und *Neuen Testament* waren zwar erbaulich, aber sie begeisterten ihn nicht. Die narrativen Muster der Bibel waren nicht auf der Höhe der philosophisch-rationalen Sprach- und Denkformen, die ihm durch Ciceros *Hortensius* bekannt geworden waren. Also begann er nach einer Lehre oder Lebensform zu suchen, in der sich die Arbeit des Geistes mit dem christlichen Glauben vermitteln ließ. Dabei stieß er auf den Manichäismus, der ihm ein Jahrzehnt lang zur intellektuellen und lebenspraktischen Orientierung dienen sollte.

Das große Imperium Romanum des vierten Jahrhunderts war ein riesiger Markt von Angeboten wahrer Erkenntnis und erlösender Heilsversprechen. Die alten Götter spielten in der Volksfrömmigkeit weiterhin ihre Rollen. Philosophische Schulen wetteiferten mit- und gegeneinander. Skeptiker stellten jeden Wissensanspruch als Anmaßung in Frage; Platoniker strebten nach dem Logos der Ideen; Aristoteliker verstiegen sich in kategoriale Systeme; Materialisten waren davon überzeugt, dass alles, was ist, aus kleinsten atomaren Bausteinen zusammengesetzt ist. Verschiedene christliche Sekten kämpften um allgemeine Anerkennung. Und dann gab es auch noch, über das ganze spätantike Römische Weltreich verbreitet, das Netzwerk der manichäischen «Zellen», die der streng dualistischen Lehre des Persers Mani (216–277) folgten, der alles – den Kosmos, die Natur, die Geschichte und die menschliche Psyche – auf den Widerstreit von Gut und Böse, Geist und Stoff zurückgeführt hatte. Es gebe nicht nur das eine Gute, an das Platon dachte, oder den einen Gott, an den die Juden und die Christen glaubten. Stattdessen ständen sich uranfänglich das Reich des Lichts und das Reich der Finsternis, Gott und Gegengott, gleich mächtig gegenüber. Das manichäische Bekenntnis kam dem weitverbreiteten Sinn für die Zerrissenheit des menschlichen Lebens entgegen, in dem gute und böse Charaktere und Handlungen sich in einem permanenten Kampf gegenseitig herausfordern.

Auch in Karthago hatte die Kirche des Mani ihre Wortführer und Gefolgsleute. In Predigten, kultischen Ritualen und okkulten Büchern, die sich der himmlischen Erleuchtung verdanken sollten, boten sie ihr Erlösungswissen an, wobei sie die Christen durch den Hinweis köderten, dass das Licht Gottes ihnen helfen könne, die teuflischen Mächte der Finsternis zu besiegen. Das klang, als habe Mani die Aufforderungen wiederholt und unterstützt, die der Apostel Paulus in seinem *Brief an die Römer* gerichtet hatte: «Die Nacht ist vorgerückt, der Tag ist nahe. Darum lasst uns ablegen die Werke der Finsternis und anlegen die Waffen des Lichts.»[22] Auch hatte sich Mani selbst als der wiederkehrende Geist *(Paraklet)*[23] ausgegeben, der vom Apostel Johannes den Christen als ihr Tröster und Fürsprecher vor Gott angekündigt worden war und sie in die ganze Wahrheit einführen werde.

An der Spitze der manichäischen Kirche standen die Vollkommenen, Heiligen oder Erwählten *(electi)*, die sich das dreifache Siegel der Enthaltsamkeit *(signacula oris et manum et sinus)* auferlegt hatten: auf den Mund, der nicht unrein reden und sich den Genuss von Fleisch und Alkohol versagen sollte; auf die Hände, die nicht arbeiten und keinen Besitz erwirtschaften sollten; und auf den Schoß, der sich gegen die geschlechtliche Fleischeslust verschließen sollte. Für die einfachen Hörer *(auditores)*, die den Laienstand der manichäischen Gemeinde bildeten, waren diese asketischen Absagen an die Lebenstriebe nicht verpflichtend. Auf Ehe und Kinderzeugung sollten sie zwar möglichst verzichten. Aber sie durften Kinder haben, und auch die unfruchtbare Lust des Fleisches wurde ihnen in Maßen zugestanden. Es genügte, wenn sie die Gebote des regelmäßigen Fastens, Betens und Almosengebens befolgten.

Nach seiner Wende zur Philosophie und der kurzfristigen Bibellektüre, die ihn beide nicht befriedigten, weil die eine zu abstrakt und unchristlich, die andere zu geistlos war, entschloss sich Augustinus, *auditor* in der Kirche des Mani zu werden. Er wollte weder auf eine berufliche Karriere noch auf sein befriedigendes Liebesleben verzichten. Im *Hortensius* des heidnischen Cicero hatte er zwar gelesen, dass die Lust des Körpers zur Quelle aller menschlichen Übel werden könne, und er begann auch mit der manichäischen Lehre zu sympathisieren, dass der Mensch sich darum bemühen sollte, seine «gute Seele» von seiner niederen körperlichen Natur abzuspalten. Das menschliche Geistwesen wurde als geschlechtslos vorgestellt, befreit aus der schrecklichen Finsternis der sexuellen Begierde. Doch Augustinus hatte sich zu sehr an die Freuden mit seiner geliebten Konkubine gewöhnt, um sich für Keuschheit und Enthaltsamkeit entscheiden zu können. Deshalb gab er sich mit der Einsicht zufrieden, dass es in seinem Inneren einen lichten Kern der Vollkommenheit gebe, der von seiner dunklen Libido unberührt blieb. Er verdrängte seine aufkeimenden Schuldgefühle und verschob seine Reinigung auf später. Er wollte das Liebesglück und «die Befriedigung üppiger Lüste des Körpers» nicht aufgeben und stellte in seinen an Gott gerichteten *Bekenntnissen* rückblickend fest: «Und ich, elend schon als junger Mann und besonders elend in meinen ersten Jahren als junger Mann, ich hatte dich wohl schon um Keuschheit gebeten und dabei gesagt: ‹Gib mir Keuschheit und Enthaltsamkeit, aber bitte nicht sofort! *(sed noli modo)*› Ich fürchtete, du könntest mich schnell erhören und mich schnell befreien von der Krankheit der Begierde *(a morbo concupiscentiae)*, die ich lieber auskosten als auslöschen wollte.»[24]

Während ihr Sohn als manichäischer Hörer seinen erotischen Sonderweg einschlug, stürzte seine Mutter Monnica in einen Abgrund von Sorgen. Bald nachdem Augustinus zum Studieren nach Karthago gezogen war und sich eine Konkubine zugelegt hatte, war ihr Mann Patricius gestorben. Sie musste allein mit den Irrungen fertig werden, in die sie ihren Sohn sich verstricken sah. Sie schien sich zwar mit seiner festen Liebschaft abgefunden zu haben, und vielleicht hatte sie sich sogar über die Geburt ihres Enkels Adeodatus gefreut. Auch mit seinem beruflichen Aufstieg konnte sie zufrieden sein. 374 wurde Augustinus auf den Lehrstuhl für Rhetorik an der Hochschule in Karthago berufen. Er hielt öffentliche Vorträge und nahm erfolgreich an Dichterwettbewerben teil. Doch dass er sich durch die Teufelsschlingen dieser ketzerischen Sekte hatte einfangen lassen, die an die zwei Götter des Lichts und der Finsternis glaubte, hat sie maßlos erschüttert. Sie war entsetzt. Sie hatte schon immer viel geweint, weil Augustinus den richtigen Weg zum christlichen Gott nicht fand. Doch jetzt blieben ihr nur noch ständige Gebete und ein unaufhaltsamer Strom von Tränen. Einen kleinen Trost bot ihr nur der Hinweis eines Priesters, dass ein Mensch, um den so viel geweint werde, für Gottes Gnade empfänglich bleibe. «Unmöglich geht ein Sohn so vieler Tränen verloren.»[25] Und als einen letzten Hoffnungsschimmer interpretierte sie ihren Traum, in dem sie auf den hölzernen Brettern einer christlichen Kirche stand und «einen strahlenden, heiteren, ihr zulächelnden jungen Mann auf sich zukommen sah, während sie der Kummer drückte und sie wegen des Kummers bereits erschöpft war»[26].

Der Willenskampf. Als ob durch die vielen Tränen, die seine Mutter Tag und Nacht um ihn vergoss, Gott gerührt worden wäre, fühlte sich Augustinus auf wunderbare Weise nach Rom, ins repräsentative Zentrum des Weströmischen Reiches, geführt. Er war 29 Jahre alt, hochbegabt, ehrgeizig und lebenslustig. Nach neun Jahren Lehrtätigkeit an der Universität in Karthago hatte er die Lust verloren, Schüler zu unterrichten, die sich nicht disziplinieren ließen und alles durcheinanderbrachten. Er war es müde, die studentischen Unsitten zu ertragen, und nahm das Angebot von manichäischen Freunden an, die ihn nach Rom lockten, damit er dort als Professor für Rhetorik unterrichte.

Das war die nächste große Enttäuschung für seine Mutter. Sie hatte ihn an den sektiererischen Irrglauben Manis verloren. Jetzt sollte sie auch noch auf seine Nähe verzichten. Am Tag der Abreise im Hafen von Karthago klammerte sie sich leidenschaftlich an ihn und wollte ihn gewaltsam festhalten. Scheinbar ließ er sich erweichen. Er tat so, als ob er einen Freund besuchen würde. Doch in der Nacht schiffte er sich heimlich ein und fuhr davon, ohne sich von ihr zu verabschieden. Fassungslos vor Schmerz und fast wahnsinnig blieb Monnica zurück, nur noch betend und weinend wegen ihres verlorenen Sohnes. Das Herz der Witwe schien völlig gebrochen zu sein.

Kaum in Rom angekommen, wurde Augustinus schwer krank. Er war dem Tod nahe. Er empfand es wie eine strafende Geißel, mit der er für seine Flucht vor der Mutter gepeinigt wurde. Im Haus eines «Hörers» erholte sich sein Körper. Doch sein Geist war verunsichert. Er begann darüber nachzudenken, ob die Vorsehung des christlichen Gottes ihn gerettet haben könnte. Hatte der Gott seiner Mutter sich seiner erbarmt? War er unverdient seiner Gnade teilhaftig geworden? Er war sich nicht sicher, was er glauben sollte. Zu dem entscheidenden Schritt, Christ zu werden, war er nicht bereit. Doch er wollte sich auch nicht mehr an den Mythen lichter und finsterer Welten berauschen.

Er versuchte sich auf seine Lehrtätigkeit zu konzentrieren. Doch auch die römischen Studenten verunsicherten und täuschten ihn. Sie waren zwar konzentrierter und fleißiger als die Studenten in Karthago. Sie hörten ihm aufmerksam zu. Doch wenn sie die Kurse bezahlen sollten, verschwanden sie in Scharen. Sie prellten ihren Professor um sein Honorar. Als in Mailand ein beamteter Rhetorikprofessor gesucht wurde, bewarb sich Augustinus um diese Stelle, die vom Staat honoriert wurde. Wieder waren es manichäische Bekannte, die ihn erfolgreich unterstützten. So kam er nach seinem römischen Zwischenspiel nach Mailand, die Residenz des römischen Kaisers Valentinian II., wo alle Entscheidungen von politischer Reichweite getroffen wurden.

Am Ende der Sommerferien 384 trat er sein Amt an. Seine finanziellen Sorgen war er los. Er bezog mit seiner Konkubine ein geräumiges Haus mit einem dazugehörenden schönen Garten. Es bildete sich eine kleine Wohngemeinschaft, zu der auch sein Sohn Adeodatus, sein Bruder Navigius mit zwei Neffen und sein Schüler und engster Freund Alypius gehörten, den er schon seit den frühen Jahren im heimatlichen Thagaste kannte. Etwa ein Jahr später, im Juni 385, kam auch seine Mutter Monnica nach Mailand, was dazu führen sollte, dass auch in seinem Liebesleben eine neue Etappe begann.

Der Ortswechsel von Rom nach Mailand war mit einer geistig-moralischen Wende verbunden, die sich schmerzhaft vollzog im steten Wechsel von Enttäuschungen und Hoffnungen, Gewohnheiten und Erneuerungen, Lust und Leid. Augustinus lernte Bücher und Menschen kennen, die ihn aus der Weltanschauung des Manichäismus herauszogen. Er las philosophische neuplatonische Schriften, die visionär den Aufstieg der menschlichen Seele aus der vielfältigen sinnlichen und materiellen Welt zum vollendet und absolut Einen aufzeigten, das selbst noch den Ideenkosmos Platons übersteigen sollte. Aus beruflichem Interesse begann er die christlichen Predigten des Ambrosius, Bischof von Mailand, zu hören, dessen Rednergabe allgemein bewundert wurde. Schritt für Schritt spürte er, dass Ambrosius nicht nur eloquent und wortreich sprechen konnte, sondern auch etwas Wahres zu sagen hatte, das den manichäischen Glauben als einen falschen Weg erkennen ließ. Was er bei den neuplatonischen Philosophen las, wurde durch Ambrosius christlich unterstützt und verstärkt. Augustinus lernte einen rein geistigen Seelen- und Gottesbegriff kennen, der von allem Körperlichen abgespalten sein sollte. Langsam begann er, der christlichen Lehre den Vorzug zu geben, dass nur ein Gott existiere, dass ihm die menschliche Seele nahekommen könne und dass das Böse kein eigenes gegengöttliches Wesen sei, sondern nur ein Mangel an Gutem.

Unsicher blieb er jedoch, was er davon halten sollte, dass dieser christliche Bischof ein begeisterter Prediger der Jungfräulichkeit und Enthaltsamkeit war, «jenes einen, das uns von den Tieren trennt»[27]. Noch sträubte er sich, der bischöflichen Aufforderung zu folgen, nur an die christliche Kirche und an die Seele zu denken, «die sich frei über den Körper erhebt, abgewandt von Sinnlichkeit und den süßen Freuden des Fleisches»[28]. Denn Augustinus wollte weiterhin sein Leben genießen. «Gierig war ich auf Ehre, Reichtum und Eheglück»[29], auch wenn ihn dieses leidenschaftliche Begehren zunehmend irritierte. Manchmal fühlte er sich in einer erbärmlichen, elenden Lage gefangen, die er jedoch nicht aufzugeben bereit war. Er erschrak über sich selbst und begann sich anzuklagen: «Dreißig Jahre war ich nun schon alt und steckte noch im selben Schlamm, voll Gier, mich dem Genuss des Gegenwärtigen hinzugeben, das flüchtig an mir vorüberzog und mir Zerstreuung gewährte.»[30] Seine Besserung verschob er immer wieder ins Morgen, nur nicht heute sofort.

Es waren besonders die sexuellen Freuden, auf die er nicht verzichten wollte oder konnte. Er liebte noch immer den sinnlichen Liebesgenuss, an den er sich in den Armen seiner Geliebten gewöhnt hatte, und er fürchtete, ohne ihn unglücklich zu werden. «Ich war an die krankhafte Neigung zur Fleischeslust gebunden und schleppte mit tödlicher Wonne meine Fessel mit mir herum, voller Angst, sie könne gelöst werden.»[31] Es gab allerdings ein praktisches Problem zu lösen. Augustinus war zu einem angesehenen Professor im kaiserlichen Zentrum des römischen Imperiums geworden, der zunehmend Anerkennung, gar Bewunderung wegen seiner Redekunst und geistigen Kraft fand. Angesichts dessen war eine Konkubine, deren niedere Herkunft nicht zu verleugnen war, nicht mehr standesgemäß. Vierzehn Jahre war er nun schon mit ihr unverheiratet zusammen, um «meine unersättliche Begierde sättigen zu wollen»[32]. Jetzt galt es, eine richtige Ehe einzugehen. Vor allem seine Mutter Monnica drängte ihn ohne Unterlass zu heiraten, wobei sie auch hoffte, dass er sich als Ehemann christlich taufen lassen würde. Schon bald wurde ein sehr junges Mädchen aus gutem Haus gefunden, dessen Eltern einer Heirat mit dem staatlich besoldeten Professor ihre Zustimmung nicht verweigern wollten. Es war allerdings erst in zwei Jahren heiratsfähig[33], aber es gefiel Augustinus so gut, dass er diesen Aufschub in Kauf nahm und so lange warten wollte.

Doch was sollte mit seiner Konkubine geschehen, mit der er nun schon so viele Jahre zusammen war und die ihm den Sohn Adeodatus zur Welt gebracht hatte? Er musste sich von ihr trennen, wobei er in seinen *Bekenntnissen* offenließ, wer dieses Muss eigentlich durchsetzen wollte. Doch besonders denkwürdig ist die libidinöse Zwischenlösung, mit der Augustinus die zweijährige Wartezeit überbrücken wollte. Statt ihn zu entlasten, steigerte sie seine Verzweiflung. «Inzwischen häuften sich meine Sünden, und als man die Gefährtin, mit der ich sonst mein Lager teilte, als Ehehindernis gewaltsam von mir trennte, zerriss es mir das Herz, das an ihr hing, und es blutete mir ob der tiefen Wunde. Sie war nach Afrika zurückgekehrt und legte vor dir das Gelübde ab, sie wolle von keinem anderen Mann mehr etwas wissen; den natürlichen Sohn, den ich von ihr besaß, hatte sie bei mir zurückgelassen. Aber ich Unglückseliger, der ich nicht einmal eine Frau nachahmen konnte, empfand den Aufschub, dem gemäß ich erst nach Ablauf von zwei Jahren die Braut heimführen sollte, als unerträglich, denn ich war nicht so sehr ein Freund der Ehe als vielmehr ein Sklave meiner Lust; ich verschaffte mir daher eine andere, natürlich nicht als Gattin, um dadurch den krankhaften Zustand meiner Seele unvermindert oder gar noch gesteigert gleichsam anhalten zu lassen vermittels der Stütze ununterbrochen fortdauernder Gewohnheit und ihn so ins eheliche Reich hinüberzuretten. Aber die Wunde, die mir durch die Trennung von der früheren Geliebten beigebracht worden war, wollte nicht heilen; ihre Wirkung ließ nach einer Zeit brennenden, sehr heftigen Schmerzes zwar nach, doch der Schmerz blieb, gleichsam kälter, aber gesteigert durch die Hoffnungslosigkeit.»[34]

In seinem zweiunddreißigsten Lebensjahr befand sich Augustinus auf einem moralischen und stimmungsmäßigen Tiefpunkt. Die Frau, die er liebte, hatte er als Ehehindernis entsorgt. Er hatte sich ein Ersatzobjekt in sein Haus geholt, das er wieder loswerden musste, sobald ihm ein zwölfjähriges unschuldiges Mädchen als Ehefrau zur Verfügung stand. Das sexistenzielle Drama, in das er sich verstrickt sah, strebte seinem Höhepunkt entgegen. Seine Sexualität war das

Hauptmotiv seines verstörten Daseins. Dabei war es keine Lehre, keine theoretische Erkenntnis, die es argumentativ und sachbezogen zu behaupten oder zu widerlegen galt. Es war eine tatsächlich gemachte lebenspraktische Erfahrung, die sein Herz zerriss, ihn tief verwundete und ihm große Schmerzen bereitete. Im Rückblick auf seine große Krise, die ihn zu zerstören drohte, konnte er feststellen: «So gewann ich aufgrund eigener Erfahrung Einsicht in das, was ich gelesen hatte. Das Fleisch begehrt auf gegen den Geist und der Geist gegen das Fleisch. Ich selbst stand auf beiden Seiten.»[35]

Einerseits ließ er sich durch die neuplatonische Geistigkeit faszinieren, die alle körperlichen und psychischen Erfahrungen transzendierte und auf das eine Absolute hinzielte. «Die platonischen Bücher hatten mich aufgefordert, die unkörperliche Wahrheit zu suchen.»[36] Er hörte, wie Bischof Ambrosius gegen die tierische Geilheit predigte und zum keuschen Christusglauben aufrief. Seine Mutter, die ständig in die Kirche lief und am Munde des Ambrosius hing, setzte ihn mit ihren Gebeten und Tränen unter Druck. Sein Freund Alypius wollte ihn ganz für das gemeinsame Philosophieren gewinnen und versuchte ihn deshalb von einer Heirat abzuhalten. Liebe zur Weisheit statt zu einer Frau. Augustinus hatte begonnen, in den vielen Briefen des Paulus an die christlichen Gemeinden in Rom und Korinth, Ephesos und Thessaloniki zu lesen, in denen der Apostel zwischen dem Gesetz seines Geistes (lex mentis) und dem Gesetz der Sünde (lex peccati) unterschieden hatte, das in seinen körperlichen Gliedern herrschte.[37] Und er war auf die schwer zu erfassende Wahrheit über die Ehelosigkeit gestoßen, die Christus seinen Jüngern offenbart hatte: «Denn es ist so: Manche sind von Geburt an zur Ehe unfähig, manche sind von den Menschen dazu gemacht, und manche haben sich selbst dazu gemacht – um des Himmelreiches willen. Wer das erfassen kann, der erfasse es.»[38] Eunuchen, «die sich selbst entmannt haben»[39], begannen Augustinus zu interessieren.

Andererseits aber war er nicht bereit, seinen Drang nach sexueller Lust aufzugeben. «Alles was mich noch fest umstrickt hielt, war die Frau.»[40] Er empfand seine eingefleischte Gewohnheit des genussvollen Sexualverkehrs als das stärkste Glied in der Kette aus «einem verkehrten Wollen *(ex voluntate perversa facta)*»[41], aus der er sich nicht befreien wollte. Noch immer trieb ihn sein Geschlecht, das Glück in den Armen einer Frau zu finden.

Gegen seinen neuen, zunehmend stärker werdenden Willen, sich ganz dem Geist zu widmen, stand die Begierde *(libido)*, die er einst mit seiner Männlichkeit entdeckt hatte, als er in Madaura von der mütterlichen Sorge entlastet gewesen war. Es war ihm, als ob zwei Willen in ihm um ihn stritten, «der neue gegen den alten, der geisthafte gegen den fleischlichen. Ihr Zwist zerriss mir die Seele.»[42] Augustinus sah die Gefahr, wieder in das manichäische Muster von Gut und Böse, Licht und Finsternis zurückzufallen. Er musste den Dualismus abwehren, um seine personale Identität nicht zu verlieren; und er wollte verstehen, wie er als sein eigenes Ich auf beiden Seiten stehen und einen «Willenskampf»[43] führen konnte, der die Einheit seiner Person intakt ließ. In dieser angespannten Problemsituation brauchte es nur noch einen letzten Anstoß, um das Gebäude aus Lust und Scham, Begierde und Schuld, Liebe und Sünde zusammenstürzen zu lassen.

Die Umkehr. Es geschah Anfang August 386. In ihrer Mailänder Villa erhielten Augustinus und Alypius unerwartet Besuch von Pontitianus, einem christlichen Landsmann aus dem heimatlichen Thagaste, der eine hohe Stellung am kaiserlichen Hof hatte. Zwanglos entwickelte sich ein Gespräch, in dem Pontitianus auch von Antonius erzählte, einem ägyptischen Einsiedler, der 356 im hohen Alter gestorben war. Er war ihnen bisher unbekannt gewesen. Neugierig hörten sie von seinem enthaltsamen Leben in der Wüste und von seinen Wundertaten, vom klösterlichen Leben in der Einsamkeit und von Eremiten, die sich aus der Gesellschaft zurückgezogen hatten, um nur noch Gott zu dienen. Auch über Konversionen wurde gesprochen, in denen erleuchtete Menschen ihre weltlichen Karrieren aufgegeben hatten, um sich Gott zuzuwenden. Während Augustinus diese wundersamen Geschichten hörte, begann er vor sich selbst zu erschrecken. Es war ihm, als hätte er sich bisher hinter seinem eigenen Rücken versteckt, um nicht sehen zu müssen, wie hässlich, verkommen und schmutzig er war. Er erkannte, wie er wirklich war, und konnte nicht länger verleugnen oder vergessen, dass er ein moralischer Schuft war. Es überfiel ihn eine ungeheure Scham, vor allem wegen der Befriedigung seiner libidinösen Wünsche, die ihn selbstsüchtig beherrschten.

Nachdem Pontitianus gegangen war, befand sich Augustinus in einem Zustand unkontrollierbarer Verzweiflung. Seine Gefühle und Gedanken waren in Aufruhr. Um etwas Ruhe zu finden, ging er in den Garten seines Hauses. Er kämpfte mit sich selbst. Aber es waren nicht zwei Seelen in seiner Brust, eine gute und eine böse, die gegeneinander stritten. Jetzt drängte sich ihm zum ersten Mal eine Einsicht auf, die er später ins Zentrum seiner Theologie stellen sollte: Denn «dieser Riss entstand zwar gegen meinen Willen, aber er bewies nicht eine zweite, fremde Geistseele, sondern nur die Strafe meiner eigenen. Deswegen war es schon nicht mehr ich, der diesen Riss bewirkte, sondern es war die Sünde, die in mir wohnte als Strafe für eine freier begangene Sünde; war ich doch ein Sohn Adams.»[44] Seine eigene Zerrissenheit war die Spätwirkung einer uranfänglichen sündigen Tat, die der erste Mensch aus freiem Willen im Paradies gegen den Willen Gottes begangen hatte. Und wie in der biblischen Geschichte es eine schlaue Schlange als verkörperte Verführung war, die Adam und seine Frau überredete, Gottes Gebot zu verletzen, so stellte sich nun auch Augustinus vor, dass ihn zwei alte Freundinnen, die Torheit und die Eitelkeit, «am Kleid meines Fleisches» und dem Begehren seines Geschlechts festhielten und wie die Schlange zu ihm tuschelten und gegen ihn stichelten, dass er doch bei ihnen bleiben solle. Er übernahm die stilistische Eigenart der alttestamentarischen Erzählung von Paradies und Sündenfall, um seinen eigenen Fall darstellen zu können. «Ich zögerte, mich von ihnen loszureißen und den Sprung dorthin zu wagen, wohin ich gerufen wurde, denn die übermächtige Gewohnheit rief mir zu: ‹Glaubst du, es ohne all das aushalten zu können?›»[45]

Doch schon bald wurden diese verführerischen Reden schwächer und matter. Und eine andere Stimme wurde immer eindringlicher, die ihn umschmeichelte und liebkoste. Augustinus begann auf die «reine Würde der Enthaltsamkeit (*casta dignitas continentiae*)» zu hören. «Sie lud mich ein, ohne Zögern zu kommen, und sie streckte, um mich aufzunehmen und zu umarmen, ihre gütigen Hände aus, die überquollen von der Fülle von Beispielen eines mustergültigen Lebens.»[46] Augustinus wusste, dass es seine eigene Stimme war, die er hörte. Er halluzinierte nicht, sondern sprach mit sich selbst. Es war ein Streit in seinem eigenen Herzen, den er allegorisch personifizierte, um seine Dramatik bildlich ausdrücken zu können. Es ging um ihn selbst. Im Kampf zwischen Lustbefriedigung und Enthaltsamkeit war er sein eigener Gegner.

Alypius war schweigend an seiner Seite geblieben. Doch jetzt, als sein ganzes libidinöses Elend ihm klarwurde und ein Wolkenbruch von Tränen ihn erschütterte, wollte Augustinus allein sein. Er brauchte die Einsamkeit für sein Weinen. Er zog sich allein in den hinteren Garten zurück und warf sich tränenüberströmt unter einen Feigenbaum, als wäre er im Paradies. Und statt mit einer Schlange, begann er mit Gott zu reden und ihn zu bitten, ihm seine alten Sünden zu vergeben. Was er so lange aufgeschoben hatte, sollte endlich geschehen. Da, plötzlich, hörte er aus dem Nachbarhaus eine kindliche Stimme, die zu singen schien: «Nimm und lies, nimm und lies! *(Tolle lege, tolle lege!)*»[47] Er verstand es als Zeichen. Er stand auf, lief zurück zu Alypius und zu einem Tisch, auf dem Briefe des Apostels Paulus lagen, schlug eine beliebige Seite auf und las den Abschnitt, auf den zuerst sein Auge fiel: «*Nicht in Schmausereien und Trinkgelagen, nicht in Unzucht und im Bett, nicht in Streit und Neid, sondern zieht den Herrn Jesus Christus an und sorgt euch nicht um das Fleisch und seine Begierden.*»[48] Weiter wollte Augustinus nicht lesen. Nun wusste er, was er zu tun hatte.

Es war keine religiöse Erleuchtung, auch kein philosophischer Geistesblitz, die sich in diesem Augenblick ereigneten. Augustinus traf eine sexualmoralische Entscheidung. Mit einem Schlag löste er den gordischen Knoten seines heterosexuellen Verlangens, der ihn bisher gefesselt hielt. Ab jetzt wollte er sich von Frauen fernhalten.

Er fühlte sich erleichtert, als sei er neu geboren worden in einem Geist, der alle körperlichen Leidenschaften und sexuellen Genüsse, die ihn so lange gefesselt hatten, hinter sich gelassen hatte. Mit Alypius ging er ins Haus, um die frohe Botschaft seiner Mutter mitzuteilen. Monnica jubelte und triumphierte, weil endlich alles in Erfüllung gegangen war, wofür sie so lange und so viel geweint und gebetet hatte. Gott hatte, wie Augustinus in seinem Glaubensbekenntnis feststellte, «ihre Trauer in Freude verwandelt, viel überschwänglicher, als sie es sich gewünscht hatte, eine Freude, viel wertvoller und keuscher als die, die sie erwartet hatte von Enkeln aus meinem Fleisch»[49].

In der Liebe Gottes

Im Garten seines Mailänder Hauses fühlte sich Augustinus so sehr zu Gott bekehrt, «dass ich weder eine Gattin suchte noch irgendeine Hoffnung dieser Welt»[50]. Er verstand die paulinischen Ermahnungen als göttliche Hinweise für sich selbst, wie er zu leben habe. Er wollte sich dem einen Gott, seinem neu gefundenen Herrn, unterwerfen und nur noch sein Diener sein. Auf alles andere wollte er verzichten, weil er es als unbedeutend durchschaute angesichts der erhabenen Größe Gottes, der durch Paulus zu ihm gesprochen hatte in einem erschütternden Moment der Verzweiflung über sein bisheriges Leben, in dem der körperliche Genuss die Hauptrolle gespielt hatte. Also trennte er sich von seiner Übergangsgeliebten, mit der er nicht länger Unzucht in seinem Bett treiben wollte. Um sein Fleisch und seine Begierden wollte er sich nicht mehr kümmern. Er gab seine Heiratsabsichten auf. Alle sexuellen Genüsse verdrängte er, wofür er sich bei Gott persönlich bedankte: «Du warfst sie nämlich aus mir heraus, du wahre und einzige Lust. Du warfst sie hinaus und tratest statt ihrer bei mir ein, süßer als alle Wollust, freilich nicht für Fleisch und Blut.»[51]

Auch seinen Lehrstuhl für Rhetorik wollte er aufgeben. Auf «dem Jahrmarkt der Geschwätzigkeit»[52] wollte er nicht mehr mitspielen. Allerdings nicht sofort. Er wartete das Ende der Sommerferien ab.

Seinen beruflichen Abschied begründete er mit schmerzhaften körperlichen Beschwerden. Er fühle sich nicht mehr in der Lage, Vorlesungen zu halten. Seine Entschuldigung war nicht geheuchelt. Denn schon während des Sommers 386, als er seinen verzweifelten Kampf mit sich selbst geführt hatte, in dem seine Seele zu zerreißen drohte, hatte er unter heftigem Stechen in der Brust gelitten. Er konnte kaum atmen, und in den Vorlesungen versagte ihm die Stimme. Nach seiner Umkehr, die ihn sein ausschweifendes Liebesleben beenden ließ, verstärkten sich die Symptome. Sein Körper rebellierte. So leicht und abrupt wollte er sich nicht beiseiteschieben lassen. Der «*dolor pectoris*»[53], sein Schmerz in der Brust, die er für den Ort des männlichen Stolzes hielt, steigerte sich und führte ihn an den Rand des Nervenzusammenbruchs.

Er hatte also einen guten Grund, seine Universitätskarriere abzubrechen und sich um seine Gesundheit zu kümmern. Mit seiner Familie und einigen Freunden zog er sich nach Cassiciacum zurück in ein kleines ländliches immergrünes Paradies, um dort vor dem weltlichen Trubel Ruhe zu finden. In der ländlichen Umgebung erholte er sich rasch. Er fühlte sich von einem Rausch des Denkens und Schreibens erfasst, der in kurzer Zeit vier wegweisende Werke entstehen ließ.

In der Euphorie seiner Umkehr schrieb er *Über das Glück (De beata vita)*, wobei er den verschiedenen Angeboten der antiken Glückseligkeitslehren seine Glaubensgewissheit entgegensetzte: Wer Gott liebt, ist glücklich. Alle Hausgenossen, die er am 13. November 386 zu seinem 32. Geburtstag im Badehaus um sich scharte, wo er mit ihnen in Ruhe philosophieren konnte, stimmten ihm zu, sodass er ihre Beiträge so zusammenfassen konnte: «Jeder, der ein gutes Leben führt, tut Gottes Willen, und jeder, der Gottes Willen tut, führt ein gutes Leben. Und ein gutes Leben führen bedeutet daher nichts anderes als tun, was Gott gefällt.»[54] – Gegen einige Skeptiker in der platonischen Akademie, die wissenschaftliche Wahrheitsansprüche und religiöse Glaubensgewissheiten in Zweifel zogen, richtete er seine Streitschrift *Gegen die Akademiker (Contra Academicos)*, in der er die absolute

Wahrheit beschwor, die er im Christentum gefunden hatte. – In seiner Schrift *Über die Ordnung (De ordine)* vertrat er den Standpunkt, dass alles, was es gibt, vom Weltall bis zu den Empfindungen jedes einzelnen Menschen, von der einen großen Ordnung umschlossen werde, die Gottes Vorsehung geschaffen habe.

Über den Stand seiner intellektuellen und moralischen Entwicklung versuchte er Rechenschaft abzulegen in dialogisierten *Alleingesprächen (Soliloquia)*, in denen er sich mit seiner eigenen Vernunft über Selbsterkenntnis und Gotteserkenntnis unterhielt. Sie zeigen, dass Augustinus nach seiner Umkehr in der Mailänder Gartenszene noch nicht zum reinen Christen geworden war. Seine philosophischen Ansichten setzten sich zusammen aus Bruchstücken, die er Cicero, Neuplatonismus, Manichäismus und Christentum entnommen hatte. Bemerkenswert ist die Antwort, die er auf die Frage seiner Vernunft gab, ob ihn nicht zuweilen eine schöne, gefällige, angenehme, vermögende und gebildete Frau erfreuen würde. Augustinus war sich seiner selbst sicher: «Du kannst sie mir mit den lockendsten Farben malen und mit allen Vorzügen überhäufen – ich habe mich entschlossen, nichts so sehr zu fliehen wie die Bettgemeinschaft mit einer Frau. Ich fühle, es gibt nichts, das den Geist des Mannes so sehr von seiner sicheren Höhe stürzt wie die Schmeicheleien einer Frau und jene körperliche Berührung, ohne die man eine Frau nicht haben kann.»[55]

Was ihm in Cassiciacum klargeworden war, erforderte nur noch einen letzten Schritt, um die wahre und einzige Lust in Gott genießen zu können. Augustinus musste sich christlich taufen lassen. Anfang 387 kehrte er mit seiner Gefolgschaft nach Mailand zurück. Er ließ sich für die Taufe eintragen. Ostern war es dann endlich so weit. Zusammen mit seinem Freund Alypius und seinem Sohn Adeodatus wurde er in der Osternacht vom 24. zum 25. April von Bischof Ambrosius zum neugeborenen Christen getauft, «und es wich von uns die Besorgtheit wegen unseres früheren Lebens»[56]. Es fragte sich nur noch, an welchem Ort er Gott am nützlichsten und glücklichsten dienen konnte. Augustinus entschied sich, in seine afrikanische Heimat zurückzukehren.

Im Spätsommer 387 war er mit seiner Mutter, seinem Sohn und seinem Freund Alypius an der Tibermündung in Rom-Ostia, um sich auf die Überfahrt nach Karthago vorzubereiten. Es kam zu einem bemerkenswerten Gespräch mit Monnica, das sich noch einmal um die fleischlichen Sinnesfreuden drehte, nach denen er gestrebt hatte, bis er endlich von ihnen erlöst worden war. Beide waren sich einig, dass selbst die größten körperlichen Genüsse absolut nichtig und völlig bedeutungslos seien gegenüber der göttlichen Liebe. Die «Freude des Herrn» *(gaudium domini)* sollte alles überragen, vor allem den Aufruhr des Fleisches und die Befriedigung der sexuellen Lust. Mutter und Sohn fühlten sich eins in ihrer gemeinsamen Liebe zu Gott. Doch während Augustinus das Ziel vor sich sehen konnte, das er als Christ erreichen wollte, bekannte Monnica im Rückblick auf ihr Leben: «Mein Sohn, was mich angeht, so freut mich in diesem Leben nichts mehr. Was ich hier noch machen soll und wozu ich hier bin, das weiß ich nicht; alle Hoffnung dieser Welt ist verbraucht. Eines gab es, weshalb ich mich noch eine Weile in diesem Leben aufhalten wollte. Ich wollte dich als katholischen Christen sehen, bevor ich sterbe. Mein Gott hat mir dies überreich gewährt, sodass ich sehe, dass du sogar irdisches Glück verachtest und sein Diener bist. Was tue ich noch hier?»[57] Einige Tage später bekam sie Fieber. Ihre Gesundheit verschlechterte sich schnell. Sie litt starke Schmerzen. Vor dem Tod hatte sie keine Angst. Denn sie hatte erreicht, wofür sie gekämpft hatte. Ihr Sohn hatte sich mit Gottes Gnade dazu entschlossen, sexuell enthaltsam zu leben.

Am neunten Tag ihrer Krankheit starb Aurelius Monnica. «So wurde diese gottverbundene, fromme Seele von ihrem Körper befreit ... Ich drückte ihr die Augen zu. Dabei überflutete mich eine ungeheure Trauer, die in Tränenströmen ausbrechen wollte.»[58] Er musste sich um die Beerdigung kümmern. Sollte ihr Leichnam nach Thagaste überführt werden, wo sie sich vorsorglich einen Grabplatz neben ihrem Mann Aurelius Patricius hatte freihalten lassen? Doch es bot sich eine andere Lösung an. Augustinus griff eine der letzten Bemerkungen seiner Mutter auf, die er mit «freudigem Staunen»[59] zur Kenntnis genommen hatte. Sie hatte den Gedanken, neben ihrem Mann vergraben zu werden, als nichtigen Wunsch verworfen. Schon im Leben hatte sie seine körperliche Sinnlichkeit abgewehrt. Jetzt hatte Gott ihre Seele zu sich genommen, und sie war sich sicher, dass er ihren Leib auch dort auferstehen lassen werde, wo er weit entfernt von der Heimaterde und familiären Grabstätte seine letzte Ruhe finden sollte. Sie wurde in Ostia begraben.

Augustinus musste nicht nur um seine tote Mutter weinen. Ab jetzt musste er allein die Last tragen, die ihm seine Lust bereitete. Denn er blieb ja seinem Körper verbunden, der ihn nicht freilassen wollte. Der Willenskampf in ihm selbst, der Widerstreit von Fleisch und Geist, war noch lange nicht zu Ende. War er stark genug, auf die körperlichen Befriedigungen zu verzichten, nach denen er seit seiner frühen Jugend gestrebt hatte? Er wollte zwar den asketischen Befehl zur Keuschheit befolgen. Nie wieder wollte er mit einer Frau schlafen und sich um das Fleisch und seine Begierden sorgen. Aber sein Körper drohte sich seinem Willen zu entziehen. Er musste sich an das erinnern, was er als Lust empfunden hatte. In seinem Gedächtnis blieben die vielen Bilder sexueller Erlebnisse lebendig, die ihn ohne Unterlass zu verführen drohten. Sie überfielen ihn während des Tages, wobei er sie noch mühsam unter Kontrolle halten konnte. Doch unbeherrschbar trieben sie ihn oft im nächtlichen Schlaf «zu etwas, das dem Akt sehr ähnlich ist. Das Phantasiebild, aufbewahrt in der Seele, übt großen Einfluss aus auf mein Fleisch.»[60] Es kam anders, als er wollte. Er war zu schwach, sich ganz von den falschen und üblen Imaginationen der Fleischeslust zu befreien. In dieser verzweifelten Situation konnte er nur noch auf die Gnade Gottes hoffen, die ihn auch im Schlaf vor seinen lüsternen Regungen zu schützen vermochte. Wie ein Seufzer oder Schrei der Verzweiflung klang sein Wunsch nach der göttlichen Erlösung seiner Seele von dem Bösen: «Du wirst sie befreien von klebriger Begierde, damit sie sich nicht mehr gegen sich selbst auflehnt und damit sie nicht auch im Schlaf unter dem Einfluss tierisch geiler Bilder solche Schändlichkeiten bis zum Samenerguss treibe und noch weniger ihm zustimme. Du kannst mehr tun, als wir erbitten oder verstehen.»[61]

Es ging Augustinus in seinem Streben nach Enthaltsamkeit also nicht nur um einen Verzicht auf den Sexualverkehr mit einem anderen Menschen. Das tiefer liegende Problem seiner Lust war nicht die Penetration, sondern die eigene sexuelle Erregung. Dass er sich in Schlaf und Traum bis zum Samenerguss *(ad carnis fluxum)* getrieben fühlte, zeigte, dass es ihm um sich selbst ging. Wenn die unfreiwillige nächtliche Pollution für ihn problematisch war, so stand nicht ein Kodex erlaubter oder verbotener sexueller Handlungen in Frage. Sein «Kampf um die Keuschheit» war ein innerseelischer Konflikt. Es galt, die libidinösen Impulse auszuschalten, die ihn gegen seinen Willen zu beherrschen drohten, ganz so, wie es Michel Foucault in seinem letzten Werk *Die Geständnisse des Fleisches* als allgemeines Kennzeichen der asketischen Moraltheologie in den ersten nachchristlichen Jahrhunderten festgestellt hat, wobei es nicht um den Geschlechtsakt ging, sondern um die unwillkürliche Form der genitalen Erregung: «Von der Frage nach der Beziehung zu den anderen und dem Modell der Penetration ist die Sexualethik zur Frage nach der Selbstbeziehung und zum Problem der Erektion übergegangen: Darunter verstehe ich die Gesamtheit der inneren Bewegungen, die sich aus dieser nahezu nicht wahrnehmbaren Sache ergeben, welche der erste Gedanke ist, bis zum letzten Phänomen, das aber immer noch einsam ist, nämlich der Samenerguss.»[62]

Wurde das hoffnungsfrohe Gebet des Augustinus erhört, selbst im Schlaf vom eigenwilligen Wollen seines Fleisches befreit zu sein? Man weiß es nicht. Doch umfassend dokumentiert ist, wie der Kirchenvater des katholischen Glaubens den zentralen existenziellen Konflikt seines eigenen Lebens gedanklich zu bewältigen versuchte und dabei zu einsamen Lösungen fand, die noch heute Menschen in die Verzweiflung stürzen können, wenn sie ihm dabei zu folgen versuchen. Die antisexuellen Maximen seines eigenen Willens wurden zur Grundlage einer allgemeinen kirchlichen Gesetzgebung, die den katholischen Mönchen und Priestern den sexuellen Genuss verbietet und sie auf ein zölibatäres Leben verpflichtet.

Über das tatsächliche Liebesleben des Aurelius Augustinus gibt es nichts mehr zu erzählen. Im Herbst 388 zog er sich in ein Kloster im heimatlichen Thagaste zurück. Drei Jahre später wurde er zum Priester geweiht. 396 besetzte er den Bischofssitz in Hippo Regius an der afrikanischen Mittelmeerküste, wo er im gleichen Jahr seine *Confessiones* zu schreiben begann, um an seinem eigenen Triebschicksal die Gnadenwahl Gottes aufzuzeigen. Er lebte streng enthaltsam. Über seinen Umgang mit Frauen berichtete schon sein erster Biograph: «Keine Frau hat jemals in seinem Haus verkehrt oder darin gewohnt, nicht einmal seine leibliche Schwester ... Falls Frauen ihn sehen oder begrüßen wollten, dann geschah dies nie ohne klerikale Zeugen. Mit einer Frau allein sprach er niemals, selbst dann nicht, wenn es sich um geheime Dinge handelte.»[63]

Bis ins hohe Alter fürchtete Augustinus, seine geschlechtliche Begierde nicht loswerden zu können, über deren Kraft und Sinn er sich in langwierigen und komplizierten Auseinandersetzungen mit theologischen Gegnern klarwerden wollte, die ihn noch kurz vor seinem Tode 430 herausforderten. Er baute zu einer Lehre aus, was er lebenspraktisch genossen und erduldet hatte, wobei seine theoretische Konstruktion durch eine psychodynamische Verschiebung zustande kam, in der sich die libidinösen Energien von den Menschen auf Gott verlagerten. Auf diese Theorie kann hier nicht eingegangen werden. Es muss genügen, sie im Rückblick auf seine tatsächlichen Lebenserfahrungen kurz zu skizzieren.

Concupiscentia carnis – Die Begierlichkeit des Fleisches. Augustinus hat seine *Bekenntnisse* als Geschichte seiner Sünden und Erlösung geschrieben. Von Anfang an spielte dabei die Sexualität die Schlüsselrolle. Er beschrieb und reflektierte sie nicht als natürliche Eigenart des Lebewesens Mensch. Er betrachtete sie im Licht der ursprünglichen Tat, der sich die ersten Menschen gegen den Willen Gottes schuldig gemacht hatten. Sie hatten verbotene Früchte gegessen. «Da gingen beiden die Augen auf, und sie erkannten, daß sie nackt waren.»[64] Zwar hatten sie auch schon zuvor sehen können, dass zwischen Mann und Frau ein geschlechtlicher Unterschied bestand. Sie konnten sich körperlich vereinigen und Kinder zeugen.

Vielleicht hatte es ihnen sogar gefallen. Aber sie waren sich ihrer Nacktheit nicht als mögliche Anreizung zur fleischlichen Wollust bewusst gewesen. Ihr Geschlechtsakt fand ohne *libido* statt, worunter Augustinus das Lustprinzip als sexuelle Triebkraft des gefallenen Menschen verstand. Ihre Ursprungssünde *(peccatum originale)* ließ sie ihre geschlechtliche, genitale Erregbarkeit erkennen, für die sie sich zu schämen begannen. Aus Feigenblättern machten sie sich einen Schutz. Die natürliche Unschuld ihrer «Paradies-Ehe»[65], in der sie ihren Nachwuchs ohne sinnliche Lust zeugen konnten, war verlorengegangen. Durch ihren Sündenfall war ihre Sexualität zu einer unwillkürlichen «Begierlichkeit des Fleisches» geworden, die Augustinus nicht als eine natürliche körperliche Aktivität verstand, sondern als Erbschuld einer anfänglichen Verfehlung.

«*Concupiscentia*» ist kein wertfreier Begriff der Sexualkunde. Als dogmatisch-katholischer Terminus technicus bezeichnet er die bösartige, sündhafte, verdorbene Fleischeslust. Sie ist eine göttliche Strafe, die durch die Fortpflanzung übertragen wird und unter der jeder Mensch immer wieder aufs Neue zu leiden hat. «Durch die Begierlichkeit ist das ganze Menschengeschlecht in die Ursprungssünde verstrickt und einer teuflischen Gewalt unterworfen.»[66] Das erhellt, warum es für Augustinus keine kindliche Unschuld geben konnte und weshalb er seine eigene Lebensgeschichte mit der verstörenden Feststellung zu schreiben begann: «Ich wurde in Bosheit empfangen, und meine Mutter nährte mich in Sünden in ihrem Schoß.»[67] Auch die Lust, die er später in den Armen einer Frau genießen wollte, glaubte er als eine triebhafte Verfehlung durchschaut zu haben. Denn sie führe zu unkontrollierbaren Bewegungen, die den sexuellen Genussmenschen erschüttern und außer sich bringen können. Den begehrlichen Höhepunkt *(summa voluptas)* des Orgasmus bewertete er als die größte Ausschaltung des menschlichen Willens, mit der sich der menschliche Körper sündhaft gegen den Geist richtete.

Die psychodynamische Verschiebung. Die Liebe war das Hauptmotiv im Leben und Denken des Augustinus. Bis zu seiner Umkehr, mit der er sich im August 386 aus seinen libidinösen Irrungen und

Wirrungen befreite, war sie heterosexuell bestimmt und gelebt. Sie war eine sinnliche Erfahrung, auf die er nicht verzichten wollte. «Was mich fest umstrickt hielt, war die Frau.»[68] Im nachträglichen Rückblick auf sein Liebesleben, das sich ihm durch Gottes Gnade als eine Geschichte von Sünde, Verzweiflung und Erlösung offenbart hatte, musste er die Gewichte verschieben, wobei Augustinus die sprachliche Kraft und psychische Intensität seiner körperbezogenen Liebesbekenntnisse auf seine Gottesvorstellung verschob. Er benutzte die gleichen Worte und Beschreibungen. Die wahre und einzige Lust der Gottesliebe rückte an die Stelle seiner sexuellen Wollust. «Du warfst sie hinaus und tratest statt ihrer bei mir ein.»[69] Statt eine Frau wollte er nur noch Gott «umarmen». Sein größter Wunsch, den er an seinen Gott richtete, war, «dich zu lieben» und «dich zu genießen»[70].

Die erotische Energie blieb sich gleich. Sie wurde gekennzeichnet als die *«fruitio dei»*, das Genießen Gottes, in dem der Wille des Menschen seine Erfüllung finden kann, oder als *«amor qua appetitus»*[71], als das Begehren nach einem guten, glücklichen Leben, wobei auch das traditionelle Eros-Motiv der antiken Ethik nachwirkte, das Augustinus durch den Neuplatonismus vermittelt worden war. Nur das obskure Objekt des Begehrens war neu bestimmt worden. Es war nicht mehr das Gute, das Sein, das Absolute oder das Eine, sondern die Gottesliebe. Das Seinsgefälle zwischen sich und Gott wollte Augustinus durch die Doppelbewegung absteigender und aufsteigender Liebe überwinden. *«Amor dei»* meinte als Genitivus subjectivus die gnädige Liebe Gottes zu den Menschen, als Genitivus objectivus das höchste Glück, das der Mensch in den Armen Gottes erleben kann, zwar nicht in fleischlicher Nähe, sondern nur als innerer Mensch mit seiner gottgläubigen Geistigkeit. Die augustinische Umkehr war die größte und nachhaltigste Sublimierung[72] des menschlichen Geschlechtstriebs in der europäischen Kulturgeschichte. Das Lustprinzip des Augustinus war von der sexuellen Libido in eine theologische Glückseligkeitslehre umgeleitet worden, mit deren Körperlosigkeit er gläubigen Christen bis heute eine schwer zu ertragende Erbschaft hinterlassen hat.

DRITTES KAPITEL

Die Natur hat mich nicht für den Genuss geschaffen

Der Sex, das Schreiben und die Leidenschaften des Jean-Jacques Rousseau

«*Da ich dieses enge Verhältnis, nach dem es mich verlangte, nicht in seinem ganzen Reichtum genießen durfte, suchte ich Ersatz, der, wenn er auch die Leere nicht ausfüllen, sie doch wenigstens mir weniger bewußtmachen konnte.*»[1]

JEAN-JACQUES ROUSSEAU

A m 9. April 1756 verließ er Paris, um sich mit seiner Lebensgefährtin Thérèse Le Vasseur, die er öffentlich nur als seine Haushälterin ausgab, in die ländliche Einsamkeit von Montmorency zurückzuziehen. In diesem urtümlichen Wiesen- und Waldgebiet, etwa 20 Kilometer nordöstlich von Paris gelegen, suchte er jene Freiheit und Ruhe zu finden, nach der er sich sehnte. Jean-Jacques Rousseau, am 28. Juni 1712 in Genf geboren, wollte sein Leben nur noch nach den Maximen führen, die er, gegen die törichten Urteile seiner Zeitgenossen, für gut, natürlich und vernünftig hielt. Die theoretische Begründung hatte er ein Jahr zuvor in seiner philosophischsten Schrift geliefert: *Über den Ursprung und die Grundlagen der Ungleichheit zwischen den Menschen.*[2] Dabei war es ihm um eine Klärung des strittigen Problems gegangen, das seitdem untrennbar mit dem Namen Rousseau verbunden ist. Was entspricht eigentlich der Natur des Menschen und kommt ihm natürlicherweise zu;

und was verformt ihn gesellschaftlich, denaturalisiert ihn zu einem künstlichen Menschen?

Um eine Antwort zu finden, hatte Rousseau einen ursprünglichen, anfänglichen Naturzustand rekonstruiert, in dem die Menschen meist einzelgängerisch lebten, animalisch, vital, in direktem Zusammenhang mit der Natur, autark, frei, ohne Verstellung und – gut. Der Mensch sei von Natur aus gut, und allein die gesellschaftlichen Institutionen seien es, die ihn böse machen. Und er werde von Natur aus frei geboren, aber überall liege er in gesellschaftlich-politischen Ketten.

Aus seinen theoretischen Überlegungen zog Rousseau praktische Konsequenzen. Er wollte keiner jener modischen Philosophen sein, die nur geistreich räsonierten, heillos zerstritten waren und auf dem Jahrmarkt der Eitelkeiten um ihre Bewunderer buhlten. Noch in Paris hatte er seine persönliche große Reform zu vollziehen begonnen. Zunächst verwandelte er seine äußere Erscheinung und verzichtete auf alle Zeichen verfeinerter Eleganz. Er trug keine weißen Strümpfe mehr, keinen goldenen Kleiderschmuck, keine herausgeputzte Perücke. Er hatte seinen Degen abgelegt und seine Uhr verkauft, weil er sich nicht mehr einem normierten Zeitjoch unterwerfen wollte. Dann zog er sich ganz aus der französischen Metropole zurück, die ihm fremd geworden war. Die Pariser Gesellschaft schien ihm nur aus konventionalisierten Arrangements zu bestehen, die keine authentischen Gefühle zuließen. Aus Eigenliebe war jeder für sich und gegen alle, nur im Blick darauf, welche Wertschätzung man in den Augen der anderen besitzt. Alles schien durch künstliche Umhüllungen verdeckt zu sein, die jede echte Lebensäußerung blockierten.

Im Trubel der großen Stadt fürchtete Rousseau, alles zu vergessen, was er wirklich wollte. Erst in Montmorency fand er zu sich selbst, und oft war es ihm, als hätte er erst an diesem 9. April 1756, im Alter von 44 Jahren, zu leben angefangen. Den Pflichten des bürgerlichen Lebens hatte er sich entzogen, um sich ganz dem unbezähmbaren Geist der Freiheit in der Natur zu verschreiben.

Zunächst hatte seine Freundin und Mäzenin, die Marquise Louise-

Florence-Pétronille d'Épinay, ihrem menschenscheu gewordenen «Bären», ihrem «mon ours», wie sie ihn zärtlich spottend nannte, ein kleines Gartenhaus als Zufluchtsort eingerichtet. Am Rande des großen Waldes von Montmorency lag dieses idyllische Asyl seiner «Eremitage», wo er wie ein Einsiedler sich seinen Phantasien und Gedanken widmen konnte. Nicht der gesellschaftliche Strudel und der gesellige Umgang in der Großstadt, sondern seine einsamen Wanderungen durch den Wald und über Felder brachten seine Gedanken in Fluss. Er hatte das Gefühl, nur beim Gehen denken zu können.

Frau d'Épinay war eine gute Freundin. Es machte ihm Vergnügen, mit ihr zu plaudern. Doch dann schien sie mehr zu wollen. Sie hatte zwar liebenswerte Eigenschaften. Aber ihre Annäherungsversuche empfand er zunehmend als ein Joch. Die Rolle eines galanten Liebhabers wollte er auf keinen Fall spielen. Über kleine brüderliche Küsse, die weder ihre noch seine Sinnlichkeit erregen sollten, ging es nicht hinaus. «Das war alles. Sie war sehr mager, sehr blaß, ihr Busen flach wie meine Hand. Dieser Mangel allein hätte genügt, um mich abzukühlen. Nie haben mein Herz noch meine Sinne eine Frau in jemandem zu sehen vermocht, der keine Brüste hatte; und noch andre Gründe, die hier zu erwähnen überflüssig ist, haben mich bei ihr stets ihr Geschlecht vergessen lassen.»[3] Man sprach davon, dass sie an einer üblen Geschlechtskrankheit, vermutlich Syphilis, litt.

Mitte Dezember 1757 war er dann mit Thérèse aus der Eremitage in das nur wenige Kilometer entfernte Gartenhäuschen «Mont-Louis» umgezogen. In den kommenden Jahren hielt er sich auch gern im nahe gelegenen «Petit-Château» auf, dem Kleinen Schloss des hochadeligen und sehr reichen Herzogs von Luxembourg, der ein enger Freund und Protektor des armen Schriftstellers und einsiedlerischen Denkers geworden war, obwohl Rousseau all die Mächtigen und Reichen verachtete und hasste, die sich mit ihrer Härte und Lasterhaftigkeit, ihren Vorurteilen und ihrem Standesdünkel vom einfachen Volk entfremdet hatten.

Auch wenn er die Trägheit liebte, um sich allen gesellschaftlichen Zwängen entziehen zu können, diesem ständigen Muss, das er als

Folter erlebte, so hatte sich Rousseau in den Jahren der Abgeschiedenheit doch nicht dem bloßen Müßiggang überlassen. Im Gegenteil. Er brachte auf Tausenden von Seiten zu Papier, was er sich während seiner Spaziergänge phantasievoll ausmalte und gedanklich durchdachte. In Montmorency, während dieser schöpferischen Jahre zwischen 1756 und 1761, entstanden seine drei großen Werke, die ihn berühmt und berüchtigt machten.

Eine tatsächlich erlebte leidenschaftliche Passion, verwoben mit versponnenen erotischen Tagträumen, ließ ihn den hochgradig empfindsamen Briefroman der Leidenschaften *Julie oder Die neue Héloise* schreiben, der 1761 publiziert und ein ungeheurer Publikationserfolg wurde. – Wie ein natürliches und glückliches Leben gelingen kann, wurde der erstaunten Öffentlichkeit ein Jahr später in seinem romanartigen Traktat *Émile oder Über die Erziehung* vorgeführt, der Bildungsgeschichte eines imaginären Schülers vom Augenblick seiner Geburt bis zu jener Zeit, in der Émile gelernt hat, wie man als verheirateter Mann glücklich lieben kann und seine Pflichten als Vater zu erfüllen weiß. – Und wie sich aus einem ursprünglich guten Naturzustand eine vernünftige Herrschaft und ideale Republik geschichtlich herleiten und normativ begründen lässt, konnte man ebenfalls 1762 in seinem *Contrat social / Gesellschaftsvertrag* lesen, der gattungsgeschichtlich rekonstruierte, was Rousseau im *Émile* individualgeschichtlich erzählte.

Es waren zwar fünf Jahre eines dauernden schöpferischen Hochgefühls, in denen Rousseau in seiner tiefen Einsamkeit seine Hauptwerke schrieb, die ihm sein erhitztes Herz diktierte, während er seinen Kopf denken und tief meditieren ließ. Doch dieses irdische Paradies war gefährdet. Zunehmend fühlte er sich krank und schwach, und immer stärker plagten ihn seine entzündete Harnröhre und ein schmerzhaftes Blasenleiden. Gegen Ende 1761 wurde er ernstlich krank. Den Winter glaubte er nicht mehr überleben zu können. Eine düstere Melancholie begann ihn zu beherrschen. Dunkle Vorahnungen quälten ihn, ohne dass er wusste, was sie bedeuten mochten.

Doch was dann geschah, hätte er sich nicht träumen lassen. Rousseaus Hoffnungen, mit seinem *Émile* und seinem *Contrat social* dem Erziehungs- und dem Rechtssystem eine vernünftige Orientierung gegeben zu haben, wurden bitter enttäuscht. In Paris wurde sein *Émile* konfisziert und verdammt, gegen seinen Autor wurde Haftbefehl erlassen. In Genf wurden beide Bücher am 19. Juni 1762 verbannt und durch Henkershand verbrannt. Die Verurteilungen machten die Runde durch die europäischen Staaten. Rousseau war zwar berühmt, aber die letzten sechzehn Jahre seines Lebens musste er auf der Flucht sein und im Exil leben. Es begann das «Werk der Finsternis»[4]. Er fühlte sich in einen Abgrund der Leiden gestürzt, ohne die Hand zu sehen, die dabei am Werk war.

Im Reich der Schrift

Die Sehnsucht nach einem natürlichen Menschen und einem ursprünglichen Naturzustand war zum Skandal geworden. Sie stieß auf entschiedenen staatlichen und kirchlichen Widerstand. Was gut gemeint gewesen war, wurde als böse und ketzerisch verworfen. Was sollte Rousseau tun? Er musste den Grund der Missverständnisse aufklären. In dieser verzweifelten Situation beschloss er, sich selbst zum Thema zu machen. Er wollte sein wahres Gesicht porträtieren und gegen die gesellschaftlich produzierten Maskeraden profilieren, wobei er sich vor allem auf sein sexuelles Begehren konzentrieren musste, das doch mehr als alles andere als «natürlich» gelten sollte.

In den Jahren, die er noch zu leben hatte, schrieb er seine großen Autobiographien, in denen er authentisch zu zeigen versuchte, worüber er zuvor nur erzählt und nachgedacht hatte. Er wollte das einzigartige Selbstbildnis eines Menschen malen, «genau nach der Natur und in seiner ganzen Wahrheit»[5]. 1764 begann er mit der Arbeit an seiner Lebensbeichte, wobei er sich an den *Confessiones* des Augustinus zu orientieren versuchte. Doch während bei dem großen Kirchenschriftsteller «*confiteri*» nicht nur «Bekennen» der Sünden und «Bezeugen» des Glaubens bedeutete, sondern auch «Verkünden» der

Kraft und Herrlichkeit Gottes, dachte der Philosoph und Kulturkritiker nur an sich. Gott spielte keine Rolle. Rousseaus *Les Confessions* dienten einer schonungslosen Selbstdarstellung, um sich gegen die Anklagen und Vorwürfe zu verteidigen, die gegen ihn erhoben worden waren. In der Doppelbewegung des offenen Darstellens und geständigen Beichtens wollte er seine Unschuld beweisen.

Doch wie konnte er seine wahren Gefühle, natürlichen Regungen und eigentlichen Absichten ausdrücken und darstellen, wenn er den Umweg über das Schreiben ging? Ist nicht jeder schriftliche Text als Kunstgebilde von dem entfremdet, was in ihm transparent zum Ausdruck kommen soll? Das war das dialektische Problem des philosophischen Schriftstellers Rousseau auf der Suche nach seiner tiefsten Wahrheit, die er gegen alle Missverständnisse und Unterstellungen als «natürlich» darzustellen versuchte.

Wer bin ich wirklich? Was habe ich eigentlich getan? Rousseau wollte in seinen Autobiographien nichts von sich dunkel oder verborgen lassen. Man sollte ihn gründlich kennenlernen, so wie er sich selbst sah, ohne Rücksichten auf die Meinungen, die über ihn kursierten. Er konnte und wollte nicht mehr leben wie all die anderen, die zu wissen glaubten, was «Leben» bedeutet, und sich im allgemeinen Gerede und Getue eingerichtet hatten. Er musste schreiben, mühsam, gequält, von Anfang an mit ungeheurer Schwierigkeit, um sein Ziel zu erreichen. «Ich beginne ein Unternehmen, das ohne Beispiel ist und das niemand nachahmen wird. Ich will meinesgleichen einen Menschen in der ganzen Naturwahrheit zeigen, und dieser Mensch werde ich sein. Ich allein.»[6]

Da er seine Natur zur Sprache bringen wollte, musste er über sein Liebesleben berichten. Denn gibt es ein überzeugenderes Beweismaterial als die Sexualität, um die wahre Natur des Menschen freilegen zu können, wenn man sie nicht als sein «Wesen» sublimieren will, sondern im wörtlichen Sinn ernst nimmt? Jedenfalls konnte Rousseaus Unternehmen, da es unverstellt, unmaskiert und natürlich alles ausdrücken und darstellen wollte, sein sexuelles Lustprinzip nicht unbeachtet lassen. Er musste es ins Zentrum seiner Aufmerksamkeit rücken. Und so gelang es ihm, zu seiner Zeit auf einzigartige Weise, seine Schriften für eine erotische Leidenschaft zu öffnen, die ihn von Anfang an anregte und befremdete, anzog und abstieß. Denn nichts konnte einfach oder unproblematisch sein bei diesem Philosophen, der von der Natur träumte und sich in sie zurückziehen wollte, während er in der Kultur seinen Platz finden und behaupten musste.

Rousseaus autobiographisches Schreiben stand dabei nicht nur am Ende seines Lebens, das immer schneller mit dem zusammenfiel, was geschrieben wurde, bis hin zu jener gefährlichen Stunde, in welcher er ganz lebte, was er schrieb. «So soll mein Buch auf natürliche Weise zu Ende gehen, wenn ich mich dem Ende meines Lebens nähere.»[7] Geschriebenes stand auch am Anfang dieses Lebens, das allein durch Lektüre sich selbst bewusst zu werden vermochte. Wie er lesen lernte, wusste er zwar nicht mehr und konnte es auch gar nicht wissen, weil alles, was er von sich wusste, die Fähigkeit des Lesens bereits voraussetzte. «Ich erinnere mich nur meiner ersten Lektüre und ihrer Wirkung auf mich. Von dieser Zeit an datiere ich ohne Unterbrechung das Bewußtsein meiner selbst.»[8]

Seine Mutter, die wegen seiner Geburt gestorben war, hatte ihm ihre Romane hinterlassen, die er begierig las, ohne aufhören zu können. Was er später als Natur, die für ihn stets «mütterlich» sein sollte, zu beschwören versuchte, war schon zu Beginn seines Lebens verlorengegangen und musste durch geschriebene Werke ersetzt werden. Ganze Nächte verbrachte er mit ihnen, um den Verlust der Mutter bewältigen zu können. Als er sieben Jahre alt war, hatte er bereits all ihre Werke ausgelesen und sich damit nicht nur eine außerordentliche Gewandtheit im Lesen und Verstehen angeeignet, sondern zugleich jene Fähigkeit, die sein weiteres Leben bestimmen sollte: sein «einzigartiges Verständnis der Leidenschaften»[9]. Zwar hat er noch nichts erfahren von den Tatsachen der Welt. Aber er hat schon alles gefühlt, wenngleich nur aus zweiter Hand. Er hatte empfunden, was er in Romanen las. So bildete er sich vom Leben wunderliche, romanhafte Vorstellungen, von denen er sich auch später nicht ganz lösen konnte.

Die schreckliche Leere, welche die Mutter hinterlassen hatte, wurde durch die Leidenschaft der Bücher angefüllt, in denen der junge Leser begierig suchte, was ihm fehlte. Es war ein «gefährlicher Ersatz»[10]. Das betraf auch seine Sexualität und sein Begehren nach Liebe, die seit frühkindlicher Zeit in die Abenteuer seiner Lektüre verstrickt waren. Schon früh wusste Rousseau, dass er in seinen Leidenschaften einsam war, wie beim Akt des Lesens und Schreibens. Und als biographischem Autor war ihm bewusst, dass es ein äußerst intimes Verhältnis war, das der Sex, die Schrift und die Leidenschaft in seinen *Bekenntnissen* eingingen. Denn die Sexualität, in deren «dunkles und schmutziges Labyrinth»[11] er sich hineinbegab, ohne Rücksicht auf äußere oder innere Zensur, war nicht nur Niederschlag eines Schreibens, das er einsam vollzog. Sie war zugleich Ausdruck jener romanhaften Vorstellungen, deren imaginäre Kraft aus einer Lektüre vor jeder Erfahrung stammte. Schon als Kind, eingelesen in die Geschichte der Griechen und Römer, wurde er «die Person, über deren Leben ich las»[12]. Auch die *Neue Héloise*, sein Briefroman der Leidenschaften, wurde von Phantasiegestalten bevölkert, die er mit wirklichen Menschen so vermengte, dass er selbst zwischen Erfahrungen und Einbildungen nicht mehr zu unterscheiden wusste. Und auch die späte autobiographische Prosa konstruierte er wie einen Roman des Lebens, das nur im Geschriebenen bewältigt werden konnte.

Ersatzbefriedigungen

Das Spiel seiner Leidenschaften wurde anfänglich geprägt durch eine jugendliche Erfahrung, die das Schicksal seiner Sexualität nachhaltig beeinflusste. Jean-Jacques war elf Jahre alt. Seine Mutter war tot, sein Vater nach einem bewaffneten Konflikt mit einem Landbesitzer aus Genf geflohen, er selbst in Obhut bei Pfarrer Lambercier in einem kleinen Dorf südlich von Genf untergebracht. Es waren glückliche Jahre (1722–1724), die der Junge auf dem Land verbrachte. Und es war eine folgenreiche Zeit. Denn die Schwester des braven Pfarrers,

Demoiselle Gabrielle Lambercier, etwa dreißig Jahre älter als ihr Pfle-
gekind, machte ihn zum ersten Mal mit einer Sinnlichkeit und einem
«frühzeitigen geschlechtlichen Instinkt»[13] bekannt, die über seine
Neigungen und Leidenschaften für den Rest des Lebens entscheiden
sollten. Es geschah mittels einer Züchtigung auf den Hintern durch
die Hand eines ältlichen Fräuleins, das für ihren Zögling die «Liebe
einer Mutter hatte»[14] und ihn auch wie eine Mutter strafen konnte.
Mochte die Androhung der Schläge zunächst nur eine schreckliche
Angst hervorgerufen haben, so verkehrte sich ihre Ausführung bald
ins Gegenteil. Denn «diese Züchtigung flößte mir noch größere
Neigung für die ein, die sie mir erteilt hatte ... Denn ich hatte dem
Schmerz, der Schande selbst, eine Sinnlichkeit beigemischt gefunden,
die mir mehr Lust als Furcht gemacht hatte, sie abermals durch die
gleiche Hand zu erfahren.»[15]

Schon in dieser Ursprungsszene war Rousseau dunkel bewusst
geworden, dass sich bei ihm ein frühzeitiger geschlechtlicher Instinkt
bemerkbar machte, der nicht folgenlos bleiben konnte. Später glaubte
er zu wissen, dass in diesem denkwürdigen Moment, als seine Sinne
durch die erogene Reizung seines Hinterns entzündet wurden, seine
Begierden so irregeführt wurden, dass sie niemals mehr den Weg zu
einer natürlichen Sexualität finden konnten. Die Schläge seiner Ersatzmutter reizten seine Phantasie, und immer wieder sehnte er sich
Frauen herbei, «einzig und allein, um sie nach meiner Weise tätig zu
sehen und aus ihnen ebenso viele Fräulein Lambercier zu machen»[16].
Schlagphantasien waren die psychischen Niederschläge jener genos-
senen Züchtigung, kultivierte Narben nach jenem Prozess, in dem
zum ersten Mal Schuldbewusstsein und Begehren zusammenfielen.

Seine Begierden waren entzündet, törichte Einbildungen und
wunderliche Narreteien trieben ihn zu erotischen Tollheiten und
überspannten Verliebtheiten. Nachdem er 1724 wieder nach Genf
zurückgekommen war, lernte er in Nyon, wohin sein Vater geflohen
war, das kleine Fräulein Goton kennen. Mit ihr wollte er weiterführen,
was er mit Gabrielle Lambercier erlebt hatte. Es kam zu recht lebhaften Treffen, «bei denen sie geruhte, die Schulmeisterin zu spielen,

und das war alles. Aber dies alles, das in der Tat alles für mich war, erschien mir als das höchste Glück.»[17] Wenn er sie nur sah, waren all seine Sinne verwirrt; und wenn er daran dachte, dass sie auch einen anderen wie ihn behandeln könnte, begann er vor Eifersucht zu rasen. Das verhinderte nicht, dass er auch bei anderen Mädchen oder Frauen suchte, was er als seine erotische Vorliebe kultivierte, wobei demütigende Katastrophen nicht ausbleiben konnten. Als Rousseau zur gleichen Zeit das zweiundzwanzigjährige Fräulein de Vulson dazu bringen wollte, ihn wie eine Erzieherin strafend zu gebrauchen, wurde sein Geheimnis öffentlich und eine schmerzhafte Trennung unausweichlich.

Bei solchen amourösen Abenteuern war die Phantasie oft stärker als die Realität. Wenn er an die Frauen dachte, in die er verliebt war, empfand er Lust und Qual. Mit ihnen zusammen konnte er sich leicht gelangweilt fühlen. Rousseau wurde ein Künstler in der Einbildung möglicher Genüsse. Denn was er begehrte, konnte er nur schwer verwirklichen. Er wagte nicht zu fordern, was er ersehnte. Seine Erregtheit verquickte sich mit Schüchternheit. Später wird er zu keiner Frau mehr sagen, was sie an ihm tun soll, und keine wird es je erraten. Was sollte er tun? Er lernte, sein Begehren zu verbergen, und inszenierte eine Pose, die zum standardisierten Kultus des Masochisten verfeinert werden sollte: «Zu Füßen einer herrischen Geliebten zu liegen, ihren Befehlen zu gehorchen, sie um Verzeihung bitten zu müssen, waren für mich süßeste Freuden, und je mehr meine lebhafte Einbildung mir das Blut erhitzte, desto mehr hatte ich das Aussehen eines eisigen Liebhabers.»[18]

Bis es so weit war, hatte er jedoch noch einige lächerliche Beschämungen zu durchleiden. Schläge mit elf, erste Entblößungen mit sechzehn Jahren. Er wusste noch immer nicht, was man mit Mädchen und Frauen, die unaufhörlich sein Hirn bevölkerten, «wirklich macht»[19], und seine Vorstellung von der sexuellen Vereinigung der Geschlechter war noch so unklar wie in der Kindheit. Er ahnte nur Schmähliches, Abstoßendes, das ihm Übel bereitete. Hinzu kam jetzt die Scham, «die Begleitung des Bewußtseins vom Bösen»[20]. Die Natur kennt die Scham nicht. Aber er, seines Unterschieds zur Natur sich bewusst werdend, lernte sich zu schämen. Sein entblößter Hintern wurde zum obszönen Objekt, wobei das, was er zeigte, ein «mehr lächerliches als verführerisches Schauspiel» bot. «Meine Aufregung wuchs so sehr, daß ich meine Begierden, da ich sie nicht stillen konnte, durch die sonderbarsten Manöver noch anfachte. Ich suchte dunkle Alleen und abgelegene Orte auf, wo ich mich von fern weiblichen Personen in dem Zustande zeigen konnte, in dem ich bei ihnen hätte sein mögen. Was sie sahen, war nichts Unzüchtiges, daran dachte ich nicht einmal; es war nur lächerlich. Das dumme Vergnügen, das ich empfand, mich vor ihren Augen zu entblößen, läßt sich nicht beschreiben. Es bedurfte nur eines Schrittes darüber hinaus, um der ersehnten Behandlung teilhaftig zu werden, und ich zweifle nicht, daß mir irgendeine Entschlossene beim Vorübergehen dies Vergnügen verschafft hätte, so ich die Kühnheit gehabt hätte, zu warten.»[21]

Natürlich schützte diese Narretei nicht vor einer möglichen Strafe. Er konnte sie allerdings nicht durch die Hand der Frauen genießen, denen er sich zeigte. Sie drohte von jenem «großen Mann mit mächtigem Schnauzbart, großem Hut und großem Säbel», der ihn bei einer seiner exhibitionistischen Aktionen ertappte. Nur mit einer romanhaften, mitleiderregenden Geschichte konnte er sich vor Verhaftung und Bestrafung retten: «Ich sei ein junger Fremder von hoher Geburt, der im Kopf nicht richtig sei; ich hätte das väterliche Haus verlassen, weil man mich einsperren wollte, ich sei verloren, wenn er meine Entdeckung herbeiführe.»[22] Der schreckliche Mann ließ ihn gehen, ohne ihn weiter auszufragen, während die Frauen, denen er sich unverhüllt gezeigt hatte, nur die Köpfe schüttelten und etwas vor sich hin murmelten.

Das Ausleben seiner masochistischen und exhibitionistischen Vorstellungen war blockiert worden. Er musste einen Weg finden, seine Lust zu befriedigen, ohne auf Widerstände und Ablehnungen zu stoßen. Also begann er sich selbst zu befriedigen. Zwar nicht ohne Schuldgefühle und Gewissensbisse, aber doch mit einer Lust, die ihm, dem Einsamen, die phantastische Möglichkeit einer Befriedigung versprach, die keines anderen Menschen bedarf. Er hat erst spät, etwa siebzehn Jahre alt, damit begonnen, in einer schwärmerischen Nähe zu jener Frau, die dann, als verführerischer Ersatz seiner Mutter, seine erste große Liebe sein wird: Madame Louise-Eléonore de Warens. In ihrem Haus, in das sie ihn im März 1728 fürsorglich aufnahm, war sein lebhaftes sexuelles Temperament endlich durchgebrochen, auch wenn er zunächst auf die begehrte «Mama», wie er sie nannte, Verzicht leisten musste. Jedenfalls war er durch diesen libidinösen Ansturm in eine Unruhe über seine Gesundheit versetzt worden, «die besser als alles andre die Unschuld beweist, in der ich so lange gelebt hatte. Bald wieder beruhigt, kam ich auf jenen gefährlichen Ersatz, der die Natur betrügt und junge Leute meiner Sinnesart vor vielen Ausschweifungen bewahrt, freilich auf Kosten ihrer Gesundheit, ihrer Kraft, manchmal sogar ihres Lebens. Dies Laster, das die Scham und die Schüchternheit so bequem finden, hat für lebhafte Phantasien noch einen besonderen Reiz, den, gleichsam über das ganze Geschlecht nach eigenem Belieben zu verfügen und ihren Lüsten die Schönheit, die sie verlockt, dienstbar zu machen, ohne ihre Einwilligung erringen zu müssen.»[23]

«Gefährlicher Ersatz». Es waren weniger die gesundheitlichen Schäden, die Rousseau durch die Selbstbefriedigung zu erleiden befürchtete. Der unheilvolle Reiz der Onanie bestand für ihn vielmehr darin, dass sie auf eine Phantasie angewiesen war, die sich auf das «ganze Geschlecht» bezog, dabei jedoch seine wirkliche Natur ausschaltete. Wer sich in den narzisstischen Circulus vitiosus der Selbstbefriedigung einschloss, ohne sich in den «natürlichen» Prozess eines Gebens und Nehmens zwischen den geschlechtlichen Lebewesen einzugliedern, mochte zwar viele Ausschweifungen vermeiden, jedoch nur als ein gefährlicher Betrüger, der eine doppelte Strategie verfolgt.

Der Ersatz *(le supplément)*. Er kommt hinzu, um etwas zu ergänzen, das nicht von selbst vollständig oder zufriedenstellend sein kann. Was supplementiert wird, ist mangelhaft. Es besitzt eine Leerstelle, die von sich aus nicht gefüllt werden kann. Doch dieses Hinzukommen ist zugleich ein Akt der Verdrängung. «Der Ersatz gesellt sich nur bei, um zu ersetzen. Er kommt hinzu oder setzt sich unmerklich an-(die)-Stelle-von; wenn er auffüllt, dann so, wie wenn man eine Leere füllt.»²⁴ Deshalb hat Rousseau die Selbstbefriedigung als «gefährlich» bezeichnet. Sie setzt sich an die Stelle der mütterlichen Natur und der natürlichen geschlechtlichen Sexualität, deren Mangel sie aufzuheben vorspiegelt. Sie bietet nur einen verderblichen Nutzen, der das Verlangen auf einen Irrweg ver-führt.

Rousseau hat nicht verschwiegen, dass dieses gefährliche solitäre Laster für ihn keine ursprüngliche Verfehlung gewesen war, sondern der Effekt einer vorgängigen Erfahrung zu zweit. Im Reich der Schrift und der Bücher war es der Vater gewesen, der dem Kind das Lesen beibrachte in den Büchern der Mutter, die umso mehr zum Phantasma wurde, desto stärker ihre Abwesenheit in ihren hinterlassenen Büchern als Mangel erlitten wurde. Im Reich der Sexualität war es ein früher Verführer, der den sechzehnjährigen Rousseau im Turiner Hospiz «Spirito Santo», in dem er sich auf Wunsch seiner «Mama» Warens auf seinen Übertritt zum Katholizismus vorbereitete, zum ersten Mal mit jenem sexuellen Ersatz konfrontierte, dem er sich sein Leben lang verschrieb. Aber was ihm hier gezeigt wurde, in einem Akt zu zweit, erschreckte ihn so sehr, dass er sich mit Abscheu und Ekel vor dem gemeinsamen Genuss, den er nicht zu begreifen vermochte, zurückzog. Denn eines Morgens, als beide allein im Versammlungsraum waren, hatte sein Verführer mit seinen Liebkosungen begonnen, war allmählich zu den anstößigsten Vertraulichkeiten übergegangen und wollte Rousseau schließlich dazu bringen, ebenso Hand an sich zu legen. «Ich riß mich ungestüm los, indem ich einen Schrei ausstieß und zurücksprang; und ohne Empörung oder Zorn zu zeigen (denn ich hatte nicht die geringste Vorstellung von dem, worum es sich handelte), drückte ich meine Überraschung und meinen Ekel so kräftig aus, daß er mich in Frieden ließ. Aber während er sich vollends abarbeitete, sah ich etwas Klebriges und Weißliches auf den Kamin spritzen und zur Erde fallen, was mir Übelkeit erregte ... Ich sah nie einen andern Mann in einem ähnlichen Zustand; aber wenn wir in der Erregung bei den Frauen so aussehen, müssen ihre Augen ganz geblendet sein, damit sie sich nicht vor uns entsetzen.»[25]

Das Spritzen des Samens hat Rousseau zu seiner einsamen Handlung gemacht, um voller Scham allein an sich zu sehen, was niemand sonst sehen durfte, würde der Blick eines anderen doch zugleich den Verlust der eigenen sexuellen Begierde bedeuten. Doch auch bei dieser Schlüsselszene seines Triebschicksals funktionierte die Vereinsamung nur, weil die abwesende Frau als Dritte mit im Spiel war. Die Abscheu vor der Sexualität eines anderen Mannes, der ihm seine eigene Erregung gleichgeschlechtlich vor Augen führte, ließ die Frauen als Phantasiegestalten entstehen. Wie hässlich sie auch sein mochten, sie erschienen ihm doch immer schöner und begehrenswerter zu sein als das, was er am Mann zu sehen gezwungen war. «Mir schien, als schulde ich ihnen zur Genugtuung für die Beleidigungen meines Geschlechts die Zärtlichkeit meiner Gefühle und die Huldigung meiner Person, und die häßlichste Vogelscheuche wurde in meinen Augen durch die Erinnerungen an diesen falschen Afrikaner anbetungswürdig.»[26] Also wieder zwei minus eins, um sich allein einem imaginierten Frauenbild ausliefern zu können als Kopfgeburt und Onaniervorlage. Lebenslänglich musste Rousseau darunter leiden, leidenschaftlich und schwärmerisch; voller Skrupel, weil seine Tugend gefährdet war, und sich selbst bestrafend, weil er die Selbstbefriedigung nicht lassen konnte, dieses «gefährliche» autoerotische Supplement.

Das erste Mal

Die homosexuelle Verführungsszene war möglich gewesen, weil Madame de Warens, die selbst zum Katholizismus übergetreten war, ihn als Konvertiten nach Turin geschickt hatte. Am 21. April 1728 wurde er dort katholisch getauft. Im Frühjahr 1729 verließ Rousseau die norditalienische Stadt, in der er in verschiedenen Häusern als Lakai gearbeitet hatte, und kam wie ein verlorener Sohn zurück nach Annency, wo ihn Madame de Warens wieder in ihr Haus aufnahm. Er war nun fast siebzehn Jahre alt, sie dreizehn Jahre älter. Er ersetzte ihr den Sohn, sie ihm die Mutter. In ihrer Nähe fühlte er sich wohl, ohne recht zu wissen, warum.

Sexuell erregt soll sie ihn zunächst nicht haben. Doch dann wurde die Beziehung zwischen «Petit» und «Maman», wie sie sich nannten, in den kommenden Jahren immer enger. Schließlich, nach all seinen früheren schwärmerischen Verliebtheiten und erotischen Verirrungen, war es im Frühjahr 1733 endlich so weit. Von sich aus wagte Rousseau nicht, in den «Besitz einer so teuren Person»[27] zu gelangen, die ihm zärtliche Mutter, geliebte Schwester und reizende Freundin zugleich war. Auch fürchtete er, bei einem sexuellen Kontakt außer sich zu geraten und seine Einbildungskraft und seine Begierden nicht mehr zügeln zu können. Schon die Torheiten, die er beging, wenn sie nicht in seiner Nähe war, waren überwältigend. Er küsste die Bettdecke, unter der sie gelegen hatte, die Vorhänge und alltäglichen Geräte, die ihre schönen Hände berührt hatten, und sogar den Boden, in der Vorstellung, dass sie auf ihm gegangen war. Doch mehr als mütterliche Liebkosungen wagte er sich nicht vorzustellen.

Da ergriff endlich sie die Initiative. Um ihn den Gefahren seines Alters zu entreißen – fürchtete sie, dass er zu viel onanierte? oder dass er sich zu viel mit seinen jungen Schülerinnen vergnügte, die sich bei ihm musikalisch fortbildeten? –, entschloss sie sich, ihn «als Mann behandeln zu müssen»[28] und zum Koitus zu verführen, auch wenn das keine leichte Aufgabe war. Denn es fiel ihm zunächst schwer, überhaupt zu begreifen, worauf sie ihn mit gefühlvollen Erklärungen und gesprächigen Belehrungen vorzubereiten suchte. «Sobald ich sie verstanden hatte, was für mich nicht leicht war, beschäftigte mich die Neuheit dieses Gedankens, der, solange ich bei ihr lebte, mir nicht einmal durch den Kopf gegangen war, nun völlig und ließ mich nicht mehr an das denken, was sie mir sagte.»[29]

Schließlich noch ein letzter Aufschub, acht Tage Bedenkzeit, in der er die «entscheidende Stunde mit mehr Angst als Freude nahen»[30] sah. Er liebte und achtete Madame de Warens zu sehr, um sie körperlich zu begehren. Vergeblich dachte er über ein ehrenhaftes Mittel nach, um ihrer Einladung zum Geschlechtsverkehr nicht folgen zu müssen. Aber sie ließ nicht locker. Die reife Frau und der jungfräuliche Mann, o nein, das wollte sie nicht in der Schwebe lassen, dieses «mein Kleiner» und dieses «meine Mama». «Der mehr gefürchtete als ersehnte Tag kam endlich. Ich versprach alles und log nicht. Mein Herz bekräftigte meine Beteuerungen, ohne den Lohn dafür zu begehren. Ich erhielt ihn trotzdem. Zum erstenmal sah ich mich in den Armen einer Frau, und einer Frau, die ich anbetete. War ich glücklich? Nein, ich genoß nur die Lust. Ich weiß nicht, welch unüberwindliche Traurigkeit mir ihren Reiz vergiftete. Mir war, als hätte ich Blutschande begangen. Zwei- oder dreimal benetzte ich, während ich sie entzückt in meine Arme schloß, ihren Busen mit meinen Tränen.»[31]

Wie gebrochen war dieser Augenblick, ein Pyrrhussieg der Verführung, dieses bösen Geistes der Leidenschaft, der selbst im Rausch noch Fallen aufstellt und auch im siebten Himmel noch die teuflischen Wege der Hölle weist. Vorbereitet durch jahrelange Liebkosungen, süße Vertraulichkeiten und zärtliche Wallungen, war der sexuelle Akt selbst voller Trauer, weil seine Mama immer schon mehr war als eine Geliebte, und «eben darum war sie keine Geliebte»[32]. Die genitale Lust verfehlte das ersehnte Glück. Da blieben nur die Tränen danach, Tristesse und Melancholie nach jenem Moment, den auch im Text der *Bekenntnisse* nur eine Leerstelle markiert.

Was Rousseau als «Lohn» erhielt, war bereits geschehen, sobald es bewusst und gedacht wurde. Es fand irgendwie dazwischen statt, hundert Seiten lang aufgeschoben und jetzt bereits vorbei. Ihm war, «als ob ich Blutschande begangen hätte». Der irreale Konjunktiv lieferte ihm eine doppelte Distanzierung. Nachträglich umschrieb er, was es hätte gewesen sein können; und supplementierte damit zugleich eine zusätzliche Bedeutung, die dem Ereignis hinzugefügt wurde, um es begreifen zu können.

Bewusst erfahrbar wurde ihm das Geschehene als Inzest. Nie wurde Rousseau direkt und unmittelbar klar, was er tat oder sah: «Ich sehe nur das richtig, dessen ich mich erinnere, und nur in meiner

Erinnerung habe ich Geist.»[33] Auch der unmittelbare Augenblick der Lust erschien sofort wie eine nachträgliche Umschrift, deren Bedeutung das gegenwärtige Ereignis bereits von sich gespalten hat. Was gerade geschah, durchschaute er nicht. Er musste sich erinnern, um es mit seinem Geist umschreiben zu können. Konjunktivisch vollzog Rousseau damit die entscheidende Transformation, die ihm ein Begreifen der menschlichen Sexualität im Scharnier zwischen Naturzustand und Kulturzustand ermöglichte.

Claude Lévi-Strauss hat überzeugend gezeigt, dass der Inzest die Sexualität des Menschen in jenem Übergangsfeld organisiert und entstehen lässt, auf dem sich Naturgesetze und soziale Regeln überschneiden, ähnlich jener Schrift der Leidenschaft, in der das geschlechtliche Begehren seine Zeichen und die Kultur ihre notwendigen Bedingungen aufdeckt.[34] Wenn der Liebende das, was er tun musste, als «Blutschande» begriff, so hatte er diesem Geschehen schon jene geistige Bedeutung im Strukturgitter der verwandtschaftlichen Beziehungen zugeschrieben, welche das sexuelle Erlebnis bereits im Augenblick der unmittelbaren Lust entfremdet und in ein unauflösliches System von Verboten und Privilegien, Hindernissen und Vorschriften eingebunden hatte.

Der Sex mit seiner Ersatzmutter konnte Rousseau bald nicht mehr befriedigen. Er wurde erschwert durch die Tatsache, dass sie noch einen anderen jungen Geliebten hatte, Claude Anet, der sich um die Verwaltung ihres Hauses kümmerte. Sie bräuchte sie beide für das Glück ihres Lebens, versuchte sie ihren «Kleinen» zu beruhigen. Doch es fiel ihm zunehmend schwerer, sich auf das Dreiecksverhältnis einzulassen. Auch als sein Rivale, der selbst aus Liebeskummer zum Selbstmord neigte, 1734 an einer Rippenfellentzündung starb, war seine Liebe erkaltet. Er zog sich in ein autodidaktisches Studium zurück und las Unmengen von Büchern. Die Lust an Texten ersetzte den sexuellen Genuss. Er eignete sich das Wissen seiner Zeit an, studierte Politik und Geschichte, Geometrie und Geographie, Literatur und Philosophie, ohne recht zu wissen, wozu. Auch war er viel unterwegs, um Land und Leute kennenzulernen.

Das Ende seiner Liaison mit Madame de Warens, bei der er 1728 Zuflucht gefunden hatte, fand zehn Jahre später statt, als er nach einer längeren Reise zu ihr zurückkam. Er fand seinen Platz besetzt mit einem großen, blonden, jungen Mann, «ziemlich gut gebaut, mit einem Gesicht, das ebenso gewöhnlich war wie sein Geist»[35]. Jean-Samuel-Rodolphe Wintzenried war Perückenmachergeselle, der sich auf Wanderschaft befand und für seine Gastgeberin einige Arbeiten übernommen hatte. Auch jetzt versuchte Rousseaus geliebte Mama wieder eine Ménage à trois zu arrangieren. Als sie ihm zu verstehen gab, «daß alle meine Rechte die gleichen blieben und daß, wenn ich sie mit einem andern teilte, ich ihrer darum nicht beraubt würde»[36], konnte er sich ihr nur noch zu Füßen werfen, ihre Knie umarmen, Ströme von Tränen vergießen und ganz außer sich bekennen: «Nein, Mama, ich liebe Sie zu sehr, um Sie zu erniedrigen. Ihr Besitz ist mir zu teuer, um ihn zu teilen ... Mama, ich opfere all meinen Genuß der Vereinigung unsrer Herzen. Ich wollte tausendmal sterben, ehe ich an dem meine Lust habe, was meine Liebe erniedrigt.»[37]

Diese Entsagung, die sich ihr Geliebter auferlegte, wollte sie ihm nicht verzeihen. Als sinnliche Frau fühlte sie sich zurückgestoßen. Eine reine Herzensbeziehung war ihr zu wenig. Es kam zur Trennung, die Rousseau als Umsturz seiner ganzen Existenz erlebte. Er fühlte sich alleingelassen. «Alle die holden Vorstellungen, die ich so liebevoll gehegt hatte, verflüchtigten sich, und ich, der ich seit meiner Kindheit mein Dasein nur mit dem ihrigen verbunden sah, sah mich nun zum erstenmal allein.»[38]

Thérèse Le Vasseur

Rousseau hat die Einsamkeit, in die er im Frühjahr 1738 gestürzt war, nicht lange ertragen. Seine Studien, denen er sich wieder intensiv widmete, befriedigten ihn nicht. Er war erst sechsundzwanzig Jahre alt. Das gesellschaftliche Leben konnte nicht zu Ende sein. Es war seine Mama, die ihm einen Ausweg eröffnete, indem sie ihm in Lyon eine Stelle als Erzieher bei der Familie des hohen Polizei- und Justizbeamten Jean Bonnet de Mably vermittelte. Er lernte die kulturelle Elite dieser lebendigen Stadt kennen, befreundete sich mit Mitgliedern der Akademie, besuchte Konzerte und Opern, komponierte auch eigene kleinere Stücke. Doch als Lehrer der beiden Söhne de Mably scheiterte er. Er war zu ungeduldig, wenn sie nicht sofort verstanden, was er sie lehren wollte; zu vernünftig, weil er stärker ihren Geist als ihre Gefühlswelt zu bilden versuchte; und zu zornig, weil er auf ihre Widerspenstigkeit nicht geduldig und mit kaltem Blut zu reagieren wusste. «Ich sah alle meine Fehler, ich fühlte sie; ich studierte den Geist meiner Schüler, ich durchschaute sie sehr gut.»[39]

Von April 1740 bis Mai 1741 arbeitete Rousseau als erfolgloser Pädagoge. Doch aus dieser Erfahrung wurde er klug. Er durchschaute, was in einer traditionellen Erziehung nach Plan, mit lebensfernem Lehrstoff und religiöser Dogmatik, falschlief. Wie es besser gemacht werden könnte, skizzierte er in einer pädagogischen Abhandlung, die er mit kritischen Selbstbetrachtungen anreicherte: *Projet sur l'Éducation de Monsieur de Saint-Marie.*[40]

Nach diesem Zwischenspiel, dessen Spuren sich noch in Rousseaus großem Erziehungsroman *Émile* lesen lassen, brachte ihn sein nächster großer Schritt nach Paris. Im Sommer 1742 tauchte er ein in das Zentrum des politischen, geistigen und kulturellen Lebens. Er wurde mit den wichtigsten Wissenschaftlern und Schriftstellern bekannt, fand Zugang zu den Salons schöner, gebildeter Frauen, ohne die man in Paris nichts erreichen konnte. Und er lernte *les philosophes* kennen. Das waren in der Regel keine Fachleute mit einem abgeschlossenen universitären Philosophiestudium. Es waren junge Menschen, eher Bohemiens als Akademiker, die sich gern in Cafés, Salons und Künstlerlokalen trafen und geistreich, mit Esprit, für die Freiheit des eigenen Verstandesgebrauchs kämpften, gegen die Macht des absolutistischen Staates und einer dogmatisch-rechtgläubigen Kirche. Vor allem Denis Diderot, der wie Rousseau gerade seine Karriere als «homme de lettre» begann, wurde sein Freund.

Doch die nächsten sexuellen Erlebnisse, von denen Rousseau berichtete, hatte er nicht in Paris, wo er «keusch»[41] lebte, sondern in Venedig, wohin er 1743 als Sekretär des französischen Botschafters gezogen war. Sie waren nicht erfreulich. Denn da während des Österreichischen Erbfolgekriegs (1740–1748) Frankreich und die Republik Venedig auf verschiedenen Seiten standen, musste er als «Geheimnisträger» den gesellschaftlichen Verkehr mit den Familien der Stadt meiden und fand keine Gelegenheit, sich Töchtern aus gutem Hause zu nähern. Stattdessen ließ er sich während einer Tischgesellschaft dazu verführen, den Dienst einer venezianischen Kurtisane in Anspruch zu nehmen, die, wie man ihm berichtet hatte, die liebenswürdigste und geschickteste von allen sein sollte. Zwar hatte Rousseau sich «stets vor den öffentlichen Dirnen geekelt»[42]; doch diesmal ließ er sich gegen seinen Geschmack, seinen Verstand und seinen Willen dazu verleiten, der Empfehlung zu folgen.

Die Kurtisane mit dem Spitznamen «Padoana», zu der er gebracht wurde, war zwar recht hübsch, «aber nicht von einer Schönheit, die mir gefiel. Ich ließ Sorbet kommen, ich ließ sie etwas vorsingen, und nach einer halben Stunde wollte ich gehen, indem ich auf dem Tisch einen Dukaten ließ. Aber sie hatte das sonderbare Bedenken, nicht nehmen zu wollen, was sie nicht verdient hatte, und ich beging die sonderbare Dummheit, ihr Bedenken gegenstandslos zu machen.»[43] Der bezahlte Sexualkontakt war lustlos vollzogen worden. Statt ihn zu befriedigen, hatte er Angst erzeugt. Wochenlang war Rousseaus Stimmung miserabel, weil er fürchtete, sich mit einer Geschlechtskrankheit angesteckt zu haben. «Ich konnte nicht begreifen, daß man ungestraft aus den Armen der Padoana kommen könne.»[44]

Sein zweites venezianisches Abenteuer war dramatischer. Auf einem Schiff hatte er die junge, reizende, lebhafte Julietta getroffen, deren Klang der Stimme schon gereicht hätte, ihm den Kopf zu verwirren. Ihre Schönheit verzauberte ihn. «Nie bot sich dem Herzen und den Sinnen eines Sterblichen eine so süße Freude. Ach, wenn ich sie doch nur einen Augenblick ganz auszukosten verstanden hätte!»[45] Julietta erschien ihm als ein Meisterwerk der Natur und der Liebe, verführerischer noch als die «Huris des Paradieses», die den Erwählten Mohammeds zur Gesellschaft dienen sollen. Alles an ihr war vollkommen und natürlich, die Frische ihres Körpers wie der Schimmer ihrer Haut, das Weiß ihrer Zähne wie die Reinheit ihres Atems. Rousseau war erregt und konnte sich keine größere Wollust vorstellen, als in den Armen dieser Kurtisane das Glück der körperlichen Liebe zu genießen. «Doch statt der Flammen, die mich verzehrten, fühle ich plötzlich eine tödliche Kälte durch meine Adern laufen.» Es war der Gedanke, dass diese Verkörperung des Liebesglücks «eine elende Dirne, jedermann ausgeliefert»[46] war, der ihn erstarren ließ. Ihre Natürlichkeit war durch ihre Käuflichkeit verunreinigt. Als Ware auf dem Markt der Lustbefriedigung war sie nur ein Ersatzobjekt für seinen Wunsch nach Liebe. Auch Julietta war nun ernüchtert. Als Rousseau sich ihr wieder zu nähern versuchte, konnte sie ihn nur noch kalt und verächtlich zurückweisen: *«Zanetto, lascia le donne e studia la matematica.»*[47]

Als er sie verlassen hatte, machte er sich selbst Vorwürfe wegen seines abwehrenden Verhaltens. Er hätte einen der süßesten Augenblicke seines Lebens erleben können, hatte ihn jedoch wegen gedanklicher Skrupel verpasst. «Nein, die Natur hat mich nicht für den Genuß geschaffen. Sie hat in mein Herz das Verlangen nach jenem unsagbaren Glück gepflanzt, dessen Gift in meinem armen Schädel es mir vergällt.»[48]

Nur ein Jahr lang, von September 1743 bis August 1744, blieb Rousseau in Venedig. Dann kehrte er nach Paris zurück. Seine Situation war prekär. Er war verschuldet. Mit seiner musikalischen Arbeit war er erfolglos. Der Zugang zu den höheren Kreisen war ihm versperrt, und das Verhalten vieler seiner Bekannten, die er in Cafés und Lokalen traf, stieß ihn ab. Sie wollten nur Karriere machen und passten sich den gesellschaftlichen Zwängen an. Rousseau fühlte sich von Scheinexistenzen und Maskierungen umgeben. Alles schien ihm gekünstelt zu sein und widerte ihn an.

Doch dann begegnete er plötzlich einem Menschen, dessen Antlitz schöner war als die Maske, die er gesellschaftlich tragen musste. Im Hôtel Saint-Quentin, in dem er ein bescheidenes Zimmer bewohnte, lernte er im Frühjahr 1745 Thérèse Le Vasseur kennen, die Gefährtin seines Lebens, mit der er drei Jahrzehnte lang bis zu seinem Tode zusammenbleiben sollte. Schon ihre erste Begegnung ließ den Grund erkennen, der beide, die nichts gemeinsam zu haben schienen, miteinander verband. Denn diese dreiundzwanzigjährige Frau, die als fleißiges Dienstmädchen im Hotel die Wäsche in Ordnung hielt und sich um die Gäste kümmern musste, konnte nur schlecht lesen und schreiben, brachte Zahlenfolgen und Monate durcheinander, und manchmal benutzte sie Wörter, die das Gegenteil dessen bedeuteten, was sie sagen wollte. Sie besaß keine Bildung, war äußerst schüchtern, und kokette Spielereien waren ihr völlig fremd. Kein Wunder, dass sie oft für beschränkt und dumm gehalten wurde und man sich gern Späße mit ihr leistete.

Rousseau entdeckte in diesem Objekt des Spottes eine Person, deren natürliche Gesinnung und gesunder Menschenverstand ihm sofort gefielen. Sie erkannten sich auf den ersten Blick. «Als ich dies Mädchen zum erstenmal bei Tisch erscheinen sah, war ich durch ihre sittsame Haltung betroffen und mehr noch durch ihren lebhaften und sanften Blick, wie ich nie eines ähnlichen gewahr wurde … Man neckte die Kleine, ich übernahm ihre Verteidigung. Alsbald fielen die Stichelreden auf mich. Wenn ich auch nicht natürlichen Gefallen an dem armen Mädchen gefunden hätte, so hätten ihn mir Mitleid und Widerspruchsgeist gegeben. Ich habe stets, vor allem Frauen gegenüber, Anstand in Benehmen und in Worten geliebt. Ich wurde offen ihr Verteidiger. Ich sah sie empfänglich für meine Mühen, und ihre Blicke, belebt durch die Dankbarkeit, die sie nicht auszusprechen wagte, wurden nur um so sprechender.»[49]

Sieben Jahre waren bereits vergangen, seit Rousseau sich von Madame de Warens getrennt hatte, mit der er zum ersten Mal in seinem Leben sexuelle Lust genossen hatte, auch wenn sie ihm, als seine Mama, niemals wirkliche Geliebte sein konnte. Die erotischen Abenteuer mit den beiden venezianischen Freudenmädchen, die ihm Liebe nur vorgespielt hatten, waren enttäuschend gewesen. Jetzt endlich hatte er eine gefühlvolle junge Frau getroffen, die einfach und ohne

Gefallsucht war, ohne Künstelei und Koketterie. Schon bald erklärte er ihr, «ich würde sie nie verlassen, aber sie auch nie heiraten»[50]. Doch bevor es zum sexuellen Kontakt kommen konnte, musste zwischen ihnen noch ein Missverständnis geklärt werden. Thérèse war nicht mehr jungfräulich und fürchtete, dass sie deshalb für ihn nicht mehr attraktiv sein könnte. Sie machte einen betretenen und verwirrten Eindruck, wenn er sich ihr zu nähern versuchte. Doch als sie ihm schließlich weinend ihre Befürchtung gestand, kam es zu einer glücklichen Lösung. Sobald Rousseau ihre Bedenken begriff, stieß er einen Freudenschrei aus. «Jungfernschaft!» rief er, «wer wollte sie in Paris, wer wollte sie wohl bei einem Mädchen von zwanzig Jahren suchen! Ach, meine Thérèse, ich bin allzu glücklich, dich züchtig und gesund zu besitzen und nicht das zu finden, was ich nicht suchte.»[51] Damit war der Damm gebrochen. Sie gab sich ihm hin, und sie schlossen nun den Bund, den beide wollten.

Anfangs hatte Rousseau, wie er selbst bekannte, nur sein Vergnügen gesucht. Nun sah er, dass er eine Lebensgefährtin gefunden hatte. Doch er wäre nicht Rousseau gewesen, wenn er dieses Geschenk nicht von Anfang an als vergiftet reflektiert hätte. Als er sich darüber klarwerden wollte, warum er an Thérèse «natürlichen Gefallen» gefunden hatte, musste er an sein erstes Mal denken. Seine neue Gefährtin war nur ein Ersatz für seine alte Liebe. «Mit einem Wort: ich bedurfte einer Nachfolgerin für Mama. Da ich nicht mehr mit ihr leben durfte, brauchte ich jemand, der mit ihrem Zögling lebte und bei dem ich die Einfalt und Gelehrigkeit des Herzens fand, die sie bei mir gefunden hatte ... Ich fand in Thérèse den Ersatz, dessen ich bedurfte. Durch sie lebte ich so lange glücklich, wie ich es nach dem Lauf der Ereignisse sein konnte.»[52]

Der Hinweis auf die Zeit verwies auf die Brüchigkeit dieser Lebensgemeinschaft, die für viele Freunde und Bekannte Rousseaus ein Rätsel war. Er war ein gebildeter Mann, der gesellschaftlich mit Aristokraten und Philosophen verkehrte und sich gern mit hübsch gekleideten, gepflegten und geistreichen «Demoiselles» unterhielt. Sie wurde als ein dummes Mädchen aus der Provinz wahrgenommen, das nur für einfache Hausarbeiten verwendet werden konnte. Doch dabei wurde übersehen, was Rousseau an ihr schätzte. Sie war gefühlvoll, einfach, ohne Gefallsucht, aufrichtig, tugendhaft, «ohne Schatten von Künstelei und Koketterie»[53]. Sie besaß also all jene Charaktereigenschaften, die er bei den meisten Menschen, die er kannte, vermisste. Sie schien ihm ein natürlicher Mensch zu sein, in dessen Nähe er sich selbst unverstellt zeigen konnte. Und so kam es, dass sie im Lauf der Zeit immer weniger als Ersatz wirkte, sondern zu einer eigenständigen Lebensgefährtin wurde. «Ich lebte mit meiner Thérèse so angenehm wie mit dem größten Genie der Welt ... Ich sah, daß sie mich aufrichtig liebte, und das verdoppelte meine Zärtlichkeit. Diese süße Vertraulichkeit war mir Ersatz für alles. Die Zukunft berührte mich nicht mehr oder berührte mich nur wie die verlängerte Gegenwart. Ich wünschte nichts, als ihre Dauer zu sichern.»[54]

Lange Zeit ging es gut. Auch dass Thérèse in den kommenden Jahren mehrfach schwanger wurde und fünf Kinder zur Welt brachte, schien das Verhältnis zwar zu belasten, aber das intime Glück nicht wirklich zu stören. Es musste nur ein Problem gelöst werden. Sie waren nicht verheiratet. Rousseau war nicht bereit, seine Freiheit aufzugeben. Die Ehre der ledigen Mutter stand auf dem Spiel. Auch war das Geld zu knapp, um eine Familie durchzubringen. Während einer Tischgesellschaft in der Nachbarschaft lernte Rousseau das Mittel kennen, um die Schwierigkeiten auf einen Schlag lösen zu können. Es waren amüsante Anekdoten von verspotteten Ehrenleuten, betrogenen Gatten, verführten Frauen und heimlichen Entbindungen, die er zu hören bekam. Man lachte, «und der, der am besten für die Bevölkerung des Findelhauses sorgte, erhielt stets den meisten Beifall. Das bestach mich ... Das war der Ausweg, den ich suchte. Ich entschloß mich ohne das geringste Bedenken dazu und hatte nur Thérèses Skrupel zu überwinden, die ich nur mit größter Mühe bewegen konnte, dies einzige Mittel anzuwenden, das ihre Ehre retten konnte.»[55]

Schon der erste Sohn, der am Jahresende 1746 zur Welt kam, wurde ins Findelhaus weggegeben, wo er spurlos verschwand. So geschah es auch mit den anderen Kindern. Nun war es nicht ungewöhnlich, dass unehelich geborene Kinder der staatlichen Obhut überantwortet wurden. Auch Rousseau machte aus seinem Verhalten kein Geheimnis. Er hielt das Abgeben seiner Kinder für richtig, rechtmäßig und vernünftig; und wenn er einmal getadelt wurde, rechtfertigte er sich mit dem Hinweis, dass er zwar seine Pflichten als Vater vernachlässigt habe, «aber der Wunsch zu schaden war meinem Herzen fremd, und das Herz eines Vaters kann nicht sehr stark für Kinder sprechen, die man nie gesehen hat»[56].

Dass seine Abschiebungen, gegen den Willen seiner Gefährtin, verwerflich sein könnten, wurde zunächst verdrängt und erst viel später mit Schuldgefühlen belastet. Seine fünf Kinder, die er nicht aufwachsen sah, wird Rousseau in der Phantasiegestalt seines Émile verdichten, dessen Erzieher das Urteil fällte: «Derjenige, der unfähig ist, die Aufgaben eines Vaters zu erfüllen, hat nicht das Recht, Vater zu werden. Weder Armut noch Arbeit, noch menschliche Rücksichten entbinden ihn von der Pflicht, seine Kinder zu ernähren und selbst zu erziehen. Leser, glaube es mir: ich sage jedem, der ein Herz hat und solche heilige Pflichten vernachlässigt, voraus, dass er lange Zeit über seine Schuld bittere Tränen vergießen wird und niemals Trost findet.»[57] Doch bis dahin dauerte es noch seine Zeit. 1749 gründeten Rousseau und Thérèse Le Vasseur einen gemeinsamen Hausstand und zogen in eine kleine Wohnung, wo sie in den kommenden sieben Jahren friedlich und recht angenehm lebten. Rousseau glaubte «das vollkommenste häusliche Glück»[58] gefunden zu haben, das nur durch Thérèses Mutter, die bei ihnen eingezogen war, gestört wurde. Denn Marie Le Vasseur war so ganz anders als ihre Tochter: geheimnistuerisch, berechnend, listig und nur auf ihren eigenen Vorteil bedacht. Doch Rousseau wagte nicht, das Verhältnis zwischen Mutter und Tochter zu stören, und arrangierte sich mit dem problematischen Dreiecksverhältnis, so gut er konnte.

Privates Glück und gesellschaftlicher Erfolg fielen zusammen. Im selben Jahr 1749, in dem er mit seiner Thérèse zusammengezogen war, beantwortete Rousseau die Preisfrage der Akademie der Wissenschaften zu Dijon, «ob die Wiederherstellung der Wissenschaften und

Künste zur Läuterung der Sitten beigetragen habe». Seine Abhandlung begann, wie zu erwarten war, mit einem Lob der Wissenschaften und technischen Erfindungen. Es klang zunächst positiv und optimistisch. Doch dann vollzog er plötzlich eine überraschende Wende. Das leuchtende Bild, das er von der Macht der Vernunft gezeichnet hatte, war nur eine trügerische Oberfläche, unter der sich eine tiefe moralische Dunkelheit verbarg. Die Wohltaten des wissenschaftlichen und kulturellen Fortschritts wurden aufgewogen durch viele Abwege und Irrwege der geschichtlichen Entwicklung, die zu einer Scheinwelt führten, in der die meisten Menschen wie Herdenwesen mittrotten. Rousseau fällte einen harten Urteilsspruch: «Unsere Seelen sind in dem Maße verdorben, in dem unsere Wissenschaften und Künste vollkommener geworden sind.»[59]

Er war selbst am meisten überrascht, dass er mit seiner kulturkritischen Abhandlung den 1. Preis der Akademie gewann. Auf einen Schlag war er zu einer intellektuellen Berühmtheit geworden. Kein Wunder, dass seine Schrift auch scharfe Kritik provozierte. Seine Argumente wurden gegen ihn selbst gewendet. Wenn er die Wissenschaften, Künste und Philosophien angreife, widerspreche er sich selbst. Er könne selbst nicht glauben, was er sagte. Der Stachel saß tief. In den kommenden Jahren vertiefte er seine Argumente und suchte nach einer wissenschaftlich haltbaren Lösung des strittigen Problems. Wohin ihn sein Weg führte, dokumentierte sein nächster Diskurs, mit dem er wieder eine akademische Preisfrage beantwortete. 1755 schrieb er seine Abhandlung *Über den Ursprung und die Grundlagen der Ungleichheit zwischen den Menschen*, in der er an einen Naturzustand erinnerte, zu dem man zwar nicht mehr zurück«gehen» könne, aber auf den man zurück«sehen» müsse, um die verdorbene gegenwärtige Lebensweise richtig beurteilen zu können. Um seine theoretische Argumentation lebenspraktisch zu beglaubigen, entschied sich Rousseau zu seiner großen persönlichen Reform, und er nahm das Angebot der Madame d'Épinay an, sich aus der großen Stadt Paris in die Waldeinsamkeit von Montmorency zurückzuziehen.

Liebesleidenschaft

Am 9. April 1756 kam Rousseau mit seiner Thérèse und ihrer Mutter Marie in der Eremitage an, in der er in den kommenden zwei Jahren *Julie oder Die neue Héloise* schrieb, den großen Roman der Leidenschaften in Form von Briefen zweier Liebenden aus einer kleinen Stadt am Fuße der Alpen, gesammelt und herausgegeben von Jean-Jacques Rousseau, der mit diesem Werk sein eigenes Liebesleben zu begreifen versuchte, bevor es zu spät war. «Von dem Bedürfnis zu lieben verzehrt, ohne daß ich es je ganz hätte befriedigen können, sah ich mich die Schwelle des Alters erreichen und sterben, ohne gelebt zu haben. Diese traurigen, aber rührenden Betrachtungen brachten mich mit einem Kummer, der nicht ohne Süße war, zur Einkehr in mich selbst. Mir schien, als schulde mir das Schicksal noch etwas, das es mir noch nicht gegeben hatte.»[60] Er war vierundvierzig Jahre alt und hatte zu schreiben begonnen, um wenigstens in der Schrift der Literatur leben und sich selbst finden zu können als eine Phantasiegestalt in den Briefen seiner literarischen Einbildungskraft.

Er war gerade dabei gewesen, einige von Leidenschaft und Sehnsucht erfüllte Briefe zu schreiben, ohne noch zu wissen, ob sich daraus eine Handlung ergeben könnte, als er der achtzehn Jahre jüngeren Comtesse Sophie d'Houdetot begegnete, der Schwägerin von Madame d'Épinay, in deren Eremitage er Zuflucht gefunden hatte. Sie war nicht hübsch. Ihr Gesicht war voller Blatternarben, ihr Teint unrein, ihre Augen waren viel zu rund. Doch ihr Gesichtsausdruck war zugleich lebhaft und sanft, ihre körperliche Bewegung unbeholfen und anmutig, ihre Unterhaltung geistreich und heiter. Sie war eine gebildete Frau mit vielen Talenten und Umgangsformen, die Rousseau gefielen. «Sie war sehr natürlich und angenehm im geselligen Verkehr.»[61] Sie nahm nicht teil an den geschickten Galanterien, mit denen Bösartigkeit und Missgunst überspielt werden konnten. Ihr liebenswürdiger, fast kindlicher Charakter kam unverstellt zum Ausdruck, und so kam es bald, wie es kommen musste: In den drei Sommermonaten 1757, als sie sich mehrmals trafen und auf langen

Spaziergängen miteinander sprachen, verliebte sich Rousseau in seine Sophie, die, wie er sich in seinen *Bekenntnissen* erinnern wird, «die erste und einzige Liebesleidenschaft meines Lebens war»[62].

Und Thérèse? Seit zwölf Jahren lebte er nun schon mit ihr zusammen. Mit ihr hatte er das häusliche Glück gefunden, und die Zurückgezogenheit in die natürliche Einsamkeit hatte ihre Vertraulichkeit noch erhöht. «Wir verbrachten allein, unter dem Schatten der Bäume, reizende Stunden, deren Süße ich noch nie so sehr empfunden hatte. Sie schien sie auch noch mehr zu fühlen, als sie vormals getan.»[63] Doch der Reiz war gestört. Sein Glück konnte nicht vollkommen sein. Seinen Geschlechtstrieb hatte er befriedigen können, der Haushalt wurde in Ordnung gehalten. Jetzt aber glaubte er feststellen zu müssen, dass er diese liebenswerte Person niemals wirklich geliebt hatte, in deren Gegenwart ihm von Anfang an etwas fehlte. Sie war nicht gebildet genug. Es gab zu wenige gemeinsame Gedanken, um die Zeit, die sie miteinander verbrachten, geistreich zu nutzen. Da er also das enge Verhältnis nicht in seinem ganzen Reichtum genießen konnte, suchte er wieder einen Ersatz, der den empfundenen Mangel aufheben konnte. Da kam ihm Sophie d'Houdetot gerade recht.

Er hatte befürchtet, das Glück der Liebe in seinem Leben nicht mehr finden zu können. Jetzt war er ihm plötzlich begegnet. Er fühlte sich wie betrunken in einem Liebesrausch, der ihn überwältigt hatte. Wenn er nur daran dachte, dass ihn Sophie bei einer Verabredung mit einem Kuss begrüßen könnte, geriet er ganz außer sich. «Dieser einzige Kuß, dieser unselige Kuß entflammte, noch ehe ich ihn empfing, mein Blut so sehr, daß mir der Kopf schwindelte, meine Augen geblendet waren, meine zitternden Knie mich nicht aufrechthalten konnten.»[64] Unselig aber war der eingebildete Kuss, weil er ihn nicht genießen konnte. Das Liebesglück, das ihm zugefallen zu sein schien, entpuppte sich bald als sein großes Unglück, an dem er zu zerbrechen drohte. Denn die Comtesse Sophie war schon vergeben. Dass sie gegen ihren Willen mit dem Grafen d'Houdetot verheiratet war, störte Rousseau nicht. Aber dass sie bereits einen Liebhaber hatte, mit dem auch Rousseau befreundet war, und ihn nicht zu betrügen bereit war, stürzte ihn in tiefste Verzweiflung. Die Leidenschaft, die ihn ergriffen hatte, wurde von Tag zu Tag unerträglicher. So blieben nur die gemeinsamen Tränen, die desto stärker flossen, je vertrauter sie miteinander wurden. «Wir waren beide von Liebe trunken, sie für ihren Geliebten, ich für sie. Unsere Seufzer, unsere köstlichen Tränen flossen zusammen.»[65]

Daraus sollte sich doch etwas machen lassen! Und so benutzte Rousseau seine eigene Liebesgeschichte, um die *Briefe zweier Liebenden*, an denen er gerade arbeitete, zu einem Roman zu entwickeln, in dem sein selbst erlittenes Dreiecksverhältnis – Sophie d'Houdetot, ihr Liebhaber und er selbst – sich phantasievoll widerspiegeln sollte. Rousseau inszenierte sich in der Figur des bürgerlichen Hauslehrers Saint-Preux, der sich in seine adelige Schülerin Julie von Etange verliebt, um sie an Herrn von Wolmar zu verlieren.

Das Handlungsmuster entnahm er einer der großen abendländischen Liebesgeschichten, die er aus dem zwölften ins achtzehnte Jahrhundert versetzte. Er griff auf die leidenschaftliche Liebe zwischen dem Philosophen und Theologen Peter Abaelard und seiner jungen, schönen und geistreichen Schülerin Heloisa zurück, die zunächst geheim gehalten worden war, durch die Geburt des Sohnes Astralabius jedoch öffentlich wurde. Zur Bestrafung wurde Abaelard entmannt und Heloisa in ein Kloster eingeliefert. So blieb ihnen nach der erzwungenen Trennung nur ein Briefwechsel, der sich zu den schönsten Liebesdokumenten des Mittelalters entwickelte.

Für seine *Neue Héloise* entwarf Rousseau zunächst zwei Frauenfiguren als allegorische Bilder seiner beiden Abgötter: der Liebe und der Freundschaft; zwei Freundinnen, Julie und Clara, die eine blond, sanft, schwach und tugendhaft, die andere braun, lebhaft, selbstbewusst und lebensklug. An diese intimen Freundinnen schloss er seinen Dritten an. «Ich gab der einen von ihnen einen Geliebten, dem die andere eine zärtliche Freundin und selbst noch etwas mehr war.»[66] So wurde das erste Dreieck geschlossen: Julie – Clara – St. Preux. Indem er als Dritter hinzukam, begann er zu leben. «Bezaubert von meinen beiden reizenden Vorbildern, identifizierte ich mich mit dem

Liebhaber und Freund, soweit es mir möglich war.» Das war der erste Sprung seiner Phantasie.

Auf dem Papier skizzierte Rousseau einige Situationen, um damit seinen eigenen unerfüllten Bedürfnissen nach Liebe einen neuen Ausdruck zu geben. Er entwarf verstreute Briefe, in denen seine Personen sich mitteilten, was sie gemacht zu haben glaubten und zu tun erhofften. Die abbildenden Bezüge zur Welt wurden gebrochen durch Briefe, deren tatsächliche Anlässe und Gegenstände gleichsam zwischen den Zeilen lagen. Auch der Sex befand sich hier nicht im Text, sondern wurde umschrieben im ständigen Wechsel von Anschrift und Entgegnung. Als Nichtgesagtes verschwand die Wirklichkeit hinter dem kunstvoll Geschriebenen.

Bereits der erste Kuss fand in der Erinnerung statt. Er muss zwischen dem dreizehnten und dem vierzehnten Brief des Ersten Teils stattgefunden haben und drückte sich in jener ungeheuren Verwirrung aus, die das Schreiben des liebenden St. Preux mit gebremsten Einschüben ins Taumeln brachte. «An Julien. Was hast du getan! Ach, was hast du getan, meine Julie? Du wolltest mich belohnen und hast mich unglücklich gemacht. Ich bin trunken oder vielmehr von Sinnen. Meine Sinne sind erschüttert; alle meine Kräfte hat der tödliche Kuß in Verwirrung gebracht. Du wolltest mein Übel lindern? Grausame, du verbitterst es. Gift habe ich von deinen Lippen gesogen; es gärt, es entzündet mein Blut, es bringt mich um; und dein Mitleid ist mein Tod. O unsterbliche Erinnerung an jenen Augenblick der Illusion, des Rausches und der Bezauberung! Niemals sollst du in meiner Seele erlöschen.»[67]

Zwischen dem vierundfünfzigsten und dem fünfundfünfzigsten Brief kam es dann so weit, dass Glück und Folter, Trunkenheit und Vergiftung durch jenen Liebesakt «gekrönt» wurden, der dann ein ganzes Leben lang abgebüßt werden musste. Einhundertneun Briefe haben davon berichtet, postalisch elf Jahre eines verzweifelten, sehnsüchtigen Lebens begleitend, um seine Julie, die sich von der Liebe zum lasterhaften Fehltritt hatte verführen lassen, wieder tugendhaft werden zu lassen an der Seite eines neuen Mannes. Ein zweites Dreieck. Als Frau von Wolmar gewann Julie jene eheliche Sittlichkeit, die St. Preux zu respektieren hatte. Die gesellschaftliche Konvention, die Julie mit «unauflöslichen Ketten»[68] an ihren Ehemann band, ließ den Verliebten zu einem überflüssigen Dritten werden, dem nur doch das Schreiben und das Reisen als Ersatz der Liebe blieben.

Doch zurück zu jenem vierundfünfzigsten Brief an Julie, in dem das entscheidende Ereignis vorbereitet wurde. St. Preux befand sich bereits allein in Julies Kammer, jenem «Heiligtum alles dessen, was mein Herz anbetet»[69]. Und was machte er? Er schrieb einen Brief an sie, die er gerade erwartete. Wann sollte sie ihn lesen? Er hatte also nicht unbedingt einen Grund, die Feder zu ergreifen und in fliegender Eile aufs Papier zu schreiben, was ihn bewegte. Aber er sollte bald einen Grund haben, sie fallenzulassen, im letzen Moment, bevor es dann so weit war. «An Julien. Wie wird es werden, wenn – Ach, schon glaube ich, dieses zarte Herz zu fühlen, wenn es unter einer glücklichen Hand schlägt! Julie! ... O komm, komm geschwind oder ich bin verloren! Was für ein Glück, daß ich Tinte und Papier gefunden habe! Ich suche das, was ich fühle, auszudrücken, um der Empfindung Stärke zu mäßigen; ich dämpfe meine Erregung, indem ich sie beschreibe. Mich dünkt, ich höre Geräusche ... Es kommt jemand! Sie! Sie ist's! Ich sehe sie von weitem, ich erblicke sie ganz; ich höre die Türe sich wieder schließen. Mein Herz, mein schwaches Herz, so vielen gewaltsamen Regungen kannst du nicht widerstehen. Ach suche Kräfte, so viele Glückseligkeit, womit du überhäuft wirst, zu ertragen!»[70] Die Feder fiel ihm aus der Hand. – Aber nicht ohne Not griff er bald wieder zu ihr. Kaum war das unerhörte Ereignis geschehen, schrieb er den nächsten Brief: «O laß uns sterben, meine süße Freundin: Laß uns sterben, o Geliebte meines Herzens! Was sollen wir nun mit einer fade gewordenen Jugend anfangen, deren ganze Wollust wir ausgeschöpft haben?»[71]

Die Geschöpfe seiner Einbildungskraft erlebten, was Rousseau sich gewünscht hatte, als seine Leidenschaft für Comtesse Sophie entflammt war; und sie riefen noch einmal auf dem Papier zurück, was auch er in seiner Jugend gefühlt hatte, besonders in den Armen von

«Mama», in denen er zum ersten Mal sexuelle Lust empfunden hatte mit jener verwirrenden Ambivalenz, die sein ganzes Liebesleben beherrschte. Immer gab es eine ungeduldige, überschwängliche Erwartung, die sich nach dem Genuss in Selbstquälerei und Schuldgefühle umsetzte. Der kurzzeitige Triumph der Wollust ließ Hemmungen und Bestrafungen über den Wunsch siegen, wobei immer auch die «Fadheit»[72] dessen beklagt wurde, was einmal gelebt worden war, bevor es in den Spuren eines nachträglichen Bewusstwerdens und Aufschreibens seine Lebendigkeit verlor.

Für diese traurigen Siege war die Schrift ein wesentliches Medium. Die *Briefe zweier Liebenden*, an die sich ihr Autor als Dritter anschloss, fingierte er doch, sie gesammelt und veröffentlicht zu haben, ließen erkennen, dass die Abenteuer des Herzens und die Genüsse des Körpers nur in einer schriftlichen Gestalt ihren Ort finden konnten, in der sich Nähe und Ferne, Lust und Erwartung, Augenblick und Aufschub, Gegenwärtigkeit und Nachträglichkeit niederschlugen. So konnte der Briefwechsel zur Wirklichkeit des leidenschaftlichen Gefühls werden. Er setzte sich an-die-Stelle-von. Denn im Schreiben an diejenigen, die abwesend waren, erfüllte sich die Verwirrung der Gefühle wesentlich vollendeter, als es in der Gegenwart der Geliebten je hätte der Fall sein können. Das Spannungsverhältnis zwischen verbotener Nähe und erlittener Ferne fand im Schreiben sein schwebendes Mittel. Voller Sehnsucht war das schreibende Warten auf den Moment der Vereinigung, der noch voraus lag, um von der Schrift fast eingeholt zu werden; und voller tödlicher Melancholie war dann die geschriebene Erinnerung an das, was nun nicht mehr war und in seiner nachträglichen Vergewisserung als seltsam «fade» beschrieben wurde.

Die Form des Briefromans war für Rousseau, den philosophierenden Schriftsteller, deshalb kein äußerliches, konventionell verfügbares Instrument in einem Jahrhundert des Briefeschreibens. Sie entsprach dem, was er ausdrücken wollte: der Trauer um die stets schon verfehlten Augenblicke eines erfüllten Lebens und Liebens. «Sterben, ohne gelebt zu haben». Auch die Schimären seines Schreibens konnten Rousseau nicht das Leben herbeizaubern. Denn Feder und Tinte dienten ihm nicht zur Mitteilung von Tatsachen, sondern verwandelten die Trugbilder eines gelebten Lebens in die ekstatische Schrift einer Leidenschaft, die immer schon ein «gefährlicher Ersatz» war, Betrug einer natürlichen Sprache des Gefühls und des Herzens, die ohne Schrift zwar ersehnt, jedoch nicht begriffen werden konnte. Bewusstwerden bedeutete für Rousseau Vor-Schreiben und Nach-Schreiben, Aufschub dessen, was gewünscht wurde, und Rückblick auf das, was verpasst wurde oder fad geworden war.

Für ein Begehren, das unter dem Zeichen der Schrift stand, seitdem Rousseau zu lesen gelernt hatte, konnte es keine «natürliche» Erfüllung im Jetzt geben. Darüber war er immer unglücklich. Sein Wunsch, zwischen sich und dem Begehrten eine glückliche Unmittelbarkeit zu genießen, konnte nicht befriedigt werden. Das war ihm eine unerschöpfliche Quelle von Tränen und schriftlichen Ergüssen.

Aber dieser libidinöse Widerstreit war zugleich der gärende Grund einer Leidenschaftlichkeit, für die Rousseau eine rauschhafte, strömende Schriftsprache fand, die in sich die Spannung zwischen Sexualität und Sprache, Natürlichkeit und Kunstform lebendig hielt. Die Wahrheit der Sexualität kam nur in einem figuralen Schreiben zum Vorschein, das ihre ersehnte Natürlichkeit schriftlich vermittelte, als geistig buchstabierte und erst dadurch als Leidenschaft überhaupt erlebbar werden ließ. Wäre also seine Leidenschaft für ihn nur ein Parasit der Schrift gewesen? Er jedenfalls schrieb, weil er ein Parasit war, indem er schrieb. Es gehörte zu seiner Natur als «*l'homme double*»[73].

Rousseau sehnte sich nach einem natürlichen Leben in der Natur, und war doch ein Meister der künstlichen Schriftkultur. Er lebte einsam in seiner Eremitage, wo er einige der einflussreichsten Werke des 18. Jahrhunderts mit nachhaltiger Wirkung verfasste. Er strebte nach dem Glück einer erlebbaren Unmittelbarkeit und musste doch immer wieder auf Ersatzmittel zurückgreifen, deren Gebrauch ihn unglücklich machte. Er wollte die Naturwahrheit seines Triebschicksals rücksichtslos freilegen und konnte sie doch nur als maskierte Sexualität zu Papier bringen. Die Natur seines Liebeslebens war von

Anfang an verstrickt in die Kultur lesbarer und schreibbarer Texte, deren verschlungenen Linien er folgte bis zu einer letzten einsamen Erschöpfung. Er starb am 2. Juli 1778, gegen elf Uhr vormittags, in einem abseits gelegenen Gartenhaus in Ermenonville, das ihm der Marquis René de Girardin als Unterkunft zur Verfügung gestellt hatte. Der Park und das Haus waren nach Beschreibungen in der *Nouvelle Héloise* gestaltet worden.

Nachschrift zu einem Seitensprung

Sophie d'Houdetot, Rousseaus Sommerliebe 1757, wurde als seine neue Héloise literarisch unsterblich. In ihrem Schatten verblasste Thérèse Le Vasseur, mit der Rousseau die intimste und längste Beziehung seines Lebens eingegangen war. Er hatte sie im Frühjahr 1745 in einem Pariser Hotel kennengelernt, wo sie als Wäscherin und Dienstmädchen arbeitete, und blieb mit ihr 33 Jahre lang, bis zu seinem Tode, zusammen. Fünf Kinder brachte sie zur Welt, die alle im Findelhaus untergebracht wurden. Auf seiner Flucht durch ganz Europa war sie immer an seiner Seite, wobei allen, denen sie begegneten, klar war, dass es sich um keine Haushälterin handelte, sondern um eine Lebensgefährtin, die er schließlich 1768 ja auch geheiratet hat, obwohl er in diesem engen Verhältnis nie den ganzen Reichtum glaubte genießen zu können, nach dem es ihn verlangte. Seinen Geschlechtstrieb mochte er mit seiner Thérèse zwar zu befriedigen gewusst haben. Doch selbst die engste körperliche Vereinigung konnte ihm nicht genügen. Eine andere Frau musste die empfundene Leere supplementieren und die Rolle einer neuen schönen und klugen Héloise spielen, mit der er jedoch, wie auch sein Vorbild Abaelard, nicht glücklich werden durfte.

Als Rousseau ein Jahr nach seiner Heirat seine *Bekenntnisse* zu schreiben begann, waren es vor allem die sinnlichen Bedürfnisse im Leben mit seiner Frau, an die er sich erinnerte. Als Person erhielt Thérèse kein besonderes Profil. Als Persönlichkeit blieb sie ihm fremd, und selbst sein Hinweis auf ihr Liebesleben blieb selbstbezogen und uninteressiert. «Seitens der Männer hatte ich nichts zu fürchten; ich bin überzeugt, der einzige gewesen zu sein, den sie wahrhaftig geliebt hat, und ihre ruhigen Sinne haben schwerlich nach andern verlangt, selbst als ich bereits aufgehört, in dieser Beziehung für sie ein Mann zu sein.»[74] Zum Glück gibt es einen Bericht, der ein anderes Bild seiner Frau zeichnet.

Es geschah Anfang 1766. Ein Jahr zuvor hatte Rousseau einen bemerkenswerten Besucher empfangen. Er lebte damals, nach seiner Flucht aus Paris, in dem kleinen Bergdorf Môtiers in der Schweiz, als er am 3. Dezember 1764 den Brief eines jungen Schotten aus altadeligem Geschlecht erhielt, der gerade erst in diesem Dorf im Val de Travers angenommen war und unbedingt den bewunderten Autor der *Nouvelle Héloise* sprechen wollte. Der vierundzwanzigjährige James Boswell, der aus Liebhaberei und Ehrgeiz kein Abenteuer und keine Begegnung mit berühmten Literaten, Philosophen und Politikern auslassen wollte, befand sich auf seiner «*Grand Tour*» durch Deutschland, die Schweiz, Italien und Frankreich, wobei er sich auch als Meister gesellschaftlicher Skizzen und biographischer Darstellungen zu profilieren versuchte. Den Zugang zu Rousseau sollte ihm sein Brief öffnen, in dem er bekannte: «Ihre Schriften haben mein Herz aufgetaut, meine Seele erhoben, meine Einbildungskraft beflügelt. Glauben Sie mir, Sie werden froh sein, mich kennengelernt zu haben ... Verzeihen Sie, mich übermannt die Rührung. Ich kann nicht mehr an mich halten. Ach, geliebter Saint-Preux! Erleuchteter Mentor! Beredter und liebenswürdiger Rousseau! Mir ahnt, daß heute eine wahrhaft edle Freundschaft geboren wird ... Gegenwärtig befinde ich mich in einer bedenklichen Lage und hoffe sehnlich, der Verfasser der ‹Neuen Héloise› werde mir mit Rat beistehen. Wenn Sie der Wohltäter sind, für den ich Sie halte, können Sie ihn mir nicht versagen.»[75]

Boswell muss den richtigen Ton gefunden haben. Rousseau / St. Preux fühlte sich erkannt. Schon am Nachmittag wollte er den jungen Schotten empfangen, allerdings «nur kurz», weil Schmerzen ihn plagten. In seinem Bericht über den Besuch stellte Boswell fest:

«Das Wort ‹kurz› gab mir einen Stich. Doch faßte ich Mut und ging alsogleich hin. Die Jungfer Le Vasseur stand schon unter der Haustüre und nahm mich in Empfang, eine adrette kleine Französin von vieler Lebhaftigkeit, nicht danach angetan, meine Befürchtungen zu vermehren.»[76] Das erste Gespräch ließ zwar noch keine wahre Freundschaft entstehen, war jedoch unterhaltsam und gegenseitig anregend. Auch an den beiden folgenden Tagen traf man sich wieder, wobei Boswell vor allem durch Thérèse unterstützt wurde, sodass er auf einem Merkzettel sich notieren konnte: «Sie deine Freundin.»[77] Die Treue, die sie ihrem Lebensgefährten hielt, rechnete ihr Boswell hoch an, und ihre Freundlichkeit empfand er als einen Akt der Freundschaft.

Ein Jahr später, als sich Boswell auf seiner großen Reise durch Italien, Korsika und Frankreich befand, kam es zu einer zweiten Begegnung. Nachdem Rousseaus Haus in Môtiers im September 1765 mit Steinen beworfen worden war, weil die Dorfbewohner mit dem sonderbaren Einsiedler nichts zu tun haben wollten, hatte Rousseau die Einladung des schottischen Philosophen David Hume angenommen und war zunächst allein nach England gereist. Thérèse sollte im Januar 1766 nachkommen. Boswell erklärte sich gern bereit, sie auf ihrer Reise zu begleiten. Am Freitag, dem 31. Januar 1766, holte er sie in Paris ab. In den kommenden Tagen sollte es zu einer der außergewöhnlichsten Episoden in Boswells Leben kommen.[78]

Zwar soll er nicht vorgehabt haben, die lebhafte, zwanzig Jahre ältere Französin zu verführen. Die Intimität der Reise mit der Kutsche nach Calais und ihre Nähe in den nächtlichen Unterkünften führten jedoch schon bald zu einem amourösen Abenteuer. Bereits in der zweiten Nacht teilten sie das Bett. Der erste sexuelle Kontakt war jedoch ein Fiasko. Boswell versagte und fühlte sich gedemütigt. Er begann zu weinen. Thérèse legte ihren Arm um ihn und versuchte ihn zu trösten. Seine Kräfte kamen zurück, und er war sexuell so erregt und schließlich auch befriedigt, dass er am nächsten Tag der erstaunten Thérèse zu ihrem Glück gratulierte, die hitzige Energie eines schottischen Liebhabers genossen zu haben. Sie wies ihn mit der Bemerkung zurecht, dass es für eine größere Dankbarkeit keinen

Grund gebe. «Ich räume zwar ein, dass Du ein vitaler, kräftiger Liebhaber bist, aber Du hast keinen Stil.» Als sie bemerkte, wie sehr ihn ihre Bemerkung getroffen hatte, ergänzte sie: «Ich wollte Dich nicht verletzen. Du bist jung, Du kannst lernen. Ich selbst werde Dir den ersten Unterricht in der Kunst des Liebens geben.»

Da Boswell das Gefühl der Überlegenheit brauchte, um als Liebhaber erfolgreich sein zu können, fühlte er sich terrorisiert. Als es am Abend Zeit war, zu Bett zu gehen, ergriff ihn die Panik. Früher hatte er wenig Alkohol getrunken. Doch jetzt bestellte er eine Flasche Wein, versuchte vergeblich mit Thérèse über Rousseau zu reden, ging unruhig im Zimmer auf und ab, die Flasche leerend. Schließlich schlüpfte er ins Bett, wo er seine Instruktionen erhielt. Er solle sanft, zugleich aber auch feurig sein. Er solle sich Zeit lassen. Da er ja ein vielgereister Mann sei, müsse er doch wissen, was er alles mit seinen Händen tun könne. Er machte gute technische Fortschritte, obwohl er ihr Recht in Frage stellte, ihn zu unterrichten. Dann «she rode him agitated, like a bad rider galloping downhill»[79].

Die nächsten Tage und Nächte haben sie liebevoll miteinander verbracht. Am Morgen des 11. Februar kamen Thérèse Le Vasseur und James Boswell in Dover an, zwei Tage später waren sie in London, um David Hume zu treffen. Dann fuhren sie nach Chiswick, wo Rousseau bei einem Lebensmittelhändler Unterkunft gefunden hatte. Boswell musste Thérèse sein Ehrenwort geben, über ihre Affäre Stillschweigen zu bewahren, solange sie oder der Philosoph noch lebten. Schließlich trafen sie Rousseau, der einen ältlichen, schwächlichen Eindruck machte. Zur Begrüßung wurde viel geküsst, und Rousseau dankte Boswell für den Dienst, den er als wahrhaft ehrbarer Mann und perfekter Gentleman ihm geleistet hatte. Er sollte nie erfahren, dass er für seine Lebensgefährtin nicht der einzige Mann gewesen ist, nach dem ihre Sinne verlangt hatten.

VIERTES KAPITEL

Die Phantasie ist der Stachel der Lüste

Der ehrenwerte Herr Kant
und der geile Marquis de Sade

> «*Der ehrenwerte Philosoph erhebt die Tatsache des
> Denkens zur allein gültigen Aktivität seines Daseins.
> Der ruchlose Philosoph gesteht dem Denken keinen
> anderen Wert zu, als die Aktivität zur höchstmöglichen
> Leidenschaft zu entfalten.*»[1]
>
> PIERRE KLOSSOWSKI

Als der französische Psychoanalytiker Jacques Lacan 1963 *Kant mit Sade*[2] zusammendachte, will er einen gemeinsamen umstürzlerischen Wendepunkt entdeckt haben, den beide gleichermaßen vollzogen haben sollen. Das mochte zwar dem eingespielten Wissen von Kant und Sade widersprechen, von ihren unterschiedlichen Lebensweisen, Gedanken und Werken. Denn die sexuellen Handlungen des Marquis de Sade, ebenso wie seine obszönen und pornographischen Schriften, schienen durch ein übermächtiges, entfesseltes Lustprinzip angetrieben gewesen zu sein, das mit der intellektuellen Kälte und puritanischen Lebensform des Vernunft-Philosophen Kant nichts zu tun haben konnte. Doch Lacan, psychoanalytisch geschult, glaubte hinter den manifesten Texten von Kant und Sade eine latente, unbewusste Bedeutung wahrnehmen zu können, die den französischen Libertin und den preußischen Universitätslehrer gleichermaßen beunruhigte.

Lacan bezog sich dabei vor allem auf zwei Werke, die 1795 bzw. 1788 publiziert worden waren. «Die *Philosophie im Boudoir* erscheint sieben Jahre nach der *Kritik der praktischen Vernunft*. Wie man sehen wird, verträgt sie sich nicht nur mit ihr, sondern ergänzt sie vielmehr, ja sie spricht, wie wir schließlich nachweisen werden, die Wahrheit der *Kritik* aus.»[3] Der Umsturz, der sich in Sades lustvollem Werk vollzog, soll dem Wendepunkt in Kants kritischer Philosophie entsprochen haben. Denn in beiden Fällen sei es um das Richtmaß einer Ethik gegangen, die das autonome menschliche Subjekt mit seinem individuellen Willen ins Zentrum gerückt habe. Dabei habe Kants praktische Vernunft mit ihrem kategorischen, unbedingten Geltungsanspruch, die auf keine konkreten, situationsgebundenen Bedingungen des Handelns Rücksicht genommen habe, die gleiche schneidend-geschliffene Strenge wie Sades Philosophie, deren Maxime der Lust sich aus allen gesellschaftlichen Zwängen und Eingrenzungen befreit habe und in Kants Sinn als selbstgesetzgebender, kategorischer Imperativ formuliert werden könne: «Ich habe das Recht, deinen Körper zu genießen, kann ein jeder mir sagen, und werde von diesem Recht Gebrauch machen, ohne daß irgendeine Schranke mich in der Willkür der Vergehen aufhalten könnte, die ich daran zu befriedigen beliebe.»[4]

Lacan glaubte, mit seiner Engführung von Kant und Sade originell gewesen zu sein. Er kannte die *Dialektik der Aufklärung* nicht, an der Max Horkheimer und Theodor W. Adorno 1942 im amerikanischen Exil zu arbeiten begonnen hatten, Erstausgabe Amsterdam 1947. Bereits die beiden ersten Sätze gaben das allgemeine Thema vor, das dann in dem großen Exkurs II – *Juliette oder Aufklärung und Moral* – im Hinblick auf Kant und Sade entfaltet worden ist: «Seit je hat Aufklärung im umfassendsten Sinn fortschreitenden Denkens das Ziel verfolgt, von den Menschen die Furcht zu nehmen und sie als Herren einzusetzen. Aber die vollends aufgeklärte Erde strahlt im Zeichen triumphalen Unheils.»[5]

Zwar waren Horkheimer und Adorno davon überzeugt, dass die Freiheit in einer Gesellschaft unabtrennbar an ein aufklärendes Denken gebunden sein muss. Doch sie glaubten ebenso deutlich erkannt zu haben, dass die Denkformen und gesellschaftlichen Institutionen der Aufklärung «schon den Keim zu jenem Rückschritt enthalten, der heute überall sich ereignet»[6]. Dabei richteten sie ihre Aufmerksamkeit, neben Friedrich Nietzsche, vor allem auf Immanuel Kant und den Marquis de Sade als «den unerbittlichen Vollendern der Aufklärung». An ihren Werken wollten sie dialektisch zeigen, «wie die Unterwerfung alles Natürlichen unter das selbstherrliche Subjekt zuletzt gerade in die Herrschaft des blind Objektiven, Natürlichen gipfelt. Diese Tendenz ebnet alle Gegensätze des bürgerlichen Denkens ein, zumal den der moralischen Strenge und der absoluten Amoralität.»[7]

Kants unbedingte Imperative des tugendhaften Handelns und Sades Philosophie der Lust und der Grausamkeit sollen der gleichen Logik folgen. Sie seien nicht mehr eingebunden in traditionsmächtige, verbindliche Orientierungen, religiöse Glaubensformen und inhaltlich bestimmte Regeln des geselligen Zusammenlebens. Kants aufgeklärte Vernunft sei ebenso wie Sades libertine Weltanschauung und Lebensweise «ohne Leitung eines anderen»[8], eine Selbstgesetzgebung, die alles abwehrt, was sich nicht ihrer abstrakten Logik fügt. Ganz im Sinne Kants sei vor allem Juliette, diese kühle und reflektierte Philosophin des Lasters und seiner Vorzüge, ein autonomes Subjekt, das ohne Moral nur seiner eigenen Natur folge. Juliettes kaltblütige Rationalität entspreche Kants Formalisierung der Vernunft, die bei ihr die lichten Kräfte der Aufklärung dialektisch in ihr finsterstes Extrem umschlagen lasse.

Kant mit Sade: Was Horkheimer/Adorno und Lacan provokant verknüpften, um die Aufklärung über sich selbst aufzuklären, war zwar originell und nur selten bemerkt worden. Doch war es auch richtig? Konnte eine tiefenpsychologische Lektüre von Sades *Philosophie im Boudoir* wirklich die eigentliche Wahrheit von Kants *Kritik der praktischen Vernunft* ins rechte Licht rücken? Und konnte Sade als ein unerbittlicher Vollender der Aufklärung tatsächlich mit Kant auf eine gemeinsame Dialektik der Aufklärung eingeebnet werden, die zwischen moralischer Strenge und absoluter Amoralität keinen Gegensatz festzustellen erlaubt?

Wir müssen, um diese Fragen beantworten zu können, uns dem Liebesleben der beiden Philosophen zuwenden, das sich in ihren Werken widerspiegelt. Dabei lässt sich eine wesentliche Verdrehung feststellen. Denn während Sade in seinen Schriften eine philosophisch reflektierte und literarisch gestaltete Begründung seiner amoralischen Lebensweise zu Papier brachte, dachte Kant als «Metaphysiker der Sitten» darüber nach, was moralisch getan werden soll, um daraus für sich lebenspraktische Konsequenzen zu ziehen.

Das amoralische Leben des Marquis de Sade

Donatien Alphonse François de Sade war ein Kind des Ancien Régime, dessen Adel und Klerus, eingebunden in eine einheitliche königliche Gewalt, immer weniger in der Lage war, die gesellschaftliche Ordnung fortschrittlich zu gestalten. Wirtschaftliche, politische und kriegerische Probleme führten Frankreich in eine Krise, die mit königlicher Macht nicht mehr zu lösen war. Der frivole Lebensstil Ludwigs XV. (1710–1774) und seine nachlässige Handhabung der Regierungsgeschäfte diskreditierten und schwächten die Krone; und die mangelnde Energie seines Enkels, der als Ludwig XVI. ab 1774 auf dem Thron saß, war nicht in der Lage, die gewaltig angewachsenen Probleme in den Griff zu bekommen. Schließlich brauchte es eine republikanische Revolution, um der Dekadenz des alten Regimes 1789 ein Ende zu bereiten.

Im Schoß des adeligen Luxus kam D. A. F. de Sade am 2. Juni 1740 zur Welt.[9] Er wurde geboren im Hôtel de Condé, einem prächtigen Pariser Stadtpalast der Bourbonen, in dem seine Mutter Marie Eléonore de Sade, geborene de Maillé de Carman, als Gesellschaftsdame der Prinzessin de Condé tätig war. Verwandtschaftlich gehörte sie zu einer Nebenlinie des königlichen Hauses de Bourbon und war in den hohen Adel des französischen Königreichs integriert. Sades Vater,

Graf Jean-Baptiste Joseph François de Sade, Herr der Schlösser Saumane und La Coste, stammte ebenfalls aus einem vornehmen alten, ursprünglich italienischen Geschlecht.[10] Seine Besitztümer lagen vor allem in der südfranzösischen Provinz Languedoc, nahe Avignon. Es wundert deshalb nicht, dass der junge Sade, sobald er denken konnte, daran glaubte, dass sich für ihn die Natur und das Glück vereint hätten, um ihn mit ihren Gaben zu überschütten. «Ich begann es zu glauben, weil man die Torheit besaß, es mir zu sagen, und dieses alberne Vorurteil machte mich hochmütig, tyrannisch und cholerisch.»[11] Weil alles ihm zuzufallen schien, um seine Wünsche zu befriedigen, schlug er während eines kindlichen Spiels im Palast Condé sogar auf den vier Jahre älteren Prinzen Louis Joseph de Bourbon ein, der ihm ein Spielzeug streitig gemacht hatte. Nur mit Kraft und Gewalt war er von seinem Gegner zu trennen.

Zunächst privat unterrichtet und die meiste Zeit auf Schloss Saumane in der Obhut seines gelehrten, frivolen Onkels, Abbé Jean-François Paul Aldonse de Sade, trat er zehnjährig in das Pariser Collège Louis-le-Grand ein, vier Jahre später in die Kavallerieschule der königlichen Garde in Versailles. Seine Ausbildung zum Offizier war wichtiger als kultivierte Erziehung und akademische Bildung; und als 1756 der Siebenjährige Krieg zwischen Frankreich und Preußen begann, hatte man es eilig, ihn als Kornett im Regiment des Grafen de Provence mitkämpfen zu lassen. «Schlachten begannen, und ich wage zu versichern, daß ich sie gut bestand. Das natürliche Ungestüm meines Charakters, die Feuerseele, die ich von der Natur erhalten hatte, gaben der wilden Tugend, die man Mut nennt, und die man zweifellos sehr zu Unrecht als die einzige ansieht, die für unseren Stand unerläßlich sei, große Kraft und Aktivität.»[12]

Aus dem Krieg, an dem er die meiste Zeit in Deutschland teilnahm, kehrte er 1761 nach Paris zurück, wo er sich in ein verschwenderisches Vergnügungsleben stürzte. Es waren Lehrjahre der Libertinage. Seine unmäßige Spielsucht und seine sexuellen Eskapaden kosteten viel Geld und ließen seine Familie um ihr Vermögen fürchten. Am liebsten hielt er sich bei Schauspielerinnen hinter den Kulissen der

Theater auf oder vergnügte sich mit Prostituierten in Luxusbordellen. Sein ungestümes Verlangen, das sich nach jedem Genuss zwar verflüchtigte, jedoch nicht befriedigt wurde und ihn immer wieder von neuem überwältigte, brachte ihm bald einen schlechten Ruf ein. Vor allem seine Mutter war entrüstet über das liederliche Leben ihres Sohnes, der keine einzige gute Eigenschaft zu besitzen schien.

Um seine ungestüme Lebenslust zu zügeln, sollte er verheiratet werden. Man suchte eine Frau für ihn, die ihn zur Vernunft und die familiären Finanzen in Ordnung bringen sollte. Zwar war er Anfang 1763 gerade in ein amouröses Abenteuer mit Mademoiselle Laure de Lauris verstrickt, die ebenfalls aus einem alten hochadeligen Geschlecht in der Provence stammte und eine der verführerischsten Heldinnen im Liebesleben Sades war. Doch sein Vater wählte als Braut für seinen liederlichen Sohn die Tochter des reichen Monsieur le Président de Montreuil aus, der als Vertreter des Juristenadels im Ancien Régime eine wichtige finanzpolitische Rolle spielte. Ein lukrativer Heiratsvertrag wurde geschlossen; und am 17. Mai 1763 wurde der 23-jährige Marquis de Sade, in Gegenwart Ludwigs XV., der Königin und zahlreicher Mitglieder des Hofes, mit der ein Jahr jüngeren Renée-Pélagie de Montreuil verheiratet. Auch ihre Mutter war erfreut, durch diese Heirat mit einer Familie verbunden worden zu sein, die mit königlichem Blut verwandt war.

Doch statt ehelich gebunden und sexuell zivilisiert zu werden, steigerte der zwangsmäßig Verheiratete seine Ausschweifungen. 1763 begann er bewusst als ein freigeistiger Libertin zu leben, der keinen Gott mehr kannte, seinen Leidenschaften freien Lauf ließ, den Körper zum Organ eines vitalistischen Lustprinzips erklärte und einem solipsistischen Imperativ folgen wollte, der ganz und gar nur seinem eigenen Begehren entsprach. So musste es zu jenen Skandalen und Affären kommen, die vierzehn Jahre lang, von 1763 bis 1777, das Leben Sades beherrschten und die staatlichen und kirchlichen Mächte ungeheuerlich herausforderten.

Der Skandal in der Rue Mouffetard (1763). Bereits kurz nach seiner Eheschließung richtete Sade für sich in Paris, Versailles und Arcueil «*petite maisons*» ein, kleine möblierte Häuser, die im 18. Jahrhundert vornehmen Herren als private Lustorte dienten, um ungestört ihre amourösen Abenteuer genießen zu können. Es war Dienstag, der 19. Oktober 1763, als er sich bei einer Kupplerin die junge Gelegenheitsprostituierte Jeanne Testard für die Nacht mietete, die er mit ihr in seiner Pariser «*petite maison*» in der Rue Mouffetard verbringen wollte. Am nächsten Morgen ging sie zur Polizei, wo sie ihren Freier wegen der nächtlich erlebten Ereignisse anzeigte. Im Polizeiprotokoll wurde festgehalten, dass er sie in seinem Haus zunächst gefragt habe, ob sie an Gott, Jesus Christus und die Jungfrau Maria glaube. Auf ihr «Ja» habe er mit fürchterlichen gotteslästerlichen Beschimpfungen und Flüchen reagiert. Er leugnete Gottes Existenz und habe damit geprahlt, dass er früher schon einmal in einer Kirche in einen Altarkelch onaniert und Sex mit einer Frau gehabt habe, in deren Scheide er zwei geweihte Hostien eingeführt habe. So sei er mit ihr zur Kommunion gegangen, habe sie fleischlich als göttlich genossen und dann geprahlt: «Gott, wenn es dich gibt, dann räche dich jetzt.»[13] Dann habe er die Zeugin in einen Nebenraum geführt, an dessen Wand mehrere Rutenbündel und Peitschen, drei Kreuze aus Elfenbein, zwei Christusabbildungen und zahlreiche Bilder mit obszönen Darstellungen nackter Körper hingen. Er habe sie aufgefordert, ihn mit einer erhitzten Eisendraht-Geißel zu schlagen, bevor er sie mit einer Knute ihrer Wahl auspeitschen wollte. Sie habe das abgelehnt, worauf er zwei Elfenbeinkruzifixe von der Wand genommen habe, auf einem herumtrampelte und über dem anderen bis zum Samenerguss masturbierte. Die Zeugin sei geschockt gewesen, und sie habe um ihr Leben gefürchtet. Dann habe er ihr mehrere gotteslästerliche Gedichte vorgelesen, die jeden religiösen Glauben verhöhnten. Er habe sie von einem Freund erhalten, der ebenso ausschweifend und wollüstig sei wie er selbst. Als die Kupplerin Jeanne Testard am nächsten Morgen abholte, musste sie versprechen, über die nächtlichen Ereignisse zu schweigen. Doch sie habe sich entschieden, diesen verkommenen Menschen anzuzeigen.[14]

Das war der erste Fall, der Polizei und Justiz auf Sades Libertinage aufmerksam werden ließ. Sie war nicht originell, sondern entsprach dem Muster, dem seit dem 17. Jahrhundert das Denken und Handeln der Libertins folgten. Die herrschende Macht des christlichen Glaubens und der kirchlichen Institutionen wurde durch blasphemische Reden und Aktionen herausgefordert, deren Stärke der gegnerischen Kraft entsprechen sollte. Vor allem das Kreuz und die Sakramente wurden als Zielscheiben der atheistischen Aggressivität bevorzugt. Und die libertine Sexualität überschritt gezielt die Grenzen, die konventionell gezogen worden waren, wobei das Wechselspiel von Schlagen und Geschlagenwerden einen besonderen körperlichen Genuss bereiten und die sexuellen Energien freisetzen sollte.

Das Polizeiprotokoll der skandalösen Aktionen in der Nacht vom 19. zum 20. Oktober 1763 wurde dem Minister des königlichen Hofstaates vorgelegt, der dem König erklärte, dass solche Ausschweifungen streng bestraft werden sollten. Am 29. Oktober wurde Sade auf königlichen Befehl verhaftet und im düsteren Gefängnisturm von Vincennes eingekerkert. Sade war schockiert. Die Freiheiten, die er sich erlaubt hatte, ohne Jeanne Testard wirklich geschädigt zu haben, hatten ihn ins Gefängnis gebracht. Um freizukommen, erklärte er sich für schuldig. Trotz seines Unglücks beklage er sein Schicksal nicht, sondern sehe seine Fehler ein und wünsche sich einen Priester, dessen gute Lehren er zukünftig befolgen werde.[15] Die Unterwerfung erfüllte ihren Zweck. Nach zwei Wochen Haft wurde Sade auf Befehl Ludwigs XV. freigelassen. Vermutlich hatte sich seine Schwiegermutter, Madame de Montreuil, für ihn eingesetzt, die zu dieser Zeit noch eine gewisse Sympathie für das freizügige Handeln und hitzige Temperament ihres Schwiegersohns gehabt zu haben schien und auch ihre Tochter vor öffentlichen Skandalen schützen wollte. Ein Jahr lang durfte Sade Paris nicht betreten, sondern sollte fernab im Schloss Èchauffour leben, einem Besitz seiner Schwiegereltern in der Normandie.

Der Fall Rose Keller (Ostern 1768). Schon wenige Monate nach dem Skandal in der Rue Mouffetard kam Sade zurück nach Paris. Er versuchte, sich gesellschaftlich anzupassen, und übernahm die wirtschaftliche Verwaltung von Gütern seiner Familie väterlicherseits. Doch stärker als für das Geschäftsleben interessierte er sich für Literatur, Philosophie und Theater. Er bildete sich zu einem «*homme de lettres*», schrieb Verse und trat als Schauspieler auf. Liebschaften mit Schauspielerinnen dienten seinem Vergnügen, wobei ihm besonders Mademoiselle Colette vom Théâtre-Italien zur Verfügung stand. 1765 begann er ein extravagantes Verhältnis mit der viel älteren Kurtisane La Beauvoisin, die er auch mit auf sein provenzalisches Schloss La Coste nahm, wo er sie als Madame de Sade vorstellte. Gern besuchte er die Pariser Bordellmutter Madame Brissault, die ihm Mädchen für seine «kleinen Häuser» besorgen musste.

All das wurde jahrelang aufmerksam von Polizeiinspektor Louis Marais kontrolliert und protokolliert, der die delikate Aufgabe hatte, das Liebesleben des hohen Adels zu überwachen, der zu Ausschweifungen und Orgien neigte. So wurde auch aktenkundig, dass Sade Anfang 1768 in sein Haus in Arcueil, einem Dorf in der Nähe von Paris, vier Mädchen kommen ließ, die er dort gepeitscht haben soll. Ebenfalls wurde berichtet, dass der Marquis seit längerem in Arcueil «viel Skandal verursacht, indem er Tag und Nacht Personen beiderlei Geschlechts mitbringt, mit denen er Ausschweifungen treibt»[16].

Als am Ostersonntag 3. April 1768 die Glocken läuteten, schien seine Wollust besonders stark gewesen zu sein. Jedenfalls war die «Affäre von Arcueil»[17] ein typischer Fall von Sades Libertinage, der für das Bild des sadistischen Lüstlings charakteristisch wurde. Das Gerichtsverfahren im «Fall Rose Keller», mit seinen gerichtsmedizinischen Kommentaren, seinen Zeugenaussagen und Sades Verteidigung, lässt allerdings keine eindeutige, zweifellose Feststellung dessen zu, was wirklich geschehen war. Fest steht nur, dass Sade am Morgen des 3. April auf dem Place des Victoires in Paris der 36-jährigen Elsässerin Rose Keller begegnete, einer armen, arbeitslosen Witwe, die dort um ein Almosen bettelte. Er sprach sie an und bot ihr eine Verdienstmöglichkeit an. Schon das erste Gespräch wurde später, als es zum Prozess kam, unterschiedlich erinnert. Er will sie zu einer ausschweifenden «*partie de libertinage*» nach Arcueil eingeladen haben, mit der sie einverstanden gewesen sein soll, während sie, die sich nur schwer französisch verständigen konnte, geglaubt habe, dass ihr die bezahlte Stelle einer Haushälterin angeboten worden sei.

Sie stieg also zu ihm in den Wagen, der sie in sein kleines Landhaus brachte, wo sie sich, bald von Todesangst ergriffen, seinen ausgefallenen Wünschen zu fügen hatte. Sie musste sich entkleiden und bäuchlings auf ein Bett legen. «Herr de Sade peitscht sie fünf oder sechs Mal, indem er abwechselnd eine Rute und eine neunschwänzige Katze mit Knoten benutzt. Zwei oder drei Mal hört er auf, um die Wunden mit einer Salbe einzureiben, aber gleich darauf schlägt er von neuem mit unverminderter Heftigkeit zu. Als Rose Keller ihn um Erbarmen anfleht und ihn bittet, sie nicht totzuschlagen, weil sie nicht sterben wolle, ohne gebeichtet zu haben, sagt er ihr, das sei ganz unwichtig, er würde ihr selbst die Beichte abnehmen. Während sie noch versucht, ihn zu erweichen, werden die Schläge erregter und rascher, und plötzlich stößt der Flagellant ‹sehr hohe, sehr schreckliche› Schreie aus. Das ist der Orgasmus. – Die Folter ist zu Ende.»[18] Rose Keller konnte sich waschen. Ihre Wunden wurden mit einer bräunlichen Salbe eingerieben, die ihr brennende Schmerzen bereitete. Sie zog sich an, bekam etwas zu essen und zu trinken. Als sie eine Zeitlang allein war, flüchtete sie durch ein Fenster in den Garten. Der Diener des Marquis rannte hinter ihr her. Sie weigerte sich, in das Haus zurückzukehren. Als der Diener ihr Geld anbot, um für das Erduldete entschädigt zu werden, lehnte sie es ab, stieß ihn zur Seite und entkam. Bei drei Dorfbewohnerinnen fand sie Schutz und Hilfe. Entsetzt hörten sie sich an, was Rose Keller ihnen zu berichten hatte.

Um eine Klage der Geschlagenen abzuwenden, versuchte Madame de Montreuil, Sades Schwiegermutter, Rose Keller mit einem hohen Schmerzensgeld als «Herzensbalsam»[19] zufriedenzustellen. Doch das konnte dem Skandal kein Ende bereiten. Fünf Tage nach der Prügelszene wurde Sade verhaftet. Zunächst aufgrund eines königlichen Befehls im Schloss Saumur inhaftiert, wurde er schon bald darauf in die Festung Pierre-Encize bei Lyon gebracht, schließlich in die Conciergerie, das Gerichtsgefängnis in Paris. Hochrangige Gerichte beschäftigten sich mit seinem Fall. Mehrere Monate dauerten die Verfahren, in denen auch der öffentliche Zorn wie ein Nebenkläger eine Rolle spielte. Man nahm Sade übel, dass er seine Flagellation am Ostersonntag inszeniert habe, um die Geißelung Christi lächerlich zu machen, ebenso wie er vorgeschlagen habe, Rose Keller die Beichte abzunehmen, um so das Sakrament der Buße und Vergebung zu verspotten. Am Ende war es wieder der König, der am 16. November 1768 befahl, den Marquis de Sade freizulassen, der sich jedoch als freier Mann auf sein Stammschloss La Coste zurückziehen müsse, um dem großstädtischen Laster fernzubleiben. Man hoffte, dass er dort mit seiner Frau, die ihn trotz seines lasterhaften Lebens noch liebte und bereits einen ersten Sohn zur Welt gebracht hatte, ein gesittetes Leben führen und seiner Familie keine Sorgen mehr bereiten würde.

Die Affäre von Marseille (1772). In den kommenden Jahren lebte Sade mit seiner Frau die meiste Zeit auf Schloss La Coste, wo auch zwei weitere Kinder geboren wurden. Am liebsten gab er luxuriöse Bälle und inszenierte Theatervorstellungen, für die er zugleich als Autor, Schauspieler und Regisseur tätig war. Auch die jüngere und sehr hübsche Schwester seiner Frau, Anne-Prospère de Launay, war oft in La Coste zu Gast, und es kursierte schon bald das Gerücht, dass es zu einer Liebesbeziehung zwischen Sade und seiner Schwägerin gekommen war. Doch es konnte auf Dauer nicht ausbleiben, dass auch seine sexuelle Energie wieder durchbrach und es zu weiteren Skandalen kam.

Es geschah am Morgen des 27. Juni 1772. Zusammen mit seinem Kammerdiener Latour war Sade nach Marseille gefahren, wo er einige Geschäfte zu erledigen hatte. Bereits am Donnerstag, 25. Juni, hatte Latour vier junge Mädchen gefunden, die bereit waren, sich gegen angemessene Bezahlung auf erotische Abenteuer mit seinem Herrn einzulassen. Zur verabredeten Zeit trafen sie sich im dritten Stock eines abseits gelegenen Hauses. Ein kleines Gewinnspiel ergab die Reihenfolge der Vergnügungen. Zuerst war es Marianne Laverne aus Lyon, achtzehn Jahre alt, die mitspielte, wozu sie sich allein mit den beiden Männern in ein separiertes Zimmer zurückzog. Sie musste sich mit Latour auf das Bett legen. Mit einer Hand peitschte Sade das Mädchen, während er mit der anderen seinen Diener genital aufgeilte, wobei er ihn als «Herr Marquis» ansprach. Nach der Flagellation bot er Marianne Anisbonbons an, deren Zuckerguss mit Kantharidin vermischt war, einem natürlichen Reizgift, das stofflich in verschiedenen Käferarten vorkommt und, in geringer Dosierung, zur Steigerung der Lust dienen soll, während seine übermäßige Einnahme zu Übelkeit und Nierenversagen führen kann, im schlimmsten Fall zum Tode.

Dann verlangte er Analverkehr. Er wollte sie «von hinten genießen»[20]. Sie verweigerte sich. Wusste sie, dass Sodomie, ob aktiv praktiziert oder passiv genossen, mit dem Tode bestraft wurde und dass das Gesetz «com vir 31» im Kodex «de adult» verlangte, dass diejenigen, die dieses Verbrechen begingen, mit Verbrennen bei lebendigem Leib bestraft wurden, gleichgültig, ob Mann oder Frau? Jedenfalls hat Marianne später der Polizei berichtet, dass sie sich geweigert habe, sich sodomieren zu lassen. Stattdessen habe Sade sie gebeten, ihn mit einer Rolle aus hartem Pergamentpapier auszupeitschen, die mit gekrümmten Stecknadeln gespickt und voller Blut war. Nach einigen Schlägen auf seinen Hintern habe sie es nicht mehr vermocht. Es fiel ihr leichter, ihm mit einem Reisigbesen mehrere Hiebe zu versetzen. Doch plötzlich wurde ihr übel, ihr Magen schmerzte, sie ging stöhnend in die Küche, wo sie Wasser und Kaffee zu trinken bekam.

Das nächste Mädchen musste, nach einigen erlittenen Schlägen, Sade mit dem Besen kräftige Hiebe versetzen, deren Anzahl, Schlag für Schlag, er mit einem Messer in die Wand ritzte. Dann musste sie sich auf das Bett legen, wo sich Sade mit ihr vergnügte, während er zugleich wieder seinen Lakaien masturbierte, der ihn dann von hinten penetrierte.

Ähnlich geschah es mit der dritten Teilnehmerin der Orgie. Schließlich war die zwanzigjährige Mariannette Laugier aus Aix-en-Provence an der Reihe. Als sie die blutige Peitsche sah, wollte sie aus Angst weglaufen. Sie wurde zurückgehalten, und aus der Küche, wo sie ihre Übelkeit bekämpft hatte, wurde Marianne Laverne zurückgeholt. Wieder bot Sade den zwei Mädchen Bonbons an. Sie lehnten ab. Geschlagen wurde nicht mehr. Stattdessen wurde Marianne bäuchlings auf das Bett geworfen. Sade entkleidete sich «und sodomiert sein Opfer. Vor dem Polizeidirektor werden die beiden Mädchen aussagen, daß es der junge Latour mit seinem Herrn in gleicher Weise getrieben habe.»[21]

Die Orgie war zu Ende. Die vier Mädchen wurden bezahlt, und es wurde ihnen ein weiterer Verdienst angeboten, wenn sie abends mit den beiden Männern aufs Meer hinausfahren würden. Sie willigten ein, doch als Latour sie abholen wollte, hatten sie dazu keine Lust mehr. Sades Diener suchte Ersatz. Er sprach Marguerite Coste an, eine 25-jährige Prostituierte, die am Abend Sade in ihrer Wohnung empfing. Nachdem sie mehrere Anis-Kantharidin-Bonbons gelutscht hatte, auf deren aphrodisische Wirkung Sade vertraute, schlug er ihr vor, «sie von hinten und auf mehrere noch entsetzlichere Arten zu genießen»[22]. Marguerite wollte sich darauf nicht einlassen und stellte sich nur so zur Verfügung, wie die Natur es vorgezogen haben soll. Sade bezahlte und verließ sie, ohne zu ahnen, dass sie einen Prozess in Gang bringen sollte, der sein weiteres Leben beherrschte.

Denn drei Tage später, am 30. Juni 1772, erfuhr der Staatsanwalt von Marseille, dass Marguerite Coste unter heftigen Magenkrämpfen litt und durch Erbrechen von schwärzlichem, stinkendem, blutigem Auswurf gepeinigt wurde. Als Ursache vermutete sie den Genuss der süßen Bonbons, die ihr von einem Fremden angeboten worden waren. Die Polizei nahm ihre Anzeige entgegen. Ärzte und Apotheker wurden mit der Feststellung des vermuteten Gifts beauftragt. Die Polizei kam Sade und Latour auf die Spur. Auch die vier Mädchen wurden gefunden und verhört. Sie erzählten von den Bonbons und entrüsteten sich über das sexuelle Verhalten ihres Kunden, den sie der homosexuellen Sodomie bezichtigten. Am 4. Juli erließ der Staatsanwalt Haftbefehl gegen Sade und seinen Diener.

Als der Marquis die Nachricht erhielt, dass gegen ihn ermittelt wurde und prozessiert werden sollte, ergriff er die Flucht. Zusammen mit Latour und seiner Schwägerin Anne-Prospère de Launay, in die er sich verliebt hatte, verließ er sein südfranzösisches Schloss und reiste

durch die Schweiz nach Italien, wobei er in Genf, wenn man der auto-
biographisch gefärbten Darstellung in seinem philosophischen Roman *Aline und Valcour* glauben will, Jean-Jacques Rousseau besuchte,
der ihn dazu ermutigte, «jenes ungestüme Feuer, das mich zuvor zu
Vergnügungen getrieben hatte»[23], zu löschen, sich dem Studium der
Literatur und der Philosophie zu widmen und die wahre Tugend von
den verabscheuungswürdigen Systemen zu trennen, die sie ersti-
cken: «Verabscheue das Laster, sei gerecht, liebe deinesgleichen, kläre
sie auf; so wirst du die Tugend sanft in dein Herz einziehen fühlen,
und sie wird dich jeden Tag neu über den Hochmut der Reichen und
den Stumpfsinn der Despoten hinwegtrösten.»[24]

Vielleicht fasste er, am Rande des gesellschaftlichen und finanziellen Ruins stehend, wirklich den Entschluss, sein Leben grundlegend
zu verändern. Die Tugend war ihm zwar noch fremd. Dagegen erlebte
Sade die despotische Macht des Staates in ihrer ganzen Härte und
Borniertheit. Denn er hatte weder einen Menschen vergiften noch
durch seine sexuelle Vorliebe für den Analverkehr wirklich schädigen
wollen. Der königliche Staatsanwalt ordnete einen Prozess gegen den
geflüchteten Angeklagten und seinen Diener Latour an. Beide wurden
der Verbrechen des versuchten Giftmords und der Sodomie bezich-
tigt. Am 3. September 1772 wurde die Todesstrafe beantragt. Herrn
de Sade sollte auf einem Schafott der Kopf abgeschlagen werden; und
sein Diener sollte an einen Galgen gehängt und zu Tode gewürgt werden. Dann sollten ihre Körper verbrannt und ihre Asche in alle Win-
de verstreut werden. Am 11. September wurde vom Gerichtshof der
Provence in Aix-en-Provence der Urteilsspruch des Marseiller Staats-
anwalts bestätigt und rechtskräftig. Sade und Latour wurden wegen
ihres Nichterscheinens vor Gericht «in effigie», symbolisch durch
zwei Strohpuppen ersetzt, auf dem Marktplatz von Aix verbrannt. Die
Besitztümer des Marquis wurden eingezogen, sein Vermögen in die
Hand seiner Frau verlagert, und die Familie de Montreuil wurde zum
rechtlichen Vormund der drei Kinder bestimmt.

Die folgenden fünf Jahre im Leben des libertinen Marquis lesen
sich wie eine Abenteuergeschichte: Flucht, falsche Identitäten, Aus-

schweifungen, Gefangenschaften und erneutes Entkommen aus der staatlichen Gewalt. Besonders seine Schwiegermutter, Madame de Montreuil, die mit ihm lange Zeit sympathisiert hatte, wollte ihn endgültig hinter Schloss und Riegel verwahren lassen. Seine Affäre in Marseille hätte sie ihm noch verzeihen können. Doch keinesfalls wollte sie seine skandalöse, ehebrecherische Beziehung zu ihrer zweiten Tochter dulden, die den Ruf ihrer Familie schädigte. Im Dezember 1772 wurde Sade in Chambéry in Savoyen, das zum Königreich Sardinien gehörte, auf Befehl des Königs von Sardinien verhaftet, der dem Wunsch der Präsidentin Montreuil entsprach.

Er wurde in der Festung Miolans inhaftiert, wo er äußerst niedergeschlagen war, jedoch auch durch seine launenhafte, heftige Erregbarkeit provozierte. Seine Frau, die weiterhin zu ihm hielt, wandte sich mit einer Bittschrift persönlich an den König von Sardinien und wünschte seine Freiheit: «Mein Mann gehört nicht zu den Schurken, die man aus der Welt verstoßen muß; eine zu lebhafte Phantasie, Sire, hat ihn zu einer Art Vergehen getrieben; die Anklage hat es zu einem Verbrechen erhoben; das Gericht hat seinen Donner grollen lassen; und weshalb? Wegen einer jugendlichen Aufwallung, die weder das Leben noch die Ehre noch den Ruf der Bürger gefährdet hat.»[25] Das Schreiben blieb wirkungslos, sodass Madame de Sade, geborene Montreuil, nach Chambéry reiste und ihrem Mann zur Flucht durch eine nicht vergitterte Öffnung in der Festungslatrine verhalf.

Nach Reisen durch die Schweiz und Italien beschlossen sie, sich heimlich in ihr Schloss La Coste zurückzuziehen. Drei Jahre lebten sie dort wie Belagerte, wobei viel erotisches Theater gespielt wurde und es zu einigen sexuellen Ausschweifungen mit «kleinen Mädchen»[26] kam, an denen auch Madame de Sade teilgenommen haben soll. Einer drohenden Verhaftung entzog sich Sade durch Flucht nach Italien. Dolce vita in Florenz, Rom und Neapel. Ein Jahr später, wieder zurück in seinem Schloss, ereignete sich im Januar 1777 die «Affäre Trillet»[27], als ein wütender Vater auf das Schloss kam, um seine Tochter Catherine Trillet, die dort als Köchin arbeitete, aus den Händen des sexuell ungezügelten Marquis zu befreien. Er schoss auf Sade, verfehlte jedoch sein Ziel. Dennoch klagte Trillet gegen Sade, und der Oberstaatsanwalt von Aix kam schnell zu seinem Urteil, dass das Verhalten des Marquis in jeder Hinsicht abscheulich sei und Catherine unverzüglich zu ihrem Vater zurückgebracht werden müsse.

Im Februar 1777 fuhr Sade, zusammen mit seiner Frau und Catherine Trillet, die sich aus der väterlichen Vormundschaft befreien wollte, von La Coste nach Paris, wo kurz zuvor seine Mutter gestorben war. Dort wurde er am Abend des 13. Februar im Hotel de Danemark, Rue Jacob, von Polizeiinspektor Louis Marais festgenommen, der ihn schon seit dem ersten Skandal in der Rue Mouffetard, Oktober 1763, beobachten ließ und Belastungsmaterial gegen ihn gesammelt hatte. Rechtliche Grundlage war ein Haftbefehl, der durch seine Schwiegermutter erwirkt worden war. Es war eine *lettre de cachet*, eine jener geheimen, versiegelten königlichen Verfügungen, welche die willkürliche Verhaftung von Personen erlaubte, die so der Justiz entzogen wurden und ohne Gerichtsverfahren für eine unbestimmte Zeit hinter Gitter gebracht werden konnten.

Eine Stunde später saß Sade im Gefängnisturm von Vincennes, eingesperrt hinter dicken, undurchdringlichen Mauern, die ihn so benommen machten, dass er nicht recht wusste, was mit ihm geschah. Den Entzug seiner Freiheit empfand er als eine entsetzliche Qual, über die er brieflich seiner Frau klagte: «Ich fühle, daß ich ganz unmöglich einen so grausamen Zustand länger werde ertragen können. Verzweiflung überkommt mich. Es gibt Augenblicke, in denen ich mich selbst nicht mehr wiedererkenne. Ich fühle, daß sich mein Geist verwirrt. Mein Blut ist zu hitzig, um so schrecklichen Zwang zu ertragen.»[28]

Sechzehn Monate blieb Sade in Kerkerhaft. Man glaubte ihn sicher verwahrt zu haben, sodass er keine verwerflichen Taten mehr begehen konnte. Während dieser Zeit bemühte sich seine Schwiegermutter um eine Revision des Todesurteils, das im September 1772 im Gericht von Aix-en-Provence gefällt worden war. Es sollte genügen, ihren Schwiegersohn in einem sicheren Gefängnis von weiteren Schandtaten abzuhalten. Sie hatte Erfolg. Sade wurde von Paris nach

Aix überführt, wo ihm ein neuer Prozess wegen seiner alten Taten gemacht wurde. Am 14. Juli 1778, nach einer langen Befragung des persönlich anwesenden Angeklagten, wurden die Vorwürfe der Vergiftung und der Sodomie zurückgenommen und das Todesurteil in eine Geldstrafe wegen «Ausschweifung und übermäßiger Libertinage»[29] umgewandelt. Sade wurde ermahnt, doch zukünftig etwas mehr auf sein schickliches Benehmen zu achten.

Nun wäre er zwar frei gewesen. Doch die geheime *lettre de cachet*, die eine unbegrenzte Sicherungsverwahrung ermöglichte, blieb auf Wunsch König Ludwigs XVI. weiterhin in Kraft. Also sollte Polizeiinspektor Marais Sade zurück ins Gefängnis von Vincennes bringen. Tollkühn gelang ihm unterwegs in einem Gasthof die Flucht. Wieder zog er sich hinter die schützenden Mauern seines Schlosses La Coste zurück. Einen Monat lang, wie in einem Rausch, genoss er seine Freiheit. Dann brachen plötzlich, in der Nacht vom 26. zum 27. August, zwölf mit Säbeln und Pistolen bewaffnete Polizisten, angeführt durch seinen Verfolger Marais, in La Coste ein und nahmen ihn gefangen.

Am Abend des 7. September 1778 betrat Sade den finsteren Gefängnisturm von Vincennes, noch immer begleitet von Louis Marais. Hinter ihm wurde die Tür der Zelle Nummer 6 verriegelt. Die Epoche seiner Libertinage war für immer vorbei. Die meiste Zeit seines weiteren Lebens wird der Marquis de Sade in Gefängnissen zubringen, nur zeitweilig unterbrochen während der Französischen Revolution, in der er als Republikaner aktiv wurde und seine Stimme für die Freiheit erhob, bevor er wegen seiner infamen Romane über die Missgeschicke der Tugend *(les Malheurs de la Vertu)* und die Vorteile des Lasters *(les Prospérités du Vice)* 1801 wieder eingesperrt und im März 1803 schließlich in das Irrenhaus[30] Charenton-Saint-Maurice in Paris eingewiesen wurde, wo er den Rest seines Lebens zubrachte und am 2. Dezember 1814 starb. Beerdigt wurde er auf den Anstaltsfriedhof Charenton nach katholischem Ritus.

Philosophie im Boudoir

Nach dem kurzen Freiheitsrausch in La Coste erlitt Sade seine Verhaftung und Inhaftierung als einen Schock, auf den er verzweifelt reagierte. Er wusste nicht, warum man ihn in diese enge, feuchte Zelle eingesperrt hatte, in der er nur durch zwei kleine vergitterte Fenster den Himmel sehen konnte. Er war doch von den Anklagen wegen Vergiftung und Sodomie freigesprochen worden! Je länger er im Gefängnis saß, ohne zu ahnen, wie lange seine Einzelhaft dauern sollte, desto verzweifelter wurde er. Er gab seine Identität als hochgestellter Adeliger auf und nannte sich selbst nur noch «Monsieur le 6», der sich in seiner Einzelzelle lebendig begraben fühlte.

Manchmal konnte er sich nur durch jähzornige Wutanfälle ein wenig von seiner stillen Verzweiflung entlasten, wobei er wie ein Gefolterter brüllte und die ganze Welt verfluchte. Vor allem seine Schwiegermutter wurde zum Ziel seiner Angriffe. Er vermutete, dass sie hinter seiner willkürlichen Einkerkerung steckte, um die Ehre der Familie Sade-Montreuil vor ihm zu schützen. Am 3. Juli 1780, bald zwei Jahre in Einzelhaft, schrieb er seiner Frau: «Nein, ich halte es nicht für möglich, in der Welt eine abscheulichere Kreatur zu finden, als Ihre niederträchtige Mutter. Die Hölle hat nie Vergleichbares ausgespien.»[31] Zum Glück konnte er sich wenigstens noch immer auf Madame de Sade verlassen, die ihrem Mann zu helfen versuchte, so gut es ging. Sie schickte ihm Kleidung und Wäsche, ließ ihm Lebensmittel und Süßigkeiten bringen, versorgte ihn mit nützlichen Gebrauchsgegenständen, darunter ein weiches Sitzkissen wegen seiner Hämorrhoiden und maßgefertigte Holzdildos als Sexualersatzobjekte. Und sie versorgte ihn mit Büchern, sei es aus seiner eigenen großen Bibliothek, vom Buchhändler oder als Leihgabe aus Lesestuben. Auch kümmerte sie sich darum, dass er Papier, Tinte und Schreibfedern erhielt.

Im Grauen des Eingesperrtseins, in diesen unendlich lang scheinenden Stunden seiner Einsamkeit, in der er seinen mächtigen Sexualtrieb nur selbst befriedigen konnte, stürzte sich Sade ins Lesen und Schreiben. Er hatte schon immer gern gelesen: Romane und Dramen, Reiseberichte, wissenschaftliche Lehrbücher und geschichtliche Abhandlungen, auch theologische Traktate und philosophische Untersuchungen. Die Philosophie der Aufklärung war ihm vertraut. In seiner Bibliothek standen Werke von John Locke und Voltaire, Baron de Montesquieu, Denis Diderot und Jean Le Rond d'Alembert. Aufmerksam hatte er die Schriften von Jean-Jacques Rousseau gelesen, kaum waren sie erschienen: seine *Julie oder die Neue Héloise* (1761), seinen *Gesellschaftsvertrag* von 1762 und das gleichzeitig publizierte Buch *Émile oder über die Erziehung.*

Doch am liebsten waren ihm die «bösen Philosophen»[32], mit deren materialistischer Weltanschauung er sympathisierte. Denn es konnte als «böse» gelten, dass viele dieser frei denkenden Philosophen weder an den christlichen Gott noch an eine unsterbliche Seele glaubten. Sie versuchten die Welt ohne übersinnliche Transzendenz und religiöse Sinngebung zu begreifen. Sie liebten das Diesseits mit seinen natürlichen Möglichkeiten. Ihren staatlichen und kirchlichen Gegnern galten sie als gottlose «Materialisten» oder «Naturalisten». Das war der skandalöse Kern, um den gestritten wurde, nicht nur in der großen *Enzyklopädie* von Diderot und d'Alembert, sondern auch in mehreren äußerst provokanten Büchern, die in ihrem Schatten entstanden. 1747 erschien *L'homme machine* von Julien Offray de La Mettrie, der den menschlichen Körper als eine komplizierte Maschine analysierte und alle Empfindungen und Gefühle, alle Schmerzen und Genüsse, auch alle geistigen Vorgänge, als Äußerungen einer bewegten lebendigen Materie vergegenständlichte, die den Gesetzen der Natur unterliegt. 1758 erregte *De l'esprit* von Claude-Adrien Helvétius ein ungeheures Aufsehen, wobei es weniger die moralische, pädagogische und gesellschaftliche Haltung des Autors war, die provozierte, sondern vor allem der ursächliche «Stoff» des Geistes, den Helvétius aufgedeckt hatte. Er nannte ihn «*sensibilité physique*» und verknüpfte ihn mit dem organischen Bau des menschlichen Körpers. Auch die geistig-moralische Wirklichkeit des Menschen wurde durch ein physisches Empfindungsvermögen bestimmt und begründet, dessen wissenschaftliche Untersuchung dem Vorbild von Isaac Newtons experimenteller Physik folgte. Und 1770 wurde in Amsterdam das *Système de la nature* publiziert, in dem Paul Henry Thiry d'Holbach alle Ereignisse der physischen und der moralischen Welt naturalistisch erklärt hatte, wobei er sich von dem fundamentalen Grundsatz leiten ließ: «Der Mensch ist das Werk der Natur, er existiert in der Natur, er ist ihren Gesetzen unterworfen, er kann sich nicht von ihr freimachen, er kann nicht einmal durch das Denken von ihr loskommen; vergeblich strebt sein Geist über die Grenzen der sichtbaren Welt hinaus, immer ist er gezwungen, zu ihr zurückzukehren.»[33]

Von der Gesellschaft abgeschieden und hinter den Mauern der Festung Vincennes nur sich selbst, seinen Gedanken und seiner Einbildungskraft überlassen, begann Sade um 1780, vierzig Jahre alt, sein ungeheuerliches Werk zu Papier zu bringen. Er rettete sich ins exzessive Lesen und maßlose Schreiben. Zunächst wollte er mit Memoiren sein abenteuerliches Leben und Triebschicksal ins rechte Licht rücken. Dann begann er ein Tagebuch zu führen. Doch schließlich entschied er sich für literarische Formen, die ihm schon durch seine Liebe zum Theater vertraut waren. Und er wurde zu einem Philosophen, der den Konflikten, in die er verstrickt worden war, auf den Grund ging. Weil er eingemauert war, begann er sich vor sich selbst zu rechtfertigen. Er durchdachte, was er sexuell praktiziert und sich wollüstig vorgestellt hatte, und versuchte es rational zu begründen, wobei er sich die bösen Philosophen der Aufklärung als seine Gesprächspartner imaginierte. «Solche Leute möchte ich als Richter haben und nicht die einfältige Sippschaft, die sich herausnimmt, über mich zu bestimmen! Vor solchen Tribunalen könnte ich mich mühelos reinwaschen.»[34]

In der jahrelangen Einsamkeit seiner Gefängniszelle verfolgte Monsieur le 6 eine doppelte Strategie, wobei es ihm gelang, jene einzigartige Mischung von pornographischer Geilheit und philosophischer Reflexion herzustellen, die als «sadistisch» berühmt und berüchtigt wurde. Zum einen steigerte er seine Phantasie zum Äußersten, wobei er an dem anknüpfte, was er als freier Mann selbst genussvoll inszeniert hatte. Er rief sich seine liebsten erotischen Gewohnheiten ins Gedächtnis zurück mit dem Zweck, «daß es immer all diese Dinge und die Erinnerung an sie sind, die ich zur Hilfe rufe, wenn ich das Bewußtsein meiner Lage übertäuben will»[35]. Als selbstbewusster Wüstling – «aber ich bin *kein Verbrecher* und *kein Mörder*»[36] – dachte er sich darüber hinaus alles aus, was es in erotischer, obszöner und pornographischer Hinsicht überhaupt auszudenken gibt. Nun wollte er alles sagen und keine Selbstzensur mehr zulassen. Weil sein Körper einer grausamen Enthaltsamkeit unterworfen worden war, wurde seine Vorstellungskraft aufs äußerste erhitzt. – Zum andern ließ er sich dabei auf eine philosophische Auseinandersetzung ein, um sein wüstes Wesen und Wollen als natürlich rechtfertigen zu können. Das Spannungsverhältnis zwischen Moral und Sexualität wurde zum Kernpunkt seines Denkens, wobei er seine Aufmerksamkeit vor allem auf die Dynamik der Natur richtete.

Im vierten Jahr seiner Gefangenschaft wurde Sade ein philosophischer Schriftsteller. Zuerst konzentrierte er sich auf die größte aller möglichen Ideen, die er als illusionäres Scheingebilde entlarven und zerstören wollte, um das Leben so beschreiben und erklären zu können, wie es von Natur aus ist. Die Idee Gottes wurde zum ersten Thema seiner kritischen Philosophie. Am 13. Juli 1782 beendete er sein *Gespräch zwischen einem Priester und einem Sterbenden*, in dem der Priester für die Existenz Gottes und die Unsterblichkeit der Seele stritt, die in dieser schicksalsschweren Situation des nahen Todes dazu helfen sollten, den irregeleiteten, ausschweifenden Menschen auf den Weg der Reue und Vergebung zu leiten, während der Sterbende sich als ein materialistischer Atheist behauptete, den Glauben an Gott als ein Hirngespinst oder eine Sinnlosigkeit abwehrte und die Seele nur als Äußerung und Ergebnis der körperlichen Organe anerkannte, «die es der Natur gefallen hat, mir zu geben, um ihren Absichten und Bedürfnissen zu dienen»[37].

Formal orientierte Sade sich an den philosophischen Dialogen Voltaires und Diderots. Doch er ging viel weiter als diese beiden Aufklärer, die noch auf dem Boden des Deismus standen und an der abstrakten Idee Gottes festhielten. Für ihn gab es überhaupt keinen Gott mehr, es sei denn in den Köpfen von Wahnsinnigen oder Dummköpfen. Deshalb ließ er seinen Sterbenden gegen den priesterlichen Bekehrungsversuch bekennen: «Ich bin von der Natur geschaffen und ausgestattet worden mit sehr lebhaften Sinnen und sehr starken Trieben. Ich bin zu dem alleinigen Zweck in die Welt gestellt worden, mich ihnen hinzugeben und sie zu befriedigen.»[38] Aber er wäre nicht Sade gewesen, wenn er am Ende diese Selbstbeschreibung nicht mit einer sexuellen Pointe gekrönt hätte. Weil er seinen Tod nahen fühlte, hatte der Sterbende sechs schöne Frauen in einem Nebenzimmer für seinen letzten Genuss warten lassen, und großzügig bot er dem Priester an: «Nimm dir deinen Teil von ihnen, versuche wie ich, an ihrem Busen alle nichtigen Sophismen deines Aberglaubens und alle einfältigen Irrtümer der Frommtuerei zu vergessen. *Der Sterbende läutete; die Frauen traten ein, und der Prediger wurde in ihren Armen ein von der Natur verderbter Mensch.*»[39]

Der Mensch ist ein Werk der Natur. Die Philosophie von La Mettrie und d'Holbach lieferte Sade die Verteidigungsargumente für sein überreiztes Lustprinzip. Dabei konnte er nicht übersehen, dass es dabei nicht nur gut zuging. Gegen Rousseaus Glaubensbekenntnis, dass der Mensch von Natur aus gut sei, stellte er dessen grausame, bösartige, verderbende Kräfte fest. In seinen großen Werken aus dem Gefängnis demonstrierte er unermüdlich, dass die Rückkehr zum natürlichen Menschen in kein idyllisches Reich des Friedens und der Freude, der Liebe und des Respekts führt, sondern auch auf die Wege der Zerstörung und des Leids, der Grausamkeit und der Unterwerfung. Monströs war in dieser Hinsicht vor allem das Szenarium seiner *120 Tage von Sodom*, in dem Sade seine Phantasmen der grausamen Überschreitung zum Äußersten trieb und das schwärzeste Sittengemälde seiner Zeit ausmalte.

Ab 1782 arbeitete Monsieur le 6 an dieser «Schule der Ausschweifungen»[40], in der vier grausame, gewalttätige, sexuell unersättliche Libertins theoretisch und praktisch demonstrierten, dass alles erlaubt ist, wenn es keinen Gott gibt und moralische Regeln nur für

Arme, Schwache und Gutgläubige gelten. Es waren vier Adelige des moralisch verfallenden Ancien Régime: ein Herzog, ein Bischof, ein Gerichtspräsident und ein Bankier. Sie alle waren durch Ausbeutung, Veruntreuung, Korruption und Mord zu einem riesigen Reichtum gekommen. An 120 Tagen, die sie vom 1. November bis zum 28. Februar in einem abgelegenen Schloss hinter dicken Mauern verbrachten, dachten sie sich abwechselnd alle möglichen sexuellen Exzesse und Perversionen aus, welche sie auf dem Gipfel der phantasievoll erzeugten Erregung orgiastisch an ihren Opfern in die Tat umsetzten, wobei meist nur deren Tod ihren grässlichen Qualen ein Ende bereiten konnte.

Dass der maßlose Wille zur Wollust nicht nur die vier Libertins des dekadenten französischen Königreichs antrieb, sondern auch bei wilden Naturvölkern zu finden sein soll, dokumentierte Sade in seiner tausendseitigen Geschichte der Intrigen und Abenteuer, die er für sein Hauptwerk hielt: *Aline und Valcour oder Der philosophische Roman. Geschrieben in der Bastille, ein Jahr vor der Französischen Revolution.*[41]

Am 29. Februar 1784 war der Gefangene von Vincennes in die Bastille verlegt worden, das königliche Stadtgefängnis in Paris, in dem er in den kommenden fünfeinhalb Jahren den größten Teil seiner Werke schrieb, darunter die skandalöse erste Fassung seiner *Justine oder das Unglück der Tugend.*[42] Bereits im November 1785 hatte Sade an seinem philosophischen Roman zu arbeiten begonnen, den er drei Jahre später abschloss. Das war die Geschichte des jungen Edelmannes Valcour, der seine geliebte Aline nicht heiraten durfte und in einen Strudel von Intrigen und Verwicklungen geriet. Eingebaut in die Abenteuer Valcours, der wie ein literarischer Doppelgänger des jungen Marquis de Sade wirkte, waren die beiden kulturphilosophischen Berichte von Sainville, der auf der Suche nach seiner Frau um die ganze Welt gereist war.

Butua. Durch einen Sturm an die zentralafrikanische Goldküste verschlagen, lernte er dort dieses Königreich kennen, «das von menschenfressenden Völkerschaften bewohnt wurde, und dessen Sitten und Grausamkeiten an Verderbtheit alles übersteigen, was bis zur Gegenwart je über die wildesten Völker gesagt und geschrieben wurde»[43]. Sade hatte das Schloss der *120 Tage von Sodom* in den Dschungel verlegt. Es waren keine guten Wilden, wie sie Rousseau sich vorgestellt hatte, um den natürlichen Menschen zu charakterisieren, denen Sainville in Butua begegnete. Das Land wurde von einem tyrannischen König regiert, unterstützt von Lehnsherren und Priestern, die ihre animalischen Instinkte auslebten. Sie folgten dem Naturgesetz eines «lustvollen Despotismus»[44], dem moralische Bedenken und tugendhafte Rücksichtnahme absolut fremd waren.

Tamoé. Zum Glück konnte Sainville den kannibalischen Wilden entkommen und seine Weltreise fortsetzen. Wieder war es ein schrecklicher Sturm, der sein Schiff auf einer unbekannten Insel in der Südsee stranden ließ. Doch diesmal war es ein zivilisiertes Volk, das glücklich in seinem Inselparadies lebte: wirtschaftlich autark, in fairen Handelsbeziehungen zu seinen Nachbarn stehend, ohne Privateigentum an Produktionsmitteln, vegetarisch sich ernährend und sexuell freizügig und entspannt.[45] Die gesellschaftliche Ordnung auf Tamoé wurde durch einen König geregelt, der als Halbfranzose die europäische Kultur und die Philosophie der Aufklärung studiert und dabei gelernt hatte, «ein Mensch zu sein»[46]. Er war von der Gleichheit aller Menschen überzeugt, wie die Natur sie geschaffen hatte.

Doch am wichtigsten war die Neuordnung des Strafrechts in Tamoé. Es gab keine Todesstrafe. Und was Sittlichkeitsverbrechen wie Ehebruch, Inzest, Sodomie oder Flagellation betraf, so sollte man den Täter nur mit großer Milde bestrafen, falls er mit seinen Taten, zu denen er sich durch seine körperliche Konstitution, seine Organe und seine Lebenssäfte hatte hinreißen lassen, einen anderen wirklich geschädigt habe.[47]

Sade, der nun schon seit einem Jahrzehnt unter der Willkür des französischen Strafvollzugs als Gefangener im Gefängnis von Vincennes und in der Bastille litt, ließ den König die Frage – «Aber Sie haben doch wenigstens Gefängnisse?» – mit der Feststellung beantworten: «Wissen Sie denn nicht, daß das Gefängnis, diese schlechteste und gefährlichste der Strafen, nur ein alter Mißbrauch der Justiz ist, den Despotismus und Tyrannei in Schwung gebracht haben? ... Man bessert einen Missetäter nicht, indem man ihn isoliert, vielmehr muß man ihn der Gesellschaft überlassen, die er beleidigt hat. Von ihr muß er täglich seine Strafe empfangen, und durch diese Schule allein kann er wieder besser werden. Wenn er zu einer verhängnisvollen Einsamkeit, zu einem gefährlichen Dahinvegetieren, zu einer verheerenden Verlassenheit verurteilt wird, so keimen seine Laster, sein Blut kocht und sein Kopf gerät in Gärung. Da er seine Begierden nicht befriedigen kann, verstärkt sich deren verbrecherische Ursache.»[48]

Was auf dieser fernen Insel möglich war, sollte auch ganz Europa als Vorbild dienen. Und als habe sein Studium der verschiedenen Regierungsformen und sein philosophisches Nachdenken dem König die Gabe der Prophezeiung vermittelt, sagt er zu seinem Gast: «Sainville! In deinem Vaterland steht eine große Revolution vor der Tür. Die Verbrechen eurer Herrscher, ihre grausamen Übergriffe, ihre Ausschweifungen und ihre Unfähigkeit haben das Land erschöpft; Frankreich ist des Despotismus müde, bald wird es seine Fesseln zerbrechen.»[49]

Ein Jahr später war es so weit. Die Französische Revolution begann am 14. Juli 1789 mit dem Sturm auf die Bastille. Wenige Tage zuvor hatte die Familie Montreuil den Gefangenen vorsorglich in das Irrenhaus nach Charenton bringen lassen, um seine Befreiung zu verhindern. Erst als am 2. April 1790 alle *lettres de cachet* für ungültig erklärt wurden, war Sade ein freier Mann. Er wandte sich wieder dem Theater zu. Politisch engagierte er sich für die Republik. Und er kümmerte sich um seine Manuskripte aus der Zeit seiner Gefangenschaft. 1795 wurde sein philosophischer Roman *Aline und Valcour* veröffentlicht. Und im selben Jahr erschien auch seine *Philosophie im Boudoir*, eine engagierte sexualpolitische Programmschrift, in der er noch einmal die Zeit seiner Libertinage zur Sprache brachte.

Sade hat sie als ein eudämonistisches Manifest konzipiert, als eine Anleitung zum Glücklichsein, die an junge und alte, männliche und weibliche Libertins gerichtet war, um ihre Leidenschaften erkennen und steigern zu können, «von denen kalte und glatte Moralisten Euch abschrecken wollen und die doch nur die Mittel sind, mit deren Hilfe die Natur den Menschen seiner Bestimmung zuführt; hört nur auf diese köstlichen Leidenschaften; einzig ihre Stimme soll Euch zum Glück geleiten.»[50]

Zu ihrem Glück sollte die feurige, erfahrungshungrige, fünfzehnjährige, noch jungfräuliche Eugénie Mistival erzogen werden. Denn die *Philosophie im Boudoir* war auch ein Erziehungsbuch, in dem dieses junge Mädchen all die Gebote zu überschreiten und zu zerstören lernte, die Eltern ihren Kindern gewöhnlich auferlegten. Eugénie war Sades Anti-Émile. Sie war die Gegenfigur zu dem Erziehungsobjekt, das Rousseau zu einem moralischen Engel machen wollte, den es vor allen verführerischen Leidenschafen des Körpers zu schützen galt. Und während Émile jahrelang zurückgezogen auf dem Land lebte, um den Verführungen des städtischen Lebens fern zu sein, fand Eugénies zweitägige Erziehung in einem entzückenden Boudoir statt, in dem alle Spielarten der Lust ungestört erprobt werden konnten.

In die Mysterien der Venus wurde sie eingeweiht durch die zügellose Madame de Saint-Ange, die für die Libertinage geboren war; durch den Chévalier de Mirvel, ihren Bruder, einen hübschen, geistreichen Lebemann, der mit einem prächtigen Schwanz ausgestattet war; und durch Dolmancé, einen äußerst liebenswürdigen Atheisten, der Sodomit aus Prinzip war und über den «philosophischen Geist»[51] verfügte, der zur eudämonistischen Unterweisung nötig war.

Im Verlauf der zwei Tage im Boudoir lernte Eugénie Schritt für Schritt das Glück der Libertinage kennen. Es wurden ihr alle Geschlechtsorgane vor Augen geführt. Sie wurde mit ihren Namen vertraut gemacht, lernte «Brüste» und «Glied» kennen, «Hoden» und «Klitoris», «Wichsen», «Fucke», «Futt» und «Entladen», und dazu alles, was sexuell getan werden kann. Ihr anfängliches Schamgefühl wurde schnell mit dem Argument überwunden, dass die Natur den Menschen nackt geschaffen habe. Ihre drei Lehrmeister zeigten ihr praktisch, wie mehrere Körper zu allen möglichen Stellungen kombiniert werden können, wobei kein Körperteil ungenutzt bleiben sollte. Ihrer ausschweifenden Phantasie, die sie als «Stachel der Lüste»[52] geschickt einzusetzen wussten, waren keine Grenzen gesetzt.

Das Zauberwort war «ficken», und der kategorische Imperativ von Eugénies Erziehung zur sexuellen Mündigkeit lautete: «Einem hübschen Mädchen soll's ums *Ficken* zu tun sein, niemals ums *Zeugen* ... Ficke, Eugénie, ficke, teurer Engel; dein Körper gehört dir, dir allein; du bist der einzige Mensch auf der Welt, der das Recht hat, ihn zu genießen und ihn jeden genießen zu lassen, der dir dessen würdig erscheint.»[53] Da für Sade die Trennung von sexuellem Genuss und Zeugungsakt ein wesentliches Kennzeichen libertiner Souveränität war, wurde vor allem das «Arschficken» in raffinierten Konstellationen praktiziert und ausführlich als Gipfel der Wollust gepriesen. «Köstliche Neigung, Kind der Natur und des Ergötzens, du mußt überall dort sein, wo Menschen leben, und überall, wo man dich kennenlernt, wird man dir Altäre errichten! ... Nein, nein, es gibt auf der ganzen Welt keine Lust, die dieser ebenbürtig wäre: sie ist die Wollust der Philosophen, der Helden.»[54]

Die *Philosophie im Boudoir* war ein didaktisches Meisterstück der Vermittlung von Theorie und Praxis. In Diskursen und Dialogen wurde beschrieben und erklärt, was praktisch getan werden konnte; und «um den Stoff anschaulich zu machen, fügen wir der Theorie stets ein paar praktische Übungen bei»[55]. Gesprochen wurde über die Nichtexistenz Gottes und die geschichtlich-gesellschaftliche Relativität von Tugend und Laster, über frevelhafte Gotteslästerung und Lust am Schmerz, über Auspeitschen und Gepeitschtwerden, über die Vorzüge der Sodomie und die Nachteile des gewöhnlichen Geschlechtsverkehrs, der zu einer unkontrollierbaren Volksvermehrung beitragen kann. Es wurde auch gelesen. Dolmancé hatte eine Broschüre mitgebracht, in der die Frage beantwortet wurde, «ob die Sittlichkeit in einem Staatswesen wirklich nötig ist, ob sie den Geist einer Nation zu beeinflussen vermag»: *FRANZOSEN, NOCH EINEN SCHRITT, WENN IHR REPUBLIKANER SEIN WOLLT.*[56]

Was Sade in diesem großen Traktat seinen Mitbürgern über die Religion und die Sitten mitteilte, um «das meinige zur Förderung der

Aufklärung beizutragen»[57], griff Überlegungen aus seiner Inselutopie von Tamoé auf. Es war ein engagierter Appell an die freien Republikaner, das Triebleben des Individuums gegen den Strafvollzug des Staates abzusichern. Es war auch als nachträgliche Rechtfertigung seines eigenen Liebeslebens gedacht. Er war zu Unrecht verurteilt und jahrelang willkürlich eingekerkert worden. Was er in Paris und Arcueil, in Marseille und La Coste getan hatte, sollte durch seine *Philosophie im Boudoir* endlich ins rechte Licht gerückt werden. Gegen das erlittene Unrecht seitens der staatlichen Gewalt brachte er ein letztes Mal das naturgegebene Lustprinzip zur Geltung, das ihn zu seinen Taten antrieb. Er stellte fest, «daß in der Libertinage nichts abscheulich ist; denn alles, was die Libertinage uns eingibt, ist auch von der Natur eingegeben»[58]. Das betraf nicht zuletzt die Sodomie, für die er am 11. September 1772 zum Tode verurteilt worden war. Dagegen konnte Sade, ein entschiedener Gegner der Todesstrafe, zwei Jahrzehnte später seinen naturphilosophischen Widerspruch erheben: «Heute ist man über diese Schwäche mancher Menschen völlig aufgeklärt und hat begriffen, daß eine solche Irrung nicht kriminell sein kann und daß die Natur dem Saft, der in unseren Lenden fließt, nicht genügend Bedeutung zumaß, um sich über den Weg zu erzürnen, auf dem wir dieses Naß am liebsten abfließen lassen.»[59]

Metaphysik der Sitten

Als Horkheimer und Adorno die moralphilosophischen Schriften Immanuel Kants (1724–1804) im Licht der Libertinage des Marquis de Sade lasen und kritisierten, gingen sie davon aus, dass beide, der ehrenwerte ebenso wie der ruchlose Philosoph, mit der gleichen reflektierten Überlegung und kalten, formalisierten Vernunft die inhaltlichen, konkreten Eigenarten von Sittlichkeit und Unsittlichkeit, Gutem und Bösem, Lust und Leid missachtet haben. Ihre unterschiedlichen Kräfte seien neutralisiert worden, weder theoretisch zu begreifen noch vernünftig zu begründen.

Was sie dialektisch Kant und Sade vorwarfen, zeichnete ihr eigenes Denken aus. Horkheimer und Adorno verwischten die wesentlichen Unterschiede, die zwischen dem Kritiker der praktischen Vernunft und dem Liebhaber der Wollust, dem Metaphysiker der Sitten und dem körperbezogenen Subjekt der Ausschweifung bestanden. Denn Kant und Sade waren zwar Zeitgenossen, und ihr Denken kreiste um vergleichbare Probleme. Beide wollten über die Eigenart der menschlichen Leidenschaften im Spannungsfeld der Moral aufklären. Doch sie waren auch die denkbar schärfsten Widersacher auf dem weiten Feld der Tugend und des Lasters.

Es begann im Herbst 1762. Während Sade, nach seiner Rückkehr aus dem Siebenjährigen Krieg, sich nur noch vergnügen wollte und mit seinen ausschweifenden sexuellen Eskapaden begann, verlagerte sich Kants Erkenntnisinteresse. Er hatte sich bisher nur für Naturwissenschaften interessiert. Die Bahn, die er sich als Forscher und Denker vorgezeichnet hatte, war ohne Menschen. Die Physik des Kosmos, mit der Erde als einem seiner unzähligen Planeten, beherrschte seine theoretische Neugierde. Dann las er Rousseaus Erziehungsroman *Émile* und war begeistert. Schon die ersten Sätze fesselten seine Aufmerksamkeit: «Alles, was aus den Händen des Schöpfers kommt, ist gut; alles entartet unter den Händen des Menschen ... Nichts will er so, wie es die Natur gemacht hat, nicht einmal den Menschen. Er muß ihn dressieren wie ein Zirkuspferd. Er muß ihn seiner Methode anpassen und umbiegen wie einen Baum in seinem Garten.»[60] Dieses Leseerlebnis hat Kant verändert. Hatte er zuvor nur die Karriere eines Naturwissenschaftlers und -philosophen angestrebt, so sah er nun eine andere Welt und wurde ein anderer Mensch. Selbstkritisch bemerkte er: «Rousseau hat mich zurecht gebracht. ... Ich lerne die Menschen ehren.»[61] Der moralische Wert des Menschen rückte in den Fokus seines Philosophierens. Ethik wurde wichtiger als Physik. Was soll man tun, um ein guter Mensch zu sein?

Um diese Frage zu beantworten, brachte Kant zunächst Gefühle ins Spiel. Er versuchte das «Sollen» psychologisch zu erhellen. Jeder Mensch könne unmittelbar moralisch empfinden, was gut ist, so wie er auch für das Schöne und das Erhabene eine ästhetische Intuition besitze. Ein Jahr später, in seinen *Beobachtungen über das Gefühl des Schönen und Erhabenen*, die 1764 erschienen, machte er deutlich, dass es nicht so sehr die Eigenschaften der äußeren Dinge sind, die vergnügen oder verdrießen, Lust oder Unlust erregen, sondern die Gefühle, die wir bei ihrem Gebrauch oder Anschauen empfinden.

Im «Gegenverhältnis beider Geschlechter»[62] hat er es zu veranschaulichen versucht, wobei sich manchmal der Eindruck aufdrängt, als habe Kant von den Skandalen gewusst, die zur gleichen Zeit Sade in seinen *«petite maisons»* verursacht hat. Er beschwor die schönen Tugenden des weiblichen Geschlechts, das sich dem Bösen verweigert, weil es ihm als hässlich und ekelhaft erscheint. Dagegen habe der «Geschlechtertrieb» des Mannes oft einen derben Zug an sich, der das erotische Gefühl und sexuelle Handeln leicht «in Ausschweifung und Lüderlichkeit»[63] entgleisen lasse. Der grobe Mann, der sein sexuelles Glück nur für sich selbst erreichen will, neige dazu, den großen Zweck der Natur auf unschöne Art und Weise zu erfüllen. Doch mit diesem *«wollüstigen* Wahne» wollte sich Kant nicht näher beschäftigen, «weil es außer dem Bezirke des feinern Geschmackes ist»[64].

Die Wende zum Gefühl und zum Geschmack ließ die Frage nach der Sittlichkeit nicht außer Acht. Kant wollte nicht nur auf das Vergnügen oder das Missvergnügen, auf Lust oder Unlust, auf Freuden oder Ekel achten und diese Gefühle aufmerksam beobachten. Er wollte auch denken und sich über die Prinzipien klarwerden, die für den möglichen Wert dieser Gefühle sprechen. Eine empirische Psychologie subjektiver Eigenarten war ihm zu wenig. Auch eine biologische Untersuchung und Erklärung des Geschlechtstriebes war ihm zu naturwissenschaftlich orientiert und konnte die Fragen nicht beantworten, die ihn als Philosophen herausforderten. Gibt es moralische Prinzipien, denen die Menschen auch mit ihren sexuellen Vorlieben und Aktivitäten folgen sollen? Und wie ließen sie sich vernünftig aus bestimmten Grundsätzen ableiten?

Um 1770 war Kant endgültig klargeworden, dass nur eine Metaphysik der Sitten eine Lösung seiner Probleme ermöglichen konnte. Sie muss den beobachtbaren Bereich des physischen Körpers und seiner Handlungsmöglichkeiten ebenso übersteigen wie die mentalen Phänomene der Lust oder Unlust. Als Philosoph der praktischen Vernunft begann er sein Denken auf die metaphysischen Anfangsgründe der Tugendlehre zu richten. Nur sie können klar und deutlich die Grundsätze denken lassen, denen der Mensch folgen soll, wenn er aus Prinzip gut sein will.

Dreißig Jahre lang hat Kant an dieser Metaphysik der Sitten gearbeitet.[65] Vor allem in dem Jahrzehnt, in dem der ruchlose Sade in tiefster Einsamkeit, als Gefangener in Vincennes und in der Bastille, seine sexuelle Phantasie zur höchstmöglichen Leidenschaft steigerte und zugleich für das Laster und die Wollust eine naturphilosophische Begründung zu liefern versuchte, dachte der ehrenwerte Kant über diesen guten Willen nach, den er von allen Verführungen des tatsächlichen Lebens freizuhalten versuchte: vom Streben nach Glück und Erfolg, von den Gefühlen der Lust und sexuellen Befriedigung, von praktischen Nützlichkeitserwägungen und gewinnbringender Klugheit. Es sollte ein reiner guter Wille sein.

1785, während Sade seine *120 Tage von Sodom* beendete und seinen philosophischen Roman *Aline und Valcour* zu schreiben begann, wurde Kants *Grundlegung zur Metaphysik der Sitten* veröffentlicht. Gegen den eudämonistischen Wunsch nach Glückseligkeit stellte er einen kategorischen Imperativ der Sittlichkeit: «*Handle nur nach derjenigen Maxime, durch die du zugleich wollen kannst, daß sie ein allgemeines Gesetz werde.*»[66] Das war kein Lehrsatz der Libertinage, der das Glück und die Lust despotischer Libertins begründen könnte, die ja immer ihre vielen Opfer brauchten, um ihren egoistischen Genuss ins Extrem zu treiben. Das subjektive Prinzip einer ungehemmten sexuellen Gewaltausübung ist als allgemeines Gesetz undenkbar.

1788 erschien Kants *Kritik der praktischen Vernunft* auf dem Büchermarkt. Zur gleichen Zeit arbeitete Sade an seiner Erzählung über die Unglücksfälle *(les Infortunes)* der tugendhaften Justine (1787), die er ein Jahr später zu dem Roman ihrer Leiden und Missgeschicke *(les*

Malheurs) erweiterte. Die Intentionen des philosophierenden Schriftstellers und des praktischen Philosophen waren zwar radikal unterschieden. Als Metaphysiker dachte sich Kant den reinen guten Willen
als eine innere gesetzgebende Instanz, die von konkreten Lebens-
bedingungen und Gefühlsregungen abgespalten war, während Sade
anschaulich davon erzählte, wie Justines Tugend Opfer ihrer Auf-
opferung wurde und sie als Zielscheibe der wüstesten, monströsesten
Ausschweifungen ihrer Peiniger leiden musste.

Doch es gab einen gemeinsamen Brennpunkt, an dem sich beide
trafen. Es war der Schmerz. Sade hat ihn in zweifacher Hinsicht behandelt. Er hat ihn als qualvolle Begleiterscheinung eines tugendhaften Lebens in einer verdorbenen Lebenswelt vorgeführt und am
Schicksal seiner Justine exemplifiziert. Und er hat ihn als Moment
sinnlicher Genüsse geschätzt. Aus Lust am Schmerz ließ er sich
gern peitschen, um damit seine Nerven zu reizen und die sexuelle
Lebensenergie anzustacheln, und er benutzte auch gern die Peitsche
oder eine Geißel, um sich in seiner Erregung als Despot über andere
Menschen lustvoll zu befriedigen. Auch Kant kannte den Schmerz in
dieser doppelten aktiv-passiven Hinsicht. Um die Stärke eines reinen guten Willens zu demonstrieren, erzählte er gern Geschichten
von Menschen, die bedroht und gequält werden, um sie vom Pfad der
Tugend abzubringen. Im «unaussprechlichen Schmerz», den sie zu
erleiden bereit sind, zeige sich «am herrlichsten»[67] die Stärke ihrer
Sittlichkeit. Je größer die Bedrohung und die Qual, desto reiner kann
dieses Juwel funkeln. Es war eine Moral des Dennoch, die Kant als
vorbildlich entwarf. Und seine aktive Lust, als Philosoph Schmerzen
zuzufügen, brachte Kant in einem sonderbar verdrehten Gedanken
zum Ausdruck. Er dachte, dass das moralische Gesetz als Triebfeder
der reinen praktischen Vernunft den Menschen keine Freude machen
und kein Glück bringen kann. Weil es all unsere Neigungen und Leidenschaften außer Acht lässt oder verdrängt, bewirkt es allenfalls ein
Gefühl, «welches Schmerz genannt werden kann, und hier haben wir
nun den ersten, vielleicht auch einzigen Fall»[68], bei dem eine Erkenntnis der reinen praktischen Vernunft mit einem Gefühl der Lust oder

Unlust zusammenhängt. Es ist schmerzhaft, als Metaphysiker der Sittlichkeit sich vom tatsächlichen Leben abgehoben zu haben.

Das wurde besonders deutlich, wenn Kant von Sexualität und «Geschlechterbeziehung» zu reden versuchte. Er konnte diesen heiklen Bereich ja nicht völlig außer Acht lassen, über den Sade alles sagen wollte, wobei er seiner Einbildungskraft keine Grenzen setzte und jede nur denkbare Lustbefriedigung als Gabe der Natur zur Sprache brachte. Kant dagegen hätte am liebsten geschwiegen. Er fand es unanständig, über Sex zu sprechen und zu schreiben. Denn damit hätte er sich in einen Bereich begeben müssen, den auch er, wie Sade, der Natur zuordnete, jedoch mit einer folgenschweren Umwertung der Werte.

«*Natur*» war der Schlüsselbegriff, um den das Denken dieser beiden Antipoden, des ruchlosen und des ehrbaren Philosophen, kreiste. Er war zugleich der Grenzbegriff, an dem sich beide entgegenstanden. Für Sade war der Mensch ein Geschöpf der Natur, das tun konnte, was ihm natürlich gegeben war. Für Kant dagegen war der Mensch aus der Vormundschaft der Natur in den Stand der Freiheit versetzt worden: «aus dem Gängelwagen des Instinkts zur Leitung der Vernunft»[69]. Der Mensch war kein Tier mehr. Als vernunftbegabtes Wesen konnte er den Regeln einer Sittlichkeit folgen, die sich der Selbstgesetzgebung seines geistigen, kultivierten Willens verdankte.

Das erklärt die eigenartige Knappheit und Distanziertheit, mit der Kant die menschliche «*Geschlechtsneigung*»[70] erwähnte. Er erklärte sie zur natürlichen, angeborenen Triebkraft des Menschen. Mit dem «*Instinkt zum Geschlecht*»[71] sorge die Natur für die Erhaltung der Gattung Mensch. Mehr wollte er dazu nicht sagen.

Deshalb wird es ihn nicht gefreut haben, als er einige Jahre später durch Friedrich Schiller aufgefordert wurde, seine Haltung zum menschlichen Geschlechtstrieb zu klären. Denn 1794 hatte sich Schiller dazu entschlossen, eine neue literaturkritische Zeitung herauszugeben, *Die Horen*, und dazu auch den hochgeschätzten, vortrefflichen, verehrtesten Herrn Professor Kant als Autor zu gewinnen versucht. Er wünschte sich von ihm einen Beitrag zur Sittenlehre, um sie jenem Teil des Publikums «annehmlich zu machen, der bis jetzt noch davor zu fliehen scheint»[72]. Kant hatte sich zurückgehalten. Er hätte mit Staats- und Religionsproblemen zu viel zu tun. Schiller schickte ihm Anfang 1795 die beiden ersten Hefte der *Horen* als weitere Einladung zur Mitarbeit. Also musste Kant auch den Aufsatz *Über den Geschlechtsunterschied und dessen Einfluß auf die organische Natur* lesen, um dazu sein Urteil abgeben zu können. Der Beitrag war anonym im ersten Band der *Horen*, zweites Monatsstück, erschienen. Kant wusste nicht, dass er von Wilhelm von Humboldt stammte, der am Unterschied und an der Vereinigung von männlichem und weiblichem Geschlecht demonstrieren wollte, wie es der Natur selbst gelingen kann, aus der Ungleichartigkeit verschiedener Kräfte ein verbundenes Ganzes herzustellen. Ein gegenseitiges Begehren, das im Streben der Natur begründet sei, bringe Mann und Frau dazu, «diess Ganze durch Wechselwirkung in der That herzustellen»[73]. Humboldt hatte sich nicht gescheut, dabei auch den männlichen und den weiblichen «Geschlechtsbau» einer näheren anatomischen Betrachtung zu unterziehen.

Kant war nicht begeistert. Am 30. März 1795 bedankte er sich bei Schiller für seine publizistische Arbeit. Auch schien ihm der unbekannte Verfasser des sexualphilosophischen Beitrags «ein guter Kopf» zu sein. Doch mit dessen Schwärmerei für den Geschlechtsverkehr wusste er nichts anzufangen. «Etwas dergleichen läuft einem zwar bisweilen durch den Kopf, aber man weiß davon nichts zu machen. So ist mir nämlich die Natureinrichtung: daß alle Besamung in beiden (pflanzlichen und tierischen) Reichen zwei Geschlechter bedarf, um ihre Art fortzusetzen, jederzeit als erstaunlich und wie ein Abgrund des Denkens für die menschliche Vernunft aufgefallen, ... woraus man aber schlechterdings nichts machen kann, so wenig wie aus dem, was Miltons Engel dem Adam von der Schöpfung erzählt: ‹Männliches Licht entfernter Sonnen vermischt sich mit weiblichem, zu *unbekannten Endzwecken*›.»[74] Denn John Milton selbst hatte doch in seinem großen Epos *Paradise Lost* eingestehen müssen, dass es auch für ihn eine offene Frage war, wie das männliche und das weibliche

Sternenlicht die zwei Geschlechter hatte bilden können, welche auf der Erde leben.

Bemerkenswert ist vor allem die Sade-Kant-Synchronizität Mitte der neunziger Jahre des 18. Jahrhunderts. Während Kant das Problem der Geschlechter nicht zu «enträtseln» wusste und sich in einen gedanklichen Abgrund gerissen fühlte, erschien 1795 de Sades *Philosophie im Boudoir*, in der die junge Eugénie alles lernte, was sie sexuell mündig und glücklich werden ließ. Sie war geboren worden, um zu ficken! Ihr Körper gehörte ihr. Weder die Ehe als gesellschaftliche Institution noch die Fortpflanzung als Mittel der menschlichen Gattungsreproduktion, die wegen der drohenden Überbevölkerung nicht im Interesse der Natur sein könne, sollten ihren Genuss bestimmen oder eingrenzen. Nicht zufällig spielte deshalb das «Arschficken» als köstliche Wollust eine Hauptrolle. Ohne Scham sollte Eugénie alle sexuellen Dinge und Vorgänge bei ihrem Namen nennen und mit unzensierter Einbildungskraft neue Spielarten der Lust entdecken.

Zwei Jahre später, 1797, wurde Kants Gegentext publiziert: *Die Metaphysik der Sitten.* Von Sexualität war zunächst im § 24 über das Eherecht die Rede, wobei auch *«Unnatürliches»* zur Sprache kam: *«Geschlechtsgemeinschaft* (commercium sexuale) ist der wechselseitige Gebrauch, den ein Mensch von eines anderen Geschlechtsorganen und Vermögen macht (usus membrorum et facultatum sexualium alterius), und entweder ein *natürlicher* (wodurch seines Gleichen erzeugt werden kann), oder *unnatürlicher* Gebrauch, und dieser entweder an einer Person ebendesselben Geschlechts, oder einem Tiere von einer anderen als der Menschen-Gattung ... Die natürliche Geschlechtsgemeinschaft ist nun entweder die nach der bloß tierischen *Natur* (vaga libido, venus volgivaga, fornicatio), oder nach dem *Gesetz.* – Die letztere ist die *Ehe* (matrimonium).»[75] Nur sie gestattet den geschlechtlichen Verkehr. Mann und Frau «*müssen* sich notwendig verehelichen», wenn sie ihre Geschlechtseigenschaften gebrauchen wollen.

In der *Philosophie im Boudoir* war es der wollüstige Libertin Dolmancé, der die meisten aufgeilenden Genussmöglichkeiten schilderte, wobei er der Einbildungskraft eine besonders stimulierende Wirkung zusprach: «Die Phantasie ist der Stachel der Lüste. Bei den eben geschilderten bestimmt sie alles, ist sie die große Triebfeder; denn verdankt man nicht ihr allen Genuß? Entspringen nicht aus ihr die erregendsten Lüste?»[76] Wie eine persönliche Entgegnung liest sich, was Kant in der *Metaphysik der Sitten* über die Rolle der Phantasie in der «wohllüstigen Selbstschändung» schrieb. Denn ohne sie bei ihrem Namen zu nennen, lehnte er die Onanie vor allem ab, weil man es bei ihr nicht mit einem realen Sexualobjekt zu tun habe, sondern nur anhand imaginierter Partner und Ereignisse erregt werde und erfolgreich sein könne: «*Unnatürlich* heißt eine Wohllust, wenn der Mensch dazu, nicht durch den wirklichen Gegenstand, sondern durch die Einbildung von demselben, also zweckwidrig, ihn sich selbst schaffend, gereizt wird. Denn sie bewirkt alsdann eine Begierde wider den Zweck der Natur ... Daß ein solcher naturwidriger Gebrauch (also Mißbrauch) seiner Geschlechtseigenschaft eine und zwar der Sittlichkeit im höchsten Grade widerstreitende Verletzung der Pflicht *wider sich selbst* sei, fällt jedem, zugleich mit dem Gedanken von demselben, sofort auf, erregt eine Abkehrung von diesem Gedanken, in dem Maße, daß selbst die Nennung eines solchen Lasters bei seinem eigenen Namen für unsittlich gehalten wird; ... gleich als ob der Mensch überhaupt sich beschämt fühle, einer solchen ihn selbst unter das Vieh herabwürdigenden Behandlung seiner eigenen Person fähig zu sein: so daß selbst die erlaubte (an sich freilich bloß tierische) körperliche Gemeinschaft beider Geschlechter in der Ehe im gesitteten Umgange viel Feinheit veranlaßt und erfordert, um einen Schleier darüber zu werfen, wenn davon gesprochen werden soll.»[77]

Das asexuelle Leben des Immanuel Kant

Es war nicht nur die Phantasie, die Kant als Gefahrenquelle der selbstbefriedigenden Wollust dämonisierte. Seine Abwehrmaßnahmen betrafen die Sexualität als solche. Denn selbst den gesetzlich geregelten

Geschlechtsverkehr in der Ehe hielt er für «bloß tierisch». Er mag zwar nötig sein, damit die menschliche Gattung sich fortpflanzen kann; und er kann auch lustvoll sein und glücklich machen, sofern der Mensch wie das Vieh noch seiner tierischen Natur verhaftet ist. Doch Kant gestand ihm keinen sittlichen Wert zu. Wer mit seinen sexuellen Handlungen der Naturordnung entspricht, dessen Lust ist im Grunde «*pathologisch*»[78], weil sie sich nicht durch die sittliche Ordnung bestimmen lässt und ihr als Naturanlage vorausgeht. Sie bleibt in den Grenzen der «*Eudämonie*» befangen, dem Glückseligkeitsgefühl des natürlichen Menschen.

Gegen sie hat Kant die «*moralische Lust*» gestellt, die nur empfunden werden kann, wenn sich der Mensch stattdessen der sittlichen «*Eleutheronomie*» verpflichtet hat. Mit diesem selbstgeschaffenen Fachbegriff, den er aus griechisch «*eleutheros*» (frei) und «*nomos*» (Gesetz) zusammengesetzt hat, bezeichnete Kant «das Freiheitsprinzip der inneren Gesetzgebung» als Ursprungsquelle der menschlichen Moral. Sie war es, die ihn philosophisch nachdenken ließ. Mit den natürlichen Bindungen des Menschen mag sich die Biologie beschäftigen, mit seinen Gefühlen und Stimmungen die Psychologie, mit seinen von außen konditionierten Verhaltensweisen die Soziologie. Aber Kant wollte kein Wissenschaftler sein, der Tatsachen beschreibt und theoretisch zu erklären versucht. Er verstand sich als ein Philosoph der praktischen Vernunft. Die Tugend des Menschen, der sich von allen «lastergebärenden Neigungen»[79] befreien kann, wollte er «eleutheronomisch» reflektieren und durch eine *Metaphysik der Sitten* begründen.

Das konnte für ihn nicht ohne Konsequenzen für sein Leben bleiben. Denn seine Tugendlehre konnte kein akademischer Wissensstoff sein. Es ging ihm nicht um Kenntnisse, die studiert und geprüft werden können. Kant dachte darüber nach, was er tun sollte. Mit seinem philosophischen Denken verpflichtete er sich selbst als sittliche Person und war, wie alle, die ihn kannten, übereinstimmend feststellten, stets bestrebt, «nach durchdachten und, wenigstens *seiner* Überzeugung nach, wohl begründeten Grundsätzen zu verfahren in allem»[80].

Den Grund dafür erhellt eine Fußnote, in der er einen kleinen Unterschied mit großen Folgen markierte: «Ein der *praktischen Philosophie Kundiger* ist darum eben nicht ein *praktischer Philosoph*. Der letztere ist derjenige, welcher sich den *Vernunftendzweck* zum Grundsatz *seiner Handlungen* macht, indem er damit zugleich das dazu nötige Wissen verbindet.»[81] Das Wissen allein genügt also nicht. Es kommt darauf an, den vernünftigen Grundsatz zum inneren Prinzip des eigenen Willens zu machen. Erst dann kann das Wissen sich mit dem Weisheitsprinzip des praktischen Philosophen verknüpfen und seine Metaphysik der Sitten zur «*Triebfeder* der Handlungen»[82] werden.

Kant war sich sicher, dass er sich in seinem Leben nicht durch natürliche Triebkräfte antreiben und lenken lassen wollte. Auch den animalischen Sexualtrieb wollte er mit den geistigen Waffen aus der Rüstkammer der Metaphysik ausschalten oder kontrollieren. So konnte er sich als der radikalste Widersacher des Marquis de Sade profilieren, der als Natur-Philosoph seine Leidenschaften, Lüste, Ausschweifungen und sexuellen Phantasien nachträglich rechtfertigen und entschlüsseln wollte. «Der Tor weiß nichts davon, der halsstarrige Puritaner straft sie, nur der Philosoph reflektiert sie, weil er allein das menschliche Herz kennt und den Schlüssel dazu besitzt.»[83] Auch Kant wusste davon. Doch als Sittlichkeits-Philosoph wollte er a priori, von vornherein, der sexuellen Wohl-lust keinen Einfluss auf seine Lebensweise zugestehen. Das erklärt einige der sonderbaren Dinge, die man von Kants asexuellen Gewohnheiten weiß.

Er hat den eigenen Körper als ein Objekt gesundheitlicher Kontrolle behandelt. Er entwickelte und befolgte Regeln einer gut durchdachten «Diätetik», die nicht nur für eine gesunde Ernährung sorgte, sondern den ganzen Leib betraf, mit dem er haushälterisch umging: streng festgelegte Schlafzeiten, früh um fünf Uhr aufstehend, abends um zehn ins Bett gehend, denn «das Bett ist das Nest einer Menge von Krankheiten»[84]; das Zimmer sommers und winters gleich temperiert; morgens keinen Kaffee, sondern nur zwei Tassen schwachen Tee; ein Pfeifchen rauchen, um die Verdauung anzuregen; Kopf und Füße möglichst kalt halten, dagegen den Bauch, besonders bei kaltem

Wetter, stets wärmen; durch die Nase atmen, um Schnupfen und Husten zu vermeiden; Wasser und Wein trinken, um die festen Speisen besser verarbeiten zu können.

Mit seinen diätetischen Maximen versuchte Kant am Laufen zu halten, womit ihn die Natur nur stiefmütterlich versorgt hatte. Er war als Winzling mit einer eingefallenen Brust zur Welt gekommen, den seine Eltern nicht durchzubringen fürchteten. Sein Leben lang war er schwächlich geblieben, und im hohen Alter schien sein Knochenbau ohne Substanz zu sein, seine Muskelkraft völlig erschöpft und sein ganzer Körper ohne Fleisch.

Wohlwollende Zeitgenossen haben Kant wegen seiner diätetischen Disziplin bewundert. «Er hat der Natur das Leben abgezwungen. Das ganze Gebäude seines Körpers war so schwach, daß nur ein Kant es so viele Jahre unterstützen und erhalten konnte. Es scheint als hätte die Natur bei der Bildung dieses seltenen Erdenbürgers alles auf seinen geistigen Teil verwandt; ja als hätte sie ihm die schwache Hülle zu mehrerer Stärkung seines Geistes mitgegeben.»[85]

Dagegen sahen seine Kritiker in dieser «Stärkung» vor allem ein Zeichen der Schwächung, der Abwehr und Verdrängung. Kant habe aus Angst, dass ihn leiblich-sinnliche Kräfte überwältigen könnten, seine Disziplinarmaßnahmen zur Triebkontrolle eingesetzt.[86] Dafür spreche besonders jene Eigenart, die seine Freunde immer wieder erstaunte. Weil Körperflüssigkeiten ihm unangenehm waren, achtete Kant streng darauf, nicht zu schwitzen. «Weder in der Nacht, noch bei Tage transpirierte Kant. Vielleicht hatte seine Natur, mehr durch ängstliche, als sorgfältige Vermeidung alles dessen, was Schweiß erregen konnte, sich schon dazu gewöhnt.»[87] Das war vor allem beim Spazierengehen festzustellen. Zwar hielt er Bewegung für gesund, aber es sollte dabei kein Schweiß ausbrechen. Im Sommer ging er sehr langsam, um nicht zu schwitzen. Und wenn er die drohende Gefahr spürte, blieb er in irgendeinem Schatten stehen oder erstarrte so lange in einer Stellung, bis der Anflug der Transpiration vorüber war.[88] Körpertrockenheit war sein Ideal, was vermuten ließ, dass es sich auch bei seiner Vermeidung von Schweiß um eine Sexualzensur handelte. «Der trockene Körper ist der desexualisierte, schuldfreie Körper. Alles Flüssige, Fließende, Strömende ist mit Sexualität besetzt.»[89] Jedenfalls war Kant sein Leben lang mager, «zuletzt vertrocknet, wie eine Scherbe»[90].

Und die Frauen? Er hatte durchaus einen Blick für ihre Schönheit. Schon in seinen *Beobachtungen über das Gefühl des Schönen und Erhabenen* (1763) charakterisierte er sie als das «*schöne Geschlecht*»[91], das durch eine feine Gestalt, sanfte Gesichtszüge und freundliche Miene zu gefallen weiß. Auch ihre Tugenden empfand er als schön. Besonders mochte er ihre Schamhaftigkeit, mit der sie einen Schleier über alles warfen, was ihnen hässlich und ekelhaft zu sein schien. «Sie werden das Böse vermeiden, nicht weil es unrecht, sondern weil es häßlich ist, und tugendhafte Handlungen bedeuten bei ihnen solche, die sittlich schön sind.»[92] Kant war gern in weiblicher Gesellschaft, sofern sie seinen Idealen der Sittlichkeit besser entsprach als grobe Männer, die sich durch ihren Geschlechtstrieb beherrschen ließen, «zum großen Zwecke der Natur»[93]. Und aus dem gleichen Grund empfahl er auch seinen jungen Freunden, sich so oft wie möglich mit gebildeten Frauen zu treffen und zu unterhalten, «weil dieses das einzige Mittel wäre, ihre Sitten zu verfeinern und zu veredeln»[94].

Dass Kant über dem Lob der weiblichen Schönheit die Sexualität der Geschlechter nicht völlig vergaß, war schon in seinen frühen Beobachtungen erkennbar. Es hat sich durchgehalten bis in seine späte *Kritik der Urteilskraft* (1790). Denn die Schönheit der Frauen sah er nicht als eine freie, reine Schönheit an, die für sich gefällt, an keinen Zweck gebunden ist und interesseloses Wohlgefallen auslöst. Sie ist nur eine «anhängende Schönheit»[95], die durch den besonderen objektiven Zweck bedingt ist, der dem ästhetisch beurteilten Gegenstand zukommt. «Allein die Schönheit eines Menschen (und unter dieser Art die eines Mannes, oder Weibes, oder Kindes), die *Schönheit* eines Pferdes, eines Gebäudes (als Kirche, Palast, Arsenal, oder Gartenhaus) setzt einen Begriff vom Zwecke voraus, welcher bestimmt, was das Ding sein soll, mithin einen Begriff seiner Vollkommenheit; und ist also bloß adhärierende Schönheit.»[96] Was aber soll am ästhetisch schönen Körper der Frau haften, damit sie ihren Zweck vollkommen erfüllen kann? Kant mochte es zwar nicht klar und deutlich sagen. Aber es ist unmissverständlich, was er meinte. «In einem solchen Falle denkt man auch, wenn z. B. gesagt wird: ‹das ist ein schönes Weib›, in der Tat nichts anders, als: die Natur stellt in ihrer Gestalt die Zwecke der Natur im weiblichen Baue schön vor.»[97]

Die Schönheit der Frau ist durch die natürliche Beziehung der Geschlechter verunreinigt. Sinnliches Begehren und sexuelles Handeln zum Zweck der Fortpflanzung können weder mit der reinen ästhetischen Urteilskraft noch mit dem metaphysischen Ideal der Sittlichkeit in Übereinstimmung gebracht werden. Und so war Kant zwar kein Feind des anderen Geschlechts, im Gegenteil. Er schätzte den Umgang mit kultivierten, gebildeten Frauen und fühlte sich wohl in ihrer Gegenwart. Auch sie mochten ihn wegen seines geselligen Witzes und seiner charmanten Umgangsformen. Es soll sogar zwei Heiratsanträge gegeben haben. Aber er verweigerte jede sexuelle Annäherung. Er lebte zölibatär. «Sein Leben war (keiner seiner Vertrautesten von Jugend auf, wird mir hier widersprechen) im strengsten Verstande züchtig.»[98] Kant sträubte sich erfolgreich, eine eheliche Gemeinschaft zum wechselseitigen Gebrauch der Geschlechtsorgane einzugehen. Auf die gut gemeinten Ratschläge von Bekannten und Freunden, doch endlich zu heiraten, konnte er nur mit Witz und herzhaftem Lachen reagieren. «Er hatte keine günstige Meinung von dem Glück des Ehestandes und von der Gabe des Weibes, dem Manne, wenn sie will, Blumen auf den Pfad seines Lebens zu streuen. Er behauptete, das Wort *conjugium* beweise schon hinlänglich, daß beyde Eheleute an einem *Joch* tragen; und in ein Joch gespannt zu seyn, könne doch keine Glückseligkeit genannt werden.»[99]

FÜNFTES KAPITEL

Dieses ewige Treiben in mir

Liebesgeschichten der beiden
Brüder Humboldt

*«Seit unserer Kindheit sind wir wie zwei entgegen gesetzte
Pole auseinander gegangen, obgleich wir uns immer geliebt
haben und sogar vertraut miteinander gewesen sind.»*[1]

WILHELM VON HUMBOLDT

Wenn Charakter darin besteht, aufgrund von Erlebnissen, Erfahrungen, geselligem Umgang, Erziehung, Unterricht, Lektüre und Nachdenken bestimmte Maximen entwickelt zu haben, also subjektive Prinzipien, die einen Menschen durch die vielfältigen Situationen und Herausforderungen seines Lebens leiten können, dann wussten die beiden Brüder Humboldt schon früh, wie sie ihr Leben führen wollten. Und schon als Jugendlichen war ihnen ihr unterschiedlicher Charakter in voller Klarheit bewusst geworden, wobei auf eine denkwürdige Weise ihre Selbsterkenntnis mit der brüderlichen Fremderkenntnis verquickt war. Alexander und Wilhelm von Humboldt verhielten sich wie komplementäre Figuren zueinander, die sich gegenseitig anerkannten, schätzten und liebten, weil jeder im anderen erkannte, was ihm selbst fehlte. «So war es von Kindheit an zwischen uns. Immer der schneidendste Gegensatz und dabei doch ein sehr enges Zusammenhalten.»[2]

Es schien, als ob sie die unterschiedlichen Charaktere und Verhaltensweisen ihrer Eltern widergespiegelt hätten. Gegen die Heiterkeit und aufgeklärte Freigeistigkeit des Vaters Alexander Georg von Humboldt, der als Dragoneroffizier an den drei Schlesischen Kriegen teilgenommen hatte, kontrastierte die Ernsthaftigkeit und gleichmütige Ruhe der Mutter Marie Elisabeth von Humboldt, geborene Colomb, verwitwete Baronin von Holwede, die 1766 den Kammerherrn und Major von Humboldt als ihren zweiten Mann geheiratet hatte. Sie tat ihre Pflicht. Ihre Gefühle hielt sie verschlossen. Bereits im ersten Ehejahr brachte sie am 22. Juni 1767 in Potsdam, wo ihr Mann im königlichen Hofdienst als Kammerherr tätig war, Wilhelm zur Welt. Zwei Jahre später, am 14. September 1769, wurde Alexander in der Berliner Jägergasse 22 geboren.

Mit äußerst distanziertem Ton hat später Alexander von seiner Mutter gesprochen, als habe er seine familiären Erinnerungen löschen wollen. Nur knapp und sachlich wies er darauf hin, dass seine Mutter französischer Herkunft gewesen war und für ihre Kinder Opfer gebracht hatte, um ihnen eine sorgfältige Ausbildung bieten zu können. Ausführlicher hat Wilhelm seine Mutter charakterisiert, mit der ihn eine gewisse Ähnlichkeit zu verbinden schien. Wie sie war auch er recht klein, verbarg seine Gefühle, war meist ernst, zurückhaltend und gleichmütig. Dagegen glich sein Bruder Alexander mehr dem Vater, nicht nur mit seiner weltoffenen Heiterkeit, sondern auch im körperlichen Ausdruck; und es schien für ihn natürlich gewesen zu sein, dass er ebenfalls Soldat werden wollte.

Der frühe, überraschende Tod des Vaters 1779 vertiefte die charakterlichen Unterschiede der beiden Brüder. Der zwölfjährige Wilhelm stürzte in eine tiefe Melancholie und tötende Gleichgültigkeit, gegen die er sich nur durch eine Flucht in Bücher behaupten konnte, die ihm etwas bieten konnten, was ihm im Leben mangelte. Er tauchte in die gelesenen Geschichten ein, um seinen Weltschmerz ertragen zu können, und reicherte seine Innenwelt vor allem mit Bildern der Antike an. Von der geselligen und natürlichen Außenwelt zog er seine Interessen ab und konzentrierte sich auf ein intensives Lesen und Studieren, um sich selbst als ein innerlicher Mensch zu bilden. Dagegen richtete der zwei Jahre jüngere Alexander seine Aufmerksamkeit nach außen auf die Natur, um den Verlust des geliebten, vorbildhaften Vaters zu bewältigen. Er begann, jede freie Stunde in der wunderschönen Landschaft in der Nähe des Familienschlösschens Tegel zu verbringen, wo er Steine, Muscheln, Pflanzen, Käfer und Schmetterlinge sammelte und in zahlreichen Schachteln sortierte.

Wie zwei Pole, die eng aufeinander bezogen blieben, gingen die beiden Jugendlichen auseinander, wobei sie sich nie aus den Augen verloren und gegen Ende ihres Lebens auch räumlich wieder nahe kamen. Wilhelm von Humboldt entwickelte sich zu einem Anthropologen und Philosophen, der die Mentalitäten, Ideen, Gedanken und Sprachen des Menschengeschlechts erforschte, um sich dabei auch über seine eigene Individualität klarzuwerden. Dagegen hat Alexander von Humboldt seinen jugendlichen Impuls in eine Naturforschung weitergetrieben, die sich auf das Ganze der äußerlichen Welt richtete, von der kosmischen Ordnung bis zu den kleinsten Dingen.

Aus dem großen Spektrum ihrer polarisierten Interessen soll nur ein Aspekt hervorgehoben werden: ihr verschiedenartiges Lustprinzip, das in ihren Lebensdarstellungen und Werkanalysen kaum beachtet worden ist, obwohl es für ihren Charakter wesentlich war, ihr Verhalten mitbestimmte und ihre Denkbewegungen beeinflusste. Wie haben sie ihre Sinnlichkeit erlebt? Was haben sie sexuell begehrt? Und was hielten sie von der Liebe in existenzieller Hinsicht?

Tugendbund und Mannespersonenbekanntschaften

Es begann im Jahr 1785. Bis dahin hatten die Brüder Humboldt recht einsam, unverstanden und unglücklich gelebt. Der Tod des Vaters hatte ihr Leben öde werden lassen. Sie lebten unter Menschen, mit denen sie nicht vertraulich und empfindsam umzugehen wussten. Sie hatten weder Spielkameraden noch Mitschüler. Hauslehrer erzogen sie privat vor allem im elterlichen Schloss Tegel, damals noch weit draußen vor den Toren der Stadt Berlin. 1785 traten der achtzehnjährige Wilhelm und der sechzehnjährige Alexander in das Bildungsmilieu der Berliner Aufklärung ein. Sie lernten jenen harten Kern von etwa dreißig Persönlichkeiten kennen, die ein kulturelles Netzwerk mit vielen Querbezügen bildeten und jenen besonderen Konversationsstil kultivierten, der für die Aufklärung in Preußen charakteristisch war: Selbständig denkende Menschen versuchten durch wechselseitiges Argumentieren herauszufinden, was man gemeinsam für vernünftig halten konnte.

Die neuen Berliner Lebens- und Gesprächsformen wirkten wie ein Kontrastbild ihres früheren Daseins: Anregende Geselligkeit statt erlittener Einsamkeit, Offenherzigkeit statt Verschlossenheit, Freiheit statt Zwang. Die Folgen dieses Wechsels waren nicht zu übersehen. Besucher im Humboldt'schen Stadthaus stellten 1785 erfreut fest, dass Wilhelm bei all seiner Leselust und Selbstbildung doch kein Pedant und Einzelgänger war, sondern gern Witze machte und gesellige Vergnügungen schätzte. Und auch Alexander, der im autobiographischen Rückblick feststellte, «bis zum Alter von 16 Jahren hatte ich wenig Lust, mich mit den Wissenschaften zu befassen, und wollte Soldat werden»[3], fing nun an, eine gesellschaftliche Rolle zu spielen. Er tanzte gern und nahm geistreich an den Unterhaltungen teil, wobei er sehr an seinen Vater erinnerte.

Beide Brüder befanden sich seit Mitte der achtziger Jahre «in der gereiften Periode der aufwachenden Galanterie gegen Damen»[4]. Was sie praktisch erlebten, wurde theoretisch reflektiert. Zwei Semester erhielten sie 1785/86 philosophischen Unterricht durch Johann Jakob Engel, der ihnen den richtigen Gebrauch der Vernunft vermittelte, sie aber auch über ihre Neigungen, Wünsche und Leidenschaften aufklärte. Gemeinsam war diesen libidinösen Impulsen, wie sie bei Engel lernten, das Streben nach «Glückseligkeit», wobei sich besonders der achtzehnjährige Wilhelm schon bald sicher war, wo dieses Glück zu finden war: «Ein Hang zum andern Geschlecht im Allgemeinen ist eine *Neigung*; diese Neigung verbunden mit dem Gefühl eines Mangels in unserm gegenwärtigen Zustande, und dem Wunsche, diesen Zustand zu verändern, und uns zu verheirathen, ist eine *Begierde*;

diese Begierde endlich gegen ein einzelnes Frauenzimmer gerichtet, ist eine *Leidenschaft*.»[5]

Die ersten Gelegenheiten, praktisch zu erleben, was sie theoretisch gelernt hatten, fanden sie im Salon des jüdischen Ehepaares Marcus und Henriette Herz, den sie seit 1785 regelmäßig besuchten. Wissensdurst und Lebensfreude. Denn in diesem kulturellen Mittelpunkt der Berliner Aufklärung, wo Adelige und Bürger, Männer und Frauen, Christen und Juden, Theologen und Freigeister, Staatsbeamte und Künstler, Wissenschaftler und Philosophen zwanglos zusammenkamen, um sich gemeinsam zu bilden und aufzuklären, lernten sie nicht nur durch den gelehrten Arzt Marcus Herz, der bei Immanuel Kant in Königsberg studiert hatte und mit ihm einen intensiven Briefwechsel pflegte, neue naturwissenschaftliche Forschungsergebnisse kennen, sondern wurden durch die zwanzigjährige Gastgeberin Henriette Herz auch kulturell angeregt und unterhalten. Lyrische und dramatische Dichtungen wurden vorgetragen und besprochen. Es wurde viel getanzt und gespielt. Henriette wurde allgemein als schöne, intelligente Frau bewundert und umschwärmt. Und so war es nicht erstaunlich, dass auch die beiden jungen Humboldts ihrem Charme verfielen und sich in sie verliebten. Henriette Herz konnte schon bald amüsiert feststellen, dass die Brüder Humboldt durch die geselligen Treffen ihren Geist und Geschmack verfeinerten, wobei sich «wohl auch einiges für die Schönen unserer Gesellschaft beimischte»[6].

Vor allem Wilhelm war von dem Reiz der jungen selbstbewussten Frauen verzaubert, denen er im Salon Herz begegnete. Sinnlich erregte ihn das andere Geschlecht; er begehrte, was ihm gegenwärtig noch mangelte; und verliebte sich zunächst leidenschaftlich in zwei Mädchen, von denen er vertraulich Henriette berichtete, um sie, das eigentliche Objekt seiner Begierde, herauszufordern. Denn er hatte sich ja, wie er Henriette an einem herbstlichen Sonntag 1786 aus Tegel schrieb, von seinen beiden ersten Lieben wieder getrennt, um in ihrer Nähe sein Glück zu finden. Sie wurde beschworen als «die teuerste, innigstgeliebte Freundin»[7], und dramatisch versuchte er sie in das Spiel der Verführung zu locken, dessen Regeln der junge Kavalier geschickt zu befolgen wusste.

Doch Wilhelm musste sich mit seinen verbalen Liebesbekundungen zufriedengeben. Der erhoffte sexuelle Genuss war ihm versagt. Stattdessen bot ihm die geliebte Henriette Ende des Jahres 1787 an, dem «Tugendbund» beizutreten, den sie zusammen mit ihrer Freundin Brendel Veit, der ältesten Tochter des jüdischen Aufklärers Moses Mendelssohn, und dem jungen, äußerst schönen Karl Laroche gegründet hatte, der die eigentliche Seele dieses Bundes und der eifrigste Verfechter seiner moralisierenden Ziele war. Zweck dieser Vereinigung «war gegenseitige sittliche und geistige Heranbildung sowie Übung in werktätiger Liebe. Es war ein Bund in aller Form, denn wir hatten auch ein Statut und sogar eigene Chiffren.»[8]

Zunächst scheute Wilhelm davor zurück, an diesem Veredelungsbund teilzunehmen. Wahrscheinlich hatte er gespürt, dass es sich bei dieser geheimen Verbindung um ein hochgradig verkünsteltes moralisches Experiment handelte, bei dem er die erotische oder sexuelle Glückseligkeit nicht finden konnte, nach der er strebte. Doch schließlich sagte er zu und nahm das Angebot an, wobei er sein Begehren in eine sonderbare Form von Scheinliebe steigerte: «O Henriette, nun bist Du ganz mein! Einen stärkeren Beweis Deiner Liebe, Deines Vertrauens konntest Du mir nicht geben, als indem Du mich würdigtest, wie mit einer Schwester vertraut mit Dir auf Du und Du zu reden.»[9] Zu seinem Glück trat ein Jahr später, auf Initiative von Karl Laroche, Caroline von Dacheröden dem Tugendbund bei, die für Wilhelm von Humboldt nicht mehr nur «Schwester» blieb, sondern wirkliche Geliebte und Ehefrau wurde.

Auch Alexander besuchte gern das Haus Herz und folgte begeistert den experimentphysikalischen Vorführungen und philosophischen Vorlesungen von Marcus Herz, den er als Lehrer und väterlichen Freund schätzte. Und zu Henriette Herz und ihren Freundinnen Brendel Veit und Rahel Levin, die eigene Salons führten, fühlte er sich ebenfalls hingezogen. In Briefen an Berliner Freunde schwärmte er von Henriette: «Es ist die schönste und auch die klügste, nein! Ich muß sagen, die weiseste unter den Frauen.»[10] Es freute ihn, ihr den neuesten französischen Tanz, das «Menuet à la Reine», beigebracht zu haben. Wenn er sich einmal ungeschickt verhielt, so hoffte er, «dass sie mir nicht ein wenig böse, sondern wohl gar ein wenig gut wäre»[11]. Was er mit diesen klugen jüdischen Frauen erlebte, war jedenfalls viel aufregender als das, was ihm im Tegeler Familienschloss widerfuhr, das er in Briefen an Henriette meist «Schloß Langweil» nannte.

Während Wilhelm allgemein zum anderen Geschlecht neigte, einige Mädchen und Frauen begehrte und sich leidenschaftlich in Caroline zu verlieben begann, blieb Alexander ein zurückhaltender Beobachter. Er verfolgte sehr genau, was mit seinem Bruder geschah, als dieser in den Tugendbund mit Henriette, Karl und Brendel eintrat. Er selbst nahm daran nicht teil, war aber mit den Ereignissen und Ritualen vertraut. So schlug er vor, den kleinen Kreis auch für neue Mitglieder zu öffnen, und erfand für die Verbündeten eine eigene Geheimschrift, damit niemand lesen konnte, was sie sich vertraulich schrieben. Schließlich hätten sie als überspannte Schwärmer und sexuelle Libertins verspottet werden können. Doch sein Bruder war sich sicher, dass Alexander niemals verstehen würde, worum es ihnen ging, und dass nicht daran zu denken war, ihn für den Tugendbund zu gewinnen.

Was verstand Alexander nicht? Er war doch in das Geheimnis dieser «Verbündung» eingeweiht. Was also fehlte ihm, dass er nicht an den vertraulichen Verliebtheiten der Tugendbündler teilnahm? Zunächst mangelte ihm jener heilige Ernst, mit dem die anderen ihre «Liebe» zelebrierten. Distanziert beobachtete er sie, und wenn es ihm gar zu schwärmerisch zuging, wusste er sich darüber zu mokieren. In einem kleinen Lustspiel[12], das er für Henriette Herz im September 1788 schrieb, machte er sich über seine Freunde und Freundinnen lustig, wobei er sich selbstironisch als einen Mann charakterisierte, dem die Sprache der Liebe fremd war, die ihm nur eine besondere Form der Torheit zu sein schien, der er sich zu entziehen wusste.

Auf den tieferen Grund seiner Zurückhaltung verwies ein «süßer Traum»[13], den Alexander von Humboldt einige Jahre später träumte und sofort Henriette Herz mitteilte. Der manifeste Traumtext handelte von einem ehrwürdigen Greis, der sich am Ende in einen schönen jungen Mann verwandelte, und von einem Gespräch dreier Gehender, die «so verständig, so männlich schön» miteinander redeten, dass er sie für drei edle Jünglinge hielt, bevor er seinen Irrtum entdeckte, über den er lachen musste. Es waren drei Frauen, die sich unschwer als Henriette Herz, Brendel Veit und Rahel Levin identifizieren ließen. Doch schließlich löste sich auch ihre Identität in eine Geschlechterverwirrung auf. Denn als sie ihre Mäntel abwarfen und nackt vor ihm standen, musste er erkennen, dass die größte von ihnen im falschen Körper lebte. «Die Natur wollte einen Mann schaffen, aber sie vergriff sich im Thone und bildete ein Weib.»

Alexander war sich sicher, dass Henriette die latente Bedeutung dieses rätselhaften Traumtextes entziffern konnte, und in einem Nachsatz erläuterte er ihn mit dem Hinweis: «Es ist eine unreife Frucht, deren Säure vielleicht nicht ganz - - - Heben Sie dies Blatt auf, so kann es uns nach einer langen Reihe von Jahren vielleicht wieder einen lustigen Augenblick verschaffen. Den Schlüssel verliere *ich* nicht, der ist an einem Orte, aus dem man leider auch das nicht verliert, was man los sein will.»[14]

Wie ein Psychoanalytiker *avant la lettre*, der seinen Traum als Wunscherfüllung zu deuten wusste, hatte Alexander den Schlüssel zu seiner Selbstanalyse gefunden. Er hatte sich selbst den Zugang zum verborgenen Ort seiner unbewussten Ideenassoziationen geöffnet und auch gegenüber Henriette und ihren Freundinnen, denen er bei einem gemeinsamen Treffen den Traumtext noch einmal vorlas, angedeutet, wie er für sich das Rätsel dieses geschlechtlichen Verwirrspiels gedeutet hatte. Sie werden nicht überrascht gewesen sein. Denn es war ihnen nicht entgangen, dass ihrem Freund die sexuelle Leidenschaft für das andere Geschlecht fremd war, während ihn die Freundschaften mit schönen, geistreichen Jünglingen glücklich machten.

Alexander von Humboldt war homophil. Er neigte zum gleichen Geschlecht. Das lässt nicht nur verstehen, weshalb er träumerisch die Frauen vermännlichte; es erklärt auch, warum für Wilhelm von Humboldt gar nicht daran zu denken war, dass sein Bruder je verstehen könne, was er in der Liebe zu Henriette und den anderen Schönheiten seiner Berliner Jugendzeit genießen wollte. Alexander sei zwar «wahrlich ein wackerer Junge, der einmal viel Nutzen stiften wird», schrieb er Henriette; doch er hielt sein homophobes Urteil nicht zurück: «Die Mannespersonenbekanntschaften, wie Du sie sehr gut nennst, kann ich nicht ausstehen. Ich habe keine einzige der Art.»[15] Deshalb wird er es wohl auch für eine unschickliche Entgleisung gehalten haben, dass Alexander am 13. Februar 1788 mit seinem ersten geliebten Freund Wilhelm Gabriel Wegener einen heiligen «Freundschaftsbund» schloss, mit dem er nachahmte, was wenige Monate zuvor sein Bruder Wilhelm getan hatte, als er dem Berliner «Tugendbund» beigetreten war: «Seit dem dreimal glücklichen Tage, da ich Dich kennenlernte, seit jenem 13ten Februar (solche Augenblicke merke ich an), da wir brüderliche Liebe uns auf ewig zusagten, seit diesen Zeiten fühle ich, dass keiner meiner Bekannten mir das sein kann, was Du mir bist.»[16]

War Alexander von Humboldt homosexuell?

Dass Alexander sein eigenes Begehren nur verschlüsselt ausgedrückt hat, es los sein wollte, aber nicht verlieren konnte, und dass sein Bruder seine «Mannespersonenbekanntschaften» nicht ausstehen konnte, muss diese Frage stellen lassen, der die meisten Biographen, die nicht nur seine wissenschaftliche Forschungsleistung, sondern auch seine Lebensgeschichte ausführlich dargestellt haben, auszuweichen versuchten. Sie haben über Alexanders Sexualität geschwiegen. Sie konnten zwar die Tatsachen nicht unerwähnt lassen, dass die Liebe zu einer Frau offensichtlich in seinem Leben fehlte, er unverheiratet blieb und sich den spöttischen Rat seines Bruders (12. Februar 1790) anhören musste, er sollte doch Mademoiselle Michaelis heiraten, die eine gute Kennerin von Edelsteinen war, mit ihrem Alter zwischen 50 und 60 Jahren ihn jedoch sexuell in Ruhe ließe.[17] Aber sie haben daraus keine Schlüsse gezogen. Für sie schien Alexander ein sexuelles Neutrum gewesen zu sein, dessen Triebschicksal sich am Nullpunkt befand.

Andere Biographen ließen sich bei ihrer Beantwortung der Frage durch eine homophobe Abwehr leiten, die mehr über ihre eigene sexuelle Orientierung aussagte als über die Neigungen ihres Protagonisten. Hanno Beck glaubte die «Gefahr» zwar nicht übersehen zu dürfen, «dass Alexander die Grenze der Gefühle, welche die Natur einer Freundschaft von Männern setzt, durch seine Zuneigungen gefährdete»[18]. Aber er beruhigte sich schnell mit dem Hinweis, dass eine «homoerotische Abartigkeit Humboldts» nicht nachzuweisen sei und seine verliebten Gefühlsäußerungen nichts anderes gewesen seien als natürliche Zeugnisse des damals herrschenden Freundschaftskultes. Für Kurt-Reinhard Biermann von der Alexander-von-Humboldt-Forschungsstelle der Akademie der Wissenschaften der DDR war von vornherein klar: «Alle Versuche von Biographen, sexuelle Beziehungen zu bestimmten Frauen zu belegen, haben ebenso wenig Beweiskraft wie abwegige Bemühungen anderer Autoren, ihn homoerotischer Neigungen zu überführen.»[19] Zurückhaltender hat es Wolfgang-Hagen Hein formuliert. Ausführungen von Autoren, die von Alexanders engen Beziehungen zu Männern auf dessen homoerotische Vorlieben geschlossen haben, seien «reine Spekulation, da kein Quellenmaterial bekannt ist, das eindeutige Antworten erlaubt. Die heutigen Sexualwissenschaftler mögen das bedauern.»[20] Aber letztlich sei es ja auch bedeutungslos, ob ein Wissenschaftler hetero- oder homosexuelle Vorlieben habe.

Doch auch diese ehrenwerte Feststellung ging an dem Problem vorbei, für das Alexander von Humboldt selbst eine Lösung gesucht hatte. Denn für ihn war die Frage, wohin er geschlechtlich neigte, offensichtlich bedeutsam, jedenfalls in seiner Jugendzeit, in der er sich über sich und seine Vorlieben bewusst werden wollte. Wonach strebte er? Er beantwortete sie einem Freund mit dem Hinweis: «Der Mensch ist nicht bloß dazu gemacht, um die Tiefen der Spekulation zu ergründen. Das Empfinden, nicht das reflectiren ist der Genuß.»[21] Empfindung, Genuss, Freude: Das war der eigentliche Zweck des Lebens, dem der junge Alexander von Humboldt vor allem im Umgang mit ähnlich empfindenden Männern zu entsprechen suchte. Die vertrauliche Innigkeit mit seinen Freunden erschien ihm wie ein göttliches Geschenk, wobei jeder Ortswechsel eine neue glückliche Begegnung mit sich brachte, sodass sich Humboldts Bildungs- und Ausbildungsgeschichte in groben Zügen nach Abfolge seiner «Mannespersonenbekanntschaften» erzählen lässt.

Ephraim Beer. Noch im Haus von Marcus und Henriette Herz hatte sich Alexander mit dem Medizinstudenten Ephraim Beer angefreundet, der dort zur Untermiete wohnte. Seine ersten erhaltenen Jugendbriefe richtete er an Beer, nachdem er Berlin verlassen und zusammen mit seinem Bruder im Wintersemester 1787/88 an der «Viadrina»-Universität in Frankfurt an der Oder zu studieren begonnen hatte. Er empfand die fremde Stadt als einen traurigen Ort, der ihm weder intellektuell noch existenziell gefiel. Gern dagegen erinnerte er sich an die jüdischen Freunde und Freundinnen, die er grüßen ließ, wobei er Beer wissen ließ, «daß unter allen Ihren Freunden ich Sie gewiß nicht am wenigsten liebe!»[22]

Wilhelm Gabriel Wegener. Den einzigen Trost boten ihm «die Freuden eines freundschaftlichen (doch aber bloß männlichen!) Umganges»[23], die Alexander am frostigen Ufer der Oder zu genießen wusste. Das betraf vor allem den gleichaltrigen Theologiestudenten Wegener. Die ersten Monate ihrer Bekanntschaft verliefen zwar ereignislos. Doch dann begannen beide zu fühlen, «wie sehr wir füreinander geschaffen sind»[24]. Sie hatten sich gefunden und schlossen im Februar 1788 jenen Bund einer Freundschaft und Liebe, den Alexander als ein heiliges Wunder pries. Nur ein Semester lang studierte er in Frankfurt. Die Trennung von Wegener fiel ihm nicht leicht. Umso stärker beschwor er seine Liebe in Briefen, in denen er den Freund an ihre Begegnung erinnerte. Die gemeinsam erlebten glücklichen Wochen in Frankfurt waren zwar vorbei, und so froh sollten sie nie wieder zurückkommen. «Doch meine innige Liebe, meine Freundschaft zu

Dir, soll unsterblich sein, wie die Seele, die sie empfindet!»[25] Seine Sinnlichkeit «auf dem schlüpfrigen Pfade des Lebens» versprach er nach ihrer Trennung zu kontrollieren. In seinem Gedächtnis wollte er jedoch seine Liebe bis in den spätesten Abend seiner Tage wachhalten. Und noch einige Jahre später bekannte er seinem alten Freund, dass er in ihrem Frankfurter Verhältnis die fröhlichsten und innigsten Stunden seines jugendlichen Alters erlebt habe. «Ich war nie glücklicher als zu dieser Zeit.»[26]

Carl Ludwig Willdenow. Alexander fühlte sich recht einsam, nachdem er im März 1788 in seine Heimatstadt Berlin zurückgekehrt war, wo er ein Jahr lang pausieren sollte, um dann sein Studium an der Göttinger Universität fortzusetzen. Sein Freund Wegener fehlte ihm. Doch bald fand er einen neuen, der für seine weitere Entwicklung wegweisend wurde: den vier Jahre älteren Pharmazeuten, Mediziner und Botaniker Willdenow. Er hatte sich für Pflanzen zu interessieren begonnen und war durch Zufall auf Willdenows Buch *Flora Berolinensis* gestoßen. Mit seiner Hilfe versuchte er Pflanzen zu bestimmen und legte sich ein Herbarium an. «Und da man mir nun zuerst gestattete, allein auszugehen, fasste ich den Entschluss, unempfohlen Willdenow selbst aufzusuchen. Von welchen Folgen war dieser Besuch für mein übriges Leben!»[27] Alexander war neunzehn Jahre alt, als er im Winter 1788/89 Willdenow in dessen väterlicher Apotheke «Zum Roten Adler» in der Berliner Prachtstraße «Unter den Linden» aufsuchte. Schnell entwickelte sich zwischen ihnen eine enge Freundschaft. «Ich fand in Willdenow einen jungen Menschen, der damals unendlich mit meinem Wesen harmonierte. Ich gewann ihn sehr lieb.»[28] Er besuchte ihn, sooft es möglich war, und gewann durch ihn einen Einblick in die Vielfalt der exotischen Pflanzenwelt. Der gemeinsame Besuch des Botanischen Gartens, den sie gern Hand in Hand durchstreiften, ließ seinen Wunsch übermächtig werden, eine Reise außerhalb Europas zu unternehmen. Vor allem die Palmen konnte er nicht ansehen, ohne dass sich die Idee einstellte, sie in ihrer eigentlichen Heimat zu besuchen. «Ich faßte seitdem den Entschluß, Europa zu verlassen.»[29]

Steven Jan van Geuns und *Georg Forster*. Nach der einjährigen Studienunterbrechung folgte Alexander seinem Bruder Wilhelm an die Universität in Göttingen. Er unternahm kleinere Reisen, als wollte er bereits für die große Weltreise üben, von der er träumte. Im September 1789 brach er mit dem holländischen Studenten van Geuns zu einer *Naturhistorischen Reise*[30] auf, die sie durch Hessen, die Pfalz, längs des Rheins und durch Westfalen führte. Sie scheinen sich gut verstanden zu haben. – Doch wichtiger als sein Reisebegleiter schien für Alexander von Humboldt seine erste Begegnung mit dem Naturforscher Georg Forster in Mainz gewesen zu sein, dessen *Reise um die Welt* mit James Cook (1772 bis 1775) ihn auch als Schriftsteller berühmt gemacht hatte. Und sein Glück wurde noch gesteigert, als er nach dem Ende seines Göttinger Studiums im März 1790 Forster auf einer Reise nach England und durch Frankreich begleiten durfte, die ihn zum ersten Mal, bei Dünkirchen und Ostende, das Meer sehen ließ. Der Anblick des Ozeans machte ihm endgültig bewusst, wie sehr er bisher eingeengt gewesen war. Gegen die dürftige Sandnatur seiner märkischen Heimat stellte er den süßen Traum eines Daseins, das sich in grenzenlosen Räumen frei entfalten kann. Die Rückkehr von der Reise drohte ihm wie ein Gewitter, das wolkendicht über ihm hing. «Ich weinte oft, ohne zu wissen warum, und der arme Forster quälte sich zu ergründen, was so dunkel in meiner Seele lag. Mit dieser Stimmung kehrte ich über Paris nach Mainz zurück. Ich hatte entfernte Pläne geschmiedet.»[31] Seit diesem Erlebnis spürte er jenes ungeheure Treiben in sich, dass er oft denken musste, «ich verliere mein bischen Verstand. Und doch ist dies Treiben so nothwendig, um rastlos nach guten Zwekken hinzuwirken.»[32]

Archibald Mclean. Um seinen Plan verwirklichen zu können, musste er seine Ausbildung erweitern. Im August 1790 begann er an der privaten Handelsakademie in Hamburg zu studieren, diesem Tor zur Welt, wo er sich vor allem über internationale Handelsbeziehungen informierte. Seine Mitschüler kamen aus den verschiedensten Teilen Europas. Und wieder fand er einen engen Freund, den jungen Engländer Archibald Mclean, mit dem er zusammenwohnte und «so manchen heiteren Lebensgenuß»[33] empfand. Nachdem er im April 1791 seine Studien in Hamburg abgeschlossen hatte und zur Bergakademie im sächsischen Freiberg gewechselt war, bedankte er sich bei Mclean mit dem erfreulichen Rückblick: «Unter allen Freuden des Lebens hat mir die Freundschaft noch immer den einfachsten und erhabensten Genuß verschafft. Eine Verbindung wie die unsrige, mein Bester, ist dauernd.»[34]

Johann Carl Freiesleben. Als er seinen Dankesbrief schrieb, war bereits ein neuer Freund in sein Leben getreten. Um seinem entfernten Ziel einer Forschungsreise um die Welt näherkommen zu können, studierte Alexander 1791/92 an der Freiberger Bergakademie. Die theoretische Ausbildung in Geologie, Geognosie, Mineralogie, Chemie, Physik und Botanik, die in der Regel drei Jahre dauerte, drängte er in neun Monate zusammen. Im Bergbau unter Tage arbeitete er bis zum Rand des körperlichen Zusammenbruchs. Das Treiben, das ihn rastlos nach guten Zwecken streben ließ, drohte seinen Verstand und seine Gesundheit zu zerstören. Dass er nicht zusammenbrach, verdankte er seiner neuen Liebe, dem zwei Jahre jüngeren Bergbaustudenten Freiesleben, in dessen Elternhaus er lebte. «Dieser Mensch hat viel, sehr viel ähnliches mit Ihnen, im Intellektuellen, nicht im Physischen»[35], berichtete er Archibald. Er habe etwas Sanftes und Herzliches, das ihn überaus liebenswürdig mache. Fast täglich war Alexander mit ihm zusammen, und er konnte ihm schon bald gestehen, «daß ich noch nie irgend ein menschliches Wesen *so innig, so herzlich* liebte, als Sie»[36].

Reinhard von Haeften. Die Liebeserklärung an seinen Carl wurde noch übertroffen, nachdem Alexander einem jungen, sehr schönen und großgewachsenen Leutnant der Infanterie begegnet war, dessen schneidiges Auftreten seinen eigenen frühen Wunsch, Soldat zu werden, wieder lebendig werden ließ. Was ihm selbst nicht zu verwirklichen erlaubt gewesen war, wurde ihm von diesem preußischen Offizier vorgeführt, mit dem er die intensivste und intimste Freundschaft seines Lebens schloss. Er war mit ihm Anfang 1794 in Bayreuth bekannt geworden, wo er nach seinen akademischen Lehr- und

Wanderjahren schnell Karriere im fränkisch-preußischen Bergbau machte. Es waren drei glückliche Jahre, in denen sich Alexander in der Liebe zu Reinhard von Haeften selbst zu verlieren drohte. Nicht einmal Johann Wolfgang von Goethe, der ihn über Weihnachten 1794 in seiner Nähe haben wollte, konnte ihn in Weimar halten. Denn dann wären ja die Tage verlorengegangen, die er lieber mit seinem Freund in Bayreuth verbringen wollte. «Ich hätte Dich 6 Tage später gesehen, und diesen Verlust ersetzt mir nichts, nichts auf der weiten Erde. Mögen andere Menschen keinen Sinn dafür haben. Mir gilt es gleich. Ich weiß, daß ich nur mit Dir, durch Dich, guter einziger Reinhard, lebe, nur in Deiner Nähe ganz glücklich bin.»[37] Vor allem sein Bruder wollte nicht verstehen oder wissen, was Alexander mit seinem Reinhard trieb. Über Bedenken setzte er sich hinweg. Die Freunde wohnten zusammen, unternahmen gemeinsame Reisen, und wenn Alexander im Gebirge arbeitete, dann besuchte ihn Reinhard, um gemeinsam das Leben genießen zu können. Besonders in einsamen Nächten ließ Alexander seinen Gefühlen freien Lauf. «Meine Liebe zu Dir ist nicht Freundschaft, Bruderliebe allein, es ist Ehrerbietung, kindliche Dankbarkeit, Ergebung in Deinen Willen, als meinem höchsten Gesetze», schrieb er in einer Nacht Anfang Januar 1796 an Reinhard von Haeften. «Bei solchen Empfindungen arbeiteten wir gegenseitig an unserem beiderseitigen Glükke. Es waren die frohesten Tage meines Lebens, die letzten 2 Jahre, die ich um Dich sein konnte, und noch heute fühle ich mit jedem Tag mein Glük wachsen. Ich will sterben, wenn in dieser feierlichen Nacht ein unwahres Wort aus meiner Feder fließt.»[38]

In Paris, wohin er im Mai 1798 gereist war, um seinem Bruder Wilhelm nahe zu sein, erlebte er einen der glücklichsten Zufälle seines Lebens. Er traf den vier Jahre jüngeren Mediziner und Botaniker *Aimé Bonpland*, der ihm als ein mutiger und gutmütiger möglicher Gefährte für seine große Forschungsreise gefiel. Fünf Jahre lang (1799–1804) waren sie zusammen auf ihrer Expedition durch die Äquinoktial-Gegenden des Neuen Kontinents. Und als er sich nach dieser Reise entschied, in Paris zu bleiben, wo er die meisten fähigen Wissenschaftler finden konnte, die ihm bei der Verarbeitung seiner Forschungsergebnisse halfen, gewann er den Physiker und Chemiker *Louis Joseph Gay-Lussac* zum Freund und Mitarbeiter, mit dem er acht Jahre lang unter einem Dach wohnte und auch Reisen nach Rom, Neapel und in seine Heimatstadt Berlin unternahm. Eine enge Freundschaft verband ihn seit 1809 mit dem Astronomen und Physiker *Dominique François Arago*, mit dem er sich fast täglich traf und den er auch später auf jeder seiner Reisen nach Paris besuchte. Er widmete ihm sein *Examen critique*, in dem er die Entdeckungsgeschichte Amerikas historisch untersucht hatte, und schrieb noch als 84-Jähriger (1854) eine *Einleitung* zu den sechzehnbändigen *Gesammelten Werken* des berühmten Wissenschaftlers, dessen Freundschaft fast ein halbes Jahrhundert lang zum Glück seines Lebens beigetragen hatte.

War Alexander schwul? Einen direkten Beweis, dass er seine homophile Neigung praktisch ausgelebt hat, gibt es nicht. Es gibt nur Indizien, die vermuten lassen, dass «dieses ewige Treiben in mir (als wären es 10 000 Säue)»[39], das ihn wissenschaftliche und körperliche Höchstleistungen vollbringen ließ, auch sein sexuelles Triebschicksal bestimmte. In keinem anderen Zusammenhang tauchen die Wörter «Glück», «Genuss», «Fröhlichkeit» und «Freude» so oft auf wie in Alexanders Gefühlsäußerungen gegenüber seinen Freunden. Dabei war ihm auch die körperliche Sinnlichkeit nicht fremd. Warum sonst hätte er seine Freunde, nachdem er sich von ihnen getrennt hatte, mit dem Hinweis beruhigen sollen, dass er sich durch keine starken Leidenschaften und sinnlichen Bedürfnisse hinreißen lassen wollte? Er kannte offensichtlich die Verlockungen und Reize einer Sinnlichkeit, die er nicht nur bei sich selbst wahrnahm, sondern besonders ausgeprägt bei seinem Bruder Wilhelm miterlebte. Nicht zuletzt ist dessen verächtliche Abwehr der Männerfreundschaften Alexanders, die er «nicht ausstehen» konnte, ein starkes Zeichen für seine homoerotischen Vorlieben und Handlungen.

Der sexuelle Kontakt mit einer Frau blieb Alexander lebenslang völlig fremd. Dagegen war Wilhelm schon früh von einem heterosexuellen Lustprinzip beherrscht, das ihn nie zur Ruhe kommen ließ. Die Homo-Hetero-Polarisierung der beiden Brüder begann bereits 1785, als sie in den Kreis der Berliner Aufklärer eintraten und Gäste im Salon Herz wurden. Denn während Alexander vor allem die Klugheit und Weisheit der schönen Gastgeberin schätzte, die er sich gern als Mann imaginierte, verliebte sich Wilhelm in Henriette, um in ihrer Nähe Genuss und Glück zu finden. Es waren einzelne «Frauenzimmer», auf die seine Neigungen, Begierden und Leidenschaften gerichtet waren. Der «Tugendbund» bot ihm eine erste sublimierte Möglichkeit, seinem Ziel näherzukommen. Doch Henriette hatte schon bald erkennen können, dass ihr junger Verehrer zwar oft, mit scheinbar stoischer Abgeklärtheit, die heitere Ruhe als Grundbedingung jedes Genusses pries, jedoch ebenso gern sich «auf den Pfaden der Sinnlichkeit» bewegte und nach «Genußliebe»[40] strebte.

Die ersten Gelegenheiten, seine Liebesleidenschaft erproben zu können, boten sich 1788, in diesem Jahr seiner Amouren, das der einundzwanzigjährige Wilhelm als Student allein an der «Georgia-Augusta»-Universität in Göttingen verbrachte, während sein Bruder eine Studienpause einlegte und in Berlin blieb. Denn hier fand er nicht nur, wie Alexander seinem Freund Wegener miteilte, «Nahrung für seinen Geist und mehr freundschaftlichen Umgang, als er, der sonderbare Mensch, gebraucht»[41]. Das betraf vor allem die Professoren, bei denen er seine breitgefächerten Erkenntnisinteressen verfolgen konnte, von der Klassischen Philologie und Geschichte über Staatsrecht und Philosophie bis zur Experimentalphysik. Doch es spielte auch auf die Annäherungen an das andere Geschlecht an, die ihn aus seiner Selbstbezogenheit befreiten.

Er freute sich über jede Chance der Kontaktaufnahme. Die erste bot sich im Haus des Philologen und Altertumswissenschaftlers Christian Gottlob Heyne, wo er nicht nur in die Dichtungen

Homers eingeführt wurde, sondern sich auch mit Heynes Tochter Therese anfreundete. Eine solche Frau war ihm bisher noch nicht begegnet. Durch ihre geistige Beweglichkeit, lebendige Phantasie und erotische Koketterie zog ihn Therese in ihren Bann. Dabei störte es Wilhelm wenig, dass Therese seit drei Jahren mit dem Naturforscher Georg Forster verheiratet war. Denn die Ehe schien in eine Krise geraten zu sein, und ein Dreierverhältnis, mit dem Bibliothekar und Professor Friedrich Ludwig Wilhelm Meyer als Drittem im Bunde, machte die Sache interessant. Wilhelm suchte die Nähe zur drei Jahre älteren Therese Forster, deren unbedingtes Liebesbedürfnis es ihr so schwer machte, mit ihrem Mann allein glücklich zu sein. Und schon bald brachte sie die Grundlage der Scheinliebe ins Wanken, an welche Wilhelm durch Henriette Herz und Brendel Veit gewöhnt war. Er musste über die erkünstelten Empfindungen lachen, wenn er Henriettes Briefe las, die sie ihrem Tugendfreund nach Göttingen schrieb. «Sie gleichen Zukkerbroten, denen die Würze fehlt.»[42]

Therese Forster soll zwar keine Schönheit gewesen sein. Aber sie strahlte eine leidenschaftlich-liebende Stärke und Lebhaftigkeit aus, die Wilhelm überwältigte und schwärmen ließ. Wenn er sie sagen hörte: «Liebe besteht ja in diesem gänzlichen Ueberlassen, in dieser gänzlichen Hingebung»[43], dann mochte er selbst diese Liebe genießen. Wie sehr bedauerte er es, dass bereits im Herbst 1788 Therese mit ihrem Mann nach Mainz übersiedelte. Aber er konnte schon bald die Gelegenheit wahrnehmen, sie dort zu besuchen und allein mit ihr lange Gespräche über Freundschaft, Liebe, eheliches Glück und Unglück zu führen.

Wie oft sich Wilhelm mit dem Ehepaar Forster traf, ist nicht bekannt. Er war in diesem Sommer 1788 auch häufig auf kleineren Reisen von Göttingen abwesend. Eine von ihnen sollte eine nachhaltige Spätwirkung haben. Denn während eines dreitägigen Kurzurlaubs im schönen Kurort Bad Pyrmont im Weserbergland begegnete er schon am ersten Tag, dem 18. Juli 1788, der jungen Charlotte Hildebrand, die mit ihrem Vater im selben Gasthaus wie er wohnte. Die kommenden Tage verbrachten die beiden jungen Leute von früh bis spät mit unzertrennlichen Spaziergängen und anregenden Gesprächen über den Sinn des Lebens und den Wert der Liebe, über Poesie und Philosophie. «Wir hatten uns so viel zu sagen! So viele Ansichten und Meinungen mitzutheilen! So viele Ideen auszutauschen! Wir wurden nicht fertig.»[44] Die Trennung nach diesen glücklichen Tagen fiel beiden schwer. Es blieb ihnen nur die ungewisse Hoffnung auf ein späteres Wiedersehen.

Da wird es ihn sehr überrascht haben, als er 26 Jahre später, während er mit schwierigen Verhandlungen auf dem Wiener Kongress beschäftigt war, einen Brief von Charlotte Diede, geborene Hildebrand, empfing, in dem sie ihm mitteilte, dass die drei in Pyrmont verlebten fröhlichen Jugendtage sie eine erste Liebe empfinden ließen, die das Schönste gewesen sei, das ihr das Schicksal gegönnt habe. Damit begannen *Wilhelm von Humboldts Briefe an eine Freundin*, die einen anschaulichen Einblick in seine späte Lebensphilosophie bieten. Bemerkenswert war, dass er schon am nächsten Tag, dem 4. November 1814, seiner Frau Caroline von Charlottes Brief berichtete, den er ihr weiterschickte und zu lesen empfahl mit dem Hinweis, es sei ein Brief «von einer Person, in die ich 1788 sehr verliebt war, und von der ich seitdem nicht das Mindeste je wieder gehört habe, ob ich gleich nicht leugne, dass ich oft an sie gedacht hatte»[45].

War es ein Zeichen der ehelichen Offenheit, oder wollte Wilhelm seine Frau damit ärgern, dass er das Jahr besonders hervorhob, in dem er sehr verliebt in Charlotte gewesen war? Denn 1788 war doch «ihr» Jahr gewesen, in dem sie sich begegneten und ineinander verliebten! So jedenfalls sah es Caroline von Dacheröden, die durch ihren Freund Karl Laroche, der sich in sie verliebt hatte, für die Ideen des Berliner «Tugendbundes» begeistert worden war. Auch von Wilhelm von Humboldt hatte ihr Freund gesprochen; und mehr als zu Henriette Herz und Brendel Veit schien Caroline sofort ihre geistige und seelische Nähe zu diesem ein Jahr jüngeren Mann gespürt zu haben. Er hatte seinen Vater früh verloren, sie ihre Mutter. Auch sie hatte eine unglückliche Kindheit verbracht und fühlte sich einsam in einer äußeren Leere, aus der sie sich mit schwärmerischer Phantasie, literarischer Lektüre und geistiger Bildung zu retten versuchte.

Mit hochgradiger Empfindsamkeit schrieb Caroline am 28. Juli 1788 an den «teuren Wilhelm» einen Brief, den Karl ihm überbrachte, als er gerade aus Pyrmont von seinem Kurzurlaub mit Charlotte zurückgekommen war. Sie sehnte sich nach einer Begegnung mit diesem ihr noch Unbekannten und verlangte, ihr «warmes, liebevolles Herz ... mit heiligen Banden an das Deine zu knüpfen, und daß es Dir entgegenwallt mit reiner schwesterlicher Liebe»[46]. Für die ersehnte erste Begegnung ließ sie sich eine kleine List einfallen. Wilhelm könnte an ihren Vater schreiben, der mit seinem Vater befreundet gewesen war, und Interesse an der Dampfmaschine zeigen, die im Bergbau nahe von Burgörner, wo sie unter väterlicher Kontrolle lebte, eingesetzt wurde. Bei dem arrangierten Besuch könnten sie sich dann abends heimlich in einer kleinen Laube treffen, wo sie auf ihn warten würde. «Denn ich muß Dich zuerst allein sehen. Ich ertrüge nicht im Beisein anderer die Erschütterung des ersten Moments, ohne mich zu verraten.»[47]

So begann die Liebesgeschichte zwischen Caroline von Dacheröden und Wilhelm von Humboldt mit einem Brief an einen Unbekannten, den dieser, mit feinem Gespür für Carolines poetische Ader, mit einem Gedicht beantwortete. Er sehnte sich nach dieser «teuren Lina», beschwor das Feuer einer süß beglückenden Liebe und knüpfte ein unzerreißbares imaginäres «Liebesband», das sie ins unendliche «Sternenland»[48] führen sollte.

Schon im August reiste Wilhelm nach Burgörner, heuchelte gegenüber dem alten Dacheröden Neugier an der Dampfmaschine und traf sich heimlich mit Lina. Alle Erwartungen, die beide mit dieser ersten Begegnung verbunden hatten, schienen sich zu erfüllen. Denn kaum war Wilhelm abgereist, schrieb sie ihm von den Tränen des Abschieds, von ihrer fürchterlichen Leere, Angst und Einsamkeit, die sie nur durch die Hoffnung auf ihre einzigartige, unzerstörbare Liebe ertragen zu können glaubte. «Liebster Bester! Daß man *so* lieben kann, wie wir uns lieben, das ist doch des Himmels bestes Geschenk, ist aller Tränen des Schmerzes, aller Leiden wert.»[49]

Das Treffen in Burgörner war nicht Wilhelm von Humboldts einzige erotische Affäre in diesem denkwürdigen Jahr 1788. Da war noch Charlotte, der er in Pyrmont versprochen hatte, sie bald in ihrer Heimatstadt zu besuchen. Und er vertiefte die Beziehung zu Therese Forster. Nachdem sie zusammen mit ihrem Mann nach Mainz abgereist war, versuchte Wilhelm, ihre jüngere unverheiratete Schwester Marianne zu verführen. Ein Empfehlungsbrief von Therese erleichterte ihm die Kontaktaufnahme. In seinem Tagebuch *Göttingen 1788* hielt er zwar fest, dass Marianne Heyne unscheinbar und oberflächlich war im Vergleich mit ihrer Schwester. Dennoch bemühte er sich, ihr Herz zu gewinnen, und sprach mit ihr über Literatur und Empfindungen, obwohl ohne allzu großen Erfolg.

Eine Verabredung, gemeinsam mit Marianne ein Konzert zu besuchen, misslang. Was sollte er tun? «Ich hatte Langeweile und gieng zu Emilien.»[50] Eigentlich hielt er Emilie von Berlepsch, verheiratet mit dem Hofrichter Friedrich Ludwig Freiherr von Berlepsch, für eine eingebildete, eitle und geschwätzige Frau. Doch sexuell muss die 31-jährige Frau Baron den 21-jährigen Studenten gereizt haben. So besuchte er sie also, um zu versuchen, «was ich in Einem Abend vermochte»[51]. Er verwickelte sie in Gespräche, die ihr Herz erschüttern sollten. Es kam zu Vertraulichkeiten. Es wurde Händchen gehalten und geküsst. Bei einem der nächsten Treffen in Gesellschaft, wo sich Emilie am Spieltisch zusammen mit Ernst August Prinz von England amüsierte, flüsterte sie ihm zu: «Kommen Sie morgen um 5 Uhr.» Er ließ sich nicht zweimal bitten. Am nächsten Tag war Wilhelm wieder bei Emilie. Ein anderer Besucher kam störend dazwischen. Beide Konkurrenten wollten mit Emilie allein sein. Jeder versuchte den anderen «auszusitzen», jedoch keinen Verdacht zu erwecken, Emilies Liebhaber zu sein. Wilhelm verlor das Spielchen. Als er die Treppe hinunterstieg, folgte ihm das Kammermädchen, «eine liederliche Dirne», und wünschte ihm gute Nacht. «Ihre Miene heischte eine Liebkosung. Aber ich gieng, ohne ihr zu antworten. Ich muss sehr albern ausgesehen haben. Um 10 schikte Emilie. Es war ein Brief ...»[52] Rief sie ihn zurück, nachdem der Widersacher gegangen war? Der Kavalier schwieg und setzte einige Pünktchen.

Es war Dezember 1788, Zeit, wieder einmal seine Caroline zu besuchen. Länger als fünf Monate hatten sie sich nicht mehr gesehen. Die Verabredung gelang. Anfang 1789 reiste Wilhelm nach Burgörner. Von ihrer Liebe im Sternenland wurde nicht gesprochen. Stattdessen gab ihm Caroline den Auftrag, ins nahe gelegene Rudolstadt zu reiten, um dort ihre Freundin Caroline von Beulwitz, geborene von Lengefeld, die gerade in Konkurrenz mit ihrer Schwester Charlotte um die Liebe Friedrich Schillers kämpfte, für den Tugendbund als neues Mitglied zu gewinnen. Der Auftrag machte Wilhelm neugierig. Er wollte diese Lina gern besuchen, deren Reiz ihm ausführlich geschildert worden war.

Immer verwickelter wurden die Beziehungen. Liebte er überhaupt diese hochgradig empfindsame Caroline von Dacheröden, die doch eigentlich seinen Freund Karl Laroche heiraten sollte, der sie noch immer aus ganzem Herzen verehrte? Und begehrte sie ihn denn wirklich, obwohl sie von seinem Verliebtsein in Therese Forster wusste und ihr auch der süße Kummer der Liebe nicht verborgen gewesen blieb, der Wilhelm mit Henriette Herz, der für ihn Unerreichbaren, verband? Außerdem hatte Caroline von dem Vorwurf gehört, den die anderen Tugendbündler ihrem liebsten Herzensbruder machten, «daß Du bloß Weiber aufsuchtest, Dich mit ihnen zu weit und mit zu vielen verbreitetest»[53]. Sie waren, wie Wilhelm selbst ihr scherzend mitteilte, mit seiner Sinnlichkeit sehr unzufrieden.

Was den anderen nicht gefiel, wusste Wilhelm zu genießen. Eine Reise nach Paris, die er im Sommer 1789 zusammen mit seinem früheren Hauslehrer Joachim Heinrich Campe unternahm, bot dazu mehrere Gelegenheiten. Die erste malte er sich allerdings nur in seiner Phantasie aus, als er auf einer Fähre den Rhein zwischen Duisburg und Krefeld überquerte. Da sah er ein Mädchen arbeiten, das zwar äußerst hässlich war, aber stark wie ein Mann. In seinem Tagebuch notierte er sich: «Es ist unbegreiflich, wie anziehend für mich solch ein anblik und ieder anblik angestrengter körperkraft bei weibern – vorzüglich niedrigeren Standes – ist. Es wird mir beinah unmöglich, meine augen wegzuwenden, und nichts reizt so stark iede wollüstige begier in mir.»[54] Schon als Jugendlicher, als seine Einbildungskraft sich auf das andere Geschlecht zu richten begann, hatte er einen ausgeprägten Sinn für «Wollust, Liebe, Weiberfreundschaft» entwickelt, wobei vor allem die Sklavinnen in historischen Abenteuerromanen seine Phantasie fesselten. Er wusste zwar nicht mehr, wie diese sexuelle Neigung in ihm entstanden war, in der sich Härte und Kraft mit grober Sinnlichkeit verbanden. Aber er war sich bewusst, dass sie ihn noch immer beherrschte und seinen Charakter prägte.

Einige Tage später überschritt die Reisegruppe die Grenze zu den österreichischen Niederlanden. Am 27. Juli war sie in Spa, diesem kleinen Kurort, in dem nicht nur Krankheiten geheilt werden konnten, sondern auch eine ausgelassene Ungebundenheit der Sitten herrschte. Sie kam Humboldts Sinnlichkeit entgegen. In der Chiffreschrift seines tugendhaften Veredelungsbundes notierte er seine Ausgaben: «27. Juli in Spa ‹einer Hure› eine Krone.»[55] Auch in Brüssel, und mehrmals in Paris, trug er sorgfältig die Preise für die Befriedigung seiner starken Wollust ein, erläutert durch die beiden Stichworte «Fleischeslust» und «Sinnenlust».

So war der Mann des Geistes, der Ideen liebte, um seine Gedanken entwickeln zu können, zugleich ein Liebhaber der Sinnlichkeit. Er wusste selbst lange nicht, wie das zusammenpassen sollte. Doch gegen Ende dieser Reise, die ihn auch zu Georg Forster in Mainz und Johann Kaspar Lavater in Zürich führte, glaubte er eine Lösung seines Spaltungsproblems gefunden zu haben. Es galt, sinnliche Begierde und geistige Denkkraft durch ein «Drittes»[56] zu vermitteln, in dem die Sinnlichkeit sich kultiviert, während die reine theoretische Vernunft sich sinnlich anreichert und körperlich manifestiert. Und er glaubte nun auch, dieses Ideal bereits gefunden zu haben, ohne dass er es als solches bemerkt hatte. Denn als er nach seiner Rückkehr aus der Schweiz mit seinem Bruder Alexander nach Erfurt reiste, wo sie am 16. Dezember 1789 ankamen und am gleichen Abend einen festlichen

Ball besuchten, vollzog er plötzlich jenen *Coup d'amour*, der nicht nur Alexander irritierte, sondern auch Caroline überraschte. Öffentlich gestand er ihr seine Liebe, und sie hat nicht gezögert, sich sofort mit ihm zu verloben, mit dem sicheren Gefühl, ihn unaussprechlich zu lieben.

Eigenartig verschlungen war bisher ihr Verhältnis gewesen. Sie hatten sich zwar schwärmerische Briefe geschrieben und sich auch wenige Male zu kleinen Liebeleien getroffen. Aber beide waren unsicher gewesen, ob es wirklich Liebe zwischen ihnen war. Vor allem Wilhelm hatte sich gern ins Schweigen zurückgezogen, wenn Caroline ein klares Wort von ihm erwartete. Doch all ihre Sorgen, Verunsicherungen und Bedenken, «nun ist das alles nicht mehr»[57], schrieb Caroline glücklich erleichtert an Wilhelm, der mit dieser Verlobung aus heiterem Himmel die Idee verwirklichen wollte, die er auf seiner langen Reise nach Paris und in die Schweiz für sein Liebesleben entworfen hatte. In Caroline von Dacheröden glaubte er gefunden zu haben, wonach er strebte: die ästhetische Verfeinerung seiner groben Sinnlichkeit durch eine geliebte Frau, in der das sinnlich Reizvolle mit dem sittlich Schönen und geistig Klugen harmonisch zusammenspielte.

So jedenfalls stellte er es Georg Forster dar. Aber zugleich verschwieg er die Zweifel nicht, ob sich seine Hoffnung erfüllen würde. Schließlich hatte er noch keine eigene Ehe-Erfahrung, und er wusste, dass die gewöhnlichen ehelichen Verhältnisse nicht so waren, wie er es sich als Ideal vorstellte und ausdachte. Die Anspielung auf Forsters gescheiterte Ehe war deutlich genug, in der Therese nicht finden konnte, wonach sie sich sehnte, und deshalb Dritte hinzuzog. Würde ihm diese Enttäuschung seines Freundes erspart bleiben? Der frisch Verlobte konnte es nicht wissen, aber er beruhigte sich mit einem sonderbar abgeklärten Versprechen, das zugleich eine Empfehlung für den unglücklichen Forster sein sollte. Er wird es, vorausblickend bemerkt, sein Leben lang halten: «Sollte einer von uns nicht mehr in dem andern, sondern in einem Dritten das finden, worin er seine ganze Seele versinken möchte; nun so werden wir beide genug Wunsch, einander glücklich zu sehn, und Ehrfurcht für ein so schönes, großes, wohlthätiges Gefühl, als das der Liebe ist, von wem es auch genossen werde, besitzen, um nie auch nur durch die mindeste Undelikatesse die Empfindung des andren zu entweihen.»[58]

In den kommenden Jahren begegnete Wilhelm von Humboldt zwar keiner anderen Frau, die ihn ganz glücklich machen konnte. Doch er fand neue Freunde, in deren Gesellschaft er auch seinen starken Sexualtrieb ausleben konnte, dem er sein Leben lang «eine große, und wohlthätig fruchtbare Kraft»[59] zuschrieb. Nicht die Liebe, sondern die «Fleischeslust» trieb ihn immer wieder in die Arme anderer Frauen, auch wenn er dafür zahlen musste.

Schon bald nach ihrer Verlobung, als er in Berlin als Jurist zu arbeiten begann, während Caroline in Burgörner und Erfurt blieb, konnte er seine Sinnlichkeit ausleben, die ja nicht plötzlich verschwunden war. Er genoss die Freiheiten einer adeligen Libertinage, für die König Friedrich Wilhelm II. und seine Mätressen das beste Beispiel boten. Er befreundete sich mit Karl Gustav Freiherr von Brinkmann, der sich auf eine Laufbahn im auswärtigen Staatsdienst vorbereitete, und mit Friedrich von Gentz, der als preußischer Kriegsrat am königlichen Hof arbeitete. Gentz faszinierte dieser merkwürdige Mann, den er schon bald für einen «der größten und stärksten Menschen»[60] hielt, die ihm je begegnet waren. Er bewunderte seine Energie, die er vor allem in den Nächten miterleben konnte. Denn weil beide tagsüber äußerst viel zu tun hatten, kamen sie meist spätabends zusammen, kühn entschlossen, dem Schlaf seine Rechte zu verweigern.

Dabei wurde nicht nur philosophiert und debattiert oder der erhabene Himmel bewundert, wie Wilhelm seiner Lina berichtete. «Es war so ein schöner gestirnter Himmel, und ich habe hier einen Menschen, Gentz, der mir immer die Gestirne zeigt.»[61] Er verschwieg, was er zur gleichen Zeit an Brinkmann schrieb, der im Herbst 1790 Berlin verlassen hatte: «Mit Gentz machte ich ein Paar nächtliche Expeditionen zur Schuwitzen und Madam Müller.» Und dann erzählte er ihm scherzhaft, dass die alte Puffmutter Schuwitz ein so schönes Etablissement eingerichtet und einen so guten Punsch zubereitet hatte, dass sie kein Bedürfnis mehr verspürten, «sich zu animalisieren», weil «die Edlen» durch den Kontrast mit der Umgebung ihren Reiz verloren hatten und man «alles eher thut, als *con amore* an die edle Bestimmung zu denken, für die sie nun da so stolz herum wandern»[62]. Aber meist wussten sie ihre Freudenmädchen zu genießen, und gern erlebten sie ihre närrischen Nächte gemeinsam in einem Bett, auch wenn sie sich unangenehme Folgen einhandeln mussten. «Gentz hat von einer dieser Gesellschafterinnen den Tripper bekommen, und an mir hat sich die Prophezeiung wahr gemacht, die Sie mir oft sagten – die Filzläuse.»[63]

Das also war die Situation, als Humboldt Weihnachten 1790 in einem langen Brief an Caroline sich endlich die glückliche Zeit des ehelichen Zusammenlebens herbeisehnte. Gutes wollte er tun, wobei ihm von Tag zu Tag klarer wurde, dass ihm der Staatsdienst keine rechte Freude bereitete. Lieber wollte er in ungebundener Geistesfreiheit ganz für sich und seine Geliebte leben. Immer stärker wurde dieser Wunsch, der auf eine gemeinsam gewollte Lebensgestaltung in größter Freiheit und Intimität drängte. Und mit seiner starken Willenskraft gelang es ihm schon bald, seinem Ziel näher zu kommen, auch gegen die anfänglichen Bedenken seiner Mutter und seines zukünftigen Schwiegervaters. Nur Alexander hielt bis zuletzt die Entscheidung seines Bruders für einen unüberlegten Kurzschluss, der zu Unstimmigkeiten führen musste. Da nützte es nichts, dass Caroline ihn über Wilhelms und ihre Motive und Überlegungen aufzuklären versuchte. Er antwortete ihr mit einem verrückten Brief, der Caroline gar nicht gefiel und sie um seinen Verstand fürchten ließ. Hellsichtig wagte sie am 21. Januar 1791 die Vermutung, dass Alexander ihre Erklärung nicht zuletzt wegen seiner homophilen Neigung nicht anerkennen wollte: «Überdies wird auf Alexandern nie etwas großen Einfluß haben, als was von Männern kommt; ich glaube, die Zeit wird es bestätigen.»[64]

Im Mai reichte Wilhelm dem König sein Entlassungsgesuch ein, das er mit zwingenden Familienangelegenheiten begründete. Dann wurde die Hochzeit vorbereitet und die Gästeliste organisiert. Friedrich Schiller und seine Charlotte wurden eingeladen, zusammen mit deren Schwester Caroline von Beulwitz. Sie sagten zu. Auch Alexander, der durch die Heirat seinen geliebten Bruder zu verlieren fürchtete, wollte kommen. Am 29. Juni 1791, sechs Uhr abends, wurde im Erfurter Haus des alten Dacheröden der Bund der Ehe zwischen Caroline und Wilhelm von Humboldt geschlossen.

Während Alexander sich im Mai erfolgreich um eine Anstellung im preußischen Staatsdienst beworben hatte und am 14. Juni 1791 sein Studium an der Bergakademie in Freiberg begann, war Wilhelm beruflich völlig freigestellt worden. Aus Burgörner informierte er seinen Freund Georg Forster über sein Lebensglück: «Ich habe mich nun von allen Geschäften losgemacht, Berlin verlassen und geheira-thet, und lebe auf dem Lande, in einer unabhängigen, selbst gewähl-ten, unendlich glücklichen Existenz.»[65] Seine geistige Kraft erprobte er bei der Lösung philosophischer und staatspolitischer Probleme. Er brachte seine *Ideen zu einem Versuch, die Grenzen der Wirksamkeit des Staates zu bestimmen* zu Papier, dieses große, für Preußen und Deutschland einzigartige Dokument des Liberalismus, mit dem er die Freiheit der Staatsbürger vor der Staatsmacht zu schützen auf-forderte. Seine sexuelle Energie konnte er mit Caroline genießen und verfeinern, die für ihn die glückliche Verbindung von sinnlicher Lebensfreude, weiblicher Schönheit, geistiger Anregung und bedin-gungsloser Liebe darstellte. Er freute sich sehr, als am 16. Mai 1792 die erste Tochter geboren wurde, Caroline, ein allerliebstes, munteres Geschöpf mit großen blauen Augen, die ihn verzauberten.

Vom Nutzen und Nachteil der Heterosexualität

Während sich Wilhelm in Freiheit und Einsamkeit auf den thürin-gischen Landgütern seines Schwiegervaters um seine Selbstbildung bemühte, wobei er sich familiär aufgehoben fühlte, arbeitete sein Bruder erfolgreich im preußischen Bergdepartement, mit dem ge-liebten Reinhard von Haeften an seiner Seite. Ihre Lebensformen und

Interessen hatten sich auseinanderentwickelt. 1794 kamen sie wieder zusammen, wobei Friedrich Schiller als Vermittler wirkte. Denn um ihm nahe zu sein, war Wilhelm mit seinen beiden Carolinen im Frühjahr 1794 nach Jena gezogen, wo Schiller als Professor für Geschichte tätig war. Und als der Freund, mit dem er sich fast täglich traf, im Juni seine Einladungen zur Mitarbeit an dem Projekt einer neuen Kulturzeitschrift verschickte, in der alles behandelt werden sollte, «was mit Geschmack und philosophischem Geiste behandelt werden kann»[66], war Wilhelm gern bereit, an diesen *Horen* mitzuarbeiten. Neben Johann Wolfgang von Goethe, Johann Gottlieb Fichte, Johann Gottfried Herder, Johann Jakob Engel, Friedrich Gentz und anderen besten Köpfen der Zeit versuchte man auch Alexander als Autor zu gewinnen, von dem Schiller «über Philosophie des Naturreichs sehr gute Aufsätze» erwartete. «Er ist jetzt in Deutschland gewiss der vorzüglichste in seinem Fache und übertrifft an Kopf vielleicht noch seinen Bruder, der gewiss sehr vorzüglich ist.»[67] Der Bergrat freute sich, dass die Naturkunde aus diesem großartigen Zeitschriftenprojekt nicht ausgeschlossen werden sollte, und sagte gern zu. Im Dezember 1794 traf er sich mit Schiller, Goethe und seinem Bruder in Jena, um gemeinsam über Kultur und Natur, Schönheit und Zweckmäßigkeit, Philosophie, Wissenschaft und Ästhetik zu räsonieren.

Ihren publizistischen Niederschlag fanden die Jenaer Begegnungen in den Beiträgen, die Alexander und Wilhelm von Humboldt für Schillers *Horen* schrieben. In ihnen hinterließen nicht nur die Gespräche der «Gruppe 94»[68] ihre Spuren. Biographisch bedeutsam waren sie vor allem, weil sie über die Triebschicksale der beiden Brüder Auskunft gaben. Man muss sie parallel lesen, um ihre polar entgegengesetzten sexuellen Intentionen nachvollziehen zu können.

Wilhelm von Humboldts Aufsatz *Über den Geschlechtsunterschied und dessen Einfluß auf die organische Natur* erschien anonym 1795 im ersten Band der *Horen*. Kurz darauf folgte seine Betrachtung *Über die männliche und weibliche Form*. Es waren seine ersten Versuche, ein allgemeines Bild vom Ganzen der Natur und der Menschheit zu zeichnen. Er schrieb vom Streben der Natur nach etwas Großem und

Vortrefflichem. Doch ebenso bewusst war ihm, dass in der wirklichen Welt alles endlich, begrenzt und vereinzelt war. Um diese Spannung zugleich verdeutlichen und auflösen zu können, konzentrierte sich Humboldt auf den «Geschlechtsunterschied». Denn einerseits konnte er ihn als die sichtbarste Tatsache einer entgegengesetzten natürlichen Differenz anerkennen, die sich in keinem allgemeinen Bild des Menschen als übergeschlechtliches Wesen aufheben ließ. Andererseits ließ sich an der Verschiedenheit der Geschlechter demonstrieren, wie es der Natur selbst gelang, aus der Ungleichartigkeit etwas Ganzes herzustellen, weil das männliche und das weibliche Geschlecht durch ihr wechselseitiges Bedürfnis gemeinschaftlich auf eine wunderbare Einheit hinstreben konnten.

Im Mittelpunkt seiner Betrachtungen stand die Wechselwirkung von Mann und Frau, die zu getrenntem Dasein verurteilt waren und zugleich eine harmonische Einheit bilden wollten, wobei er organische, intellektuelle, moralische und ästhetische Eigenarten berücksichtigte. Dabei war nicht zu übersehen, dass die Polaritäten, die Humboldt idealtypisch feststellte und detailliert ausmalte, auch kulturgeschichtlich geprägt waren. Die männlichen und weiblichen Formen waren nicht frei von Stereotypen: männliche Kraft/weibliche Empfindsamkeit; Selbsttätigkeit/Empfänglichkeit; Streben nach außen/Konzentration nach innen; Energie/Dasein; stärkere Aggressivität/rücksichtsvollere Schonung; begrifflich-abstrakte Aufklärung/bildlich-anschauliche Vorstellung.

Doch radikal und über seine Zeit hinausweisend war sein Versuch, all diese ungleichartigen Kräfte auf ihren Grund im Körperlichen zurückzuführen. Vom Einfluss des Geschlechtsunterschieds auf die «organische Natur» handelte sein erster *Horen*-Beitrag. Stärker als ihre gesellschaftlichen Ausbildungen interessierten ihn die anatomischen und physiologischen Grundlagen von Männlichkeit und Weiblichkeit. Um darüber sachkundig urteilen zu können, benötigte er anatomische Kenntnisse über die unterschiedlichen Körperformen und Geschlechtsorgane von Mann und Frau. Zusammen mit Goethe begann er anatomische Kollegien zu besuchen, wobei er sich sehr geschickt im Sezieren von Leichen verhalten haben soll. Immer deutlicher konnte er sehen, dass das primäre Geschlechtsorgan des Mannes «bei weitem weniger mit dem ganzen übrigen Körper verbunden ist»[69] als bei der Frau, bei der das ganzheitliche Zusammenspiel aller geschlechtlichen und ungeschlechtlichen Teile durch die Natur viel sorgfältiger gestaltet worden ist.

Das anatomische und physiologische Erkenntnisinteresse war nicht allein durch den Wunsch bestimmt worden, den Nutzen des Geschlechtsunterschieds durch die ganze organische Natur zu verfolgen. Es war auch durch sein eigenes Liebesleben bedingt. In Briefen an seine Frau legte er von seinem Weltbild Rechenschaft ab. Früher, vor allem auf sein individuelles Selbst konzentriert, wäre ihm das wundervolle Ganze der Natur fremd gewesen. Es hätte kein Band gegeben, das ihn mit anderen Wesen wirklich verband. Erst die Liebe hatte alles verändert. Vereint mit seiner Lina, vermochte «ich mich, selbst ein Ganzes, an das Ganze der Natur anzuschließen»[70] und mit einer anderen Individualität eine harmonische Einheit zu bilden.

Nur als Liebendem gelang es Wilhelm von Humboldt, die Gewissheit des «gedoppelten Seins»[71] der Geschlechter mit der Empfindung des unzertrennlichen Zusammengehörens zu verbinden. Es ging in seinen Beiträgen zu Schillers *Horen* nicht nur um den Geschlechtsunterschied in allgemeiner Hinsicht. Gegen Kritiker, die seine beiden Aufsätze als spekulativ beurteilten, wies er darauf hin, dass er dieses Thema «nie anders als zugleich mit meinem Subjekt»[72] hätte darstellen können, selbst wenn er es «objektiv» zu begreifen versucht hatte. Also musste er, obwohl nur zwischen den Zeilen, auch über seine eigenen sexuellen Neigungen schreiben, genauer gesagt: über sein heterosexuelles Begehren. Obwohl diese Worte im Text nicht vorkamen, so bildeten sie doch den Fokus, um den all seine ausschweifenden Gedanken und ausschmückenden Beschreibungen kreisten. Er verarbeitete seine eigenen Erfahrungen, die er mit Frauen gemacht hatte, von den frühen unerfüllten Sehnsüchten und ersten Liebschaften über seine groben sinnlichen Ausschweifungen mit den «Edlen» bis hin zur erfüllten Liebesverbindung mit seiner Lina. Deshalb konzentrierte er sich auf die unterschiedlichen Geschlechtsorgane von Mann und Frau, die nicht eins sein können, aber zur Verbindung bestimmt seien. In ihnen liege der «Keim einer unruhevollen Sehnsucht», die im anderen Geschlecht suchen lasse, was dem eigenen mangele. «Wird ihr Suchen hier mit glücklichem Finden gekrönt, so strebt sie nach einer Vereinigung, welches jedes einzelne Daseyn vertilgt. Es entsteht ein Wogen, ein Hin- und Herwanken, und jene Sehnsucht erreicht eine schmerzliche Höhe»[73], bis schließlich in der Vereinigung des Getrennten der höchste Genuss erlebt werde.

Was Wilhelm von Humboldt zunächst an der Geschlechterdifferenz aufzeigte, erweiterte er später auf den Forschungsbereich aller geistigen und sprachlichen Gestaltungen. Seine Ansichten des Sprach-Denkens folgten dem Programm von 1795, in dem er die Forschungsperspektive seines ganzen Lebenswerks skizziert hatte. Der Geschlechtsbegriff «bezeichnet nichts anders, als eine so eigenthümliche Ungleichartigkeit verschiedener Kräfte, dass sie nur verbunden ein Ganzes ausmachen, und ein gegenseitiges Bedürfnis, dies Ganze durch Wechselwirkung in der Tat herzustellen»[74]. Das betraf das Zusammenspiel von sinnlichem Stoff und geistigem Sinn, Artikulation und Reflexion ebenso wie die Wechselrede von Anrede und Erwiderung, Sprechendem und Hörendem. Wie das Männliche und das Weibliche bilden sie ein gedoppeltes Sein. Sie sind voneinander getrennt und gehören zusammen. Und nur gemeinsam ermöglichen sie die schöpferische sprach-gedankliche Produktivität.

Alexander von Humboldts Beitrag erschien ebenfalls im ersten Band der *Horen*. Auch er handelte von sexueller Begierde und Befriedigung, von Trieben und Versagungen. Es war sein Beitrag zur Sexualtheorie. Aber er wählte einen anderen Weg als sein Bruder, der offen bekannte, was er begehrte. Er schrieb eine naturphilosophische Erzählung, die im fünften vorchristlichen Jahrhundert handelte, mit dem wissenschaftlich-mythologischen Doppeltitel: *Die Lebenskraft oder der rhodische Genius*. Sie lässt sich lesen als ein sexualpathologisches Dokument, in dem er den Nachteil dessen veranschaulichte, wovon sein Bruder schwärmte. Denn was Wilhelm als größtes Glück und herrlichsten Genuss des Lebens feierte, verwarf Alexander als lebensbedrohliche Gefährdung.

Es war eine recht vertrackte Geschichte, die Alexander in der griechischen Kolonie Syrakus auf Sizilien spielen ließ. Sie handelte von zwei rätselhaften Gemälden, deren Sinn unverständlich schien. Auf dem ersten Bild sieht man einen Genius aus Rhodos, der in seiner rechten Hand eine lodernde Fackel emporhält. Auf seiner Schulter sitzt ein Schmetterling. Sein Körper ist himmlisch lebhaft. Gebieterisch sieht er auf die vielen Jünglinge und Mädchen herab, die sich dicht gedrängt zu seinen Füßen befinden und ein eigenartiges Verhalten zeigen. Sie sind nackt, schön gestaltet, von starkem Gliederbau. Ihre Haare sind mit Laub und Feldblumen geschmückt. Doch statt zu tanzen, sich zu umarmen und gemeinsam zu freuen, ist ihr Ausdruck von Sehnsucht und Kummer beherrscht. – Auf dem zweiten Bild, das man sofort als Gegenstück erkennt, steht der Genius mit gesenktem Haupt und ohne Schmetterling. Seine Fackel ist erloschen und zur Erde gerichtet. Und dabei geschieht etwas Überraschendes. «Der Kreis der Jünglinge und Mädchen stürzte in mannigfachen Umarmungen gleichsam über ihm zusammen; ihr Blick war nicht mehr trübe und gehorchend, sondern kündigte den Zustand wilder Entfesselung, die Befriedigung lang genährter Sehnsucht an.»[75]

Das Volk bestaunte diese beiden Bilder, die es nicht verstand. Nur der Naturforscher, Philosoph und Dichter Epicharmus, der sich unablässig mit der Natur der Dinge und ihren Kräften beschäftigte, konnte ihre Bedeutung enträtseln und den Zuschauern mitteilen. Auf dem ersten Bild sieht man, wie alles in der Natur danach drängt, sich zu verbinden. In der anorganischen Materie gelten die Gesetze chemischer Verwandtschaft, die ihre Elemente aneinander bindet. Auch in der lebenden Materie ist dieser Trieb wirksam. Der Unterschied der Geschlechter lässt die Jünglinge und Mädchen nach ihrer Vereinigung streben. Sie sehnen sich zueinander. Doch ihre Verbindung wird durch die Macht des rhodischen Genius verhindert. Es ist die Kraft des Lebens selbst, die hier ihren Anspruch auf Trennung erhebt. Denn im Genius, im Ausdruck seiner jugendlichen Stärke, im

Schmetterling auf seiner Schulter und in der erhobenen brennenden Fackel ist die Lebenskraft symbolisiert, wie sie jeden Keim der organischen Schöpfung beseelt. – Auf dem zweiten Bild ist die Lebenskraft erloschen. Die Fackel ist ausgebrannt, das Haupt des Genius gesenkt, der Schmetterling davongeflogen. Es ist ein Bild des Todes. Und wenn nun sich die Jünglinge und Mädchen wild entfesselt umarmen und zusammenstürzen, so folgen sie ihren Trieben. «Der Tag des Todes wird ihnen ein bräutlicher Tag.»[76]

Auch Alexander von Humboldt hat, wie sein Bruder, seinen *Horen*-Beitrag zur verschlüsselten Darstellung seiner eigenen Triebtheorie genutzt. Hinter der Maske des Naturforschers Epicharmus sprach er vom Nachteil der Heterosexualität für das Leben: Wenn begehrliche männliche und weibliche Körper sexuell ihren Trieben folgen, erlischt ihre Lebenskraft und verschwindet ihre schmetterlingsgleiche Seele. Das war der latente Gedanke, der in der manifesten Erzählung seinen eigenwilligen Ausdruck fand. Nur sexuell voneinander getrennt können die unterschiedlichen Geschlechter am Leben bleiben. Das aber war nichts anderes als die polare Entgegnung auf das heterosexuelle Hohelied seines Bruders. Indem er den «bräutlichen Tag», in Anspielung auf die Hochzeit von Wilhelm und Caroline von Humboldt, zum Tag des Todes erklärte, negierte er die heterosexuelle Lust, auf die sein Bruder fixiert war.

Triebschicksale

Mitte der neunziger Jahre wussten die Brüder Humboldt endgültig, wie sie lieben wollten. Ihre Begründungen haben sie 1795 in Schillers Monatsschrift veröffentlicht, obwohl nur anonym oder verschlüsselt. Danach kam nichts wesentlich Neues mehr. Ihre Triebschicksale waren festgelegt, denen sie sich lebenslang nicht entziehen konnten.

Für Alexander von Humboldt war schon nach der Hochzeit seines Bruders klargeworden, dass er sich niemals auf eine Verbindung einlassen wollte, in der Mann, Frau und Kind «*ein* Wesen» zu bilden und «einzig in ihren Gefühlen und in sich selbst»[77] zu leben versuchten. Es war ihm völlig fremd, was sie ihm als glückliche Vereinigung vorführten. Es passte nicht zu ihm und drohte die beiden Brüder zu entfremden. «Wilhelm liebt mich gewiß noch eben so, seitdem er verheirathet ist, als sonst, aber dennoch ist ein verheiratheter Mensch immer ein verlorener Mensch.»[78] Doch nicht nur die eheliche Verbindung von Mann und Frau war für ihn nicht nachvollziehbar. Befremdlich war ihm die sexuelle Verbindung der verschiedenen Geschlechter überhaupt. Er war lieber mit Personen des gleichen Geschlechts zusammen, die er als geliebte Freunde zu gewinnen wusste, wobei verschleiert blieb, ob es jemals zu einem tatsächlichen Sexualkontakt gekommen ist. Über seine «Mannespersonenbekanntschaften» hatte sich bereits Henriette Herz mokiert, und auch Caroline hatte schon bald nach ihrer Bekanntschaft bemerkt, dass Alexander nur das beeinflussen oder begeistern konnte, was von Männern kam. Dass sich dabei niemals eine lang andauernde, stabile Liebesbeziehung ergeben würde, hatte sein Bruder, der ihn am besten kannte, mehrmals feststellen können. Er war sich sicher, dass Alexander mit keinem anderen Menschen richtig glücklich werden konnte. «Er ist nicht ruhig und wird es nicht werden, weil ich doch nie glaube, daß irgendein Interesse sein Herz beschäftigen wird.»[79] Nicht die Liebe zu einem anderen Menschen prägte seinen Charakter, sondern die unbändige Lust an der Erforschung der Natur: «Ich hoffe und weiß gewiß, er wird sein Leben allein diesem Studium weihen, er wird keine Verhältnisse eingehn, die, wie schön sie an sich sein mögen, immer hindern, die Kräfte ungetheilt Einem Zweck zu geben.»[80]

Damit hatte Wilhelm bereits 1793 weitsichtig den Lebensweg seines Bruders vorgezeichnet. Dieses ewige Treiben in ihm war auf die ganzheitliche Fülle der Natur und nicht auf Liebesverhältnisse mit einzelnen Menschen ausgerichtet. Und nur diese übermächtige Lebenskraft ermöglichte es ihm, auf seiner fünfjährigen Forschungsreise (1799 bis 1804) durch die Urwälder am Orinoko und über die Vulkane der Anden die größten Herausforderungen zu bewältigen und daran anschließend ein einzigartiges naturwissenschaftliches Werk zu erarbeiten und zu publizieren. Es fand seinen Höhepunkt und Abschluss in seinem *Entwurf einer physischen Weltbeschreibung*, die er auf den ganzen *Kosmos* ausdehnte. Er wollte die Erscheinungen aller körperlichen Dinge in ihrem allgemeinen Zusammenhang auffassen und darstellen, von den fernsten galaktischen Nebelsternen bis zu den mikroskopisch kleinen Teilen des Tier- und Pflanzenreichs. Begleitet und unterstützt wurde er dabei von zahlreichen «bedeutenden Männern, die mich mit ihrer Freundschaft beehren und die allein nur meine Kenntnisse fördern können»[81]. Mit ihnen reiste und forschte er und knüpfte ein weltweit gespanntes Informationsnetz, wobei es, nach der Trennung von seinem geliebten Reinhard von Haeften, zu keiner tieferen Herzensangelegenheit mehr gekommen zu sein scheint.

Wilhelm von Humboldt blieb 40 Jahre mit seiner Caroline, die acht Kinder zur Welt brachte, verheiratet, bis zu ihrem Tod am 26. März 1829, worauf er sich völlig in sich und seine einsamen Sprachstudien zurückzog. Es war eine Liebe, die er rückblickend als «die Grundlage meines Lebens»[82] auszeichnete. Bill und Li, wie sie sich gern nannten, haben nicht immer zusammengelebt. Es gab lange Phasen der Trennung, wenn Wilhelm in diplomatischen Diensten unterwegs war. Zwischen 1808 und 1819, als er in Königsberg, in Prag, in Paris, in Wien und in London als Politiker arbeitete, waren sie mehr getrennt als zusammen. Und es gab auch immer wieder Irrungen und Wirrungen, die ihre Liebe einer harten Prüfung aussetzten. Denn Wilhelm fühlte sich sein Leben lang von einer groben «Fleischeslust» beherrscht, die er vor allem in Zeiten ihrer Trennung mit den «Edlen» in Bordellen zu befriedigen suchte. Manchmal war er täglich bei ihnen, um die Sinnlichkeit erleben und genießen zu können, der er eine große und wohltätige Kraft zuschrieb. Besonders dramatisch war die Liebesgeschichte, in die er sich 1809 in Königsberg verstrickte, dem Regierungssitz, von wo aus er als Bildungspolitiker das preußische Erziehungs- und Ausbildungssystem zu reformieren versuchte. Es war eine «himmlische Zeit»[83], die er dort mit Johanna Motherby verlebte, der Frau eines aus einer englisch-deutschen Kaufmannsfamilie stammenden Arztes, die er niemals vergessen konnte. Noch Jahre später, als er sich mit seiner Frau und seinen Kindern in Wien aufhielt, suchte er nach Worten, um diese sonderbare Lust zur Sprache zu bringen, die er in Johannas Nähe empfunden hatte und die so ganz anders gewesen war als die schöne und glückliche Liebe zu seiner Frau. «Aber es gibt eine andere, viel eigentlichere und tiefere Liebe, von der ich mit niemand reden möchte als mit Dir, die Du mich einmal verführst, herauszugehen aus mir und Dir mein Innerstes zu öffnen, und diese Liebe ist darin anders und ganz anders. Da kommt es gar nicht auf Glücklichmachen an, da kann es auch Schmerz und Leiden geben. Denn diese Liebe besteht darin, daß das Weib ganz aufgehe in dem Mann und gar keine Selbständigkeit mehr habe als seinen Willen, keinen Gedanken, als den er verlangt, keine Empfindung, als die sich ihm unterwirft; und daß er vollkommen frei und selbstkräftig bleibe und sie ansehe als einen Teil von sich, als bestimmt, für ihn und in ihm zu leben.»[84]

Auch Caroline von Humboldt hat nicht nur ihren Mann geliebt.[85] Mehrmals kamen andere Männer ins Spiel, die ihr etwas bieten konnten, was sie bei ihm vermisste. Denn anders als sein nach außen strebender Bruder Alexander hatte sich ihr Wilhelm schon früh ein «inneres Leben erwählt»[86], das es ihr verwehrte, sich seiner Liebe wirklich sicher zu sein. Er schien nie ganz aus sich herauskommen zu können. Ganz anders war ihr dagegen der charmante märkische Adelige Friedrich Wilhelm von Burgsdorff entgegengekommen, dem sie 1796 im Salon ihrer Freundin Rahel Levin begegnet war. Er war außergewöhnlich gefühlvoll und offenherzig, und schon bald war er in Jena zum Dauergast der Familie Humboldt geworden. Auch auf der Reise nach Wien und Paris 1797 war er als Carolines Geliebter dabei und stellte Wilhelm auf die Probe, ob er wirklich sein eheliches Versprechen halten konnte, niemals das schöne, große und wohltätige Glück der Liebe zu entweihen, das einer von ihnen durch einen «Dritten» genießen könnte. Er bestand sie. Er hielt diese Liebe aus, die vier Jahre andauerte. Auch Linas sehnsüchtiges Verlangen nach Gustav Graf von Schlabrendorf, den sie von Juni bis Weihnachten 1804 in

Paris besuchte, während Wilhelm in Rom blieb, brachte ihn nicht aus der Ruhe. Sollten die Menschen über diese eigenartige Konstellation doch schwätzen, was sie wollten, und eine Trennung des Ehepaares Humboldt vermuten, so wusste Bill seine Li zu beruhigen und sie seiner unzerstörbaren Liebe zu vergewissern, von deren Kraft die meisten anderen keine Ahnung haben konnten: «Ich begreife wohl, daß nur unendlich wenige Menschen Dich und mich kennen, um so weniger, weil wir beide schwer zu kennen sind und uns nie Mühe geben, uns zu zeigen.»[87]

SECHSTES KAPITEL

Vielleicht bin ich überhaupt zu reflektiert für die Liebe?

Der schwermütige Søren Kierkegaard
und seine übermütige Regine

«Zu Kierkegaard: Ich stelle Dir ein Leben dar & nun sieh,
wie Du Dich dazu verhältst, ob es Dich reizt (drängt) auch
so zu leben, oder welches andere Verhältnis Du dazu
gewinnst. Ich möchte gleichsam durch diese Darstellung
Dein Leben auflockern.»[1]

LUDWIG WITTGENSTEIN

Kein anderer Schriftsteller-Philosoph hat so besessen über die Liebe nachgedacht und geschrieben, über die Fallstricke der Verführung, die Anspannungen des Verliebtseins, die Freuden und Schrecken von Verlobung und Ehe, die Leiden der Entfremdung und die Schmerzen oder Erleichterungen von Trennungen, wie der dänische Dichter und Denker Søren Kierkegaard, der von sich behaupten konnte: «Ich habe keine Unmittelbarkeit gehabt, habe daher, schlecht und recht menschlich verstanden, nicht gelebt; ich habe alsogleich mit Reflexion begonnen, habe nicht erst in späteren Jahren ein bißchen Reflexion gesammelt, sondern ich bin eigentlich Reflexion von Anfang bis zu Ende.»[2] Ein ungeheures Reflexions-Martyrium statt unmittelbarer Leidenschaft und Lebenslust.

Um diese widerstreitende Spannung erhellen zu können, bietet Kierkegaards Liebesleben reichhaltiges Anschauungsmaterial. An ihm lässt sich demonstrieren, was ihn existenziell antrieb und wie in einem Rausch seine Werke schreiben ließ, bis zu einem höchsten Grad von Lebensüberdruss und einer tödlichen Erschöpfung, die ihn jung sterben ließen.

Er selbst hat sich zwar, vor allem in seinen erbaulichen Reden und christlichen Einübungen, als ein religiöser Schriftsteller stilisiert, der die Paradoxie des Glaubens an einen Gott in der Zeit, der Mensch geworden war, aufzeigen und reflektieren wollte. Doch eigentlich ging es ihm von Anfang an um die Klärung des Verhältnisses zwischen einer sinnlichen, ästhetischen Lebensform, die unmittelbar sich selbst genießen wollte, und einem Zwang zur geistigen, religiösen Reflexion, der verhinderte, was er begehrte.

Es waren nur wenige Jahre, in denen Kierkegaard seine erotisch-ästhetischen Meisterwerke schrieb, von *Entweder-Oder*, mit dem *Tagebuch des Verführers*, bis zu seinen *Stadien auf des Lebens Weg*, die aus einem platonisierenden Gespräch über das Wesen der Liebe (*In vino veritas*), unterschiedlichen Gedanken über die Ehe und der Leidensgeschichte einer missglückten Verlobung bestehen, die sich unschwer als Kierkegaards eigene entziffern lässt. Denn er hat dabei zwar pseudonym hinter verschiedenen Masken gesprochen, ein täuschendes Verwirrspiel über die Herkunft der Texte inszeniert und die Frage *Schuldig? – Nicht schuldig?* nur als psychologisches Experiment vorgestellt, ohne dass dabei tatsächlich lebende Menschen eine Rolle gespielt haben sollten. Er zog alle Register einer ironischen, indirekten Mitteilung. Doch dabei sind immer auch die realen Vorkommnisse in Kierkegaards Leben gestaltet worden, die alle um einen einzigen Menschen kreisen, in den er sich verliebt hatte, mit dem er jedoch wegen ihrer verschiedenen Individualitäten nicht zusammen glücklich werden konnte. «Er ist verschlossen; sie vermag es nicht einmal zu sein. Er ist schwermütig; sie lebensfroh. Er ist wesentlich Denker; sie alles andre eher als das. Er ist ethisch-dialektisch; sie ist aesthetisch-unmittelbar. Er ist sympathetisch; sie im Sinne der Unmittelbarkeit auf unschuldige Weise selbstliebend.»[3]

Es war die unglückliche Liebe, die den zwanghaft reflektierenden

Philosophen mit der jungen Regine Olsen verband, die ihn zu jenem Schriftsteller werden ließ, bei dem das Leben und das Werk aufs engste miteinander verknüpft waren, auch wenn er diese Verbindung durch geschickte Täuschungen zu verschleiern versuchte. Es waren die dreizehn Monate ihrer missglückten Verlobung, vom 10. September 1840 bis zum 11. Oktober 1841, von denen Kierkegaard in jenen Werken zehrte, die ihn zu einem der großen Erotiker des modernen philosophischen Denkens werden ließen. Dass es dazu überhaupt kommen konnte, schuldete er jedoch seinem Vater Michael Pedersen Kierkegaard, der bereits 56 Jahre alt war, als Søren Aabye Kierkegaard am 5. Mai 1813 als sein letztgeborenes Kind, nach drei Schwestern und drei Brüdern, das Licht der Welt erblickte. Er hatte also gute Gründe, all seine Schriften diesen zwei Menschen zu widmen, «die ich am meisten liebe, denen ich vielleicht mein Dasein als Schriftsteller verdanke: einem Greis, den Verfehlungen schwermütiger Liebe; einem ganz jungen Mädchen, nur ein Kind beinahe, den Tränen ihres liebenswerten Unverstands.»[4]

Der Fluch des Hauses Kierkegaard

Michael Pedersen stammte aus einer armen Bauernfamilie, die in der kargen jütländischen Heide einen kleinen Hof in der Nähe einer Kirche bewirtschaftete, den «Kierkegaard», nach dem sich sein Vater Peder Christensen benannt hatte. Er begann als Wollwarenhausierer zu arbeiten und schaffte es durch Fleiß, Sparsamkeit, wirtschaftliches Geschick und protestantisches Pflichtgefühl, als Seiden- und Stoffhändler ein erfolgreicher Geschäftsmann zu werden, der sein Geld gut anzulegen wusste und zu einem der reichsten Männer Dänemarks wurde, der sich schon früh, etwa 40 Jahre alt, aus dem Geschäftsleben zurückziehen konnte und vor allem um eine eigene Familie kümmern wollte. Seine erste Frau starb jedoch kinderlos schon im März 1796, zwei Jahre nach ihrer Eheschließung. Ein Jahr später, am 26. April 1797, heiratete Michael Pedersen seine zweite

Frau Ane, geborene Lund, die als Dienstmagd bei den Kierkegaards gearbeitet hatte. Sie war eine kleine, pummelige Frau mit schlichtem, fröhlichem Gemüt, ohne Bildung oder gute Erziehung. In den kommenden sechzehn Jahren ihrer Ehe brachte sie sieben Kinder zur Welt, zuerst Maren Kristin, zuletzt Søren Aabye.

Søren soll ein ziemlich boshafter kleiner Kerl gewesen sein, mit dem man sich am besten nicht einließ. Die Mutter, an deren Rockzipfel er am liebsten hing, soll ihn verzogen haben. Schon bald verlor sie ihre schützende Stellung gegenüber der äußerst strengen Erziehung des Vaters, der von seinen Kindern forderte, was ihn selbst so erfolgreich hatte werden lassen: Sparsamkeit, Gehorsam, Ernsthaftigkeit, sorgfältige Genauigkeit im Lebensalltag und, wichtiger als alles andere, eine strenge christliche Gläubigkeit, die den Kindern den erhabenen Eindruck dessen vermitteln sollte, was des Menschen Pflicht war.

Als Kind will Søren zwar nicht unglücklich gewesen sein. Er hielt seinen Vater für den besten und liebevollsten aller Väter. Doch hinter der Lichtseite im Hause Kierkegaard konnte ihm der dunkle Hintergrund nicht verborgen bleiben. Und nach dem Lob der Liebe des besten Vaters folgte schon bald die desillusionierende Einsicht, dass Michael Pedersen doch eigentlich ein «Greis» gewesen war, der ihn ungeheuer streng im Christentum erzogen und damit sein Leben schrecklich verwirrt hatte. Mehr als alles andere empfand der junge Søren die Schwermut des alten Vaters als fürchterlich und beängstigend. Sie war ihm schon früh als eine schwere Last auferlegt worden, unter der er zusammenzubrechen drohte. Bereits als Kind fühlte er sich greisenhaft schwermütig wie sein Vater. Und im Rückblick auf seinen Lebensweg musste Kierkegaard erkennen: «Es war einmal ein Vater und ein Sohn. Ein Sohn gleicht einem Spiegel, darin der Vater sich selbst erblickt, und für den Sohn wiederum ist der Vater wie ein Spiegel, darin er sich selbst erblickt, wie er dermaleinst sein wird. Sie betrachteten sich indes selten auf diese Art; denn die Munterkeit einer heiteren Unterhaltung bestimmte ihren täglichen Umgang. Nur geschah es ein paar Male, daß der Vater anhielt, mit seinem betrübten Gesicht vor dem Sohne stand, ihn betrachtete und sagte: ‹Armes Kind, da gehst du in einer stillen Verzweiflung.› Weiter ward darüber nie gesprochen, wie dies denn zu verstehen sei, wie wahr es doch sei. Und der Vater glaubte, er sei an des Sohnes Schwermut schuld, und der Sohn glaubte, er sei es, welcher dem Vater Kummer bereite – aber es ward darüber nie ein Wort getauscht.»[5]

Es blieb verschlossen, was ihn den Vater fürchten ließ, diese stille Verzweiflung, die nicht zur Sprache fand und umso unheimlicher sich ausbreiten konnte. Dagegen erinnerte sich Kierkegaard später lieber an die gemeinsamen Gespräche, in denen er zwei väterliche Begabungen zu schätzen lernte, die er auch für sich selbst kultivieren konnte. In einer autobiographischen Skizze, die er einem jungen Herrn namens Johannes Climacus pseudonym in die Feder diktierte, berichtete er von einem Zuhause, das keine Zerstreuungen bot und gerade deshalb der Phantasie einen ungeheuren Anstoß geben konnte. Denn der Vater besaß hinter seiner trockenen und prosaischen Maske eine glühende Einbildungskraft, die den Sohn auf imaginäre Reisen mitnehmen konnte. Statt in die Stadt zu gehen, spazierten Vater und Sohn Hand in Hand in der Wohnung auf und ab. Das mochte zwar nur ein armseliger Ersatz sein. Doch er wurde aufgewertet durch die Bilder, die bei diesem häuslichen Gang durch die lebendigen väterlichen Erzählungen entstanden, als ob sie wirklich die Wohnung verlassen hätten und durch die Stadt gingen, mit all den ratternden Wagen und emsigen Mitbürgern. Durch die Stimme des Vaters wurde anschaulich und lebendig, was nur in der Einbildung stattfand. «Für Johannes war es, als entstünde die Welt mitten unter dem Gespräche, als wäre der Vater der Herrgott und er selber sein Liebling.»[6] So trug also das Leben im väterlichen Haus dazu bei, Kierkegaards Phantasie zu entwickeln, die es mit der wirklichen Welt aufnehmen konnte.

Und ebenso nachhaltig wirksam wurde in ihm die zweite Eigenart seines Vaters, nämlich dessen Sinn für das Plötzliche, das Überraschende, das Umgekehrte und Wechselhafte. Denn mit seiner allmächtigen Phantasie verband der Vater eine unwiderstehliche Dialektik, die gleichsam im Handumdrehen die Meinungen oder Überzeugungen eines Gesprächspartners ins Gegenteil umkippen lassen konnte. Plötzlich schien alles auch ganz anders sein zu können, als es zuvor behauptet worden war. Es geschah wie ein Wunder, «im Nu war alles ungekehrt, das Erklärliche unerklärlich gemacht, das Gewisse zweifelhaft, das Gegenteil einleuchtend»[7].

Die Kraft der Phantasie und die Changements der Dialektik konnten eine Zeitlang die stille Verzweiflung verdrängen, die den jungen Kierkegaard ab und zu ergriff. So war es ihm möglich, seine Schulzeit erfolgreich hinter sich zu bringen. Er war intellektuell begabt, durch klassische Lektüre gut gebildet, ein aufmerksamer Beobachter, der seine Phantasie spielen lassen konnte, und vor allem in religiösen Problemsituationen ein dialektischer Denker. Nach der Reifeprüfung wurde er am 30. Oktober 1830 an der Kopenhagener Universität immatrikuliert. Die häusliche Religiosität drängte ihn zum Studium der Theologie. Doch stärker als die christliche Dogmatik begann ihn die Philosophie zu interessieren, vor allem der Deutsche Idealismus eines Friedrich Wilhelm Joseph Schelling und eines Johann Gottlieb Fichte, der mit seiner Hochschätzung des Subjekts seinem eigenen Selbstbewusstsein näherkam. Das Ich in seiner Eigenart sollte stärker sein als die Übermacht theologischer Systeme. Durch die Lektüre philosophischer Werke wollte Kierkegaard über sich selbst klarwerden. Semester für Semester schob er sein Examen hinaus.

1834/35 geriet er in seine erste große Krise. Er wusste nicht mehr, was er machen sollte. Zwar wollte er weiterhin dem Imperativ des Erkennens folgen. Aber seine individuelle Existenz drängte sich ihm als fragwürdig und zutiefst problematisch auf. Am 1. August 1835, während er fern von der Großstadt Kopenhagen in der naturschönen Umgebung des nördlichen Gilleleje Ruhe finden wollte, um sein eigenes Inneres aufklären zu können, notierte er in seinem Tagebuch: «Es kommt darauf an, meine Bestimmung zu verstehen, zu sehen, was die Gottheit eigentlich will, daß *ich* tun solle; es gilt, eine Wahrheit zu finden, die Wahrheit *für mich* ist, *die Idee zu finden, für die ich leben und sterben will.*»[8]

Er wollte sich kein totes Wissen aneignen, und sei es auch noch so systematisch begründet. Kierkegaard wollte ein «*vollkommen menschliches Dasein*»[9] führen, das ihn subjektiv bestimmen oder lenken sollte, gleichgültig, was in der Welt tatsächlich der Fall war, und er litt darunter, dass ihm dazu noch etwas Wesentliches fehlte, das er mit einem erotischen Bild skizzierte. Er kam sich wie ein Mann vor, der bisher zwar viel Hausrat gesammelt und bereits eine Wohnung gemietet hatte, «aber die Geliebte noch nicht gefunden hat, die des Lebens Glück und Unglück mit ihm teilen sollte»[10].

Das war die erste große Krise in seinem Leben. Es fehlte ihm die zündende Idee für sein eigenes, individuelles Dasein. Er ließ sich treiben. Er vernachlässigte sein Studium und versuchte im öffentlichen Leben Kopenhagens eine Rolle als eleganter Lebemann zu spielen. Er inszenierte sich als witziger, unterhaltsamer Dandy und Bohemien und begab sich in amüsante Gesellschaften, auch wenn er oft daraus fliehen und sich erschießen wollte. Er versuchte, sein Leben ästhetisch zu genießen, stürzte sich in Ausschweifungen, machte hohe Schulden, die sein Vater begleichen musste, und besuchte auch, obwohl es dafür keine zwingenden Beweise gibt, Anfang November 1836 ein Bordell, wobei er mit den letzten Worten des sterbenden Christus «Mein Gott, mein Gott ...» über sich selbst erschrocken sein soll und in seinem Tagebuch den fragmentarischen Hinweis hinzufügte: «Das tierische Gelächter ...»[11].

Im Herbst des Jahres 1838, Kierkegaard war 25 Jahre alt, erlebte er seine zweite elementare Erschütterung. «Damals war es, daß das große Erdbeben eintrat, die furchtbare Umwälzung, die mir plötzlich ein neues, unfehlbares Deutungsgesetz sämtlicher Erscheinungen aufzwang.»[12] Er fühlte sich völlig zerrissen. Die Aussicht auf ein glückliches Leben schien ihm versperrt. Auch an eine Geliebte, die ein natürliches «häusliches Familienleben»[13] mit ihm teilen würde, konnte er nicht mehr denken. Was war geschehen, das ihn so sehr erschüttert und aus der Bahn geworfen hatte? Er hatte etwas entdeckt, das seinen alten Vater betraf, diesen Greis, den er nicht nur wegen seiner intuitiven Phantasie und dialektischen Geisteskraft geliebt hatte. Denn jetzt musste er einsehen, «daß meines Vaters hohes Alter kein göttlicher Segen sei, sondern eher ein Fluch; daß die hervorragenden Geistesgaben unserer Familie nur da seien, um einander gegenseitig aufzureiben; da fühlte ich die Stille des Todes um mich wachsen, wenn ich in meinem Vater einen Unglücklichen sah, der uns alle überleben sollte, ein Grabkreuz auf dem Grabe all seiner eigenen Hoffnungen. Eine Schuld musste auf der ganzen Familie liegen, eine Strafe Gottes über ihr sein.»[14]

Das große Erdbeben hatte freigelegt, was bisher verborgen und verschwiegen worden war; und es hatte zugleich die familiären Trauerfälle neu deuten lassen, unter denen die Familie Kierkegaard seit zwei Jahrzehnten litt. Fünf ihrer sieben Kinder waren frühzeitig gestorben, zuerst 1819 der zwölfjährige Søren Michael, zuletzt Ende des Jahres 1834 Sørens Lieblingsschwester Petrea Severine, die nur 33 Jahre alt geworden war. Und ein halbes Jahr zuvor war nach einem langen, wortlos ertragenen Todeskampf auch seine Mutter Ane gestorben. Ein Fluch schien auf dem Hause Kierkegaard zu liegen, der mit einer Schuld des Vaters zu tun haben musste, der zur Strafe all seine Kinder überleben sollte. So jedenfalls sah es sein jüngster Sohn, der sich dabei auch sicher war, die «Verfehlungen schwermütiger Liebe» zu kennen, die dazu geführt hatten, dass die ganze Familie wie ein missglückter Versuch von Gottes gewaltiger Hand ausgelöscht werden musste.

Zwar spielte Kierkegaard auch mit dem Gedanken, dass die verwerflichen Handlungen des Vaters für einen gnädigen Gott nur als kleine Verfehlungen gelten könnten, die nicht so himmelschreiend gewesen waren. Doch für ihn erhielten sie ein unerträgliches Gewicht, das ihn zu zerstören drohte, wobei unentschieden blieb, was schwerer wog: die religiöse oder die sexuelle Missetat.

Es ist möglich, dass die vielen Sterbefälle in der Familie den alten Vater dazu motivierten, sein gequältes Herz zu öffnen und seinen beiden noch lebenden Söhnen die schreckliche Sünde zu beichten, die er als kleiner Junge begangen hatte. Er hatte damals auf der jütländischen Heide Schafe gehütet. Er hatte gefroren und gehungert und sich grenzenlos einsam gefühlt. Als ihn seine Verlassenheit einmal übermannte, stellte er sich auf einen Hügel oder einen Stein und

«verfluchte Gott den Herrn, der, wenn es ihn gebe, es über sich bringe, ein hilfloses, unglückliches Kind so leiden zu lassen, ohne ihm zu
Hilfe zu kommen»[15]. Dieses Fluchen hat Michael Pedersen sein Leben
lang nicht vergessen, und sein Sohn Søren hatte sich davon überzeu-
gen lassen, dass dieses erschütternde Erlebnis eine Quelle der «stillen
Verzweiflung» war, mit der sein Vater die Forderungen eines strengen
Christentums seinen Kindern aufzuzwingen versuchte, um seine eigene Verwerfung Gottes wiedergutzumachen.

Doch die gotteslästerliche Anklage des Vaters bot nicht die einzige Erklärung für den Fluch, der auf der Familie Kierkegaard lastete.
Sie wurde flankiert durch eine sexuelle Aktivität, die so gar nicht zur
strengen Moralität des Vaters passte. Denn durch einen Zufall hatte Søren entdeckt, was er nicht zu wissen wagte: Sein Vater, dieser
angesehene, ehrbare und gottesfürchtige Mann, hatte nach dem Tod
seiner ersten Frau bereits sexuellen Verkehr mit der Dienstmagd des
Hauses, obwohl er mit ihr noch nicht verheiratet gewesen war. Denn
schon vier Monate nach ihrer Eheschließung kam ihre erste Tochter
zur Welt, die also unehelich gezeugt worden sein musste. Vielleicht
war die Dienstmagd schon die Geliebte des Vaters gewesen, ehe seine Frau gestorben war, oder sie war von ihm sexuell verführt, überrumpelt oder gar vergewaltigt worden? Der Sohn wagte nicht, seinen
Vater zu fragen, um den furchtbaren Verdacht loszuwerden. Aber er
war nun davon überzeugt, dass der gottesfürchtige Greis ein alter
Heuchler war, der eine rigide, auch gegen sexuelle Lust gerichtete
christliche Moral predigte, sich selbst aber wie ein geiler Bock auf-
geführt hatte.

In einer kleinen Erzählung, die Kierkegaard später in seine *Stadien auf des Lebens Weg* einfügte, hat er die väterliche Verfehlung
zu *Salomos Traum* verdichtet. Er selbst rückte sich in die Rolle Salomos, der seinen Vater David liebte, ehrte und bewunderte, bis er
sich für ihn zu schämen begann und sich ihm nur noch rückwärts
zu nähern wagte, mit abgewendeten Augen, um seine Schande nicht
sehen zu müssen. «Da geschah es eines Tages, daß der Jüngling seinen königlichen Vater besuchte. In der Nacht wacht er auf, weil er es

sich bewegen hört dort, wo der Vater schläft. Es packt ihn Grauen, er fürchtet einen Neiding, welcher David morden will. Er schleicht sich näher – er erblickt David in des Herzens Zerknirschung, er hört den Schrei der Verzweiflung aus des Reuenden Seele.»[16] Wo er den vertraulichen Kontakt eines heiligen, reinen Menschen mit Gott vermutet hatte, wand sich ein gottloser Sünder in geheimer Schuld und Qual. War es nicht auch Søren Aabye so ergangen, als er «das Furchtbare» zu ahnen begann, das sein reicher, streng religiöser und gesellschaftlich hochgeschätzter Vater Michael Pedersen mit der ärmlichen, ungebildeten Dienstmagd Ane vor einer Hochzeit begangen hatte, die nicht durch Liebe, sondern nur durch die Geburt einer unehelich gezeugten Tochter erzwungen worden war?

Zwei andere Einlagestücke in seinem *Lebensweg* haben vermuten lassen, dass Kierkegaard auch von einer väterlichen Sünde gewusst haben könnte, die nicht nur eine religiöse Sühne evoziert haben könnte, sondern auch verderbliche körperliche Qualen mit sich brachte.[17] Sie betraf *Eine Möglichkeit* und erzählte von einem pflichtbewussten, großzügigen, äußerst akkuraten Buchhalter, der verpasst hatte, jung zu sein und das Leben zu genießen. In seiner Lustfeindlichkeit war er weltfremd geworden. Aufgelockert wurde er nur einmal, als ihn ein paar junge weltmännische Kaufleute auf einen ihrer Ausflüge mitnahmen, der mit einem glänzenden Souper endete, wobei auch reichlich Wein genossen wurde, um die peinliche Zurückhaltung des Buchhalters zu überspielen. «In der Exaltation war er ein ganz anderer Mensch geworden – und er war in schlechter Gesellschaft. Sie besuchten dabei auch einen jener Orte, an denen man, sonderbar genug, die Verächtlichkeit eines Weibes mit Geld bezahlt. Was hier vorfiel, wußte er noch nicht einmal selber.»[18] Die mögliche Lustbefriedigung war vergessen oder verdrängt worden. Aber voller Schuldgefühle und Angst waren die emotionalen Konsequenzen dieses fatalen Bordellbesuchs. Der zum sexuellen Akt Verführte fürchtete die Möglichkeit, dabei ein unglückliches Kind gezeugt zu haben. Also begann er die Gesichter von Kindern zu studieren, um sich in ihnen als Vater zu erkennen; und er suchte dabei nicht nur nach Anzeichen von Ähnlichkeit, sondern auch von einer tödlichen Krankheit. Waren auch seine möglichen Kinder, wie er selbst, vom Tod gezeichnet wegen seines schrecklichen Fehltritts? Denn er war davon überzeugt, sich im Freudenhaus eine ansteckende Krankheit zugezogen zu haben, unter der er als Strafe zu leiden hatte und von der er nur durch den Tod erlöst werden konnte.

Kierkegaard hat von einer solchen Erkrankung, mit der die Syphilis gemeint sein könnte, in seinem zweiten eingeschobenen Text berichtet, der *Selbstbetrachtung eines Aussätzigen*. Das war der Monolog des Simon Leprosus, der Kierkegaard aus dem *Evangelium nach Matthäus* bekannt war. Er hat ihm einen kranken Gefährten an die Seite gestellt, Manasse, der durch eine Salbe vom leprösen Aussatz scheinbar geheilt worden war und sich deshalb wieder unter die Menschen in der Stadt gemischt hatte. Aber das war nur eine oberflächliche Täuschung. Was sich außen nicht mehr sehen ließ, war nach innen verlagert worden und ließ den Atem des Manasse zu einer tödlichen Gefahr werden. Wenn er zu den Menschen sprach, vergiftete er sie mit seinen Worten. «Da jubelte er, er haßt das Dasein, er verflucht die Menschen, er will sich rächen, er läuft zur Hauptstadt, er haucht Gift aus auf sie alle.»[19]

Michael Pedersen Kierkegaard wies keine der Symptome auf, die für eine syphilitische Infektion typisch sind. Man sah sie ihm nicht an. Aber vielleicht zitterte er vor Angst, für seinen ketzerischen Aufstand und seine sexuelle Ausschweifung mit einer Krankheit infiziert worden zu sein, die sein Geschlecht bis ins letzte Glied vernichten sollte. Und mit seiner allmächtigen, aber schwermütigen Phantasie konnte er sich vorgestellt haben, dass die vielen Todesfälle, die seine Familie heimsuchten, eine Strafe Gottes waren, der nichts vergaß und sich dabei Zeit ließ. So ähnlich hat es jedenfalls sein Sohn Søren empfunden und erlitten, als ihm das «große Erdbeben» ein unfehlbares Deutungsgesetz der familiären Katastrophen aufzwang. Er nahm nicht nur die Depression seines Vaters als dessen Eigenart wahr, sondern war von ihm mit dieser unheilbaren *Krankheit zum Tode* angesteckt worden; und auch *Der Begriff Angst*, seine subtilen

Analysen von Sinnlichkeit, Sexualität, Sünde und Schuld in Richtung des theologisch-dogmatischen Problems der Erbsünde, verwiesen auf die familiäre Tragödie, in der er mitzuspielen gezwungen war. «Was die Schrift lehrt, daß Gott die Missetat der Väter an den Kindern heimsuche bis ins dritte und vierte Glied, das verkündet das Leben wahrlich mit lauter Stimme. Von dem Entsetzlichen sich freireden zu wollen mit der Erklärung, jene Aussage sei jüdische Lehre, hilft zu nichts.»[20]

Unsre eigne kleine Regine

Gegen den väterlichen Greis, dessen verstörende, schuldbeladene Existenz ihn zum Schriftsteller werden ließ, gab es einen zweiten Menschen, der Kierkegaard zu dem machte, was ihn auszeichnete. Ein junges Mädchen, fast noch ein Kind, war das Gegengewicht, das er brauchte, um nicht in eine tödliche Starre zu verfallen, die ihn zur Unproduktivität verdammte. Allein unter der Schwermut seines Vaters Michael Pedersen leidend, wäre Søren Kierkegaard zerbrochen. Regine Olsen hat ihn aus seiner Verzweiflung zwar nicht retten können. Aber sie hat ihm die Möglichkeit einer Liebe offenbart, die ihm die Kraft gab, den Anfechtungen des Todes zu widerstehen. Er wählte nicht den Selbstmord als Ausweg, sondern begann in Erinnerung an sie zu schreiben wie in einem übermächtigen ästhetisch-erotischen Schub, der seine ersten Meisterwerke entstehen ließ. Ohne sein «Verhältnis zu ‹ihr›»[21] wäre er nicht der Schriftsteller-Philosoph geworden, der nur mit ihr seine Geschichte erleben, reflektieren und schreiben konnte, auch wenn er sie als Person verlieren musste.

Es begann am 8. Mai 1837. Es war die Zeit kurz nach seinem 24. Geburtstag, als er ohne klares Ziel Theologie studierte, sich jedoch lieber mit idealistischer Philosophie und romantischer Literatur beschäftigte. Er hatte noch keine Idee gefunden, für die es sich zu leben oder gar zu sterben lohnte. Stattdessen versuchte er, sich in angeregter Gesellschaft zu zerstreuen. Gern ging er zu Fuß hinaus nach

Frederiksberg, wo er seinen Freund, den Theologen Peter Rördam, besuchte, der dort mit seinen drei Schwestern lebte. Es gefiel ihm, die Rolle des geistreichen und witzigen Don Juan zu spielen, und er wusste geschickt die Mittel einzusetzen, die ihm durch seinen Vater vorgelebt worden waren. Er erzählte phantasievolle Geschichten und führte dialektische Gedankenspiele vor, in denen Thesen und Antithesen durcheinandergewirbelt wurden. Vor allem Bolette Rördam fand den Freund ihres Bruders charmant und unterhaltsam, und auch Søren hatte ein Auge auf sie geworfen.

Der 8. Mai war wieder einmal einer dieser Tage, an dem Søren seine Schwermut durch gesellige Unterhaltung vergessen wollte. Als er unangemeldet in Frederiksberg ankam, war dort auch eine junge Freundin der drei Rördam-Schwestern zu Gast: Regine Olsen, ein reizendes Mädchen aus gutbürgerlicher Familie. Ihr Vater, Terkild Olsen, war Staatsrat und Kanzleivorsteher im Finanzministerium. Im Januar hatte sie ihren vierzehnten Geburtstag gefeiert. Sie spielte gern Klavier, las am liebsten Romane und erbauliche Schriften und schwärmte für ihren Hauslehrer Frederik Johan Schlegel. Als sie Søren Aabye an diesem Montag zum ersten Mal begegnete, war sie, wie ihre Freundinnen, von ihm fasziniert. Es machte Eindruck, wenn seine Worte aus ihm heraussprudelten und ihre Aufmerksamkeit fesselten. Auch er scheint sich ihrem Reiz nicht entzogen zu haben, obwohl sie sich sehr schweigsam und in sich gekehrt verhielt. «Sie war ein anmutiges Kind, ein liebliches Wesen, ganz wie berechnet darauf, daß eine Schwermut wie die meine ihre einzige Freude daran hätte haben können, sie zu verzaubern. Anmutig war sie, als ich sie zum ersten Mal sah, wahrhaft lieblich.»[22]

Auch in den kommenden Monaten kam es bei den Rördams zu einigen zufälligen Begegnungen, und es scheint, als habe sich Søren schon recht bald auf die liebenswerte Regine konzentriert, statt sich weiterhin für die vernünftige Bolette zu engagieren. Jedenfalls erinnerte er sich später an den folgenden Zeitablauf: «Schon ehe mein Vater starb, hatte ich mich für sie entschieden. Er starb. Ich arbeitete fürs Examen. Während der ganzen Zeit ließ ich ihr Dasein sich in meines hineinschlingen.»[23] Diese lakonische Zusammenführung von seinem Vater und «ihr», seinem Tod und ihrem Dasein, war nicht nur zeitlich bemerkenswert. Sie verwies auf ein psychologisch interessantes Phänomen, das Kierkegaards eigenartiges Liebesleben in Gang setzte.

Michael Pedersen Kierkegaard starb in der Nacht vom 8. auf den 9. August 1838. Er war 82 Jahre alt geworden. Søren war irritiert. Er hatte angstbesetzt geglaubt, dass alle Kinder, auch er selbst, vor dem Vater sterben würden. Der Tod hat ihn widerlegt. Damit schien der familiäre Fluch außer Kraft gesetzt worden zu sein. Als Erbe eines großen Vermögens war Søren Kierkegaard zu einem reichen Mann geworden.

Er musste sich überlegen, wie er sein eigenes Leben ohne väterliche Richtlinien führen wollte, und begann ein Tagebuch über seine Ängste und Wünsche zu führen, das er von einem Buchbinder in Leinen und mit Goldschnitt herstellen ließ. In Goldbuchstaben und mit goldener Umrahmung war die Aufschrift gestaltet: *Ad se ipsum. Tagebuch des Jahres 1839.*[24] Es handelte von der christlichen Liebe, die es erleichtert, auch schweres Leid zu ertragen; vom Vater im Himmel, der ihm den rechten Weg seines Lebens zeigen möge; aber auch von einer Sehnsucht, die sich auf eine Königin des Herzens richtete, der er in eine andere Welt folgen wollte, nachdem er alles von sich geworfen hatte, was ihn schwer bedrückte. Am 2. Februar sprach er sie mit einem Namen an, der leicht erkennen ließ, wen er eigentlich meinte: «Du meines Herzens Herrscherin (*Regina*), verborgen in der tiefsten Heimlichkeit meiner Brust, in dem reichsten Gedanken meines Lebens, dort, wo es gleich weit ist zum Himmel wie zur Hölle – unbekannte Gottheit! ... Überall in jedem Mädchenangesicht sehe ich Züge Deiner Schönheit, aber mir dünkt, ich müßte alle Mädchen haben, um aus all ihrer Schönheit die *Deine* gleichsam auszuziehen.»[25] Er hoffte, für seines «ganzen Ichs tiefstes Geheimnis» einen Ort des Glücks und der Liebe auf dieser Welt zu finden. Und er hatte in diesem Jahr 1839 auch genügend Lebensenergie gewonnen, um seinen beruflichen Weg weiter fortzusetzen. Er wollte endlich das

Theologiestudium abschließen, um den Wunsch seines toten Vaters zu erfüllen, der, wie er meinte, nicht von ihm gegangen, sondern für ihn gestorben war.

Im Sommer 1840 machte er sein theologisches Amtsexamen. Dann reiste er im Juli/August allein nach Jütland, um Saeding, den Geburtsort seines Vaters, zu besuchen und die verhängnisvolle Stätte zu erkunden, wo er als armer Hütejunge Gott verflucht hatte. Es war eine Erinnerungs- oder Pilgerreise, um den Ort zu vergegenwärtigen, an dem sich, wie Kierkegaard glaubte, der Fluch über das Leben seiner Familie gelegt hatte. War er durch den Tod des Vaters davon erlöst worden? Und war er nun befreit genug, um Regine für sich gewinnen zu können? Durfte er hoffen, durch die Liebe von der Schwermut erlöst zu werden, die ihm sein Vater aufgebürdet hatte? Er fühlte sich wie wiedergeboren. In seinem *Tagebuch der Jütlandreise* erinnerte er an die dämonische Kraft des platonischen Eros, die er nun in sich selbst wirken fühlte. «Es ist doch eine unbeschreiblich herrliche Darstellung der Macht, mit der die Liebe den Menschen veredelt, oder der Wiedergeburt des Menschen durch Eros, die sich im ‹Symposion› findet.»[26] Er deutete an, was ihn vor allem interessierte. «Ich möchte wohl wissen, was ein junges Mädchen ...»[27]

Anfang August kam er nach Kopenhagen zurück. Hatte er schon seit längerem sein heimliches Begehren auf Regine gerichtet, so war es nun die Zeit, in der er sich ihr offen näherte. Die Entscheidung für eine gemeinsame Zukunft sollte am 8. September 1840 fallen. Lange genug war sie aufgeschoben worden. Jetzt wollte er es wirklich wissen. Er ging zu ihrem Haus, wo er sie auf der Straße traf. Sie sagte ihm, dass sie allein zu Hause sei. Er verstand es als Einladung, mit ihr ins Wohnzimmer zu gehen, obwohl er damit gegen den allgemein befolgten Moralkodex der Kopenhagener Bürger verstieß. Er war tollkühn genug, Regine zu folgen. Als sie beide im Wohnzimmer waren, versuchten sie ihre Unruhe zu überdecken. Sie sollte für ihn ein wenig Klavier spielen. Sie tat es, aber es wollte ihr nicht recht gelingen. «Da nehme ich plötzlich das Notenbuch, schließe es nicht ohne eine gewisse Heftigkeit, werfe es vom Klavier und sage: ‹Ach, was schert mich die Musik; Sie sind es, die ich suche. Sie habe ich seit 2 Jahren gesucht.› Sie blieb stumm. Im übrigen habe ich nichts getan, um sie zu betören; ich habe sogar vor mir selbst gewarnt, vor meiner Schwermut.» Regine versuchte von Frederik Schlegel zu sprechen, mit dem sie befreundet war. Kierkegaard wies es barsch als Nebensächlichkeit zurück. «Dann laß dieses Verhältnis eine Parenthese sein, denn ich habe ja doch das Erstrecht.»[28]

Sie sagte kein einziges Wort. Fluchtartig verließ Kierkegaard die Wohnung. Er fürchtete, das junge Mädchen durch seine heftige Aktion erschreckt zu haben, «samt dem, daß auf irgendeine Weise mein Besuch Anlaß zum Mißverständnis geben, wohl sogar ihrem guten Ruf schaden könne»[29]. Er suchte Regines Vater auf. Etatsrat Terkild Olsen scheint ebenso überrascht gewesen zu sein wie seine Tochter. Er sagte weder ja noch nein zu Kierkegaards Begehren, der eine Aussprache verlangte, um sich zu erklären. Sie fand zwei Tage später, am 10. September 1840, statt. Regine stimmte der Verlobung zu, ihr Vater hatte gegen den reichen und klugen Theologen nichts einzuwenden.

So begannen, nach einem jahrelangen Vorspiel, die dreizehn Monate einer missglückten Verlobung, ohne die das philosophisch-literarische Werk Søren Kierkegaards als ihr Nachspiel nicht möglich gewesen wäre. Er selbst hat sie in fünf Etappen eingeteilt, als er sich einige Jahre später, im August 1849, über sein Verhältnis zu «ihr» klarwerden wollte, zwar ein wenig dichterisch, jedoch historisch genau und dialektisch reflektiert.

Die ersten beiden Monate, vom 10. September bis Mitte November 1840, scheinen eine glückliche Phase gewesen zu sein. Davon zeugen jedenfalls die Briefe, die Kierkegaard jeweils mittwochs an seine Verlobte schrieb. Er richtete sie an «meine Regine», die er für sich gewonnen hatte, aber auch an «*unsre eigne kleine Regine*»[30], als wollte er mit diesem «*unsre*» einen Dualis benutzen, der nur sie beide in eine grammatische Form zusammenfügte. Wie einen Fetisch setzte er den Namen der Geliebten ein, den er unterstrich mit dem Hinweis, die Buchstaben von «Regine» so weit auseinanderzuziehen, dass man ihn in einem ganzen Leben nicht zu Ende lesen könnte. Unendlich sollte ihre Liebe sein, und was sich in der Endlichkeit ihres wirklichen Lebens ereignete, sollte ihre Gedanken nicht festhalten, die zwischen ihnen im zeitlosen Raum der Liebe hin und her jagten. Auch Platons *Gastmahl* wurde wieder zitiert, um den dämonischen Eros zu beschwören, der sie beherrschte. «Nun habe ich so viel von Plato gelesen über die Liebe, und doch gibt es eine Rede zu ihrem Preis, der ich höheren Wert beimesse als der summa summarum aller Wetteifernden auf Platos Gastmahl, oder richtiger, es gibt eine Liebe, zu deren Preis *ich* eine Rede halten will, freilich nicht auf einem Gastmahl, sondern in der Stille der Nacht, wenn alle schlafen, oder auch mitten im tobenden Lärm, allwo mich niemand versteht.»[31] Es sollte eine erotische Liebe zwischen ihnen sein, die der Liebe Gottes entsprechen sollte und niemals geschieden werden könnte.

Doch schon bald nach dem Tag ihrer Verlobung wurde Kierkegaard wieder von seiner Verzweiflung und seinen Schuldgefühlen gepackt, die ihn daran zweifeln ließen, mit seiner kleinen, lieben Regine glücklich sein zu können. Er fürchtete, fehlgegriffen zu haben. Sein Gewissen sagte ihm, dass er unverantwortlich das junge Mädchen in seine eigene Lebensqual hineingerissen hatte.

Søren zeigte Regine nicht, worunter er litt. Liebevoll und fürsorglich kümmerte er sich um sie. Sie schien nicht zu bemerken, was ihren Geliebten innerlich beunruhigte, und steigerte sich in einen «grenzenlosen Übermut»[32]. Zwar erschien ihm ihre Lebensfreude als etwas kindlich Naives, das dem Ernst der Situation nicht angemessen war. Doch er ließ sich eine kurze Phase davon verzaubern. Im Dezember 1840 fühlte er sich durch ihren Überschwang erleichtert und ermuntert. Voller Hoffnung beschwor er am 9. Dezember das religiöse Bild des Fegefeuers, aus dem ihn seine Regine befreit habe. «Du weißt, die katholische Kirche lehrt, daß eines Frommen Gebete den Seelen Linderung schaffen, die im Fegefeuer leben, ich weiß, es ist so, und jedes Mal, wenn Du Deine Liebe aussprichst, da höre ich nicht mehr länger der Ketten Gerassel, da bin ich frei, unendlich frei wie der Vogel in der Luft, da bin ich frei und meiner Freiheit froh. Selbst Zeuge meiner eignen Freude, gleich wie ich vorher ein Gefangener war und mein eigner Gefangenenwächter. Dein für ewig. S. K.» Und in einer Einfügung zu «da bin ich frei» griff er wieder auf Platons *Symposion* zurück und zitierte aus Agathons Rede über den Eros: «Frieden schafft er den Menschen und Stille dem stürmenden Meere, Ruhe gebeut er den Winden, und Leid er wieget in Schlummer.»[33]

Kierkegaards religiös-philosophische Liebeserklärungen verführten die verliebt-übermütige Regine dazu, sich ihm völlig zu überlassen. Sie schien sich für ihn zum liebenswertesten Wesen verklärt zu haben, dessen Lebensfreude ihn anrührte. Doch gerade in diesem Augenblick seines erotischen Sieges brachen bei ihm wieder Schwermut und Gewissensqualen durch, «und zwar potenziert durch die Verantwortung, die ja nun durch ihre weibliche, nahezu anbetende Hingebung gesteigert ist»[34]. Ihre überschwängliche Liebe und seine abgeklärte Verantwortung ließen sich nicht miteinander verbinden. Er zwang sich selbst in die Einsicht hinein, dass eine Ehe zwischen ihnen unmöglich sein musste. Zu ihrem achtzehnten Geburtstag am 23. Januar 1841 schickte er ihr zwar noch den einen wesentlichen Glückwunsch: «Gebe Gott, daß niemand Deine Freude von Dir nehme – nicht Du selbst mit unruhigem Verlangen, mit unzeitigem Zweifel, mit sich verzehrendem Mißmut – nicht ich mit meinem schwermütigen Sinn und meinen selbstgemachten Kümmernissen.»[35] Aber er war sich sicher, dass ihm nicht gelingen konnte, was er von sich für sie wünschte. Die Schuld lag ganz bei ihm. Weil er leider der war, der er war, blieb ihnen das Glück der Liebe versagt. «Wäre ich kein Büßer gewesen, hätte mein Vorleben (*vita ante acta*) nicht gehabt, wäre nicht schwermütig gewesen – die Verbindung mit ihr hätte mich so glücklich gemacht, wie zu werden ich niemals geträumt hätte.»[36] Er musste es zum Bruch kommen lassen. Und erst jetzt begann Kierkegaard sich zu fragen, welche Rolle der Eros, den er bisher nur als christliche Gottesliebe oder als philosophischen Mythos beschworen hatte, als wirkliche libidinöse Anziehungskraft zwischen ihnen gespielt hatte. «Ganz klar darüber, was für einen Eindruck sie rein erotisch auf mich gemacht hat, kann ich nicht werden. Denn sicher ist: sie hatte sich fast anbetend hingegeben, hatte mich gebeten, sie zu lieben, das hatte mich in dem Maße gerührt, daß ich alles für sie wagen wollte. Doch wie sehr ich sie liebte, zeigt sich doch auch daran, daß ich stets vor mir selbst habe verbergen wollen, wie sehr sie mich eigentlich gerührt hat, was sich doch eigentlich nicht zum Erotischen verhält.»[37]

Das vierte Stadium begann am 5. Mai 1841, Kierkegaards 28. Geburtstag. Er wollte seiner Regine noch nicht offen sagen, dass es eine Trennung geben musste. Stattdessen gab er ihr ein Zeichen. Er schien sich über ihre schönen Geburtstagsgeschenke wirklich gefreut zu haben. Er dankte ihr für ihre Glückwünsche. Doch als Gegengabe sandte er ihr eine verwelkte Rose als Zeichen des Verlusts. Blühend und voller Glanz hatte er die Blume im vergangenen Sommer aus Regines Hand erhalten und sie zur Erinnerung aufbewahrt. Unter seinen Händen war sie verwelkt. Er schickte sie zurück mit der Feststellung: «Ich bin nicht wie Du ein froher Zeuge gewesen, wie alles sich entfaltete, ich bin ein wehmütiger Zeuge gewesen, wie sie mehr und mehr hinschwand; ich habe sie leiden sehen; sie verlor ihren Duft, ihr Haupt wurde müde, ihre Blätter krümmten sich in des Todes Kampf, ihre Röte schwand dahin, ihr frischer Stengel vertrocknete; sie vergaß ihre Herrlichkeit.»[38] Das Erinnerungszeichen ihrer Liebe war zum Symbol seiner innerlich vollzogenen Entfremdung und Abwehr geworden.

Die kommenden Monate waren eine Zeit emotionaler Irrungen und Wirrungen. Mit ihrem Frohsinn kämpfte Regine gegen Kierkegaards Schwermut. Leidenschaftlich beschwor sie ihre Liebe, die es erlauben sollte, trotz seiner selbstquälerischen Schuldgefühle zusammenzubleiben. Dagegen war er sich nun sicher, dass es zum Bruch kommen musste. Am 8. August 1841, in Erinnerung an den Todestag seines Vaters, schickte er ihr seinen Verlobungsring mit einem Brief, den Regine später vernichtet hat, der sich jedoch als wortgetreues Zitat in Kierkegaards Leidensgeschichte *Schuldig? – Nicht schuldig?* finden lässt: «So laß es geschehen sein. Vergiß vor allem den, der dies hier schreibt; vergib einem Menschen, welcher, ob er gleich etwas vermochte, doch nicht vermochte, ein Mädchen glücklich zu machen. Eine Seidenschnur senden bedeutet im Osten Todesstrafe für den

Empfänger; einen Ring senden, wird hier wahrlich zur Todesstrafe für den, der ihn sendet.»[39]

Damit begann die letzte, fünfte, zwei Monate dauernde Etappe ihrer Beziehung, in der beide sich zu zerstören drohten. Regine wollte die Trennung mit allen Mitteln verhindern. In seiner Abwesenheit ging sie in sein Zimmer und hinterließ ihm eine Nachricht, in der sie ihn um Christi willen und in Erinnerung an seinen toten Vater beschwor, sie nicht zu verlassen. Sie kämpfte wie eine Löwin um ihre gemeinsame Liebe, an der sie weiterhin nicht zweifelte, und wollte alles aushalten, um sich nicht trennen zu müssen. Kierkegaard reagierte widersprüchlich. Denn er liebte sie ja noch immer. Sie sollte die einzige Geliebte in seinem Leben sein und bleiben. Doch er wollte seine wahren Gefühle verstecken. Weil er seine kleine, liebe Regine nicht unter seiner großen Schwermut leiden und zerbrechen sehen wollte, versuchte er sie mit aller Gewalt abzustoßen. «Es war eine furchtbar qualvolle Zeit – derart grausam sein zu müssen, und dann zu lieben, wie ich es tat.»[40]

Am 11. Oktober 1841 beendete er endgültig ihre Verlobung. Sie brach verzweifelt zusammen, er ging, um sich abzulenken, ins Theater. Am Ende der Vorstellung begegnete er Terkild Olsen, der mit ihm sprechen wollte und ihn bat, das Verhältnis mit seiner Tochter nicht abzubrechen. Kierkegaard folgte ihm nach Hause und aß mit der Familie Olsen zu Abend. Er sprach kurz mit Regine, als er ging. Am nächsten Morgen erhielt er einen Brief von ihrem Vater. Er müsse schnell kommen, weil Regine die ganze Nacht nicht geschlafen habe und schrecklich leide. Ihr Leben sei in Gefahr.

Er kam und redete ihr gut zu. Sie fragte ihn, ob er denn niemals heiraten wolle. Er antwortete mit einem grausamen Scherz: «Ja, in ungefähr 10 Jahren, wenn ich mich richtig ausgetobt habe und müde bin, dann muß ich mir wieder ein junges kleines Mädchen anschaffen, um mich zu verjüngen.»[41] Kierkegaard setzte sich die abstoßende Maske eines skrupellosen Schurken und ehrlosen Lebemanns auf. Sein betrügerisches Rollenspiel sollte Regine helfen, von sich aus das Verhältnis zu ihm abzubrechen, um wieder frei und glücklich sein zu können. Sie durchschaute seine Absicht und fühlte sich schuldig, ihn zu seiner zynischen Bemerkung getrieben zu haben. Sie bat ihn um Verzeihung. Er entgegnete, dass eigentlich er sie darum bitten müsste. Dann forderte sie von ihm das Versprechen, weiterhin an sie zu denken. Er gab es ihr. Schließlich ihr letzter Wunsch: «Küss mich.» Er tat es – aber ohne Leidenschaft, verzweifelt im Stillen denkend: Barmherziger Gott!

Sie war die Geliebte

Mit seiner vorgetäuschten Grausamkeit vom 12. Oktober 1841 war für Søren Kierkegaard die Liebesgeschichte seines Lebens nicht vorbei. Sie blieb in der Erinnerung lebendig und verführte ihn immer wieder zu der Hoffnung, vielleicht doch noch mit seiner geliebten Regine glücklich werden zu können. Er verstrickte sich in den unauflösbaren Widerstreit zwischen Sehnsucht und Trennungsschmerz. Er litt an seiner unglücklichen Liebe, wobei er sich selbstreflexiv vergewisserte: «Du sollst wissen, daß du es für dein Glück ansiehst, niemals jemanden geliebt zu haben außer ihr, daß du deine Ehre darein setzt, niemals eine andere zu lieben.»[42]

Was ihm im Leben misslungen war, verschob er ins Schreiben. Mit der Trennung begann die rastlose Produktivität seiner ästhetisch-erotischen Schriftstellerei. Denn die Auflösung seiner Verlobung stieß ihn zwar wieder hinab in den Abgrund seiner Schwermut. Doch dieser Sturz setzte bei ihm eine ungeheure Energie frei. «Meine Regine» tauchte in seinen Tagebüchern und Werken zwar nicht mehr auf. Aber «sie» gewann in seiner Erinnerung eine übermächtige Bedeutung, die er mit seiner dichterischen Phantasie und dialektischen Reflexion in immer wieder neuen Anläufen festzuhalten und aufzuklären versuchte. «Als Dichter und Denker habe ich im Stoff der Phantasie alles dargestellt, während ich selbst in der Entsagung lebte.»[43]

Er hatte ein junges Mädchen unglücklich gemacht. Darin bestand seine Schuld. Er konnte sie nur begleichen, indem er Regine Olsen als «die Geliebte» zur Sprache brachte, die in seinen Schriften eine Schlüsselrolle spielen sollte. «Sie war die Geliebte. Mein Dasein soll ihrem Leben unbedingt Gewicht geben, meine schriftstellerische Wirksamkeit soll auch betrachtet werden können als ein Denkmal zu ihrer Ehre und ihrem Preis. Ich nehme sie mit in die Geschichte. Und ich, der ich schwermütig nur einen einzigen Wunsch hatte, nämlich sie zu verzaubern: dort wird es mir nicht verwehrt sein; dort gehe ich an ihrer Seite; wie ein Zeremonienmeister führe ich sie im Triumph und sage: Bitte ein wenig Platz für sie, für ‹unsre eigne, liebe kleine Regine›.»[44]

Ihren Platz in der Philosophiegeschichte bekam Regine Olsen durch Søren Kierkegaard zugewiesen. Es begann bereits kurz nach ihrer Trennung. Zwei Wochen nach dem endgültigen Bruch fuhr Kierkegaard am 25. Oktober 1841 mit einem Dampfschiff von Kopenhagen nach Stralsund, von dort mit der Postkutsche nach Berlin, wo er ein halbes Jahr lang an seinem großen Lebensfragment *Entweder – Oder* arbeiten wollte. Schon auf dem Schiff dachte er ständig an «sie» und zog sich selbst zur Rechenschaft. Hatte er um ihretwillen recht gehandelt, oder war er ein Schuft gewesen, der sich aus der Verantwortung gezogen hatte? War es nicht eine Sünde gewesen, dass er nicht an das Glück ihrer Liebe geglaubt hatte? Er notierte sich, «was ich verloren, oder genauer, wessen ich mich selbst beraubt habe», und geriet dabei in eine reflexive Verwirrung, die ihn erschütterte. «Meine Seele ist so unruhig wie mein Leib in dem Augenblick, da ich dies schreibe, in einer Kajüte, geschüttelt von eines Dampfschiffs Doppelbewegungen.»[45]

In den kommenden Monaten schrieb er «auf Leben und Tod»[46]. Als er im März 1842 aus Berlin nach Kopenhagen zurückkam, waren zentrale Teile dieser Fragmente eines Lebens und Denkens fertig, in denen Kierkegaard den grundlegenden Konflikt dargestellt hatte, der ihn zu zerreißen drohte. Eine geistreiche dialektische Reflexion und eine grandiose phantasievolle Einbildungskraft hatten ein Werk entstehen lassen, das den Widerstreit von ästhetisch-erotischem Genuss und ethisch begründeter Pflicht in seiner ganzen Komplexität gestaltete. Im November schrieb er das Vorwort, in dem er die Autorschaft seines Werks verwirrte. Er fingierte Victor Eremita – «der in der Einsamkeit siegt» – als einen Herausgeber, der zufällig im Geheimfach eines auf dem Trödelmarkt erworbenen Schrankes umfangreiche Papiere gefunden hatte, die er dem lesenden Publikum nicht vorenthalten wollte.

Sie schienen von zwei verschiedenen Autoren zu stammen. Victor Eremita ordnete sie dem namenlosen Ästhetiker A zu, der sich ganz und gar dem sinnlichen Begehren und erotischen Genuss verschrieben hatte. Seine Schriften waren eine überschwängliche Lobrede auf die unmittelbare Sinnlichkeit, die er vor allem in Mozarts *Don Giovanni* musikalisch-erotisch vollendet zum Ausdruck gebracht empfand, während sie im praktischen Leben nur in seltenen Augenblicken erlebt und nicht dauerhaft genossen werden kann. Gegen A, diese Phantasie-Existenz in ästhetischer Leidenschaft, stand B als Opponent, ein Gerichtsrat namens Wilhelm, der A mit großem ethischem Pathos auf die allgemeinen Pflichten hinzuweisen versuchte, die jeder Mensch zu erfüllen habe. Gegen den Einzelnen, der das Leben und sich selbst in der Existenzsphäre des Ästhetischen genießen wollte, stellte der Jurist den allgemeinen Menschen, der so handelt, wie «man» es tun sollte. Vor allem an der Gültigkeit der Ehe stellte er die Prinzipien einer Sittlichkeit dar, für die der Ästhetiker keinen Sinn hatte, der seine Liebesabenteuer nur als eine Abfolge genussvoller erotischer Augenblicke empfinden wollte, ohne dabei ethische Verpflichtungen einzugehen.

Entweder unmittelbare Lebenslust und augenblickliche Erotik – oder abstrakte Vorschriften und dauerhafte Moralprinzipien. Im Februar 1843 war Kierkegaards Manuskript druckfertig. Am 20. Februar erschien *Entweder – Oder* im Buchhandel. Die pseudonym veröffentlichten 838 Seiten erregten sofort allgemeine Aufmerksamkeit. Sie fanden Bewunderer wegen ihrer geistreichen ästhetischen Reflexionen, wurden aber auch wegen ihres sittenlosen, frivolen Inhalts gehasst. Das lesende Publikum wollte wissen, wer der Autor dieses Werks war, der sich in mehrere Personen aufgespalten hatte mit dem bedenkenswerten Hinweis, dass man den gefundenen Papieren «eine neue Seite abgewinnen könne, indem man sie einem und dem gleichen Menschen zugehörig betrachte»[47].

Einen Hinweis auf den Verfasser, dessen Persönlichkeit selbst kein Gleichgewicht zwischen dem Ästhetischen und dem Ethischen gefunden zu haben schien, glaubte man im *Tagebuch des Verführers* gefunden zu haben, mit dem der erste Teil des Buchs, die Papiere von A enthaltend, geendet hatte. Das war die Geschichte des «reflektierten Verführers» Johannes, der als eine geistige Gegenfigur des erotischen Don Juan gestaltet worden war. Denn während dessen dämonische Macht der Sinnlichkeit, als Verführung inszeniert, gleichsam musikalisch unmittelbar wirkte, musste Johannes ständig nachdenken und reflektieren, wie es ihm gelingen könnte, ein junges Mädchen durch geschickte Manöver im Lauf der Zeit dazu zu bringen, ihn zu lieben. Er musste sich interessant machen. Er musste sich einzelne taktische Schritte und strategische Manöver ausdenken, um sein Ziel zu erreichen. Nicht die Unmittelbarkeit des sinnlichen Genießens, sondern die durchdachten Mittel einer geplanten Verführung bestimmten sein Handeln, das sich am Ende zur Tat eines unmoralischen Schurken steigerte. Nachdem er sich mit dem Mädchen verlobt hatte, war sie bereit, sich ihm sexuell hinzugeben. Als Verführer hatte Johannes gesiegt. Damit aber war sein erotisches Begehren erloschen. «Ich habe sie geliebt; doch von nun an kann sie meine Seele nicht mehr beschäftigen.»[48]

Aber damit war das *Tagebuch des Verführers* noch nicht zu Ende. Johannes schloss es ab mit einer Reflexion, in der sich das ganze Drama der Liebesgeschichte zwischen Søren Kierkegaard und Regine Olsen widerspiegelt. Im wirklichen Leben hatte er seine Geliebte zurückgestoßen, damit sie sich von ihm trennen konnte. Er hatte sich schlechtgemacht, um ihr die endgültige Entscheidung zu überlassen. Søren hatte tatsächlich getan, was er seinem literarischen Doppelgänger Johannes als bloßes Gedankenspiel zuschrieb: «Es wäre doch wirklich des Wissens wert, ob man nicht imstande wäre, sich derart aus einem Mädchen herauszudichten, daß man sie so stolz machte, daß sie sich einbildete, sie sei es, die des Verhältnisses leid sei. Das könnte ein recht interessantes Nachspiel geben, welches an und für sich psychologisches Interesse bieten und einen nebenher bereichern dürfte mit mancher erotischen Betrachtung.»[49]

Nach einigen publizistischen Verwirrungen wusste man, wer sich hinter Victor Eremita, dem namenlosen A, Johannes und Wilhelm verbarg. In allen erkannte man Søren Kierkegaard, der mit *Entweder – Oder* sein geniales Erstlingswerk geschrieben hatte. Aber man konnte nicht ahnen, dass er den Rest seines kurzen Lebens auch als ein «recht interessantes Nachspiel» seiner Liebesgeschichte mit Regine verbringen sollte, das ihn immer wieder zu wahnwitzigen Beobachtungen und dichterisch-philosophischen Reflexionen anregte.

Im Februar 1843 war Kierkegaards große Streitschrift über die Existenzsphären des Ästhetischen und des Ethischen erschienen, die den Dreißigjährigen auf einen Schlag in der Kopenhagener Gesellschaft berühmt machte. Er hatte gehofft, damit sein Verhältnis zu Regine ausreichend reflektiert und einen Schlussstrich gezogen zu haben. Eine persönliche Begegnung warf seine ganze Planung über den Haufen. Es geschah am 16. April 1843, dem ersten Ostertag. Beide besuchten den Nachmittagsgottesdienst in der Kopenhagener Frauenkirche. Kierkegaard setzte sich auf einen Platz abseits, um von Regine nicht entdeckt zu werden. Doch sie bemerkte ihn und blickte ihn an. Er wusste nicht, ob bittend oder vergebend, jedenfalls so hingebungsvoll, dass die ganze Liebesgeschichte wieder vergegenwärtigt wurde. «Ich ließ sie meine Augen behalten. Sie nickte zweimal. Ich schüttelte den Kopf. Das bedeutete, mich mußt du aufgeben. Dann nickte sie wieder, und ich nickte so freundlich wie möglich, das bedeutete: meine Liebe behältst du.»[50] Sollte alles wieder neu anfangen? Jedenfalls war er erschrocken und wünschte sich, dass dieser Blickwechsel nicht stattgefunden hätte. «Nun sind anderthalb Jahre Leiden verspielt, all meine ungeheuren Anstrengungen, sie glaubt doch nicht, daß ich ein Betrüger war, sie glaubt mir.»[51] Sie war sich wieder seiner Liebe gewiss; und er warf sich nun schuldbewusst vor: «Hätte ich Glauben gehabt, so wäre ich bei Regine geblieben.»[52] Er liebte sie noch immer und spielte mit dem hoffnungsfrohen Gedanken, dass sie beide wieder ein Liebespaar werden könnten, obwohl ihre Trennung endgültig gewesen war.

Kierkegaard fürchtete, in diesem Dilemma seinen Verstand zu verlieren. Und wieder konnte er sich nur retten, indem er seine verstörenden Erlebnisse und Überlegungen, seine Befürchtungen und Hoffnungen literarisch verarbeitete und gedanklich reflektierte. Vier Wochen nach der schicksalhaften Begegnung in der Frauenkirche begann er am 17. Mai 1843 eine lange Erzählung zu schreiben, in der er noch einmal die ganze Geschichte ihrer unglücklichen Liebe und gescheiterten Verlobung darstellen wollte, wobei er sich durch die ethische Frage leiten ließ: *Schuldig? – Nicht schuldig?* «Sie würde natürlich Dinge enthalten, welche die Welt in Erstaunen setzen könnten; denn ich lebe in mir selbst in 1½ Jahren mehr Dichtung als alle Romane zusammen; aber ich kann und will doch nicht, mein Verhältnis zu ihr soll nicht dichterisch verflüchtigt werden, es hat eine ganz andere Wirklichkeit. Sie ist keine Theaterprinzessin geworden, so soll sie womöglich meine Frau werden. Herr Gott, das war ja mein einziger Wunsch, und doch mußte ich ihn mir versagen.»[53]

Seine Verzweiflung und sexuelle Abwehr, seine Schuldgefühle und Ängste, auch «mein Verhältnis zu Vater, seine Schwermut, die ewige Nacht, die zuinnerst brütet»[54], dieses ganze große Leiden verschob seinen Wunsch in die biographisch motivierten Werke, die nun in rascher Folge unter pseudonymen Autorennamen erschienen: am 16. Oktober 1843 *Furcht und Zittern*, eine dialektische Lyrik, in der Kierkegaard die Sphäre des gesellschaftlich normierten Ethisch-Allgemeinen aufhob, um den Einzelnen unmittelbar mit Gottes Absolutheit zu konfrontieren; am selben Tag *Die Wiederholung* als ein Versuch in der experimentierenden Psychologie, um die Unfähigkeit eines jungen Mannes zur Eheschließung nachvollziehen zu können; *Der Begriff Angst* 1844, eine am theologischen Problem der Erbsünde ansetzende psychologische Untersuchung der Voraussetzungen, die dem Übergang von Unschuld zu sinnlich-sexueller Sünde zugrunde liegen; und schließlich 1845, mit direkten Hinweisen auf Kierkegaards eigene Liebes- und Leidensgeschichte, seine *Stadien auf des*

Lebens Weg, in denen er auch die gescheiterte Liebe zu Regine Olsen und die erlittene Erziehung durch seinen Vater in Frage stellte: *Schuldig? – Nicht schuldig?* Bis ins Detail rekonstruierte er die fünf Etappen ihrer Verlobung, und tiefenpsychologisch analysierte er das Missverhältnis ihrer Individualitäten: «ein sehr junges, liebenswürdiges Mädchen innerhalb des aesthetischen Bereichs von Naivität»[55], und die Schuld eines Mannes, der sich bis zum Überdruss in seine Verzweiflung und seine dialektischen Reflexionen eingeübt hatte und dadurch einen geliebten Menschen unglücklich machte. «Nun gehört zu einer unglücklichen Liebe, daß die Liebe gegeben ist, und daß es eine Macht gibt, welche diese verhindert, ihren glücklichen Ausdruck zu finden in der Vereinigung der Liebenden.»[56]

So blieb Kierkegaards Liebe zu Regine also weiterhin bestehen. Und immer wieder gab es für ihn Anlässe, sie zu beschwören. Ende Juni 1843 erfuhr er, dass Regine sich mit ihrem Jugendschwarm Frederik Schlegel verlobt hatte. Kurz darauf traf er sie auf der Straße, wo sie ihn so freundlich und liebenswürdig wie möglich grüßte, als würde sie seine Zustimmung fordern. Als er am 3. November 1847 von ihrer Hochzeit erfuhr, wählte er einen Vers des Dichters Vergil zum Motto für sein Liebesleid: «Infandum me jubes, *Regina,* renovare dolorem»[57] Tiefsten Schmerz, o Königin, soll ich erneuern. Im August 1848 begegnete er ihrem Vater und sprach mit ihm über das Eheglück seiner Tochter. Als er vom Tod des alten Olsen am 25./26. Juni 1849 erfuhr, hielt er im Tagebuch seinen Wunsch fest: «Sie hofft doch womöglich, mich wiedersehen zu können, ein Verhältnis zu mir, unschuldig und liebevoll. O, das liebe Mädchen, weiß Gott, lieber als je möchte ich sie sehen, mit ihr sprechen, sie erfreuen, falls sie dessen bedarf, sie begeistern. Was gäbe ich nicht dafür, wenn ich es dürfte, wenn ich sie bei Leibesleben schmücken dürfte mit dem Schmuck der geschichtlichen Berühmtheit, der ihr sicher ist. Sie soll unter den Mädchen ihren Rang bekommen. Und wichtig ist es, daß ich die Sache ordne. Denn ihre Ehe wird sonst eine Mißlichkeit, so daß ich leicht zu einer Art Satire würde, ich, der ich unverheiratet blieb, während sie aus Liebe sterben wollte.»[58]

Er vermutete, dass Regine Schlegel nach dem Tod ihres Vaters wieder intensiv an ihn gedacht hatte und noch immer nicht wusste, warum er ihre Trennung provoziert hatte. Weil er das Gewicht der Maske des skrupellosen Verführers nicht mehr ertrug, wollte er es zu einer gegenseitigen Aufklärung kommen lassen, wobei er ihren Ehemann nicht übergehen konnte. Also entwarf er im November 1849 mehrere Briefe *An Frau Regine Schlegel, geborene Olsen, und Fritz Schlegel*.[59] Er wollte «die Sache ordnen» und sie darüber informieren, dass er sie nur aus Liebe und Fürsorge grausam zu einer Trennung getrieben habe; dass nur zwei Menschen ihn wahrhaft beschäftigten: «mein verstorbener Vater und unsre eigne liebe kleine Regine, die in gewissem Sinne auch eine Verstorbene ist»[60]; und dass sie in seinem Leben die einzige Geliebte gewesen war und immer bleiben sollte, der er nach all ihrem Leid und Unglück die Versöhnung anbiete. Er versiegelte die endgültige Brieffassung und legte sie am 19. November einer Nachricht an Frederik Schlegel bei, mit dem Hinweis: «Meine Meinung ist, daß eine kleine Aufklärung betreffs ihres Verhältnisses zu mir, jetzt ihr dienlich sein könnte. Ist dies Ihre Meinung nicht, so muß ich Sie bitten, mir den Brief uneröffnet zurückzusenden.»[61] Schlegel erfüllte Kierkegaards Bitte. Keinesfalls wollte er «irgendeine Einmischung eines andern in das Verhältnis zwischen ihm und seiner Frau dulden»[62]. Moralisch entrüstet antwortete er dem noch immer unglücklich Verliebten und schickte ihm den versiegelten Brief zurück.

Doch selbst damit war es noch nicht zu Ende. Denn es konnte nicht verhindert werden, dass Søren und Regine sich in den kommenden Jahren immer wieder sahen, sei es auf ihren Spaziergängen, sei es während ihrer Kirchenbesuche. Manchmal blickten sie sich an und lächelten. Manchmal versuchten sie sich aus dem Weg zu gehen, und dann bemühten sie sich wieder um eine vertrauliche Annäherung, die nur sie selbst bemerken konnten. In manchen Monaten begegneten sie sich täglich. Jede kleinste Geste wurde aufmerksam beobachtet und als Ausdruck latenter Wünsche zu interpretieren versucht. Am 10. September 1852, also genau zwölf Jahre nach ihrem Verlobungs-Tag, «blickte sie nun auf mich; aber sie grüßte nicht, sprach mich auch nicht an. Ach, vielleicht hat sie erwartet, ich solle das tun. Mein Gott, wie gern wollte ich das und alles für sie tun. Aber ich darf die Verantwortung nicht übernehmen; sie muß es selbst verlangen. Indessen hätte ich das in diesem Jahr gern gewünscht; und es ist auch peinvoll, eine Sache derart Jahr um Jahr auf der Spitze zu halten.»[63]

Zum letzten Mal sahen sie sich am 17. März 1855, kurz bevor Regine und ihr Mann nach Dänisch-Westindien abreisten, wo Schlegel zum Gouverneur ernannt worden war. In den nächsten Monaten, ohne Regine in seiner Nähe, steigerte sich Søren Kierkegaards Traurigkeit zu einer hoffnungslosen Verzweiflung. Am 25. September 1855 zog er ein Resümee seiner Existenz: «Durch ein Verbrechen bin ich entstanden, ich bin entstanden gegen Gottes Willen. Die Schuld, die doch in gewissem Sinne nicht die meine ist, wenn sie mich auch in Gottes Augen zum Verbrecher macht, ist die, Leben zu verleihen. Der Schuld entspricht die Strafe: aller Lust am Leben beraubt zu werden, zum höchsten Grad des Lebensüberdrusses geführt zu werden.»[64] Bei seinen einsamen Spaziergängen versagten ihm oft die Beine. Ins Krankenhaus eingeliefert, wurde er immer kraftloser, als würde er in sich zusammenfallen. Am Ende erschlaffte sein Gesicht, sodass er nur noch versteinert vor sich hin zu lächeln schien. Am Sonntag, dem 11. November 1855, fiel er ins Koma und starb. Es wurde vage «Paralysis (tubercul?) Hemiplegia» diagnostiziert, völlige Lähmung mit einer möglichen Tuberkulose im Rückgrat. Er war nur 42 Jahre alt geworden.

SIEBTES KAPITEL

Vielleicht ein Glück mit Schmerzen, aber ein Glück

Ludwig Wittgensteins
gehemmtes Begehren

*«Eine Gesellschaft Stachelschweine drängte sich an einem
kalten Wintertage recht nahe zusammen, um durch die
gegenseitige Wärme sich vor dem Erfrieren zu schützen.
Jedoch bald empfanden sie die gegenseitigen Stacheln.»*[1]

ARTHUR SCHOPENHAUER

Bis zu seinem vierzehnten Lebensjahr (1903) lebte der kleine «Luki» im geschlossenen Kreis seiner großbürgerlichen Wiener Familie. Kindermädchen und Hauslehrer kümmerten sich um ihn und seine sieben älteren Geschwister. Denn keines der Kinder von Karl und Leopoldine Wittgenstein ging in einen Kindergarten oder eine öffentliche Schule. Sie hatten keine Spielkameraden oder Schulfreunde, sondern blieben unter sich. So wollte es der Vater, der schulischen Unterricht für einen überflüssigen Zeitvertrieb hielt. Privatlehrer sollten seinen Kindern nur Mathematik und die lateinische Sprache beibringen, alles andere konnten sie sich durch eigene Lektüre aneignen.

Oft las man auch gemeinsam, was für das Leben wichtig sein sollte. Neben der Musik spielte die Literatur die Hauptrolle für die Bildung der acht Kinder und Jugendlichen. Man las Werke von Gotthold Ephraim Lessing und Johann Wolfgang Goethe, Eduard Mörike und Gottfried Keller und diskutierte über bestimmte Stellen, die auswendig gelernt wurden. Es war eine ethisch, kulturell und sozial anspruchsvolle familiäre Lebenswelt, in die andere Menschen nur ab und zu als Fremde eindringen konnten. Die Wärme einer vertrauensvollen Nähe mit gleichaltrigen Freunden blieb dem jungen Ludwig fremd. Er lebte in seiner Welt, die für ihn mit dem Leben eins war.

Vielleicht erhellt diese in sich verschlossene Lebensform, warum er sich schon sehr früh für die Philosophie Arthur Schopenhauers begeisterte. Sie war seine erste Lektüre, die ihm zu seiner anfänglichen Erkenntnis- und Lebensphilosophie verhelfen konnte. Denn noch im elterlichen Haus entwickelte er für sich, durch Schopenhauers *Die Welt als Wille und Vorstellung* angeregt, einen eigenwilligen Solipsismus, der den eigenen bewussten Willen hervorhob. Die reale Wirklichkeit war nicht die gesellschaftliche Welt des Zusammenseins mit den vielen anderen Menschen, sondern die eigene Welt, wie sie das für sich seiende Ich als seine Welt vorstellen und erkennen kann. Doch stärker noch als Schopenhauers erkenntnistheoretisches Hauptwerk von 1819 beeindruckten ihn die praktischen Lebensweisheiten, die 1851 als *Parerga und Paralipomena*, Nebenarbeiten und Nachträge, veröffentlicht wurden und Schopenhauer berühmt machten. Es waren Anweisungen zu einem Leben, das trotz allen weltlichen Unheils glücksfähig bleiben sollte.

Wie soll ich leben? Wie soll ich mein eigenes Dasein in einer kalten Welt ertragen oder gar glücklich behaupten können, die mir fremd entgegensteht, in einer Lebenswelt der vielen anderen Menschen, die das eigene Selbst herausfordern, bedrohen und nicht in Ruhe und Gelassenheit sein lassen? Wittgenstein konnte verstehen, warum Schopenhauer die Welt der Mitmenschen als den am stärksten «peinigenden Stachel»[2] im eigenen Fleisch empfunden hatte. Doch genauso stark war sein Wunsch nach Freundschaft und Nähe mit anderen, deren Wärme ihn von seiner Einsamkeit erlösen könnte. In seinem Hin und Her zwischen individueller Vereinzelung und geselliger Mitmenschlichkeit erkannte er sich wieder in der kleinen Bildergeschichte, die Schopenhauer von den Stachelschweinen erzählt hatte, die sich an einem kalten Wintertage recht nahe zusammendrängten. «Jedoch bald empfanden sie die gegenseitigen Stacheln; welches sie dann wieder von einander entfernt. Wenn nun das Bedürfnis der Erwärmung sie wieder näher zusammenbrachte, wiederholte sich jenes zweite Übel; so daß sie zwischen beiden Leiden hin- und hergeworfen wurden; bis sie eine mäßige Entfernung von einander herausgefunden hatten, in der sie es am besten aushalten konnten. – So treibt das Bedürfnis der Gesellschaft, aus der Leere und Monotonie des eigenen Innern entsprungen, die Menschen zueinander; aber ihre vielen widerwärtigen Eigenschaften und unerträglichen Fehler stoßen sie wieder von einander ab. Die mittlere Entfernung, die sie endlich herausfinden und bei welcher ein Beisammensein bestehn kann, ist die Höflichkeit und feine Sitte.»[3]

Mehrmals in seinem Leben hat Wittgenstein dieses Gleichnis der Stachelschweine, das er auswendig kannte, seinen Freunden und Bekannten erzählt. Er hat sich selbst in dem Schweine- und Menschenbild erkannt, das Schopenhauer von der Conditio humana gezeichnet hat. Die Kälte des Alleinseins war ihm seit seiner Kindheit vertraut, und die Annäherung an andere Menschen war schon früh mit der nötigen Distanzierung verbunden, die eine gegenseitige Verletzung verhindern sollte. Dass selbst die Beziehung zwischen den Geschwistern lebenslang diesem Muster entsprach, hat Wittgenstein seiner ältesten Schwester Hermine, die ihm am nächsten war, mitgeteilt, als es einmal um die Planung eines gemeinsamen Weihnachtsfestes ging: «Wir sind eben alle ziemlich harte und scharfhäutige Brocken, die sich darum schwer aneinander schmiegen können.»[4] Sie wollten und konnten nicht gemütlich zusammen sein und taugten zu keiner geschwisterlichen Geselligkeit. Es gehörte zu ihrer Natur.

Wittgenstein scheint wegen dieses Charakterzugs nicht wirklich traurig gewesen zu sein. Manchmal war er sogar davon überzeugt, genügend eigene innere Wärme zu haben, um nur allein das Beste leisten zu können. Und immer wieder zog er sich aus der Gesellschaft zurück, um für sich leben und denken zu können. Er liebte seine norwegische Hütteneinsamkeit, in der er keinen verletzen konnte und von niemandem Schmerzen erdulden musste. Doch dann zog es ihn wieder in die Gesellschaft, wobei er wusste, dass dort sein Bedürfnis nach gegenseitiger Erwärmung nur unvollkommen befriedigt werden konnte angesichts der Stacheln, die ihn schmerzhaft zu verletzen drohten.

Wie sehr ihm das Leben von Schopenhauers Schweinen als Paradigma seines eigenen Daseins vertraut war, zeigt sich besonders in Wittgensteins Liebesleben. Er sehnte sich nach der Wärme von Freundschaft und Liebe, um sich vor dem Erfrieren zu schützen. Er fürchtete die Verletzungen, die er dabei sich selbst und anderen zufügen konnte. Doch auch mit der mittleren Entfernung, die sich durch Höflichkeit und feine Sitte auszeichnen sollte, konnte oder wollte er sich nicht zufriedengeben. Erst am Ende seines Lebens scheint er gefunden zu haben, was er begehrte: sein Glück mit einem Geliebten, wobei er auch die Schmerzen in Kauf nahm, die damit verbunden waren.

David Pinsent und die Apostel

In einem frühen Versuch, über seine charakterliche Entwicklung eine offenherzige, keine Fehler verschweigende Rechenschaft abzulegen, erinnerte sich Wittgenstein an seine ersten kindlichen sexuellen Erlebnisse. Er war etwa zehn Jahre alt, als er sich in Erich verliebte, mit dem er gern raufte. Auch suchte er Wulfrum, einen engen Mitarbeiter seines Vaters, für sich zu gewinnen und einem seiner Brüder abspenstig zu machen. Er notierte «Verliebtheit», daneben «Störenfried» und «Unzucht». Er führte nicht weiter aus, was er damit meinte. Dass es ihn beunruhigte, indiziert das Wort in der nächsten Zeile: «Selbstmordgedanken»[5]. Diese Stichworte mögen auf typische Kindheitserlebnisse hingewiesen haben. Die strenge Trennung der Geschlechter führte zu ersten gleichgeschlechtlichen Begehrlichkeiten; und Schuldgefühle wegen sexueller Vergehen, die nur durch den Tod gesühnt werden konnten, waren in einem gesellschaftlichen Klima nicht ungewöhnlich, in dem die Sexualität tabuisiert wurde und Sigmund Freuds erste Aufklärungsversuche einen Skandal auslösten.

Auch die schwärmerische, pubertäre Verliebtheit, die 1903 in Linz begann, wohin der vierzehnjährige Wittgenstein gezogen war, um dort eine staatliche Schule zu besuchen, demonstrierte die ambivalente Spannung, die all seine Freundschaften auszeichnete. Mit den meisten seiner Mitschüler, von denen viele aus einfachen Arbeiterfamilien stammten, kam er gar nicht zurecht. Sie nahmen ihn als ein sonderbares Wesen aus einer fremden Welt wahr, das sie mit «Sie» anredete, völlig andere kulturelle Interessen hatte und ungleich ernster und seelisch empfindsamer als sie war. Sein erster Schuleindruck war: «Mist»[6]. Er fühlte sich einsam und litt in der Klasse. Auch jetzt dachte er wieder an Selbstmord und wollte seinem Bruder Rudi folgen, der sich am 3. Mai 1904 in einem Berliner Restaurant mit Zyankali vergiftet hatte. Nur die Freundschaft mit dem gleichaltrigen Pepi Strigl, den er anfänglich mit «Herr Pepi» ansprach, konnte ihn aufmuntern. Während der drei Jahre, die er in Linz bei der Familie Strigl wohnte, entwickelte sich sein Verhältnis zu Pepi in der Spannung von «Verliebtheit und Hochmut»[7], sinnlicher Annäherung und geistiger Distanzierung, vielen scharfen Brüchen und wiederholten zärtlichen Versöhnungen. Und schon bei dieser frühen Beziehung machte ihm der Konflikt zu schaffen, der zwischen seiner Sorge um ein anständiges Verhalten und seinem Wunsch nach einer echten Freundschaft bestand, die auch sinnlich aufgeladen sein konnte «(was der andere häufig gar nicht wahrnahm und gewöhnlich nicht erwiderte)»[8], wie es Brian McGuinness, der Biograph von Wittgensteins frühen Jahren, berichtet hat.

Nach Wittgensteins eigener Rechnung war David Pinsent sein «erster und einziger Freund». Das schrieb er jedenfalls Mrs. Ellen F. Pinsent, nachdem sie ihm die traurige Nachricht mitgeteilt hatte, daß ihr Sohn David am 8. Mai 1918 bei einem Testflug ums Leben gekommen war. «Ich habe in der Tat viele junge Männer meines Alters gekannt und mich mit so manchem ganz gut verstanden, aber nur in ihm hatte ich einen wahren Freund gefunden; die Stunden, die ich mit ihm verbracht habe, waren die besten meines Lebens, für mich war er ein Bruder und ein Freund.»[9] Ort: Cambridge. Zeit: Frühsommer 1912 bis Sommer 1914.

Nach seinen Studien an der Technischen Hochschule in Berlin-Charlottenburg (Ende 1906 bis März 1908) und an der University Manchester, Department of Engineering (1908 bis August 1911), war der Maschinen-Ingenieur Wittgenstein am 18. Oktober 1911 unangemeldet in Bertrand Russells Sprechzimmer im Trinity College, Cambridge University, gestürmt. Er hatte sich leidenschaftlich für die Philosophie der Mathematik zu interessieren begonnen und wollte bei Russell, dem Star am Himmel der modernen symbolischen Logik, Philosophie studieren. Zunächst drohte er für seinen Mentor eine rechte Plage zu werden. Streitlustig und anstrengend, oft störrisch und verdreht, aber offensichtlich tiefgründig und scharfsinnig, forderte er Russell zur Klärung der Grundlagen von Mathematik und Logik heraus.

Nach seinem ersten, inoffiziellen und recht improvisierten Trimester (Winter 1911/12), in dem er sich ausschließlich auf Russell konzentriert hatte, wurde Wittgenstein am 1. Februar 1912 offiziell ins Trinity College aufgenommen. Dabei geriet er in Problemsituationen, die nicht nur seine theoretische Vernunft herausforderten, sondern ihn menschlich beunruhigten. Im gesellschaftlichen Klima der Universitätsstadt, das ihm neu und fremd war, musste er sich über die Maximen klarwerden, denen er lebenspraktisch folgen wollte. Zwei Begegnungen lieferten dazu den besonderen Anstoß.

Die *Society of the Apostles*. Wittgensteins moralisches Selbstbewusstsein wurde besonders herausgefordert, als er sich diesem Kreis annäherte, einer Aristokratie des Geistes, die sich als freisinnig und elitär verstand, weder überlieferte Weisheiten noch sittliche Zwänge respektierte und sich spöttisch gegenüber der etablierten Kirche und politischen Macht verhielt. Zu den alten «Aposteln», die «Engel» hießen, gehörten Bertrand Russell, Alfred North Whitehead und George Edward Moore, John Maynard Keynes und Lytton Strachey. Schon im Frühjahr 1912 waren sie auf den genial wirkenden

Wittgenstein aufmerksam geworden. Man ernannte ihn zum «Embryo» und wollte ihn in den Kreis der Auserwählten aufnehmen. Doch Wittgenstein hielt nicht allzu viel von dieser Ehre. Was er von den Aposteln erfuhr und bei einem Vortrag über religiöse «Bekehrung» hörte, stieß ihn ab und ließ ihn auf Distanz gehen. Viele von ihnen mochten zwar gescheit und amüsant sein. Aber ihm gefiel nicht, wie sie zu kurzlebigen oberflächlichen Tändeleien und persönlichen «intrigues»[10] neigten und wie sie sich das Gute vorstellten als die gegenseitige Bewunderung innerhalb eines elitären Klüngels. Auch mochte er nicht, wie einige von ihnen ihre homoerotischen Verliebtheiten demonstrativ zur Schau stellten. Die Teilnahme an dieser Gesellschaft hielt er für Zeitverschwendung und ihr Apostelsein für «nicht apostolisch genug»[11].

Dagegen entsprachen die existenziellen Reflexionen, leidenschaftlichen Denkbewegungen und dramatischen Geschichten von Søren Kierkegaard, Fjodor M. Dostojewski und Leo Tolstoi wesentlich besser seinen eigenen moralischen Intentionen. Sie sprachen ihn an, weil sie lebenspraktische Kämpfe darstellten und Wege aufzeigten, dabei nicht völlig unterzugehen. Sie zeigten ihm den ethischen Impuls, der ihn selbst trieb und dem er existenziell gerecht werden wollte.

Worum es ihm persönlich ging, bekannte er in einem Brief an Russell, in dem er ihn am 22. Juni 1912 über ein neues Lektüreerlebnis informierte: «Immer wenn ich dazu komme, lese ich jetzt James' ‹Varieties of religious experience›. Dieses Buch tut mir *sehr* gut, wobei ich nicht sagen will, daß ich bald ein Heiliger sein werde, doch ich bin mir einigermaßen sicher, daß es mich ein wenig weiterbringt auf einem Weg der Besserung, auf dem ich gern noch *sehr viel* weiterkommen würde.»[12] Gegen alle möglichen intellektuellen Versuche, religiöse Glaubensformen vernünftig begründen zu wollen und ein theologisches Dogma göttlicher Absolutheit zu konstruieren, hatte der amerikanische Psychologe und Philosoph William James die *Vielfalt religiöser Erfahrung* beschrieben, die ihm zufolge einer gemeinsamen Entwicklung unterliegt: Sie beginnt mit einem ursprünglichen religiösen Gefühl für die Totalität der Welt, die als göttliche Schöpfung erlebt wird; steigert sich in einem Prozess allmählicher Konversion, in dem der leidende Mensch, wie in einer zweiten Geburt, eine Empfindung für das Gute im Menschen und den Sinn des Lebens entwickelt; und strebt schließlich hin zum vollendeten, reinsten, jedoch nur selten erreichten Ideal der Heiligkeit.

Wittgenstein glaubte, sich selbst in den Beschreibungen der «kranken Seele»[13] erkennen zu können, deren Heilung James in Aussicht gestellt hatte. Er war mit den Ängsten und Verzweiflungen vertraut, die ihm oft den Selbstmord als einzigen Ausweg erscheinen ließen. Doch er wollte sich durch James auch auf den Weg der Besserung leiten lassen, auf dem seine Seele Frieden, Glück und innere Harmonie finden sollte.

David Pinsent. Bei einem der legendären «Squashes» in Russells College-Zimmer, in dem die Gäste sich eng zusammendrängen mussten, begegnete Wittgenstein im Februar 1912 zum ersten Mal dem zwei Jahre jüngeren Studenten der Mathematik, der ein Jahr zuvor ebenfalls ein apostolischer «Embryo» gewesen war, aber nicht in die modische geistige Elite Cambridges aufgenommen wurde. Pinsent fand Wittgenstein sofort interessant und angenehm, «trotz seines eher schwerfälligen Humors»[14]; und dieser freute sich schon bald, in Pinsent einen Gleichgesinnten gefunden zu haben, mit dem er in den kommenden Monaten Konzerte und Vorlesungen besuchte, lange Spaziergänge und Ausritte unternahm, Kanu fuhr, im Fluss Cam badete und auch psychologische Experimente zu musikalischen Rhythmusempfindungen anstellte, die beiden Spaß machten. Schon Ende Mai schlug Wittgenstein Pinsent eine gemeinsame Reise nach Island vor. Für die Kosten wollte sein Vater aufkommen. Geld sollte keine Rolle spielen.

Am 5. September reisten sie ab, zunächst nach Reykjavik, von wo aus sie eine zehntägige Tour durch das Landesinnere unternahmen.[15] Auf ihren Ponys ritten sie über weites Heideland und große Lavaflächen, durch tiefe Schluchten und entlang hoher Berge. Doch nicht nur die wilde Landschaft begeisterte Pinsent. Beeindruckt hat ihn vor allem die scharfsichtige Klarheit, mit der ihm Wittgenstein meist abends, wenn sie in einem Gasthaus übernachteten, seine Überlegungen zur Lösung sprach-logischer Probleme mitteilte und erklärte, die ihm schwer zu schaffen machten. Am 3. Oktober waren sie wieder zurück in England.

Für Pinsent war die Reise das schönste und aufregendste Ferienerlebnis gewesen, das er je gehabt hatte. Er war sich sicher, einen Freund gefunden zu haben, und er war neugierig, wie es mit dessen geistiger Arbeit weitergehen sollte. Auch Wittgenstein hatte den Urlaub genossen. Statt jedoch wie sein Reisegefährte von der fremden Schönheit des Landes zu schwärmen, erinnerte er sich an einige Streitereien, die ihn wie fremde Stacheln in seinem Fleische schmerzten. Manchmal tat er so, als ob ihm Pinsent nichts bedeuten würde. Er konzentrierte sich lieber auf die Logik, wobei er sich nicht stören lassen wollte, und gab sich kalt und unnahbar. Doch dann sehnte er sich wieder nach Wärme und Zuneigung.

1913, im letzten Friedensjahr vor dem Großen Krieg, den damals kaum jemand für möglich gehalten hatte, standen sich die beiden Freunde am nächsten. Im Sommer unternahmen sie eine gemeinsame Norwegenreise, die sie in ein winziges Dorf am Hardangerfjord führte. In der Einsamkeit, befreit von den intellektuellen Eitelkeiten und oberflächlichen sozialen Ritualen in Cambridge, konnten sich beide entspannen.

Für einen sexuellen Kontakt Wittgensteins mit seinem «Bruder und Freund», mit dem er die besten Stunden seines Lebens verbracht haben will, gibt es keine Hinweise oder gar Beweise; und für Pinsent war Wittgenstein vor allem «ein liebenswerter Gefährte», dessen depressive Selbstanklagen und neurotische Verrücktheiten die Freundschaft wiederholt einer starken Prüfung aussetzten, «da mag er noch so nett und liebenswürdig sein»[16].

Um in völliger Ruhe und Abgeschiedenheit seine logisch-philosophischen Betrachtungen vertiefen zu können, suchte sich Wittgenstein im Oktober 1913 allein einen passenden Platz in der norwegischen Einsamkeit, um sich dort eine Holzhütte bauen zu lassen. Man musste ein Boot benutzen, um am Ende des Sognefjords über einen etwas höher gelegenen See den steilen Berghang zu erreichen, an dem seine Eremitage errichtet wurde. Die erste Hälfte des Jahres 1914 verbrachte er in der Nähe seines Rückzugsortes. Doch bevor der Bau fertig war, fuhr er im Juli nach Wien, um nach dem Tod seines Vaters Erbschaftsangelegenheiten zu regeln. Auch plante er, noch einmal mit seinem Freund Pinsent eine Reise zu unternehmen, vielleicht nach Spanien oder nach Andorra. Doch alles kam anders. Statt zu reisen oder sich wie ein Einsiedler aus der menschlichen Gemeinschaft zurückzuziehen, geriet Wittgenstein in den verschlingenden Strudel der Weltgeschichte. Am 28. Juli 1914 erklärte Österreich-Ungarn Serbien den Krieg. Schlag auf Schlag folgten Anfang August die Kriegserklärungen der europäischen Hauptmächte, die wie Schlafwandler in den Ersten Weltkrieg hineinstolperten, der vier Jahre lang dauern sollte. Wittgenstein nahm als Soldat von Anfang bis Ende daran teil.

Sinn und Sinnlichkeit

Einen Tag nach der Kriegserklärung Österreich-Ungarns an Russland meldete sich Wittgenstein am 7. August 1914 freiwillig zum Militärdienst, als habe er den heroischen Weg zur «Heiligung» einer kranken Seele gewählt, den William James in seinen *Varieties of religious experience* beschrieben hatte, diesem Buch, das Wittgenstein zwei Jahre zuvor sehr gutgetan hatte bei seinem Versuch der moralischen Besserung.

Schon bald nach seiner Einkleidung als einfacher Rekrut wurde er auf das von den Russen gekaperte Schiff «Goplana» beordert, das die Aufgabe hatte, mobilen Feuerschutz zu bieten und der Armee bei Flussüberquerungen über die Weichsel zu helfen. Als Kanonier musste er den Suchscheinwerfer bedienen. Seine Kameraden, meist Tschechen und Polen, empfand er als eine «Saubande! Keine Begeisterung, unglaubliche Roheit, Dummheit und Bosheit.»[17] In der Mannschaft fand er keinen einzigen anständigen Kerl, mit dem er sich hätte verstehen können. Er litt unter der Niedertracht dieser gemeinen Menschen. In kalten und regnerischen Nächten, die er auf der Kommandobrücke am Scheinwerfer zubrachte, erlebte er die Schrecken des Krieges, fühlte sich dabei aber etwas besser, da er wenigstens der Gemeinheit der Mannschaft entzogen war.

Allein auf sich selbst gestellt, musste er feststellen, «ganz unsinnlich geworden»[18] zu sein. Fast erleichtert, wenigstens noch einen Rest körperlicher Lust empfinden zu können, protokollierte er Anfang September, wobei er sich an David Pinsent erinnert haben wird: «Gestern zum ersten Mal seit 3 Wochen onaniert. Bin fast ganz unsinnlich. Während ich mir früher immer Gespräche mit einem Freund vorstellte, geschieht dies jetzt fast nie.»[19] Die Selbstbefriedigung war auf einen solipsistischen Akt reduziert worden, den er meistens ohne Begehren nach einem anderen Menschen lustlos nur an sich vollzog. Wie eine Rettung, die ihm half, sich am Leben zu erhalten, kam ihm in dieser isolierten Situation ein Buch in die Hände, das er während der kommenden Monate wie einen Talisman ständig bei sich trug. Denn im Buchladen des kleinen Städtchens Tarnów stieß er auf die *Kurze Darlegung des Evangelium. Von Graf Leo Tolstoj. Leipzig 1892,* ein kleinformatiges Heft aus Reclams Universalbibliothek. Am 1. September begann er dieses «herrliche Werk»[20] zu lesen, in dem Tolstoi das Christentum als eine Lehre dargestellt hatte, die dem Leben einen Sinn gibt.

Vor allem das zweite Kapitel seiner *Darlegung,* in dem Tolstoi erläuterte, warum «der Mensch nicht dem Fleische, sondern dem Geiste dienen»[21] sollte, und das achte Kapitel, in dem er zu einem wahrhaften Leben nicht im Lauf der Zeit, sondern in der reinen Gegenwart aufforderte, sprachen Wittgenstein aus dem Herzen. Wie Beschwörungsformeln übernahm er Gedanken aus diesen beiden Kapiteln, um am Sinn seines Lebens festhalten zu können. Er versuchte, nicht an das Vergangene oder das Zukünftige zu denken, sondern ganz in der lebendigen Gegenwart zu leben, um seine Todesangst zu bewältigen; und er schrieb zugleich der geistigen Tätigkeit den größten Wert zu, um sich über seine problematisch gewordene Sinnlichkeit zu beruhigen. «Der

Mensch ist *ohnmächtig* im Fleische, aber *frei* durch den Geist. Möge der Geist in mir sein!»[22] Sein Begehren sollte ihn nicht mehr beherrschen und seine Unsinnlichkeit ihn nicht mehr verunsichern.

Doch ganz so einfach war es nicht, ein Heiliger zu werden, dem die Lust des Fleisches fremd sein sollte. Denn obwohl er Tolstois Darlegungen mit großem Gewinn las, konnte er sich seiner verführerischen Sinnlichkeit nicht entziehen. Vor allem, nachdem er von der «Goplana» abkommandiert worden war und in der Artilleriewerkstatt in Krakau Dienst tat, onanierte er fast jeden Tag. Er fühlte sich in einem Widerstreit gefangen, den er nicht lösen konnte. Besonders die lieben Briefe, die er von David Pinsent erhielt, ließen ihn «*sehr* sinnlich»[23] werden. Er ermahnte sich – «so geht es nicht weiter»[24] –, aber wusste nicht, wie er den Konflikt zwischen Fleisch und Geist hätte schlichten können.

Ende Juli 1915 wurde Wittgenstein nach Lemberg am Bug versetzt. Auf einer verlassenen Bahnhofsstation in der Nähe arbeitete er in einem Werkstattzug, der zur Reparatur von Kriegsgeräten diente. Tagebuchnotizen zu seinem Leben in den kommenden Monaten sind nicht erhalten. Stattdessen gibt es einen ausführlichen Brief des Arztes Dr. Max Bieler, der für einen Lazarett-Zug des Roten Kreuzes verantwortlich war, der neben Wittgensteins Arbeitsplatz stand. Bieler freundete sich schnell mit diesem sonderbaren Menschen an, der nicht rauchte, wenig trank und zwischen all den lärmenden Soldaten und «jungen hohlköpfigen Berufsoffizieren»[25] wie ein Fremder wirkte, der nicht dazugehörte. Schon nach wenigen Tagen waren sie per Du. Oft und lang sprachen sie über philosophische und metaphysische Themen, die sie so sehr absorbieren konnten, dass sie Ort und Zeit vergaßen. Dabei war es weniger Tolstoi, der sie nachdenklich werden ließ, sondern eher Fjodor M. Dostojewski, dessen Werke Wittgenstein sehr gefielen, vor allem *Die Brüder Karamasow*. Wiederholt sprachen sie über diesen Roman, der sie anregte, über den Sinn des Lebens zu philosophieren. Wittgenstein kannte mehrere Stellen auswendig. Am liebsten war ihm das Sechste Buch des Zweiten Teils, in dem Dostojewski das Leben und die Lehre des Starez Sossima dargestellt hatte.

Denn dieser russische Priestermönch, der sich in seine klösterliche Einsiedelei zurückgezogen hatte, konnte den Menschen den Weg zeigen, auf dem sie zu ihrem eigentlichen Selbst finden konnten in einer Zeit voller Unruhe und Schmerz, Sündhaftigkeit und Bosheit, höllischer Qualen und schrecklicher Lieblosigkeit. In einer Welt, in der das Höllenfeuer jede Menschlichkeit zu vernichten drohte, hatte er trotz allem das Glück des Lebens beschworen, das sich im Willen zur Liebe manifestieren könne. Wittgenstein gab Dostojewski recht, «wenn er sagt, daß der, welcher glücklich ist, den Zweck des Daseins erfüllt»[26]. Und er folgte der Überlegung des Starez Sossima, was wohl die Hölle sein mag: «Sie ist der Schmerz darüber, daß man nicht mehr lieben kann. Nur einmal in dem unendlichen, weder durch Zeit noch Raum meßbaren Sein wird einem geistigen Wesen durch sein Erscheinen auf der Erde die Fähigkeit gegeben, zu sich zu sagen: Ich bin, und ich liebe! Einmal, nur einmal wird ihm Gelegenheit zu tätiger, lebendiger Liebe gegeben, und eben zu diesem Zweck wird ihm das irdische Leben gegeben und mit ihm eine bestimmte Spanne Zeit.»[27] Sollte es also nicht doch möglich sein, Tolstois Entgegensetzung von Körper und Geist in einer Liebe aufzuheben, wie sie Dostojewski seinen Mönch Sossima verkünden ließ? Und war nicht ein glücklicher Zustand denkbar, in dem das Streben all der Einzelnen, die sich solipsistisch in ihren Höhlen isoliert hatten, vergesellschaftet und zusammengeschlossen werden könnte, wobei auch die sinnliche Lust zum Lebensglück gehören würde?

Im März 1916 war es mit der Zeit der Nachdenklichkeit und geistigen Arbeit vorbei. Wittgenstein wurde als Artilleriebeobachter zu einem Feldkanonenregiment an der Front abkommandiert. Die folgenden Monate waren für ihn die schrecklichste Zeit dieses Krieges. Er litt Höllenqualen. Er erduldete sein Leben als eine Tortur, von der er nur zeitweise erlöst wurde, um für weitere Qualen empfänglich zu sein. Er fürchtete, als schwacher, geistloser Mensch unter den widrigsten Umständen zum Tier zu werden, wovor ihn nur der Glaube an einen Gott zu schützen vermochte.

Die religiöse Suche nach dem Sinn des Lebens verdrängte die

leibliche Sinnlichkeit. Wochenlang fühlte er sich «*vollkommen* ase-xuell»[28]. Seine Tagebucheintragungen im Juli 1916 dokumentieren die Hoffnung auf einen Gott, der die brutalen Tatsachen des Krieges übersteigt, um trotz aller Qualen das Dasein dennoch als lebenswert annehmen zu können. Wie Zaubersprüche klingen seine Beschwö-rungsformeln: «An einen Gott glauben heißt, die Frage nach dem Sinn des Lebens zu verstehen. An einen Gott glauben heißt sehen, daß es mit den Tatsachen der Welt noch nicht abgetan ist. An Gott glauben heißt sehen, daß das Leben einen Sinn hat.»[29] Um überleben zu können, suchte Wittgenstein mit jenem fremden Willen überein-zustimmen, den er als die Stimme Gottes zu vernehmen glaubte.

Auf sich selbst zurückgeworfen und nur auf sein eigenes Gewissen hörend, war ihm die Welt fremd geworden. Auch die Erinnerung an den fernen englischen Freund bot ihm keinen Halt mehr. Am 6. Juli 1918 teilte ihm Ellen F. Pinsent die traurige Nachricht mit, dass ihr Sohn David bei einem riskanten Flugmanöver für aerodynamische Forschungen tödlich abgestürzt war. «Ich möchte Ihnen sagen, wie sehr er Sie geliebt und Ihre Freundschaft bis zuletzt geschätzt hat. Ich habe ihn noch an dem Tag, bevor er ums Leben kam (8. Mai 1918), gesehen, und wir sprachen von Ihnen.»[30] Sofort antwortete Wittgen-stein der Mutter seines Freundes, von dem er während des Krieges so lange nichts gehört hatte. David sei sein erster und einziger Freund gewesen, an den er täglich sehnsüchtig gedacht habe mit der Hoff-nung auf ein Wiedersehen nach dem Krieg. Und er schloss den Brief mit dem Hinweis: «Ich habe gerade das philosophische Werk be-endet, an dem ich schon in Cambridge zu arbeiten begonnen hatte. Ich träumte immer davon, es ihm eines Tages zeigen zu können, und für mich wird es stets mit ihm verbunden sein. Ich werde es Davids Andenken widmen.»[31]

Beim Ende des Krieges befand Wittgenstein sich in italienischer Gefangenschaft, aus der er am 21. August 1919 entlassen wurde. Es war eine Zeit großer politischer Unruhen und Unsicherheiten. Nicht nur der Umbruch der kulturellen und politischen Lebensform, in der Wittgenstein groß geworden war, ließ die Frage nach einer neuen

Ordnung stellen, um die jahrelang gestritten wurde. Auch er selbst musste sich darüber klarwerden, was er in einer Zeit wollte, in der alles Alte seine Macht verloren hatte, das Neue aber noch keine deutlich erkennbare Perspektive besaß. Die großbürgerliche Atmosphäre des Hauses Wittgenstein war ihm fremd geworden. Er löste sich von der Familie, schenkte den Geschwistern sein ererbtes riesiges Vermögen, suchte vergeblich einen Verleger für seinen *Tractatus logico-philoso-phicus / Logisch-philosophische Abhandlung*, den er noch während des Krieges abgeschlossen hatte, und trat in eine Wiener Lehrerbildungsanstalt ein, um einfacher Volksschullehrer werden zu können.

In der Nähe seiner neuen Schule suchte er sich eine kleine Wohnung, in der er für sich allein sein konnte. Doch schon bald brachte ihn sein Bedürfnis nach menschlicher Wärme dazu, im November 1919 in das Haus der Sjögrens umzuziehen. Die früh verwitwete Hermine (Mima) Sjögren, geborene Bacher, deren 1903 verstorbener schwedischer Mann Direktor und Ingenieur in einem der Wittgenstein-Stahlwerke gewesen war und die mit Ludwigs älteren Schwestern eng befreundet war, stellte ihm ein Zimmer zur Verfügung. Dabei sollte er ihr nicht nur als Mann im Haus helfen, sondern sich auch um die geistige und charakterliche Bildung ihrer drei Söhne Nils, Arvid und Talla kümmern. Schon bald entwickelte sich daraus eine enge Freundschaft Wittgensteins mit dem zweitgeborenen Sohn Arvid, einem großen, stillen, sehr ernsten und unverstellten Mann, der ihn später auf mehreren Reisen ins Ausland begleitete. Nach David Pinsent war Arvid Sjögren sein zweiter Freund, der sich wie ein Jünger an seinen Meister band. Und Wittgenstein wäre wohl bei den Sjögrens geblieben, wenn sich nicht die attraktive, auffallend schöne und künstlerisch begabte Mima in ihren zwanzig Jahre jüngeren Untermieter verliebt hätte. Denn in ihrer Nähe wurde es ihm ganz «schwummerlich»[32], sodass er im April 1920 fluchtartig das Haus in der St. Veitgasse, XIII. Wiener Bezirk, verließ und sich in einer kleinen, billigen Wohnung in der Rasumofskystraße, III. Wiener Bezirk nahe den Praterwiesen, einmietete.

Er hatte sich selbst isoliert. Er fühlte sich an einem Tiefpunkt seines Lebens. Moralische Selbstanklagen brachten ihn an den Rand des Selbstmords. Das hat William W. Bartley dazu verleitet, den überstürzten Wohnungswechsel als einen Hinweis auf Wittgensteins Homosexualität zu skandalisieren. Denn die Praterwiesen waren als Schwulentreffpunkt bekannt, sodass Bartley sensationell enthüllen zu können glaubte: «Dort fand er derbe Männer, die sich bereitwillig sexuell auf ihn einließen.» Mehrmals in der Woche soll er dorthin geeilt sein, «gepeitscht – so beschrieb er es einigen Freunden – von einem Dämon, den er kaum bezwingen konnte»[33]. Namen seiner Zeugen hat Bartley nicht genannt, und Indizien hat er nicht vorgelegt. Als Beweismittel zitiert er nur aus einem Brief, den Wittgenstein am 30. Mai 1920 an Paul Engelmann geschrieben hatte, mit dem er sich Ende 1916 während eines Lehrgangs an der Artillerie-Offiziersschule in Olmütz angefreundet hatte. Denn in diesem Brief hatte er sich wieder einmal gegenüber dem Freund gefühlsmäßig «ausgeleert»: «Es ist mir in der letzten Zeit höchst miserabel gegangen. Natürlich nur durch meine eigene Niedrigkeit und Gemeinheit. Ich habe fortwährend daran gedacht, mir das Leben zu nehmen und auch jetzt spukt dieser Gedanke noch in mir herum. *Ich bin ganz & gar gesunken.* Möge es Ihnen nie so gehen. Ob ich mich noch werde aufrichten können? Wir werden ja sehen.»[34] Er fühlte sich wie ein Ertrinkender, der ins Wasser gefallen war, aber nicht schwimmen konnte. Besonders verwerflich fand er, dass ihm der Glaube an einen Gott nicht mehr helfen konnte, der ihn während des Krieges aus tödlicher Gefahr und tiefster Not gerettet hatte.

Paul Engelmann war als Zeuge für Wittgensteins Homosexualität denkbar ungeeignet. Denn er wusste, dass es sich bei dessen Selbstvorwürfen nicht um sexuelle Verfehlungen handelte, sondern um eine Versagensangst, den selbstgesetzten hohen ethischen Ansprüchen nicht genügen zu können. Besonders in der unsicheren Nachkriegszeit fühlte er sich verloren und verwirrt. Engelmann, der zwischen 1916 und 1931 in ständigem nahen Kontakt zu Wittgenstein stand und mit ihm von 1926 bis 1928 das Stadthaus für Wittgensteins Schwester Margaret Stonborough-Wittgenstein in der Wiener Kundmanngasse baute, kannte nicht nur die philosophischen, künstlerischen und religiösen Gedanken seines Freundes sehr genau, den er für den leidenschaftlichsten Menschen hielt, dem er je begegnet war. Er war sich auch sicher, dass das Leidenschaftliche, das im Leben und Werk Wittgensteins zum Ausdruck gebracht wurde, nicht sexuell begründet war, sondern als ein geistig-seelischer Impuls wirkte, den er äußerst streng gegen sich selbst und gegen ihm nahestehende Menschen richtete. Das erhellt auch die Antwort, die Engelmann auf die Frage nach einer möglichen homosexuellen Veranlagung Wittgensteins gegeben hat: «Nur soviel muß ich hier sagen, daß mir bei näherer Kenntnis seiner fundamentalen Unfähigkeit, mit einem Menschen in ein anderes als im höchsten Sinn des Wortes ‹menschliches› Verhältnis zu treten, auch die Vorstellung, daß ihn irgend etwas bestimmt haben könnte, was unter die Schablone der genannten Bezeichnung fällt, höchst unwahrscheinlich ist; aus derselben Kenntnis dieser seiner allgemeinen Unfähigkeit aber verstehe ich auch, daß er die gesuchten menschlichen Voraussetzungen bei Frauen nicht häufiger gefunden haben wird als bei Männern.»[35]

Marguerite oder Die Lust am Küssen

Wie problematisch und verwirrend Wittgensteins Wunsch nach einer menschlichen Beziehung sein musste, der sich am Ideal des Heiligen ausrichtete und geschlechtliche Annäherungen als bedrohlich abzuwehren versuchte, offenbart seine Liebesgeschichte mit Marguerite Respinger, die unfreiwillig tragikomische Züge annahm.

Marguerite war, soweit man weiß, die einzige Frau, in die sich Wittgenstein jemals verliebte und die er sogar heiraten wollte, um sich mit ihr im Sakrament der Ehe von allem Unreinen, Schweinischen befreien zu können. Die Affäre dauerte fünf Jahre, wobei es zu einem ständigen Wechsel von Annäherungen und Abstoßungen kam, ohne dass es gelang, eine höfliche und moralisch integre mittlere Entfernung zu finden. Sie begann 1926, als Wittgenstein durch seine Schwester Margaret zum Bau ihres Wiener Hauses hinzugezogen worden war. Er hatte zwar nicht Architektur studiert und musste sich als Autodidakt in die besonderen Schwierigkeiten dieses Hausbaus einarbeiten. Doch schon bald überzeugte er seine Schwester, deren Geschmack und Lebensstil er gut kannte, dass er ihre baulichen Intentionen wesentlich besser verstehen konnte als der ausgebildete Architekt Paul Engelmann, der anfänglich für dieses Projekt verantwortlich sein sollte. Schon Anfang Juni 1926 teilte sie ihrem Sohn Thomas Stonborough die gute Nachricht mit: «Kannst Du Dir die ungeheueren Vorteile vorstellen, die daraus für alle Beteiligte erwachsen. Lukis große Begabung als moralische Instanz, als Aufsteller logischer Prinzipien endlich ausgenützt. Seine technische Begabung, die dem Engelmann einen konsultierenden Ingenieur ersetzt.»[36]

Während er den Bau in der Kundmanngasse 19 überwachte, den er bis ins kleinste Detail durchgeplant hatte, verletzte er sich einmal am Fuß. Er musste das Bett hüten und erholte sich bei Margarets Familie. Dabei lernte er auch Marguerite Respinger kennen, die Tochter eines reichen Schweizer Geschäftsmannes, die mit Thomas Stonborough befreundet und von ihm nach Wien eingeladen worden war. Sie war zweiundzwanzig Jahre alt, eine lebenslustige, künstlerisch begabte Frau, die schon bald Gefallen an dem sonderbaren, fünfzehn Jahre älteren Wittgenstein fand. Zusammen mit ihrem Freund Thomas und den Brüdern Arvid und Talla Sjögren, die er schon seit der frühen Nachkriegszeit gut kannte, besuchte sie ihn am Krankenbett, wo er ihnen am liebsten Geschichten des alemannischen Dichters Johann Peter Hebel vorlas. Marguerite war gerührt durch das tiefe Verständnis, mit dem Wittgenstein die Texte las. Sie fühlte sich vertraut, wie zu Hause; und auch er hatte bald nur noch Augen für die junge Marguerite, die an seinen Lippen hing. Das blieb vor allem Arvid Sjögren nicht verborgen, der mit Wittgenstein eng befreundet war und ihn als eine Art Vaterfigur bewunderte. Er reagierte eifersüchtig. Als Wittgenstein seine jungen Besucher einmal fragte, was sie gerne hören wollten, dabei aber nur Marguerite ansah, soll Arvid eisig bemerkt haben: «Gleichgültig, was Du liest, sie wird es doch nicht verstehen.»[37]

Nachdem er wieder laufen konnte, sahen Wittgenstein und Marguerite sich fast täglich, wenn es ihr Studium an der Wiener Kunstakademie, wo sie sich als Graphikerin ausbilden ließ, und seine Arbeit als Architekt zuließen. Gern gingen sie ins Kino, um sich amerikanische Filme anzusehen, am liebsten Western, die außerordentlich wohltuend auf Wittgenstein wirkten und seinen Geist ausruhen ließen. Danach besuchten sie oft ein Wiener Kaffeehaus, wo sie Brot, Eier, Butter und ein Glas Milch bestellten, was zwar seinem Wunsch nach Einfachheit entsprach, aber nicht unbedingt dem Stil der modebewussten, eleganten Design-Studentin.

Auch nachdem er 1929 wieder nach Cambridge gezogen war, um dort philosophisch weiterzuarbeiten, brach der Kontakt nicht ab. Sie trafen sich in den Ferien, die Wittgenstein in Wien verbrachte, oder Marguerite besuchte ihn in Cambridge. In seinen Tagebüchern hielt er fest, was er von dieser Freundschaft erwartete. Er hatte sich verliebt, empfand ihr Zusammensein als Glück und genoss die Küsse, die sie ihm gewährte. Das blieb vor allem seiner Schwester Margaret nicht verborgen, die auf die außergewöhnliche Liebeslust ihres Bruders lächelnd reagierte und ihm schrieb, was sie in dem französischen Witzblatt *Le Rire* über *Un baiser volupteux* und *Une nuit d'amour*, einen wollüstigen Kuss und eine Liebesnacht, zum Lachen gebracht hatte.[38] Für ihn dagegen war es eine ernste Sache. Er dachte sogar daran, zu heiraten.

Dabei hätte er die Hinweise nicht übersehen dürfen, die eine engere Verbindung illusionär werden ließen. Im Dezember 1929, als er mit seinen Geschwistern und Marguerite Weihnachten feiern wollte, teilte sie ihm mit, dass sie ihn nicht mehr küssen wolle. Ihre Empfindung zu ihm sei nicht tief genug. Wittgenstein ging darauf nicht ein. Der abwehrende Stachel hatte ihn zwar verletzt, aber kaum geschmerzt. Er blieb fröhlich in Marguerites Anwesenheit. Er beruhigte sich mit der Einsicht, dass die sinnliche Befriedigung eigentlich keine Rolle spielen sollte. Hauptsache war, dass ihn sein Geist nicht verließ. Auf die Lust des Küssens konnte er gut verzichten. Um sich davor zu schützen, klagte er sich Weihnachten 1929 selbstkritisch an: «Ich bin ein Schwein, und dabei bin ich doch nicht unglücklich. Ich bin in Gefahr, noch seichter zu werden. Möge Gott es verhüten!»[39] Er muss selbst erkannt haben, dass er mit diesem abwehrenden Urteil weder sich selbst noch Marguerite gegenüber gerecht geworden war. Also beschloss er, eine wahrheitsgetreue Autobiographie zu schreiben, in der alles Anständige und Unanständige zur Sprache kommen sollte. Am 28. Dezember notierte er: «Und zwar möchte ich mein Leben einmal klar ausbreiten, um es klar vor mir zu haben und auch für andere. Nicht so sehr, um darüber Gericht zu halten, als um jedenfalls Klarheit und Wahrheit zu schaffen.»[40]

Der Plan wurde nicht erfüllt. Die Unklarheit seiner Liebesgeschichte blieb bestehen. Als er wieder in Cambridge war, hatte er zumindest den Mut, vernünftig über sich selbst nachzudenken, wobei die Gedanken an seine Verliebtheit ihm wie eine geistige Verstopfung erschienen. Er wollte sie loswerden, wusste aber nicht, was ihn dazu drängte. Am 26. April 1930 stellte er fest: «Mein Gehirn ist sehr reizbar. Habe heute von der Marguerite Taschentücher zum Geburtstag bekommen. Sie haben mich gefreut, wenn mir auch jedes Wort noch lieber gewesen wäre & ein Kuss noch viel lieber. Von allen Menschen, die jetzt leben, würde mich ihr Verlust am schwersten treffen, das will ich nicht frivol sagen, denn ich liebe sie oder hoffe, daß ich sie liebe.»[41]

Vor allem, wenn er eine Zeitlang nichts von ihr gehört hatte, steigerten sich seine Zweifel und Verlustängste. Am 2. Mai glaubte er feststellen zu können, dass es sich bei seiner komplizierten Liebesgeschichte um ein Problem der Sittlichkeit handelte, das zu überdecken drohte, worum es ihm eigentlich ging. Ihre Liebe sollte klar und rein sein. Dass er sie so gern küsste, wurde als Gefahr gesehen und auszuschalten versucht. Er musste anständig sein, um sie als Geliebte ganz für sich gewinnen zu können! «Ich liebe die Marguerite sehr & habe große Angst sie möchte nicht gesund sein da ich schon über eine Woche keinen Brief von ihr habe. Ich denke wenn ich allein bin wieder & wieder an sie aber auch sonst. Wäre ich anständiger so wäre auch meine Liebe zu ihr anständiger. Und dabei liebe ich sie jetzt so innig als ich kann. An Innigkeit fehlt es mir vielleicht auch nicht. Aber an Anständigkeit.»[42]

Eine Woche später, am 9. Mai 1930, stellte er wieder fest, wie sehr und schon seit langem er in Marguerite verliebt war. Die Stärke seines Verliebtseins überraschte ihn. Doch ebenso stark waren nun seine Zweifel und Befürchtungen, «daß die Sache aller Wahrscheinlichkeit nach hoffnungslos ist»[43]. Er musste damit rechnen, dass Marguerite einen anderen Mann heiraten könnte. Er antizipierte den starken Schmerz, den eine Trennung verursachen würde. Wittgenstein wollte «die Sache» realistisch betrachten und mit beiden Füßen auf dem festen Boden der Tatsachen stehen, ohne sich an Illusionen zu hängen. Aber er wollte auch an seiner Liebe festhalten, uneigennützig und mit dem Bewusstsein des wahrscheinlichen Scheiterns. «Es ist schwer die Liebe so zu halten daß man, wenn es schief geht sie nicht als ein verlorenes Spiel ansehen muß sondern sagen kann: darauf war ich vorbereitet & es ist auch so in Ordnung.»[44] Doch was nützte ihm dieser abgeklärte Gedanke, solange er daran dachte und hoffte, seine Geliebte wieder in den Armen halten und küssen zu können? Er fühlte sich wie ein Reiter, der sich auf ein Pferd setzte mit dem Bewusstsein, jederzeit abgeworfen werden zu können.

Doch immer wieder scheiterte sein realistischer Blick an der Macht seiner «unanständigen» Wünsche. Denn noch immer fühlte er sich hin- und hergerissen zwischen der Lust des Küssens und einer Abwehr der bedrohlichen geschlechtlichen Sinnlichkeit, die er durch sexuelle Enthaltsamkeit bekämpfen wollte. Ihm schwebte die Idee einer Ehe vor, die der Forderung der Keuschheit genügen sollte. Kein Wunder, dass Marguerite bald nicht mehr wusste, was sie von dieser sonderbaren Beziehung halten sollte. Anfang Oktober 1930 kam es zu irritierenden Szenen, als die Möglichkeit einer Heirat geklärt werden sollte. Sie hielten sich in den Armen und küssten sich lange. Doch dann schien Marguerite wieder kalt und unglücklich zu sein. Wie eine Fremde wich sie seinen Küssen aus «& sah oft geradezu finster drein & blickte dabei zur Seite was ich an ihr nie gesehen hatte & und mich gleichsam erschreckte». Sie weinte und sagte, «wie wenig ich ihr bedeute wenn ich abwesend sei. Und daß sie überhaupt ihr Verhältnis zu mir nicht begreife.»[45]

Auch Wittgenstein wurde sich immer unklarer über die Bedeutung seiner erotischen Erlebnisse mit der Geliebten, die er nicht verlieren wollte. Er wusste nicht, wohin das alles führen sollte. Dass sich ihre Stimmung so oft verschlechterte und sie zu weinen begann, wenn er ihr nahe sein wollte, nahm er als Zeichen von Marguerites Unsicherheit und Unentschiedenheit wahr. Noch immer glaubte er, ihr am besten helfen zu können, wenn er selbst wie «ein starker & fester Pflock» stehen bliebe, wie sehr sie auch in ihren Gefühlen flatterte und verwirrt zu sein schien. «Ob ich die Kraft dazu haben werde? Und die nötige Treue? Möge mir Gott das Nötige geben.»[46]

Im März 1931 glaubte er zu wissen, dass Marguerites Liebe zu ihm verlorengegangen war. Doch eine andere Stimme sagte ihm, dass er sich nicht unterkriegen lassen sollte, sondern mit dem Bewusstsein des Scheiterns den Schmerz ertragen musste, den ihm seine zu enge Annäherung an Marguerite bereitet hatte. «Und die letztere Stimme hat recht, nur ist es eben dann der Fall eines Menschen der lebt & von Schmerzen gepeinigt ist. Er muß kämpfen, damit ihm die Schmerzen das Leben nicht verleiden ... Bin von der peinigenden Angelegenheit mit Marguerite ganz geschlagen. Ich sehe eine Tragödie voraus. Und doch gibt es nur eines: sein Bestes tun & weiter arbeiten.»[47]

Um geistig konzentriert arbeiten zu können, zog sich Wittgenstein im September 1931 in seine Hütte in Norwegen zurück. Doch auch mit Marguerite versuchte er noch einmal, sein Bestes zu geben. Er lud sie ein, ihn in seiner Einsamkeit zu besuchen. Dort hätten sie genügend Muße, ungestört über ihre Zukunft nachdenken zu können. Sie nahm seine Einladung an und reiste nach Skjolden, bekam ihn jedoch kaum zu Gesicht. Während er in seiner unzugänglichen Hütte lebte, war sie in einem Bauernhof untergebracht worden. Und statt mit Wittgenstein sprechen zu können, fand sie zunächst in ihrer Tasche eine Bibel, die er ihr nach ihrer Ankunft heimlich eingepackt hatte. Zwischen die Seiten, auf denen Paulus im *Ersten Brief an die Korinther* die höheren Gnadengaben preist und das Hohelied der Liebe anstimmt, hatte er einen Brief als Lesezeichen hinterlassen. Sie sollte darüber nachdenken, dass selbst die größten Güter nichts wert wären, hätte man die Liebe nicht: «Die Liebe ist langmütig, die Liebe ist gütig. Sie ereifert sich nicht, sie prahlt nicht, sie bläht sich nicht auf. Sie handelt nicht ungehörig, sucht nicht ihren Vorteil, läßt sich nicht zum Zorn reizen, trägt das Böse nicht nach. Sie erträgt alles, glaubt alles, hofft alles, hält allem stand.»[48]

Auf diese hohen Anforderungen, denen sie niemals würde gerecht werden können, wollte Marguerite sich nicht einlassen. Statt über den biblischen Sinn der Liebe zu meditieren, zog sie es vor, aus ihrem Besuch das Beste zu machen. Sie wanderte viel und schwamm gern im Fjord. Sie suchte in der Natur, was ihr Wittgenstein nicht geben konnte. Nach zwei Wochen reiste sie ab. Nun wusste sie genau, dass er nicht der Mann sein konnte, mit dem sie zusammenleben wollte; und dass sie nicht dazu in der Lage sein konnte, seinem moralischen Druck standzuhalten und ihm das zu geben, was er von ihr erwartete.

Damit war ihre Trennung unausweichlich geworden. Nach der Erfahrung in Norwegen trafen sie sich zwar noch mehrmals in Wien. Marguerite spürte, dass ihre bloße Anwesenheit Wittgenstein den Frieden gab, den er brauchte, wenn er philosophisch konzentriert arbeiten wollte. Und er erkannte an, dass er, obwohl er den erhofften Genuss noch immer nicht ganz aufgeben wollte, für Marguerite nicht mehr als Geliebter in Frage kam, sondern nur noch als eine «Zuflucht»[49] in bedrohlichen Lebenssituationen. In seinem Tagebuch ließ er offen, ob er dazu auch ihr Verhältnis zu Talla Sjögren zählte, das sie eingegangen war. Jedenfalls empfand er diese Beziehung wie einen «durchdringenden & beschämenden Schmerz der Verlassenheit»[50], den er nur schwer ertragen konnte. Noch immer glaubte er, mit Marguerite die Gnade der paulinischen Liebe erfahren zu haben, die durch ihr neues Verhältnis profanisiert wurde. Er dachte an Selbstmord. «Der bürgerliche Geruch des Verhältnisses Marguerite – Talla ist mir so grausig, unerträglich, daß ich vor ihm aus der Welt fliehen könnte. Jede Beschmutzung kann ich ertragen, nur die bürgerliche nicht. Ist das nicht seltsam?»[51]

Ein Jahr später war es so weit. Beim Weihnachtsfest 1932, das Marguerite Respinger als Gast ihrer Freundin Margaret Stonborough-Wittgenstein im Wiener Alleegassen-Palais zubrachte, gab sie ihre Verlobung mit Talla Sjögren bekannt, und schon zu Silvester fand die Hochzeit statt. In ihren Erinnerungen, die sie später als Großmutter für ihre Enkel festhielt, berichtete sie über diesen besonderen Tag, der nicht nur für sie, sondern auch für Wittgenstein das endgültige Ende ihrer merkwürdigen Liebesgeschichte bedeutete. «Meine Verzweiflung erreichte ihren Höhepunkt, als mich Ludwig am Sonntagmorgen – eine Stunde vor der Hochzeit – aufsuchte. ‹Du machst eine Schiffsreise, und das Meer wird rauh sein. Bleibe mir immer verbunden, so wirst Du nicht untergehen›, beschwor er mich. Bis dahin hatte ich weder seine tiefe Verbundenheit noch seinen großen Irrtum wahrgenommen. Jahrelang war ich in seinen Händen wie weiches Wachs gewesen, das er nach seinem Ideal kneten wollte. Er war wie ein Samariter, der dem Sünder ein neues Leben gibt.»[52]

Anständig leben, kein Schwein sein!

Als Marguerite Respinger Ludwig Wittgenstein mit dem guten Samariter verglich, von dem Lukas in seinem Evangelium berichtet hatte, dass er sich barmherzig und voller Mitleid um einen Schwerverletzten gesorgt habe, rückte sie sich selbst in die Rolle einer Sünderin, der Wittgenstein helfen wollte. Sie erwähnte nicht, dass der Mann, der sie nach seinem Ideal bilden wollte, dabei auch mit sich selbst stritt, weil er ebenfalls nicht dem Bild entsprach, das er sich von einem guten Menschen in moralischer Hinsicht gemacht hatte. Dabei war es vor allem die sexuelle Annäherung, die seinen lebenspraktischen Maximen zu widersprechen drohte und ihn sündig werden ließ. Denn es war ja kein Zufall, dass der Wunsch nach Anständigkeit sich immer dann besonders stark geltend machte, wenn Wittgenstein die Lust des Küssens erlebte und genoss. Er empfand es als einen Mangel an «Anständigkeit», dass seine Liebe nicht rein genug war, sondern durch ein sexuelles Begehren verunreinigt zu sein schien. Und auffällig war auch, dass er den selbstbezogenen Vorwurf, ein «Schwein» zu sein, nicht nur auf Schopenhauers allgemeinmenschliches Stachelschwein-Problem der angemessenen Distanz bezog, sondern auf eine sexualmoralische Verfehlung. Die sinnliche Annäherung erschien ihm wie eine tierische Geilheit, die ihn zu übermannen drohte, wenn er sich dem Genuss des Küssens überließ.

Auf dem Höhepunkt seines Verliebtseins notierte er am 27. April 1930 seine selbstkritische Einsicht, wobei er sich in eine Linie mit dem Gründer der Psychoanalyse stellte: «Freud irrt sich gewiss sehr oft & was seinen Charakter betrifft so ist er wohl ein Schwein oder etwas ähnliches aber an dem was er sagt ist ungeheuer viel. Und dasselbe ist von mir wahr.»[53] Im Oktober 1931, nach seiner Rückkehr aus Norwegen, wo er nicht mehr wusste, wie er sich zu Marguerites körperlicher Präsenz verhalten wollte, berichtete er seiner Schwester Hermine, die ihm von all seinen Geschwistern am nächsten stand, dass er eine «Beichte» wegen seiner Sünden ablegen wolle und darüber froh sei, «wenn ich schon ein Schwein bin, daß ich mich noch *manches mal* darüber beunruhigen kann. Wäre die Beunruhigung nicht so oberflächlich, so würde eine Besserung eintreten.»[54] Wie ein barmherziger Samariter versuchte er nicht nur der verunsicherten Freundin, sondern auch sich selbst zu helfen, um die sexuelle Unanständigkeit zu überwinden, die er genoss und ablehnte, erhoffte und befürchtete. Mit ihrem feinen Gespür für die Empfindsamkeit ihres Bruders antwortete ihm Hermine, dass sie ihn ganz gut zu verstehen glaube. Auch sie halte die «Beunruhigung» für das einzig Gute, dessen man sich sicher sein könne, wobei ihr auch deren konkreter Grund bekannt sei. Denn erst vor kurzem war Marguerite bei ihr gewesen und hatte ihr von ihrer Reise nach Norwegen erzählt. Sie war überrascht gewesen, wie sehr deren offenherziger Bericht von dem abwich, was sie von ihrem Bruder erfahren hatte, wobei sie sich über den Grund dieses Unterschieds klar war. «In Deiner Erzählung konnte ich immer nur Dich hören oder vor mir sehen, wie wenn ein grosser Gegenstand so den Kleinen verdeckt, dass man diesen gar nicht mehr reconstruieren kann.»[55]

Die Liebe, auch in körperlicher Hinsicht, war eins der großen Lebensprobleme Wittgensteins, wobei er fühlte, dass es sich einer wissenschaftlichen Lösung entzog. Er glaubte erkannt zu haben, dass es sich dabei um etwas Wertvolles handelte, das nicht zu einer weltlichen Tatsache verobjektiviert werden konnte, über die wahre oder falsche Aussagen gemacht werden können. Die zeitgenössischen Forschungen einer neu entwickelten «scientia sexualis» nahm er nicht zur Kenntnis, und psychologische Untersuchungen von Liebesgefühlen waren für ihn völlig uninteressant. Nur zwei Autoren hielt er für bemerkenswert, deren Werke ihm etwas zu sagen hatten. Beide lebten in Wittgensteins Wien[56] und hatten die Geschlechtlichkeit des Menschen zu ihrem Hauptthema erklärt.

Sigmund Freud. Noch im elterlichen Haus hatte der junge «Luki» von Freud gehört, der das Wiener Bürgertum über die dunklen Seiten seiner Sexualität aufklären wollte, seien sie auch noch so sehr neurotisch verdrängt oder psychotisch verworfen. Es wird wohl seine Schwester Margarethe gewesen sein, die ihn auf die ersten Werke Freuds aufmerksam machte. Neugierig auf die Neuerungen in Kunst und Wissenschaft, hatte sie sich schon früh für die revolutionären Ideen Freuds interessiert und sich später bei ihm auch einer Psychoanalyse unterzogen. Das große Jahrhundertbuch von 1900, Die Traumdeutung, hatte sie aufmerksam gelesen und seine Sprengkraft erkannt: Die verwirrenden Traumtexte, in denen die Träumenden von ihren nächtlichen Halluzinationen erzählen, sind keine unbedeutenden, unverständlichen Phänomene, sondern zeigen den Königsweg, auf dem man zu den verborgenen Geheimnissen seines Seelenlebens vordringen kann, wobei sexuelle Wünsche und ihre mögliche Befriedigung die Haupt- und Schlüsselrollen spielen.

Zunächst hielt der junge Wittgenstein, der sich wissenschaftlich lieber mit lösbaren technischen und logischen Problemen beschäftigte, die Psychoanalyse für eine bloße Zeitverschwendung, die sich in unhaltbare Spekulationen verlor. Doch schon während des Krieges, als er einsah, «daß selbst, wenn alle *möglichen* wissenschaftlichen Fragen beantwortet sind, unsere Lebensprobleme noch gar nicht berührt sind»[57], korrigierte er seine ablehnende Haltung. Er blieb zwar bis zu seinen letzten Lebensjahren bei seinem kritischen Urteil, dass es sich bei psychoanalytischen Interpretationen nur um phantastische Pseudo-Erklärungen handeln konnte, wenn man die Maßstäbe einer streng empirischen Forschung oder einer zwingenden logischen Deduktion anlegen wollte. Freuds Theorieversuche steckten voller fragwürdiger Gedanken, auf die man leicht hereinfallen konnte. Sie waren methodisch unsauber und wirkten wie eine «mächtige Mythologie»[58], die, wie jeder Mythos, interessante manifeste Dinge, Tatsachen oder Zeichen als Ausdruck geheimnisvoller, verborgener, latenter Bedeutungen tiefenpsychologisch zu deuten versuchten. Auch mochten viele einzelne psychoanalytische Interpretationen als irrtümlich oder falsch zurückgewiesen werden können. Doch das schmälerte nicht ihren aufregenden Reiz. Je mehr Wittgenstein sich für seine eigenen Gefühle und Stimmungen zu interessieren begann, desto stärker wirkte die Anziehungskraft von Freuds Deutungsversuchen. Er erkannte sie als Winke an, die ihm etwas zu sagen hatten. Er fühlte sich inspiriert. Nicht nur das allgemeine Bild des Menschen, in dem eine Unterwelt, eine Geheimkultur, etwas Verstecktes und Heimliches eine fundamentale Rolle spielten, war reizvoll. Bedenkenswert und erhellend war auch, dass er sich in vielem selbst erkennen konnte, was Freud sexualtheoretisch aufklärte. In den lesenswerten Schriften des Psychoanalytikers fand er wieder, was ihn körperlich beunruhigte, wenn er sich einem geliebten Menschen nahe fühlte.

Dass Wittgenstein während seiner Marguerite-Episode Freud für ein «Schwein oder etwas ähnliches» hielt, betraf deshalb nicht eine bestimmte charakterliche Tatsache oder irgendwelche unmoralischen Verfehlungen. Es bezog sich auf die psychoanalytische Sexualisierung des Seelenlebens und erkannte an, dass es sowohl bei Freud wie bei ihm selbst um sinnliche Phantasien und erotische Wünsche ging, die sich auf die Körperlichkeit und ihre «widerwärtige» Triebdynamik richteten und gerade deshalb «unendlich mehr *anziehend* als absto-ßend»[59] wirken konnten. Wittgenstein fühlte sich Freud nahe und gab sich schließlich sogar als dessen Schüler oder Anhänger zu erkennen, auch wenn er sich von ihm als Wissenschaftler distanzierte.

Otto Weininger. Auch ihn hat Wittgenstein in die Liste der Autoren aufgenommen, deren Werke er «leidenschaftlich zu meinem Klä-rungswerk aufgegriffen»[60] hat. Schon als Schüler beeinflusste ihn die-ser rätselhafte jüdische Philosoph, der 1903 die Wiener doppelt scho-ckiert hatte. Zuerst durch die Veröffentlichung seines skandalösen Hauptwerks *Geschlecht und Charakter*, mit dem er eine prinzipielle Untersuchung der sexuellen Typen von Mann und Frau vorgelegt hatte, wobei der weibliche Idealtyp durch einen unbewussten seelen- und geistlosen Sexualtrieb beherrscht werde, in dessen Strudel auch der Mann hineingerissen zu werden drohe. Denn es seien vor allem die Frauen, die, unterstützt von willfährigen Männern, dem anderen Geschlecht einzureden vermochten, «daß des Mannes wichtigstes, ei-gentlichstes Bedürfnis die Sexualität sei, daß er erst vom Weibe Be-friedigung seiner wahrsten und tiefsten Wünsche erhoffen dürfe, daß Keuschheit für ihn Unnatürliches und Unmögliches bilde»[61].

Wie im Falle von Freud beeindruckte Wittgenstein weniger die scheinbare Wissenschaftlichkeit, mit der Weininger seine Thesen vortrug. Es war die ethische Frage nach dem Wert des Sexuellen, die er stellte und zu beantworten versuchte. Seine Beschwörung eines sittlichen Ideals, das dem individuellen Menschen helfen sollte, dem Bösen und Teuflischen zu widerstehen, das ihn zu beherrschen droh-te, wirkte als eine Orientierungshilfe, die Wittgenstein auch für sich in Anspruch nahm. Im Sinne Weiningers trennte er Liebe und Sexua-lität, geistige Energie und körperliche Triebhaftigkeit, und erklärte die menschliche Sexualität für schweinisch. *«Es gibt nur ‹platonische Liebe›.* Denn was sonst noch Liebe genannt wird, gehört in das Reich der Säue.»[62] Es wundert deshalb nicht, dass auch für Wittgenstein die Liebe dann am stärksten sein sollte, wenn die geliebte Person sich entfernt aufhielt. Liebe benötige Distanz, wenn sie dauern soll; wäh-rend die körperliche Nähe den Tod der Liebe herbeiführe. «Ja, was alle Reisen in ferne Länder nicht erreichen konnten, daß wahre Liebe sterbe, wo aller Zeitverlauf dem *Vergessen* nichts fruchtete, da kann eine zufällige, unbeabsichtigte körperliche Berührung mit der Geliebten den Geschlechtstrieb wachrufen und es vermögen, die Liebe auf der Stelle zu töten.»[63]

Weininger war davon überzeugt, wobei er zustimmend auch an Augustinus erinnerte, dass die menschliche Unfreiheit, die für Mann und Frau in ihrer Geschlechtlichkeit begründet liege, nur durch eine sexuelle Enthaltsamkeit aufzuheben sei, mit der die ganze moderne Koitus-Kultur außer Kraft gesetzt werden müsse. «Der Mann muß vom Geschlecht sich erlösen, und *so*, nur *so* erlöst er die Frau. *Allein* seine *Keuschheit*, nicht, wie *sie* wähnt, seine Unkeuschheit, ist ihre Rettung.»[64] Nicht nur diese Empfehlung irritierte die Leser, sondern zugleich Weiningers Selbstmord, den er im Oktober 1903, nur dreiundzwanzig Jahre alt, im Flur des Sterbehauses Beethovens inszenierte, um damit zu demonstrieren, dass allein die Selbsttötung jenen Anständigen einen wirklich sicheren Ausweg bieten könne, die sich vom Zwang zum Schlechten, Schweinischen und Bösen überwältigt fühlten.

Bereits durch die Gespräche in seinem Elternhaus hatte der junge Wittgenstein von Weiningers Gedanken und Selbstmord gehört. Wann er dessen *Geschlecht und Charakter* gelesen hat, ist nicht gesichert. Jedenfalls hat er es später mehrmals als das Werk eines außergewöhnlichen Genies geschätzt, auch wenn er dessen Überzeugung, dass die Frauen und das Weibliche im Manne der Ursprung alles Bösen seien, entrüstet zurückwies: «Wie sehr hat er sich da geirrt, mein Gott, wie sehr hat er sich da geirrt.»[65] Misogynie war ihm fremd. Und zunehmend kritischer betrachtete er Weiningers prinzipielle Untersuchungsmethode, das Weibliche und das Männliche als psychologische Idealtypen, den platonischen Ideen ähnlich, zu fixieren und dabei die differenzierte Vielfalt individueller, mitmenschlicher Lebensformen zu übersehen, auf die der späte Wittgenstein den größten Wert legte. Aber festhalten wollte er an Weiningers Keuschheitsgebot, das zunächst vor allem den Mann aus der Unfreiheit seiner heterosexuellen Geschlechtlichkeit zu erlösen versprach, bevor es auch für die weibliche Sünderin als rettende Maxime wirksam werden sollte.

Francis Skinner, Keith Kirk und Ben Richards

Die Ablösung von Marguerite Respinger, die sich als Frau von ihm nicht länger retten oder erlösen lassen wollte, fiel zeitlich zusammen mit Wittgensteins Annäherung an einen jungen Mann, der achtzehnjährig 1930 nach Cambridge gekommen war, um dort als Stipendiat am Trinity College Mathematik zu studieren. Francis Skinner wurde die große Liebe Wittgensteins, in der er zu finden hoffte, was er als ein wahrhaft «menschliches» Verhältnis anstrebte. Auch dabei spielte die Sexualität eine beunruhigende Rolle, bis die beiden Liebenden nicht mehr wussten, was sie eigentlich taten, und sich voneinander entfremdeten.

Francis Skinner war ein schüchterner, gutaussehender und äußerst liebenswürdiger Mensch, der philosophisch interessiert und als Mathematiker hochbegabt war. Wittgenstein soll sofort Feuer gefangen haben, als er ihn 1932 näher kennenlernte. Der dreiundvierzigjährige Wittgenstein, der im Rahmen seiner Research Fellowship Vorlesungen über Sprache, Logik und Philosophie hielt, verliebte sich in den zwanzigjährigen Studenten, dem gegenüber er sich bald als ein strenger Lehrer und Mentor verhielt, vor allem, wenn es um philosophische Fragen und die Maximen eines anständigen Lebens ging. Ab Ostern 1933 sprachen sie sich mit ihren Vornamen an und schrieben sich verliebte Briefe. Die kommenden Jahre verbrachten sie so viel Zeit wie möglich zusammen, und wie schon bei David Pinsent und Marguerite Respinger glaubte Wittgenstein, in Skinners Nähe jene Anregung und Ruhe finden zu können, die er zum Philosophieren brauchte.

Auch der Charakter ihrer Annäherung verlief nach einem ähnlichen Muster. Wittgenstein kämpfte mit seinen philosophischen Problemen und sorgte sich darum, den Freund auf den Weg zu bringen, den er für richtig hielt. Er war der Große, der den Kleinen in seinem Schatten zu verdecken drohte. Das Verhältnis wurde erleichtert durch die «kindliche Naivität»[66], die sich bei Francis Skinner mit einer hohen Intelligenz paarte. Schon im Sommer 1933, gerade erst einundzwanzig Jahre alt geworden, bestand er sein Mathematikexamen mit Auszeichnung und erhielt ein Stipendium zur Weiterführung seiner Studien, die vielversprechend waren. Doch dieser Erfolg war völlig nebensächlich angesichts der Bewunderung, mit der Skinner den doppelt so alten Wittgenstein verehrte. Er ging ganz in der Hingabe an den Philosophen auf, der gerade dabei war, seine frühe logisch-mathematische Denkbewegung aufzugeben oder zu überwinden zugunsten einer feinsinnigen Betrachtung des gewöhnlichen Sprachgebrauchs in seiner komplexen Mannigfaltigkeit. Am liebsten wäre er, wie ein Süchtiger, ständig in Wittgensteins Nähe gewesen, in der er alles ganz tief und wie neu erlebte. Wenn sie getrennt waren, schrieb er ihm verliebte Briefe voller Sehnsucht. «Ich habe oft an Dich gedacht und wünschte, Du wärest bei mir. Die Nacht war ganz wunderbar, und die Sterne leuchteten besonders schön. Ich wünschte, alles so empfinden zu können wie in Deiner Nähe ... Ich sehne mich danach, mit Dir im Freien zu sein. Ich denke oft an Dich und unsere schönen Spaziergänge. Ich freue mich schon enorm auf unseren Ausflug nächste Woche.»[67]

Auch als Wittgenstein 1934 den Plan fasste, nach Russland auszuwandern, um dort anständige, nützliche Arbeit mit einfachen Menschen zu leisten, sollte Skinner sein Gefährte sein. Gemeinsam begannen sie bei der russischen Philosophin Fania Pascal Russisch zu lernen. Seine Reise in die Sowjetunion im September 1935 unternahm Wittgenstein jedoch allein, während Skinner, wie es ihm sein Freund empfohlen hatte, seine erfolgreiche akademische Karriere aufgab und im Sommer 1936 ein praktisches Handwerk erlernte, das ihn schließlich dazu befähigte, in der Firma «Cambridge Instrument Company» zu arbeiten und dabei vor allem Schrauben herzustellen.

Es konnte nicht ausbleiben, dass die enge Nähe zwischen den Freunden neugierig darauf machte, ob ihre Bindung vielleicht homosexuell gewesen sein könnte, was damals noch mit Gefängnis bestraft worden wäre. Auf diese kritische Frage konnte Fania Pascal in ihren *Erinnerungen an Wittgenstein* nur antworten, «daß mein Mann und ich selbst sowie meines Wissens alle anderen seiner Bekannten stets den Eindruck hatten, Wittgenstein sei von Natur aus ein keuscher Mensch gewesen. Ja, er hatte ein gewisses *Noli me tangere* an sich ... Alles an ihm war außergewöhnlich sublimiert.»[68]

Dass Wittgensteins Abwehr körperlicher Berührungen nicht die ganze Wahrheit war, dokumentieren verschlüsselte Notizen, die sich in seinem Nachlass fanden. Sie betreffen vor allem den September 1937, in dem Francis seinen Freund in der Einsamkeit Norwegens besuchte, wohin Wittgenstein sich für längere Zeit zurückgezogen hatte, um geistig konzentriert arbeiten und seinen Charakter einer strengen Prüfung aussetzen zu können. Fast zwei Wochen lang waren sie zusammen, wobei vor allem die ersten Tage Wittgenstein beunruhigten. Denn kaum war Francis in seiner Nähe, erlebte er sich als «sehr sinnlich» und hing «sinnlichen Phantasien» nach, die ihn irritierten. Er fühle sich «sinnlich, reizbar, unanständig», notierte er in seinem Tagebuch; und hier findet sich auch jener kurze Hinweis, der die ganze Problematik von Wittgensteins Liebesleben erhellt: «Zwei oder dreimal mit ihm gelegen. Immer zuerst mit dem Gefühl, es sei nichts Schlechtes, dann mit *Scham*. Bin auch ungerecht, auffahrend und auch falsch gegen ihn gewesen und quälerisch.»[69] Es scheint, als hätte ihm das «Liegen» mit dem Geliebten an Otto Weiningers Einsicht erinnert, dass die wahre Liebe erkalte, wenn die körperliche Berührung den Geschlechtstrieb mächtig werden lasse und den reinen Menschen in seiner Keuschheit überwältige. Doch die letzten Tage sollen dann wunderschön gewesen sein. Wittgenstein strahlte eine ruhige Gelassenheit aus, und Skinner tat alles mit Liebe und Güte. Sie empfanden es gemeinsam als ein wunderbares Geschenk, zusammen gewesen zu sein.

Die beiden letzten Monate, die Wittgenstein im November und Dezember 1937 allein in Norwegen verbrachte, war er sehr ängstlich und voller Sorgen. Er fürchtete, dass etwas in ihm, wie bei einem faulen

Apfel, verdorben sei. Er dachte an Krankheit und Tod. Teils verschämt, teils verwirrt führte er Buch über seinen Drang zur Selbstbefriedigung. «Heute nacht onaniert. Wie schlecht ist es? Ich weiß es nicht. Ich denke mir, es ist schlecht, aber habe keinen Grund.»[70] Die reine Liebe, nach der er sich sehnte, schien durch seine Sinnlichkeit befleckt oder gar vernichtet worden zu sein. Erschrocken stellte er «*meine Herzenskälte*» fest, die ihn ergriffen hatte. Am 1. Dezember ermahnte er sich selbst: «Möge mir vergeben werden; d. h. aber: möge es mir möglich sein, aufrichtig und liebevoll zu sein.»[71] Jedenfalls war er in einen Zustand geraten, der ihn heillos verwirrte. Er sorgte sich um das für ihn unlösbare Problem, wie schon bei Marguerite seine Sinnlichkeit und seine Liebesfähigkeit nicht zusammenbringen zu können. Auch seine Selbstbefriedigung, die er schamhaft im Tagebuch protokollierte, verstrickte ihn in einen Selbstzweifel, der ihn Francis und Marguerite in die gleiche Problemsituation zusammenführen ließ: «Heute nacht onaniert. Gewissensbisse, aber auch die Überzeugung, daß ich zu schwach bin, dem Drang und der Versuchung zu widerstehen, wenn die und die Vorstellungen sich mir darbieten, ohne daß ich mich in andere *flüchten* kann. *Gestern abend* noch hatte ich Gedanken über die Notwendigkeit der Reinheit meines Wandels. (Ich dachte an Marguerite und an Francis.)»[72]

Nachdem er nach Cambridge zurückgekehrt war und dort seine Lehrtätigkeit aufgenommen hatte, näherte sich Wittgenstein Francis wieder an. Am liebsten hätte er ihn zwar aus einer Distanz geliebt, die keine erotische Reizbarkeit zuließ. Aber er hatte Angst, ihn dadurch zu verlieren. Über ein Jahr lang lebten sie in einer kleinen Wohnung über einem Lebensmittelgeschäft in der East Road zusammen. Doch Wittgensteins Flucht vor der Sinnlichkeit ließ ihre Beziehung immer brüchiger werden. 1939 war ein Tiefpunkt ihrer Liebe erreicht. Trotzdem lebten sie weiterhin zusammen. Die nächsten beiden Jahre, bis zu Francis' frühem Tod am 11. Oktober 1941, blieben sie zwar zusammen, vor allem, weil Francis mit verzweifelter Liebe an Wittgenstein festhalten wollte, während der Geliebte zunehmend unter Schuldgefühlen litt, die ihn lieblos werden ließen.

In dieser unglücklichen Situation begegnete Wittgenstein einem anderen Mann, der an Francis' Stelle zu rücken drohte. Zwar nicht lebenspraktisch real, aber doch in seinen Gedanken und Phantasien wurde er «untreu»[73]. Denn 1939 lernte er einen Arbeitskollegen und Freund von Francis kennen, der in der gleichen Schraubenfabrik arbeitete und sich auf seine Gesellenprüfung vorbereitete. Um ihm dabei zu helfen, gab er Keith Kirk Nachhilfeunterricht in Physik, Mathematik und Mechanik. Die zunehmende Distanz zu Francis wurde komplementiert durch seine Annäherung an Keith. Was für den jungen Lehrling nur eine willkommene berufliche Hilfestellung war, begann Wittgenstein erotisch zu verwirren. Hatte er das Recht, an diesen Neunzehnjährigen zu denken, dessen Nähe ihn wieder «sinnlich» werden ließ? Seine Zweifel waren stärker als sein Begehren. «Sehe K ein- bis zweimal die Woche; bin aber zweifelhaft darüber, inwieweit das Verhältnis das richtige ist. Möge es wirklich gut sein.»[74] Doch dieser fromme Wunsch schützte ihn nicht vor dem Selbstvorwurf, wieder unanständig und schweinisch zu sein. «Habe den ganzen Tag mich mit Gedanken über mein Verhältnis zu Kirk beschäftigt. Größtenteils *sehr* falsch und fruchtlos. Wenn ich diese Gedanken aufschriebe, so sähe man wie tiefstehend und ungerade // schlüpferig // meine Gedanken sind.»[75]

Vermutlich hat der Wittgenstein-Biograph Ray Monk recht mit seinem Urteil, dass die für Wittgenstein unauflösbare Spannung zwischen schmerzhafter Annäherung und liebloser Abwendung, die Schopenhauers Stachelschweine eine mittlere Entfernung suchen ließ, ein ruhiges Liebesglück verhinderte. Seine Liebe zu Marguerite Respinger und zu Francis Skinner scheiterte daran, dass er die körperliche Nähe zugleich ersehnte und fürchtete; und im Fall von Keith Kirk verhinderte sein sexuelles Begehren, das er als moralisch verwerflich verurteilte, von vornherein die imaginierte Freundschaft, die ihm fremd blieb. «Keith sehe ich oft, und was das eigentlich heißt, weiß ich nicht. Verdiente Enttäuschung, Bangen, Sorge, Unfähigkeit mich in einer Lebensweise niederzulassen.»[76]

Homosexualität spielte dabei nicht die Hauptrolle. Wittgensteins

Liebesleben war ein Drama seiner Sexualität überhaupt. «Liebe, ob zu einem Mann oder zu einer Frau, war für ihn etwas sehr Wertvolles. Er betrachtete sie als Geschenk, fast als göttliche Gabe. Doch wie Weininger (dessen ‹Geschlecht und Charakter› meiner Ansicht nach viele Einstellungen Wittgensteins zu Liebe und Sexualität ausformuliert) trennte er scharf zwischen Liebe und Sexualität. Sexuelle Erregung beunruhigte ihn enorm. Er schien sie nicht mit dem Menschen vereinbaren zu können, der er sein wollte.»[77]

In seinen *Bemerkungen über die Philosophie der Psychologie*, die Wittgenstein im Mai 1946 zu schreiben begann, kam er nicht zufällig auf den Satz zu sprechen: «Wenn sie vergeht, dann war es nicht die rechte Liebe.»[78] Doch warum sollte sie es nicht gewesen sein? Vielleicht ist die Liebe ja etwas viel Tieferes, das «Wichtigste», das sich nur in Gefühlen äußert, aber sich darin nicht erschöpft. Sie ist, wie Wittgenstein zur gleichen Zeit in seinen codierten Tagebuchnotizen festhielt, «die Perle von großem Wert, die man im Herzen hält, die man für *nichts* eintauschen will, die man als das wertvollste schätzt. Sie *zeigt* einem überhaupt – wenn man sie hat – was großer Wert ist.»[79]

Und Wittgenstein glaubte sie zu haben, seine letzte Liebe, die er im Herbsttrimester 1946 gefunden hatte. Am 8. Oktober, als er sich wieder zum Philosophieren über seelische Ereignisse stark genug fühlte, hielt er in seinem Tagebuch fest: «Alles ist Glück. Ich könnte jetzt nicht so schreiben, wenn ich nicht die letzten 2 Wochen mit B. verbracht hätte.»[80]

Die Liebe zu dem jungen Medizinstudenten Ben Richards, der wie Francis Skinner ein sehr sanfter, einfühlsamer, etwas schüchterner junger Mann war, empfand Wittgenstein als ein unbegreifliches Glück, in dem sich ihm ein letztes Mal jener höhere «Wert» offenbarte, den er einst in seinem *Tractatus logico-philosophicus* als etwas angedeutet hatte, das in seiner Absolutheit außerhalb alles zufälligen Geschehens lag, das tatsächlich der Fall ist. In diesem frühen Werk hatte er es als etwas «Mystisches» zu begreifen versucht, das sich nur zeigen konnte, aber in einer Sprache der Tatsachen unsagbar sein musste. Jetzt erlebte er es als ein glückliches Ereignis, auch wenn er die Bedenken und Zweifel nicht loswerden konnte, die sein ganzes Leben beherrschten. Hatte er ein Recht, sich wieder zu verlieben und damit die Erinnerung an sein Verhältnis mit Francis Skinner zu schwächen, der es doch verdient hatte, dass Wittgenstein sein ganzes Leben um ihn trauerte? Und wie konnte er die Gewissheit haben, daß Ben ihn liebte und ihre Liebe halten würde? Sicher konnte er nicht sein. «Wie diese verwelken wird, weiß ich natürlich nicht. Wie *etwas* von ihr zu erhalten wäre, lebendig, nicht gepreßt in einem Buch als Andenken, weiß ich auch nicht.»[81]

Absolute Gewissheit konnte Wittgenstein nicht haben. Aber auch einen radikalen Zweifel durchschaute er nun als einen unvernünftigen Akt, der die Liebe zerstörte, die ihm als höchstes Glück erschien. «Vielleicht ein Glück mit Schmerzen, aber ein Glück.»[82] Die mäßige, mittlere Entfernung, in der die Menschen ihr alltägliches Leben einrichten, um sich in Gesellschaft nicht gegenseitig zu verletzen, kann zum Glück liebend verkürzt werden, wenn man auch die Schmerzen zu ertragen bereit ist, die durch ihre Stacheln verursacht werden können. Wittgenstein hat es bis zu seinem Tod am Morgen des 29. April 1951 erleben können, als Ben Richards sich mit wenigen anderen Freunden im Haus von Doktor Edward Bevan traf, um sein Sterben zu begleiten. Er selbst lag bereits im Koma, aber Frau Bevan konnte ihnen mitteilen, was er ihr zu sagen aufgetragen hatte, bevor er das Bewusstsein verlor: *«Tell them, I've had a wonderful life.»*[83]

ACHTES KAPITEL

Das Dämonische hat mich getroffen

Martin Heideggers erotischer Ausnahmezustand

«Für die Meinung, daß nur die Liebe die Macht hat
zu vergeben, spricht immerhin, daß die Liebe so
ausschließlich auf das Wer-jemand-ist sich richtet, daß sie
geneigt sein wird, Vieles und vielleicht Alles zu verzeihen.»[1]

HANNAH ARENDT

S exuell war er ein Spätzünder. Noch für den vierundzwanzig-jährigen Studenten der Philosophie und Mathematik Martin Heidegger war es eine unbezweifelbare, ewige Wahrheit, dass er ein echtes geistiges Leben voller Gottseligkeit nur führen konnte, wenn er am Feldzug gegen alles Lustvolle und Niedere des modernen Lebens teilnahm, den Willen des Fleisches verachtete und der Maxime folg-te: «Furchtloses Dreinschlagen auf jede erdhafte, überschätzte Dies-seitsauffassung.»[2] Es galt, seine körperliche und geistige Gesundheit durch eine christliche Askese zu stärken, die aus der unvergänglichen Transzendenz des Göttlichen ihre Kraft und Ausdauer bezog.

Martin Heidegger war am 26. September 1889 im badischen Meß-kirch geboren worden, einem kleinen katholischen Landstädtchen in einer kargen und rauen Landschaft zwischen Bodensee, oberer Do-nau und Schwäbischer Alb. Er fühlte sich geborgen in seiner provin-ziellen Heimat, in der die Heideggers als strenggläubige Katholiken ihre Pflichten erfüllten. Schon früh war klar gewesen, dass der alltäglich gelebte Glaube des begabten Jungen aus einfachen Verhältnissen ihn dazu befähigen sollte, katholischer Priester zu werden. Der Besuch der Meßkircher Bürgerschule, der Gymnasien in Konstanz (1903–1906) und in Freiburg im Breisgau (1906–1909), schließlich das Studium an der dortigen Universität, sein ganzes Lernen stand im Zeichen einer Glaubensgewissheit, die gegen die vielfältigen Gefährdungen und Verirrungen der modernen Lebensformen gerichtet war.

Seinen publizistischen Kampf als militanter Anti-Modernist eröffnete der Student der Theologie im November 1909, als er in einem Lokalblatt die *Allerseelenstimmungen* seiner Heimat gegen die großstädtischen Irrungen und Wirrungen ins Feld führte: «Allerseelenglocken läuten – läuten in den Trauermorgen. Die Menschen in der Großstadt hören sie nicht. Sie hassen das Läuten, sie wollen die Lust, sie suchen die Sonne und wandeln in der Nacht, in schwarzer, quälender Nacht ... Und doch reden sie von ‹Freiheit›, die Modernen, sie haben die Intelligenz gepachtet, die Armen, und tappen im Finstern und finden die Brücke nicht ins Land der Wahrheit, wollen sie nicht finden.»[3]

Sein schwärmerischer Enthusiasmus und engagierter Kulturkampf, verbunden mit dem intensiven Studium der Kirchengeschichte, Katholischen Theologie und philosophischen Metaphysik, scheint Heidegger überreizt zu haben. Bereits während seines dritten Semesters im Winter 1910/11 fühlte er sich überanstrengt und überfordert. Er litt unter Schlaflosigkeit und war am Rande eines Nervenzusammenbruchs. Er kehrte in sein Elternhaus nach Meßkirch zurück. Das heimatliche Städtchen sollte ihm ein Ort der Besinnung sein. Wohin führte ihn sein Weg? Sein wahrer christlicher Glaube an ein göttliches Jenseits, aus dem er die Energie für seinen kulturpolitischen Kampf gegen eine finstere Diesseitsauffassung des Lebens bezogen hatte, war ihm problematisch geworden. Philosophische Reflexionen, begriffliche Klärungen und urteilslogische Analysen gewannen an Gewicht. Im Wintersemester 1911/12 schrieb er sich als «stud. math.» an der Naturwissenschaftlich-mathematischen Fakultät der Universität Freiburg ein. Das Wesen der Logik rückte ins Zentrum seines philosophischen Studiums, das er im Juli 1913 mit seiner bestens benoteten Doktorarbeit *Die Lehre vom Urteil im Psychologismus* abschloss.

Als Dr. phil. Martin Heidegger eine rasche Universitätskarriere vor sich sah, verlobte er sich Ende 1914 mit Marguerite Weniger, der Schwester eines Kommilitonen. Doch als die Verlobte an Tuberkulose erkrankte und sich lange Zeit in der Höhenluft von Davos kurieren musste, kam es recht bald zu einer Auflösung der Beziehung. Vielleicht war die Trennung auch der intensiven Arbeit an seiner sprachphilosophischen Habilitationsschrift geschuldet, die Heidegger seinem Ziel einer Professur für Philosophie näher bringen sollte. Jedenfalls nahm sein Studienfreund Ernst Laslowski die Entlobung erleichtert zur Kenntnis. Denn er hielt Heideggers Hinwendung zum weiblichen Geschlecht für eine Art von Verrat an dessen philosophischer Bestimmung und schrieb ihm am 21. November: «Ich sah, wie Du von Tag zu Tag wuchsest, so riesenhoch hinauswuchsest über die Sphäre, in der ‹Liebe› und ‹Glück› nur gedeihen kann; ich wußte schon seit langem, daß Du wirst Wege gehen müssen – *müssen*, um Deinen Zielen überhaupt näher zu kommen, auf denen die ‹Liebe› erfrieren muß.»[4]

Der philosophische Aufstieg in hohe geistige Sphären sollte mit den gewöhnlichen Niederungen eines glücklichen, liebevollen Alltags nicht zusammenpassen können. Laslowski konnte nicht wissen, dass sein Orakel Heideggers Schicksal vorzeichnete, der für dieses «*müssen*» lebenslang seinen Sonderweg suchte, vor allem im Hinblick auf seine Frau Elfride, bei der er zwar eheliche Liebe und familiäres Glück zu finden hoffte, die er jedoch durch seinen Eigennutz immer wieder neuen Kälteschocks aussetzte, die sie depressiv erstarren ließen.

Doch es wäre zu einseitig, Heideggers philosophisches Streben, das seine persönliche Liebesfähigkeit «erfrieren» lassen sollte, für das Ganze seiner Existenz zu halten. Denn es gab bei ihm auch eine andere Seite, die komplementär mitspielte. Man muss, um seinem Liebesleben gerecht zu werden, auch die ekstatischen Wärmeströme des «Eros» berücksichtigen, wenn die Gegenwart einer begehrten Person in sein Leben hereinbrach und ihn plötzlich in einen Ausnahmezustand versetzte, der nicht nur die Routinen des alltäglichen Lebens unterbrach, sondern ihn auch in eine leidenschaftliche philosophische Stimmung versetzte.

Elfride, sein «herzallerliebstes Seelchen»

Nachdem Heidegger in seiner Habilitationsschrift[5] *Die Kategorien- und Bedeutungslehre des Duns Scotus* (1915) noch einmal das auf metaphysische Ursprünge und transzendente Werte ausgerichtete Geistesleben des mittelalterlichen Menschen gegen das sinn- und ziellose Dahintreiben der Modernen aufwertete, bot er im Wintersemester 1915/16 eine Lehrveranstaltung zur kritischen Philosophie Immanuel Kants an. Er konzentrierte sich auf Kants drei Ideen: Seele, Welt und Gott, um an ihnen die Eigenart metaphysischen Denkens zu demonstrieren. Die aufmerksame Lektüre und Kommentierung von Kants *Prolegomena zu einer jeden künftigen Metaphysik, die als Wissenschaft wird auftreten können* (1783) war jedoch nicht nur ein großer Schritt in Heideggers philosophischer Entwicklung vom gottesfürchtigen Glauben zur kritischen Vernunft. Sie machte ihn auch mit Elfride Petri bekannt, die sein Seminar besuchte und ein Referat über Kants Philosophie halten sollte. Der sechsundzwanzigjährige Privatdozent verliebte sich spontan in die vier Jahre jüngere sportliche, jugendbewegte und selbstbewusste Tochter des sächsischen Obersten Richard Petri, die nach ihrem Lehrerinnenexamen nach Freiburg gezogen war, um Nationalökonomie und Philosophie zu studieren.

Nach einer Seminarsitzung waren sie ins Gespräch gekommen, wobei beiden ihre Zuneigung unmittelbar bewusst geworden sein muss. Schon im Dezember 1915 wurden die ersten Briefe geschrieben, die zeigten, wie intensiv Heidegger für die Geliebte schwärmte, die er wie einen heiligen Schatz in sein Dasein als Philosoph einbinden wollte. Am Freitag, 13. Dezember 1915, teilte er ihr mit: «Komm,

Seelchen, und ruh Dich an meinem Herzen, ganz tief u. ewig lang will ich in Deine Märchenaugen schauen und Dir *danken* – Seelchen, Du – immer neue wunderbare Dinge darf ich an Dir erleben – Du bist mein ... Das große Glück drückt mich zu Boden – am Ende erleben gerade philosophische Naturen so ungewöhnliches Glück noch in seiner ganzen Fülle. Der Philosoph sieht aller Dinge Letztes, erlebt alles Daseins Urgründe, erschauert in diesem Gottgeboren wundersamen Glück.»[6]

Das war nicht nur Heideggers erster Liebesbrief an sein «liebes Seelchen» Elfride. Es war zugleich ein Musterbrief, in dem der verliebte Philosoph zum ersten Mal zusammenführte, was ihn lebenslang, auch hinsichtlich seiner vielen anderen Geliebten, philosophisch begeistern und zugleich erotisch reizen wird. In ihrer Liebe sollte der früher so stark betonte Widerstreit zwischen sinnlich Erlebbarem und transzendent Übersinnlichem sich aufheben und in einem *«Übergegensätzlichen»* versöhnen, «wo alle Spannungen sich lösen, wo alles nur heilig ist u. alle Finsterniß verbannt bleibt»[7]. Das Wunder des erlebten Liebesglücks wurde auf den letzten Urgrund allen Daseins bezogen; und das philosophische Denken wurde als eine erotische Aktivität praktiziert, die das konkrete individuelle Leben am Absoluten teilnehmen ließ.

Doch der Philosoph als Verführer wollte nicht zu schnell den Verlockungen der Fleischeslust nachgeben, die er so lange als streitbarer Kämpfer gegen «die Modernen» und ihre überschätzte Diesseitsauffassung abgewehrt hatte. Das wundersame Glück wurde als «göttlich» erlebt und gepriesen. Es blieb an ein überzeitlich Gutes, überirdisch Wertvolles gebunden, und Heidegger wollte «lieber ins Nichts versinken», als sich der naturhaften «Brunst des Tieres»[8] ausliefern. Auch den dämonischen Eros, der in Platons *Symposion* die Liebenden antrieb und beherrschte, wollte Heidegger auf Distanz halten. Wie ein philosophisches Glücksversprechen und eine lebenspraktische Handlungsanweisung klingt, was er seiner Elfride am 1. Januar 1916 mitteilte: «Warum erleben wir unser Glück so ganz einzig *tief*, in so ganz einziger Zartheit – Vornehmheit – Verehrung – u. Schönheit –

doch nur weil wir um die letzten *Werte wissen*, weil wir über das bloß Triebhafte weit hinaus sind – u. diese Triebhaftigkeit ist blind u. sie führt als solche zu den ungeheuren Exzessen, die uns im *Symposion* entgegengetreten sind u. die für uns den ganzen Wert dieser Schöpfung bei all ihrem Perlengehalt herabmindern.»[9]

Mochte Heideggers Quelle des Liebesglücks auch aus den letzten Tiefen einer philosophischen Lebensdeutung sprudeln, so gab es doch ebenso starke lebenspraktische Schwierigkeiten zu bewältigen. Denn als die beiden Verliebten sich entschlossen, eine Familie zu gründen, hatten Elfrides protestantische Eltern gegen diese «Mischehe» nichts einzuwenden. Doch Heideggers streng römisch-katholische Eltern konnten sich nicht vorstellen, eine protestantische Schwiegertochter zu haben. Eine Eheschließung wäre für sie eine sündige Verfehlung gewesen, die es zu verhindern galt.

Sie solle über die Ablehnung seiner Eltern nicht betrübt sein, versuchte Heidegger am 3. April 1916 seine Elfride zu trösten.[10] Aber er bat sie zugleich um Geduld. Die Klärung der Konfessionsfrage forderte ein längeres, tieferes Nachdenken. Denn sie rührte an das große Problem, das ihn schon seit seinem Krisenjahr 1911 beunruhigte. Worin bestand der eigentliche Wert eines konfessionellen Bekenntnisses? Welchen Sinn konnte es haben, wenn Elfride nur aus pragmatischen Gründen zum Katholizismus konvertieren würde, um ihren Schwiegereltern eine Freude zu bereiten? Und welche Rolle konnte für ihn als Philosophen die katholische Tradition spielen, in der er groß geworden war und sich heimatlich geborgen gefühlt hatte? Nach einem Jahr des Bedenkens tauchten diese Fragen in mehreren Briefen an seine Eltern auf, obwohl nur vorsichtig angedeutet und nicht wirklich ausgeführt. Nachdem er am 1. März 1917 seine Eltern und seine Schwester Maria informiert hatte, dass er und Elfride ihre Heirat nicht länger aufschieben wollten, machte Heidegger ihnen den Vorschlag: «Und bezüglich der Konfession müssen wir mit Elfride Geduld haben. Ich meine, so ein Schritt ist nicht eine Sache von heute auf morgen. Und nur aus äußeren Gründen schnell übertreten, ist doch nicht in unserem Sinn und im übrigen auch wertlos.»[11] Auch wenn es ihnen schwerfiel, gaben die Eltern endlich ihre Zustimmung, jedoch mit dem drängenden Wunsch verbunden, dass Elfride vor der Trauung zur katholischen Kirche übertrete, was wiederum die zukünftige Schwiegertochter irritierte und ratlos werden ließ.

Sie wusste sich nicht anders zu helfen, als den katholischen Priester Engelbert Krebs, der seit einigen Jahren mit Heidegger eng befreundet war und ihn bei seinen philosophischen Arbeiten theologisch begleitete, um eine Klärung des Problems zu bitten. Er riet ihr, sich nicht durch äußere Einflüsse zu einem konfessionellen Übertritt zwingen zu lassen, auch wenn er hoffte, dass sein Freund Martin sie nach der Hochzeit in Ruhe und Ernst zum katholischen Glauben führen werde.

Am 20. März 1917 fand die standesamtliche Eheschließung von Martin und Elfride Heidegger statt. Einen Tag später vollzog Engelbert Krebs ihre katholische Trauung in der Universitätskapelle im Freiburger Münster. Es war eine schlichte Kriegstrauung ohne Orgel, Brautkleid, Kranz und Schleier, Festmahl und Gäste. Auch die beiden Eltern des Ehepaars blieben der Trauung fern. Und am 26. März wurden Martin und Elfride in Wiesbaden auch noch evangelisch-kirchlich getraut, wovon weder Heideggers Eltern noch sein Freund Engelbert etwas wissen sollten.

Die Eltern versuchten, sich mit der Ehe abzufinden. Doch der nächste Konflikt ließ nicht lange auf sich warten. Was sie über die Religiosität ihres Sohnes und ihrer Schwiegertochter erfuhren, erbitterte sie. Gramerfüllt mussten sie feststellen, dass ihr Sohn keinerlei Anstrengung unternahm, seine Frau zum Katholizismus zu bekehren. Im Gegenteil. Auch er selbst schien immer mehr vom wahren Glauben abzufallen.

Was er als streng Gläubiger verlor, kompensierte er als überschwänglich Liebender. Er verschob seinen tiefverwurzelten Katholizismus ins Historisch-Metaphysische seiner ehelichen Lebenseinheit und glaubte, sein philosophisches Arbeiten mit seinem sinnlichen Genießen verbinden zu können. Und wenn es einen Gott gab, so konnte er sich für ihn nur in der großen Liebe zeigen, die ihn mit seiner

Herzallerliebsten verband. In seinem Geburtstagsbrief zu Elfrides fünfundzwanzigstem Geburtstag brachte er es am 3. Juli 1918 unter dem Titel *Im Du zu Gott* zur Sprache: «Das ‹Du› Deiner liebenden Seele traf mich. Das Erlebnis des Getroffen*seins* war der Anfang des Aufbruchs meines eigensten Selbst. Das unmittelbare, brückenlos ‹Dir›-Gehören gab mich mir selbst in Besitz ... Da wurde das Grunderlebnis des ‹Du› zur daseinsdurchflutenden Totalität.»[12]

Einige Monate später, am 21. Januar 1919, kam ihr Sohn Jörg zur Welt. Das Glück der heiligen Familie schien vollkommen zu sein. Doch Elfride Heidegger muss bereits gespürt haben, dass es beim Erlebnis- und Erfahrungsgrund ihres Mannes, für den sie in Anspruch genommen wurde, immer nur um sein eigenes Dasein ging, während sie als Person marginalisiert wurde. Nur wenn sie sich seinem schöpferischen, leidenschaftlichen Willen zur Philosophie einfügen ließ, konnte sie seinem Liebesanspruch genügen.

Schon bald muss die beschworene Totalität von Ich und Du zerbrochen sein. Ob Elfride den ersten Schritt tat, ist nicht gesichert. Jedenfalls unternahm sie einen frühen Ausbruchsversuch aus ihrer Ehe, als sie das Verhältnis mit ihrem Jugendfreund Dr. med. Friedrich Cäsar, der als Arzt in der Freiburger Universitätsklinik arbeitete, wiederbelebte. Heidegger war nicht besonders überrascht. Er nahm es hin und wollte es nicht durch viele unnütze Worte zergliedern. «Daß Friedel Dich liebt, wußte ich längst – Dich darüber zu fragen, wäre mir kleinlich vorgekommen – gewundert hab ich mich zuweilen, dass Du mirs nicht eher sagtest.»[13] Auch dass Elfride am 20. August 1920 ihren zweiten Sohn Hermann zur Welt brachte, dessen leiblicher Vater «der Friedel» war, schien ihren Mann nicht zu beunruhigen. Interessiert fragte er seine Frau, während sie noch in der Klinik lag: «Und wie sieht denn das ‹Männchen› aus? Ich bin doch sehr neugierig.»[14]

Scheinbar problemlos legitimierte Heidegger Hermann als seinen eigenen Sohn. Großzügig beschwor er weiterhin die echte Liebe, die zwischen ihm und seiner Ehefrau bestehen sollte. Mögliche Bedenken wehrte er durch einen Hinweis ab, den er drei Tage nach Hermanns Geburt seinem «herzallerliebsten Seelchen» gab: «Ich muß oft daran denken, wie blaß, unwahr u. sentimental alles ist, was über Ehe meist gesagt wird. Und ob wir nicht eine neue Gestalt ausformen in unserem Leben – ohne Programm und Absicht – sondern nur dadurch, daß wir Echtheit überall durchbrechen lassen.»[15] Als neue Gestalt schwebte ihm jedoch keine Libertinage vor, die von beiden Partnern offen gelebt werden könnte. Die bürgerliche Ehe wurde nicht in Frage gestellt und nach außen hin als Ort des Glücks und der Liebe aufrechterhalten, auch wenn sich nach innen der Kältestrom verstärkte, fünfzig lange Jahre, bis er schließlich in einer tiefen Altersgelassenheit versiegte.[16]

Hannah Arendt, die «Passion seines Lebens»[17]

Bei Elfride Petri ist es eine Freiburger Lehrveranstaltung zu Kants wissenschaftlicher Metaphysik gewesen, die den Privatdozenten und die Studentin als Liebespaar zusammenführte. Neun Jahre später, im Wintersemester 1924/25, war es eine Vorlesung zu Platons Dialog *Sophistes*, die Heidegger als Professor der Philosophie im Hörsaal 11 der Marburger Universität hielt, in der er seiner zweiten großen Liebe begegnete: der jungen, bildhübschen, jüdischen, intellektuell faszinierenden Hannah Arendt, Studentin der Philosophie, Evangelischen Theologie und griechischen Philologie.

Es geschah im November 1924. «Mitten ins Herz» soll ihn ihr Blick getroffen haben, «der am Katheder mir zublitzte»[18]. Ein Blick, ein Blitz. «Wesentliches geschieht immer jäh»[19], wird Heidegger später erinnernd feststellen; und Hannah Arendt wird ihr Lebensthema «Liebe» rückblickend mit den Worten charakterisieren: «Liebe ist ein Ereignis, aus dem eine Geschichte werden kann oder ein Geschick.»[20] Auch von ihr wird die Liebe lebenslang als ein Ausnahmezustand erlebt und beschrieben werden, der augenblicklich in das alltägliche, gesellschaftlich geregelte Leben einbricht. Sie ist nicht als Tatsache gegeben, sondern geschieht als Ereignis. «Die Liebe ist immer ein ‹coup de foudre›»[21] – ein blitzartiger Riss im Lauf der Zeit, in dem sich Jetzt und Ewigkeit kurz berühren.

Hannah Arendt war achtzehn Jahre alt. Am 14. Oktober 1906 in Hannover geboren, seit 1906 in Königsberg, der Heimatstadt ihrer Eltern, groß geworden, hatte sie sich nach dem frühen Tod des Vaters (1913) in sich selbst abgekapselt und fremd in der Welt gefühlt. Ihr jugendliches Leben empfand sie als ein schweres «Auf-sich-selbst-gedrückt-Sein», das ihr als solches nicht ausdrücklich bewusst wurde. «Dazu war der Himmel in der Stadt, in der sie aufwuchs, zu verhängt, sie selbst zu unaufgeschlossen und in sich selbst verfangen.»[22] Sie flüchtete in eine geistige Welt, las antike Dichtung und Philosophie im griechischen und lateinischen Original, studierte Schriften von Immanuel Kant, Søren Kierkegaard und dem frühen Karl Jaspers. Nach dem externen Abitur 1924 entschied sie sich, an der Philipps-Universität in Marburg an der Lahn zu studieren, vor allem Philosophie bei Martin Heidegger, dem «heimlichen König» und «Zauberer»[23] im Reich des Denkens, von dem viele junge, philosophisch interessierte Menschen begeistert waren. Er riss ihre Herzen mit sich. Warum? Als Gerücht hatte sich herumgesprochen: «Das Denken ist wieder lebendig geworden, die totgeglaubten Bildungsschätze der Vergangenheit werden zum Sprechen gebracht, wobei sich herausstellt, daß sie ganz andere Dinge vorbringen, als man mißtrauisch vermutet hat.»[24]

Erst seit dem Wintersemester 1923/24 war Heidegger Professor in Marburg. Er faszinierte durch die Radikalität seines leidenschaftlichen Denkens, für das er einen völlig neuen Ton erprobte. Zwar konzentrierte er sich auf philosophische Klassiker: auf Platon und Aristoteles, auf antike und mittelalterliche Philosophen, auf Immanuel Kant und Gottfried Wilhelm Leibniz, aber nie als überlieferten Bildungsstoff, sondern stets mit Blick auf die gegenwärtigen Krisen der Nachkriegszeit. Er vertraute nicht auf traditionsmächtige Sicherheiten, auf den christlichen Glauben, auf politische Ideologien, akademisches Prüfungswissen oder natur- und geisteswissenschaftliche Erkenntnisse. Stattdessen rückte er das existenzielle Dasein des Menschen mit seiner Sorge um sich selbst ins Zentrum der Aufmerksamkeit. Er konzentrierte sich auf den Sinn des «Ich bin» in seiner bloßen, reinen Faktizität[25], die keine beobachtbare, beschreibbare und erklärbare Welt-Tatsache ist, sondern sich nur einer unmittelbaren Selbst-Erfahrung aufschließt.

Heideggers Wende zur je individuellen Existenz hat Hannah Arendt nach Marburg gelockt. In seinem Stil des Denkens hoffte sie erkennen zu können, was sie als schmerzhaftes In-sich-selbst-verschlossen-Sein erlebte und erlitt. Und als sie nun im Februar 1925 in sein Sprechzimmer trat, den Hut tief über die Augen gezogen, soll sich ereignet haben, was der fünfunddreißigjährige verheiratete Professor und Vater von zwei kleinen Söhnen mit religiös-erotischen Bildern umschrieb: «Liebe Hannah! Das Dämonische hat mich getroffen. Das stille Beten Deiner lieben Hände und Deine leuchtende Stirn behüteten es in fraulicher Verklärung. Noch nie ist mir so etwas geschehen.»[26]

Am Anfang ist es nur ein intensiver Augen-Blick zum Lehrpult gewesen, der bei Heidegger wie ein Blitz eingeschlagen ist. Jetzt war es «das Dämonische», das sich jäh ereignete. Heidegger war sich sicher, dass Hannah Arendt verstand, worauf er mit seinem Liebesbrief vom 27. Februar anspielte. Schließlich konnte sie griechische Schriften im Original lesen und hatte noch Heideggers Anweisung zur Platon-Lektüre im Ohr: «Diese Vergangenheit, zu der die Vorlesung Zugang sucht, ist nichts, was abgelöst von uns fern liegt, sondern wir sind diese Vergangenheit selbst.»[27] Das Dämonische – das war keine originelle Wortverwendung, sondern eine zitathafte Anspielung, die im Februar 1925 einen der schönsten Texte Platons vergegenwärtigte. Denn Heidegger fühlte sich durch die übermenschliche Kraft jenes «Eros» getroffen, dessen Wesen einst die Priesterin Diotima aufgeklärt hat, die Sokrates in Liebesdingen unterrichtete.

In seinem *Symposion* hat Platon den Eros als einen großen «*daimon*» charakterisiert, der wie alles Dämonische zwischen den Sterblichen und den Göttern steht, und zwar in doppelter Hinsicht.[28] Er beherrscht die Liebenden, die das Geliebte begehren, das ihnen mangelt; und er ist als «*eros philósophos*» auch das leidenschaftliche

Streben, das die Philosophen, als Liebhaber der Weisheit, aus ihrer Unwissenheit zum Wissen treibt. Der dämonische Eros ist sinnlich-triebhaftes Lustprinzip und zugleich philosophischer Wille zum Wissen. Und nichts anderes als dieses Zusammenspiel wollte der Philosophieprofessor Heidegger seiner Studentin Hannah Arendt nahebringen, um sie für sich zu gewinnen, als er für sich selbst die platonische Rede Diotimas über den Eros in Anspruch nahm.

In seinem Neujahrsbrief 1916 an sein Seelchen Elfride hatte Heidegger noch die «ungeheuren Exzesse» verurteilt, «die uns im *Symposion* entgegengetreten sind», und ihre Liebe als etwas überirdisch Göttliches gepriesen, das sich aus der animalischen Triebhaftigkeit des Tieres völlig befreit hat. Im Liebesbrief vom 27. Februar 1925 an seine liebe Hannah war von Gott nicht mehr die Rede, sondern vom Dämonischen des Eros, das ihn als Mann und Denker getroffen hat.

Das war das Neue in seinem Liebesleben. Niemals zuvor war ihm so etwas geschehen, das er in zahlreichen Variationen seiner jungen Geliebten mitteilte. Er informierte sie über seine philosophische «Raserei, produktiv zu sein»[29], diese übermenschliche Leidenschaft, die ihn, wie die «*mania*» der frühen griechischen Denker, beherrsche und antreibe. Meist erlebte er sie wie eine Last des Schicksals, die er in furchtbarer Einsamkeit, nur seinem eigenen Wissenwollen treu, mit sich zu tragen hatte. Doch dämonisch war auch die «süße Last» der Liebe, dass diesem einsamen Ich ein geliebtes Du begegnen konnte, dem es für diese hereinbrechende Begegnung zu danken galt. Womit? «Wir können nur mit uns selbst danken. Liebe wandelt die Dankbarkeit in die Treue zu uns selbst und in den unbedingten Glauben an den Anderen. So steigert die Liebe ständig ihr eigenstes Geheimnis.»[30]

Öffentlich konnten sie ihre Liebe nicht zeigen. Das Geheimnis ihrer Beziehung musste geheim bleiben. Nicht nur Heideggers Ehefrau Elfride, von der er sich nicht trennen mochte, durfte nichts davon erfahren. Es hätte auch seiner Reputation und Stellung als Professor geschadet, hätten die Kollegen an der Universität und die Bürger in der kleinen Stadt an der Lahn von diesem Ehebruch erfahren. Ihre Treffen, meist in Hannah Arendts studentischer Dachkammer, wurden minutengenau vereinbart und durch Geheimzeichen indiziert. Sie fanden nach ritualisierten Spielregeln statt und sollten Heideggers doppelter, durch ein einfaches «und» summierter Erwartungshaltung entsprechen: «Ich lebe in einer Raserei der Arbeit und der Freude auf Dein baldiges Kommen.»[31]

Die Semesterferien verbrachte Hannah Arendt in Königsberg. Vielleicht waren es die Marburger Versteckspiele, die Dachkammergeschichten und heimlichen Verabredungen auf einer Bank im Wald, die sie motivierten, sich so zu zeigen, wie sie wirklich war, nicht mehr im Schatten ihrer geheim gehaltenen Liebe, sondern im Licht einer klaren und deutlichen Selbstanalyse. Auf die erkenntnistheoretische Spannung zwischen Sein und Schein, Einsicht und Täuschung, dem Wahren und dem Falschen, die Heidegger in seiner Vorlesung an Platons *Sophistes* entfaltet und erläutert hatte, reagierte sie mit einem offenherzigen, handschriftlich verfassten Selbstporträt, das sie zu einem kleinen, in blau-lila Büttenkarton eingeschlagenen Heft zusammenband. Sie schenkte es Heidegger am 21. April 1925 während eines heimlichen Treffens in Kassel, wo er einige Vorträge über «den gegenwärtigen Kampf um eine historische Weltanschauung»[32] hielt.

Hannah Arendts *Schatten* erzählte vom Schicksal einer jungen Frau, die sich anfänglich zwischen dem gewöhnlichen Dahinleben im weltlichen Getriebe und einer unheimlichen Sehnsucht nach einer «steten Lebensseligkeit»[33] in sich selbst verfangen und verkapselt hatte. Als sie dieses frühe Jugendreich als Selbsttäuschung und Scheinexistenz durchschaute, fühlte sie sich jedoch nicht befreit oder gerettet. Im Gegenteil. Der illusionslose Blick auf die Welt lockte sie in den Abgrund. Es überfiel sie «die Angst vor der Wirklichkeit, diese sinn- und gegenstandslose Angst, vor deren blindem Blick alles Nichts wird, die Wahnsinn, Freudlosigkeit, Bedrängtheit, Vernichtung bedeutet»[34]. Jetzt war sie der Angst verfallen, wie früher der Sehnsucht. Die Welt als alles, was der Fall ist, hatte sich in eine Angst vor ihrem bloßen In-der-Welt-Sein verflüchtigt.

Wenn nicht nur dieses oder jenes gefürchtet wird, sondern die Angst alles zunichtemacht, blieb ihr «als einzig Gewisses, daß alles ein Ende hat»[35]. Der Tod als finale Erlösung. Konnte es für sie noch eine lebensbejahende Hoffnung geben? Sie wollte diese Möglichkeit zwar nicht gänzlich ausschalten. Doch wahrscheinlicher war ein anderes Ende: «Vielleicht, daß ihre Jugend sich losringt aus dem Bann und ihre Seele unter einem anderen Himmel die Möglichkeit des Aussprechens und Lösens erfährt und so Krankheit und Verirrtheit überwindet, Geduld lernt und die Einfachheit und Freiheit organischen Wachstums – wahrscheinlicher aber, daß sie weiter das Leben hinfristet in haltlosen Experimenten und einer recht- und bodenlosen Neugier, bis dann letztlich das lang und heiß erwartete Ende sie doch überrumpelt und dem unnützen Getriebe ein willkürliches Ziel setzt. Königsberg, April 1925.»[36]

Hannah Arendts *Schatten* haben Martin Heidegger erstaunt, verwundert und irritiert. Zweideutig reagierte er auf diese Selbstoffenbarung, die ihm als Geschenk überreicht worden war. Er schwankte zwischen Anerkennung und Abwehr. Er griff Motive des Textes auf, ließ sich durch sie philosophisch anregen und führte sie gedanklich weiter aus. Doch zugleich wollte er sich durch die Gefühle und Stimmungen nicht berühren lassen, die ihm seine liebe Hannah existenziell nahezubringen versuchte.

Diese Ambivalenz dokumentiert das große Werk, an dem Heidegger im Sommer 1925 zu arbeiten begann: *Sein und Zeit*, sein Meisterwerk, in dem er seine fundamentale Wesens-Frage zu beantworten versuchte: Was ist das menschliche Dasein als solches? In seinen Antworten war die Stimme seiner Geliebten unüberhörbar, die ihn mit ihren *Schatten* zur intimen Aussprache und Problemlösung eingeladen hatte.

Hannah Arendts «Auf-sich-selbst-gedrückt-Sein» fand in Heideggers Konzentration auf das «sein», das nur im Indikativ der Ersten Person Singular «ich bin» in seiner existenziellen Eigenart interpretiert werden kann, sein philosophisches Echo. Es spiegelte sich wider in der faktischen Sorge[37] um sich selbst, die jedes einzelne Ich in seiner Welt beherrscht und alle äußeren beruhigenden Sicherheiten zweitrangig werden lässt. – Auch die «Angst vor dem Dasein überhaupt»[38], die Hannah Arendt ergriffen hatte, fand sich in Heideggers *Sein und Zeit* (§ 40) wieder. Er analysierte sie als eine «Grundbefindlichkeit des Daseins», die das Selbst überfällt, wenn es sich aus den alltäglichen Sicherheiten gelöst hat, auf die man sich gewöhnlich verlassen zu können glaubt. Sie trifft das Dasein in seiner bloßen Faktizität: *«Das Wovor der Angst ist das In-der-Welt-sein als solches.»*[39] – Und schließlich entfaltete Heidegger in den §§ 49 bis 53 auch die letzte Gewissheit, die Hannah Arendt gegen alles ins Feld führte, das sie als unnützes, alltägliches Getriebe von sich selbst fernzuhalten versuchte: «daß alles ein Ende hat». Das Dasein als Sein zum Tode. Heideggers Todesanalytik folgte den Schatten, die seine Geliebte auf das Leben geworfen hatte. Er zeichnete sie nach mit jenem existenzialen «Vorbei-sein», dem alles Endliche, auch das eigene Leben, unausweichlich ausgeliefert ist. «Einmal bin ich nicht mehr da bei den Sachen, bei den und den Menschen, bei diesen Eitelkeiten, diesen Winkelzügen und dieser Geschwätzigkeit. Das Vorbei jagt alle Heimlichkeiten und Betriebsamkeiten auseinander, das Vorbei nimmt alles mit sich in das Nichts.»[40]

All diese Schattenmotive von Hannah Arendts Selbstbild mochten philosophisch tiefsinnig sein und haben Heideggers Arbeit an seinem großen Werk angeregt. Doch er musste sie abwehren oder aufhellen, sofern sie seine Liebe persönlich zu beherrschen drohten. Seine liebe Hannah musste anders sein als das junge Mädchen, über das sie in der dritten Person berichtet hatte. Und so schrieb er ihr am 24. April 1925, wenige Tage nach ihrem Treffen in Kassel, einen langen Brief, in dem er sich zwar für das Geschenk ihrer Selbstdarstellung bedankte. Sie sei seinen eigenen Gedanken nah. Doch zugleich weigerte er sich, ihr «erschütterndes Bekenntnis»[41] als Ausdruck ihres Charakters wirklich ernst zu nehmen. Es sei nur durch äußere Einflüsse des Milieus, der Zeit und einer überspannten Reife ihres jungen Lebens zustande gekommen. Mit ihrem eigentlichen Wesen habe es wenig zu tun, und wie zur Selbstvergewisserung seiner echten Liebe wies er sie darauf hin: «Ich würde Dich nicht lieben, wenn ich nicht glaubte, dass *Du* das nicht bist, sondern Entstellungen und Täuschungen, die eine bodenlose und von außen eingedrungene Selbstzerfaserung sich schuf.»[42]

Heideggers Wesens-Blick in das, was seine liebe Hannah wirklich und eigentlich ist, wies zurück, was er als uneigentliche Verbogenheit, Scheinhaftigkeit und Selbsttäuschung zu durchschauen meinte. Hannah sollte als «Menschenwesen» dem Wunsch-Bild entsprechen, das er sich von ihr als seiner Geliebten gemacht hatte. Ihre Rückkehr aus den Semesterferien nach Marburg begrüßte er mit dem freudigen Hinweis: «Du kamst heute so froh, strahlend und frei, so wie ich mir Deine Rückkehr nach Marburg wünschte. Und ich war von der Herrlichkeit dieses Menschenwesens – dem ich im Du nahe sein darf – benommen. Und als Du weil ich offenbar abwesend zu sein schien – fragtest, ob Du gehen solltest, da war ich mit Dir – ganz allein – frei von Welt-Sorge und Bedenken – in der klaren Freude darüber, daß Du bist.»[43]

Ich will, dass es Dich gibt

Drei Wochen später, am 13. Mai 1925, griff Heidegger das Liebesmotiv der Freude über Hannah Arendts Existenz wieder auf. Doch jetzt sprach er nicht mehr allein in seinem Namen. Er gab die Quelle preis, aus der er geschöpft hatte. Es war nicht mehr der heidnische Platon, dessen «Dämonisches» ihn anfänglich getroffen hatte, sondern der christliche Kirchenvater Aurelius Augustinus, den er für seinen Liebesbeweis als Zeugen hinzuzog. «Ich danke Dir für Deine Briefe – daß Du mich in Deine Liebe aufgenommen hast – Liebstes. Weißt Du, daß das das Schwerste ist, was einem Menschen zu tragen gegeben wird? Für alles sonst gibt es Wege, Hilfe, Grenzen und Verstehen – hier nur bedeutet alles: in der Liebe sein = in die eigenste Existenz gedrängt sein. Amo heißt volo, ut sis, sagt einmal Augustinus: ich liebe Dich – ich will, daß Du seiest, was Du bist.»[44]

Heidegger hat die Stelle nicht angegeben, wo Augustinus das Wesen der Liebe zu bestimmen versuchte. Wörtlich ist das Zitat «*amo:*

volo, ut sis» in seinen Schriften nicht feststellbar. Eine sinnähnliche Aussage ist zu finden in einer Predigt, in der die Liebe eines Vaters zu seinen Söhnen besprochen wird. Wenn er sie wirklich liebe, dann wolle er, dass sie existieren. «Si amas filios tuos, vis illos esse.»[45]

Aber vielleicht erinnerte Heidegger auch an einen Gedanken, den er zum ersten Mal in seiner frühen Freiburger Vorlesung *Augustinus und der Neuplatonismus*, Sommersemester 1921, erwähnt und kommentiert hatte: «Die eigentliche Liebe hat die Grundtendenz auf das *dilectum, ut sit.* Liebe ist also Wille zum Sein des Geliebten.»[46] Die Eigentlichkeit, um die es ihm damals gegangen ist, bezog sich dabei nicht auf die sinnliche, erotische Liebe. Sie überstieg das diesseitige Leben und richtete sich auf ein Höherwertiges, nicht zwischen den Menschen bestehendes, sondern in Gott begründetes Gut, der will, dass auch die sündigen Menschen zu seinen Gläubigen werden und sich in der Gottesliebe aufgehoben fühlen. Das Sein des Geliebten, das durch den Willen des liebenden Gottes hervorgerufen wird, soll sein eigentliches Wesen sein, das im profanen Leben nur entstellt und verborgen erscheint.

Dem entspricht eine dritte Stelle, die Heidegger im Sinn gehabt haben könnte. Sie steht in jenem *Tractatus*, den Augustinus über den *Brief des Johannes an die Parther* geschrieben hat. Das *«volo, ut sis»* bezieht sich dabei gerade nicht auf das Sein, wie es tatsächlich ist, sondern auf eine gewollte, gewünschte Möglichkeit: «Non enim amas in illo quod est; sed quod vis ut sit.» Denn Du liebst in jenem nicht, was er ist, sondern was Du willst, dass er es sei.[47] Die Liebe als Wille zum Sein des Geliebten betrifft nicht dessen Existenz, sondern sein eigentliches Wesen, wie es zu sein gewünscht wird. Sie ist der Liebe eines Handwerkers zu einem Baum vergleichbar, der ihn so haben möchte, wie er ihn für seine Zwecke gebrauchen kann.

Hannah Arendt muss das *«volo, ut sis»* aufgegriffen haben, wobei ihr die Zweideutigkeit von Heidggers Liebeserklärung – «ich will, daß Du seiest, was Du bist» – nicht entgangen war. Ihr Antwortbrief ist nicht erhalten. Hat sie Heidegger die Frage gestellt, ob er sie als reale Person liebe oder als ein ideales Bild, das er sich von ihr gemacht habe? Jedenfalls bedankte sich Heidegger am 29. Mai 1925 bei ihr mit den Worten: «Deinen Brief mit dem Augustinschen Satz werde ich als tiefes Geheimnis in meiner Seele bewahren. Es ist zugleich der am meisten gelöste und freie, den ich von Dir habe. Und so zauberhaft gelöst und so ganz Du selbst warst Du neulich bei unserem Wiedersehen an der Bank. Jetzt ist alles gut, mußte ich mir immer sagen.»[48] Und am 22. Juni ging er direkt auf das Liebesproblem ein, das er mit einem Glaubensbekenntnis zu lösen versuchte: «Nur solcher Glaube, der als Glaube an den Anderen – die Liebe ist, vermag einzig das ‹Du› wirklich zu nehmen. Wenn ich sage, daß meine Freude an Dir groß ist und wächst, dann heißt das, daß ich all das mitglaube, was Deine Geschichte ist. Ich mache mir nicht ein Ideal zurecht – noch weniger könnte ich je versucht sein, Dich darauf hin zu erziehen oder dergleichen; sondern ganz Dich – so wie Du bist und mit Deiner Geschichte bleiben wirst – so lieb ich Dich.»[49]

Hannah Arendt mochte bleiben, wie sie war. Heidegger dagegen begann sich nun voller Energie auf das große Werk zu konzentrieren, in dem er das Wesen des menschlichen Daseins tiefenphilosophisch freizulegen versuchte. Ein Rausch des Denkens erfasste ihn, das sich aus der lebenspraktischen Alltäglichkeit, auch aus der professoralen Tätigkeit befreit hat und nur seiner eigenen Dynamik folgt. Am liebsten zog er sich in die Einsamkeit seiner Hütte im Schwarzwald zurück, wo ihm nicht nur der Sturm um die Ohren pfiff und alles erschütterte, sondern es auch in seinem Denken und Schreiben stürmte und er «nur zusehen muß, in der rechten Weise damit fertig zu werden»[50]. Nur in der radikalen Isolierung, die ihn aus allen menschlichen Bezügen löste, konnten sich seine philosophischen Triebkräfte frei entfalten.

Im Herbst und Winter 1925, während er an *Sein und Zeit* arbeitete, erlebte Heidegger «das Grandioseste, was ich an menschlichen Erfahrungen kenne». Doch im Hinblick auf andere Menschen, denen er sich verbunden fühlte, war es «das Verruchteste, was einem begegnen kann. Es wird einem bei vollem Bewußtsein das Herz aus dem Leibe gerissen.»[51] Auch seine liebe Hannah musste er zurückstoßen und vergessen, um sich voll und ganz, ohne störende Ablenkung, auf sein großes Werk konzentrieren zu können. Vielleicht war sie enttäuscht über den Rückzug ihres Geliebten, vielleicht auch erleichtert, aus den libidinösen Irrungen und Wirrungen freigestellt worden zu sein, in die sie durch ihn verstrickt worden war. Jedenfalls entschied sie sich, Marburg zu verlassen. Im Sommersemester 1926 zog sie nach Heidelberg, um dort bei Heideggers Freund und Kampfgefährten Karl Jaspers ihr Philosophiestudium fortzusetzen und abzuschließen.

«Weggegangen aus Marburg bin ich ausschließlich Deinetwegen»[52], wird Hannah Arendt viele Jahre später (9. Februar 1950) Heidegger gestehen. Dass ihre Liebesgeschichte mit diesem Abschied nicht zu Ende war, dokumentierte ihre Dissertation, an der sie in den kommenden Jahren arbeitete. Sie lässt sich lesen als eine philosophiegeschichtliche Reflexion dessen, was ihr Heidegger in seinem Liebesbrief am 13. Mai 1925, im Rückblick auf Augustinus, mitgeteilt hat: *«Amo heißt volo, ut sis.»* Denn sie konzentrierte sich nun auf den *Liebesbegriff bei Augustin,* den sie nicht theologisch, sondern philosophisch zu interpretieren versuchte.[53] Doch trotz allen sachlichen Arbeitens an einem historischen Textmaterial spürt man, dass es ihr nicht nur um den Liebes-Begriff bei Augustinus ging, sondern zugleich um das Liebes-Problem, das sie mit Heidegger erlebt hatte und nachträglich philosophisch durchdachte.

Schon im Ersten Teil ihrer Doktorarbeit ist die persönliche Motivation dechiffrierbar: *«Amor qua appetitus».* Wenn sie die «Liebe als Begierde» eines Menschen interpretierte, der dem Begehrten verfallen ist und dabei in der Gefahr steht, sich selbst zu verlieren, so rückte sie die christliche Nächstenliebe in die platonische Tradition, die ihr durch Heidegger vermittelt worden war. Im *appetitus* ist das Dämonische von Platons *Symposion* wirksam, dieser begehrende Eros, der nach etwas strebt, was ihm selbst fehlt, und dessen Haben-Wollen immer von der Furcht beherrscht wird, das Erreichte wieder zu verlieren.

Nicht nur in ihrem *«amor qua appetitus»* war Heidegger als Geliebter anwesend, der begehrt wird mit der immerwährenden Befürchtung, ihn niemals ganz für sich gewinnen zu können. Er sprach auch mit, wenn Hannah Arendt das augustinische *«volo ut sis»* interpretierte. Sie las es nicht als eine Liebeserklärung, die den geliebten Menschen so nimmt, wie er ist, sondern so haben will, wie er sein soll. Der Liebesbegriff bei Augustinus, der im *«volo ut sis»* seinen Brennpunkt besitzt, verleugnet den Geliebten, um zu seinem eigentlichen, auf Gott fixierten Wesen vorzustoßen. So habe Augustinus die Nächstenliebe als mögliche Grundlage einer weltlichen Gemeinschaft verdrängt zugunsten einer strahlenden Gottesliebe, die das Diesseits übersteigt und die Welt zu einer dunklen Wüste statt zu einer Heimat werden lässt.

Und wie bei Augustinus der Nächste nur geliebt wurde, um zu Gott gerufen zu werden, so warf Hannah Arendt auch Heidegger vor, dass er sie nur geliebt habe zugunsten eines höheren Seins, das im Zentrum seiner eigenen Arbeit stehe. Sie wird sich bei ihrer Kritik an Augustinus an den Brief erinnert haben, mit dem Heidegger ihre beängstigenden *Schatten* in sein eigenes Licht gestellt hatte: «‹Schatten› sind nur, wo *Sonne* ist. Und das ist der Grund Deiner Seele. Ganz aus der Mitte Deiner Existenz bist Du mir nah und für immer in meinem Leben wirkende Kraft geworden. Zerrissenheit und Verzweiflung vermag nie so etwas zu zeitigen wie Deine dienende Liebe zu meiner Arbeit.»[54]

Leben und Denken im Eros

Nachdem Hannah Arendt Marburg verlassen hatte, kam es zwar noch zu einigen Begegnungen, die sie dazu verleiteten, ihre Liebe zu Heidegger weiterhin zu beschwören. Am 22. April 1928 gestand sie ihm: «Ich liebe Dich wie am ersten Tag – das weißt Du, und das habe ich immer, auch vor diesem Wiedersehen, gewußt.»[55] Und ausgerechnet am 26. September 1929, Heideggers vierzigstem Geburtstag, an dem sie Günther Stern, den sie 1925 in Heideggers Seminar kennengelernt hatte, heiratete, um sich gewaltsam von ihrem Geliebten abzulösen, bat sie ihn: «Vergiß mich nicht, und vergiß nicht, wie sehr und tief ich weiß, daß unsere Liebe der Segen meines Lebens geworden ist. Dies Wissen ist nicht zu erschüttern, auch nicht heute, da ich Heimat und Zugehörigkeit von meiner Rastlosigkeit bei einem Menschen gefunden habe, von dem Du es vielleicht am wenigsten verstehen wirst.»[56]

Erst nach ihrer Flucht aus Deutschland wird Hannah Arendt in Paris, Frühjahr 1936, Heinrich Blücher begegnen, ihrer «großen Liebe», die zugleich ihre «Identität mit der eigenen Person» stabilisieren und ermöglichen wird. Erst mit ihm wird sie zu wissen lernen, dass sie beides haben kann und «was Glück eigentlich ist»[57]; und dass die Liebe nicht ein ständiges dämonisches Begehren sein muss, sondern sich in einem dauerhaften Zustand erfüllen kann. Am 16. Januar 1940 werden sie heiraten, und in dieser Ehe wird sich endlich die notorische Zweideutigkeit auflösen, mit der das «amo: volo, ut sis» bei Heidegger gemeint war, das auch Heinrich Blücher als «das größte und schönste Liebesgedicht der Welt»[58] schätzte, wenn man es als Anerkennung der geliebten Person versteht, wie sie wirklich ist.

Heidegger dagegen fühlte sich weiterhin vom Eros getroffen, dem er sich nicht entziehen konnte. Schon zu der Zeit, in der sich Hannah Arendt von ihm distanzierte, verlagerte er sein Interesse auf Elisabeth Blochmann, eine Studienfreundin Elfrides, die er im Sommersemester 1916 als seine Studentin unterrichtet hatte. Zehn Jahre später, nachdem sie das Ehepaar Heidegger zum ersten Mal auf der Schwarzwälder Hütte besucht hatte, grüßte er seine «liebe Lisi» wiederholt in herzlicher Freundschaft und treuem Gedenken, wobei seine Liebeswünsche von Brief zu Brief stärker und deutlicher wurden, bis schließlich wieder der augustinische Zauberspruch gezielt eingesetzt wurde. Nach der «Nacht einer leidenschaftlichen Arbeit und eines reichgewordenen Herzens», die durch ihr Dasein evoziert worden sein sollen, gestand er ihr am 11. Januar 1928: «Ich danke Ihnen für Alles. Ich vertraue meinem Gewissen, daß ich der Größe u. Weite Ihres Herzens dienen darf. Volo ut sis, ich will, daß Du seiest, so interpretiert einmal Augustinus die Liebe. Und er erkennt sie damit als innerste Freiheit des Einen zum Anderen.»[59]

Im Spätsommer 1929 besuchte Elisabeth Blochmann Heidegger in seiner Hütte, während Elfride mit den Kindern unterwegs war. Sein erotischer Wille zu ihrem Dasein brach sich Bahn, scheiterte jedoch an ihrem Widerstand. Schmerzlich musste er es zur Kenntnis nehmen und versprach ihr am 12. September 1929, zukünftig «die gesetzte Grenze unserer Freundschaft» zu achten, «durch deren Ertragen ich mir das Glück Ihrer Gesinnung bewahre»[60].

Die liebe Lisi hatte ihn zurückgewiesen. Zwei Wochen später, zu seinem Geburtstag am 26. September, informierte ihn seine liebe Hannah, Günther Stern geheiratet zu haben. Andere Geliebte mussten die erlittenen Lücken füllen. Heidegger begehrte zahlreiche Geliebte, die so sein sollten, wie er es für sich und seine Arbeit wünschte. Schon in Marburg war es nicht Hannah allein, für die er sich interessiert hatte, seine Ehe mit Elfride der schwersten Prüfung aussetzend. Denn sein liebes Seelchen, das mit ihm und den zwei Kindern zusammenlebte, wollte er ja nicht verlieren. Immer wieder sagte er ihr, dass er sich nie von ihr trennen könne, auch wenn er ihr durch seine Amouren Enttäuschungen und Schmerzen bereiten müsse.

Im Lauf der Zeit bildete sich ein Muster heraus, aus dem es keinen glücklichen Ausweg geben konnte. Wie unter einem Wiederholungszwang stehend, fühlte sich Heidegger dämonisch überwältigt und in Liebesabenteuer gedrängt. Zunächst versuchte er, sie zu verheimlichen, was jedoch nicht immer gelang. Wenn Elfride es entdeckte, beschwor er ihre große, echte und unzerbrechliche Liebe, wobei er von sich selbst zu wissen glaubte, nicht treu sein zu können. Es war eine Mischung aus Verheimlichungen und Geständnissen, Entschuldigungen und Versprechen, mit der er Elfride immer wieder aufs Neue zurückstieß und an sich heranzog.

Zwar bekannte Heidegger am 17. August 1931, während seiner Affäre mit der Studentin Elisabeth Krumsiek, selbstkritisch gegenüber seiner Frau, dass er sie mit seinem Verhalten in ein großes inneres Leid stürze. Doch sich selbst gestand er nur eine kleine Schwäche ein. Gegenüber der «Strenge und Härte», mit der seine Frau ihre Ehe zu retten versuche, fühle er sich klein und unsicher, «wohl weil ich immer noch zu sehr mich selbst sehe u. der Bewunderung und dgl. zum Opfer falle»[61].

Während des Krieges war es Prinzessin Margot von Sachsen-Meiningen, die bei ihm 1942 zu studieren begonnen hatte, mit der er eine jahrelange Beziehung einging, bis ihn Elfride schließlich vor die Wahl stellte, sich zwischen ihr und Margot zu entscheiden. Sie fiel ihm nicht leicht. Denn er hoffte, bei beiden «das echt Geborgene u. Bergende» zu finden, das sein Leben und Denken bereichern könne. «Und so vertrau ich, daß Deine und Margots Innigkeit jede Weise in ihrem eigenen Grundton dem Sagen helfen u. es neu entbinden u. freudig hüten.»[62]

Nach der Trennung von der Prinzessin war es dann Sophie Dorothee Gräfin von Podewils, die ab 1952 Heideggers Eros beflügelte. Und wieder begann er gegenüber Elfride über sich selbst zu urteilen, dass er die Kraft nicht habe, die «Herzensnot» zu mildern, die er sich und seiner Frau bereite. Doch während er verstehen könne, dass Elfride, gleichsam mit ehelicher Einfalt, durch seine Liebesbeziehungen immer wieder in Leid und Verzweiflung gestürzt werde, stellte er selbstbezüglich fest: «Aber meine Natur ist vielfältiger als die Deine; und ich kann Dir durch keine Argumente beweisen, daß ich im – Eros leben muß, um das Schöpferische, das ich noch als Ungelöstes und Letztes in mir spüre, noch wenigstens in eine unvollkommene Vorform zu bringen. Mit dem bloßen ‹Willen› ist hier nichts zu machen.»[63]

Am meisten machte Elfride die Beziehung ihres Mannes mit Marielene Putscher zu schaffen, die 1955 bei ihm Vorlesungen besuchte. Noch immer wurde die Fassade ihrer Ehe nach außen aufrechterhalten, obwohl ihre Entfremdung ein Zusammenleben immer schwerer machte und auch sein Bekenntnis Elfride keinen Trost mehr bieten konnte: «Aber ich mühe mich dennoch mit dem Dämon fertig zu werden; vielleicht hast Du dafür nur das Wort ‹Schwäche›. Indes auch hier verstehe ich Dein Urteil – und bitte Dich nur, auch jetzt noch, nach so langer vergeblicher Zeit, mir Zeit zu lassen. Wenn mein Dasein ohne Leidenschaft ist, verstummt die Stimme u. die Quelle springt nicht.»[64]

In ihrem schweren Leid wollte Elfride ihrem Mann ein Bekenntnis zukommen lassen. Zur Erhellung ihrer Gefühle schrieb sie ihm am 28. Juni 1956 einen Brief, den sie jedoch nicht abschickte, sondern den vielen Briefen beilegte, die sie seit 1915 von ihm erhalten hatte. Als unmenschlich empfinde sie seinen permanenten Missbrauch ihres Vertrauens, der sie verzweifeln und fragen lasse: «Und ich soll es tragen können – nicht *einmal* – sondern immer wieder durch 4 Jahrzehnte durch? kann das denn ein Mensch, wenn er nicht oberflächlich ist oder versteinert? Immer wieder sagst u. schreibst Du, dass Du mir verbunden seist – was ist das Band? Liebe ist's nicht, Vertrauen ist's nicht, bei anderen Frauen suchst Du ‹Heimat› – ach Martin – wie sieht's in mir aus – und diese eisige Einsamkeit.»[65]

Es war noch lange nicht zu Ende. Heidegger ging weitere Liebesverhältnisse ein, unter anderem mit Dora Vietta und Andrea von Harbou, während Elfride ihre eheliche Stellung zu behaupten versuchte und auch persönliche Kontakte zu Martins Geliebten aufnahm, um erträgliche Lösungen zu finden. Manchmal konnte sie ihre Depressionen jedoch nur mit Schlafmitteln und Psychopharmaka lindern oder suchte Ruhe in stillen Ferienorten.

Nach 45 Jahren, wie seit eh und je

Er müsse im Eros leben und könne mit dem Dämonischen nicht fertig werden, hatte Heidegger zur Rechtfertigung seines Liebeslebens gestanden. Zum ersten Mal war er davon im Februar 1925 getroffen worden, als Hannah Arendt in sein Leben eingebrochen war. Bis ins hohe Alter haben beide von der überwältigenden Energie dieses Ereignisses gezehrt, aus dem für sie eine Geschichte und ein Geschick geworden sind, die alle politischen Differenzen und zeitgeschichtlichen Finsternisse überdauert haben. Es scheint, als seien beide aus allen weltlichen Bezügen herausgelöst worden, ganz so, wie es Hannah Arendt in *Vita activa. Vom tätigen Leben* als Wesen der Liebe charakterisiert hat. «In der Leidenschaft, mit der die Liebe nur das Wer des Anderen ergreift, geht der weltliche Zwischenraum, durch den wir mit anderen verbunden und zugleich von ihnen getrennt sind, gleichsam in Flammen auf.»[66]

War es diese Weltlosigkeit der Liebe, die Martin Heidegger und Hannah Arendt im Februar 1950 wieder zusammenbrachte, als spielten ihre verschiedenen Lebensgeschichten und -erfahrungen in der Zwischenzeit keine Rolle? Dass Hannah Arendt nach ihrer Emigration aus Deutschland (1933) zunächst in Paris, ab 1941 dann in den USA sich für die jüdische Kultur und zionistische Politik engagiert hatte, dass sie als politische Denkerin den Antisemitismus, den Imperialismus, totalitäre Bewegungen und Herrschaftsformen analysiert hatte, wobei sie sich vor allem auf die Ideologie und den Terror des Nationalsozialismus bezog[67], dass sie in ihrer Lehrtätigkeit und als Verlagslektorin das freie und kritische Denken mündiger Bürger zur Geltung brachte; dass Martin Heidegger dagegen am 1. Mai 1933 in die Nationalsozialistische Deutsche Arbeiterpartei eintrat, deutschnationalem Größenwahn verfiel, zum Antisemitismus neigte, Adolf Hitler zu seinem Idol machte und als Rektor der Freiburger Universität (1933/34) das Führerprinzip durchzusetzen versuchte – all diese entgegengesetzten Aspekte und Eigenarten ihres jeweiligen In-der-Welt-Seins schienen zwischen ihnen verbrannt zu sein, als sie sich am Abend des 7. Februar 1950 allein in Heideggers Haus in Freiburg trafen, um, wie es sich vor allem Heidegger wünschte, «unsere frühe Begegnung als ein Bleibendes jetzt eigens in die spätere Lebenszeit aufzunehmen»[68].

Hannah Arendt, die vom November 1949 bis zum März 1950 im Auftrag der «Commission on Jewish Cultural Reconstruction» durch Europa reiste, um von den Nationalsozialisten gestohlenes und verschlepptes Kulturgut, vor allem Bibliotheksbestände, aufzufinden und zu inventarisieren, schien während dieser Begegnung alles Politische und Weltliche ausgeblendet zu haben. Stattdessen fühlte sie sich persönlich in das zurückversetzt, «was ich nun eben einmal bin, das Mädchen aus der Fremde»[69], das im Wieder-Blick des einst Geliebten sich selbst erkannte. – Martin Heidegger beschwor wieder «das Geschick unserer Liebe» und versuchte an das anzuknüpfen, was sich vor fünfundzwanzig Jahren blitzartig ereignet hatte. «Es ist ein eigentümliches Geheimnis um die Zeit, daß sie so wiederkehrt und alles verwandeln kann. Alles ist uns neu geschenkt. Wir werden nie damit zu Ende kommen: mit dem Dank für das, was uns geworden.»[70]

Und Elfride Heidegger? Sie war erschüttert, als sie erfuhr, was sich 1925 in Marburg ereignet hatte, von dem sie bis dahin nichts wusste, und dass es von neuem sich zu wiederholen drohte. In dramatischen Szenen warf sie ihrem Mann vor, rücksichtslos ihr Vertrauen zu missbrauchen, und fand keinen Trost in dessen Erklärung, dass er ihre Liebe nicht verlieren möchte, obwohl er ihr wieder Schmerzen bereitet habe. Es sei nun einmal sein Schicksal, stärker und unheimlicher als andere Menschen vom «Flügelschlag jenes Gottes berührt» zu werden, der sein Denken und Lieben beherrsche: Eros, «der älteste der Götter nach dem Wort des Parmenides»[71].

Auch bei den späteren Besuchen Hannah Arendts in Freiburg kam es zu keiner Lösung der angespannten, durch Liebesbekundungen und Eifersuchtsszenen bestimmten Dreierbeziehung, die sich wesentlich im Imaginären abspielte. Denn es war ja weniger das gegenwärtig Wirkliche, das tatsächlich geschah. Es war viel mehr die Erinnerung an das, was sich einst ereignet hatte, die den Eros lebendig bleiben ließ und Elfride verstörte.

Am 6. Oktober 1966 schickte Heidegger seiner lieben Hannah herzliche Glückwünsche zu ihrem sechzigsten Geburtstag mit dem Hinweis: «Lang scheint die Zeit zu sein seit dem Auslegungsversuch von Platons *Sophistes*. Und doch ist mir oft, als sammele sich auf einen einzigen Augenblick, der das Bleibende birgt, das Gewesene.»[72] Drei Jahre später hielt Hannah Arendt eine große Rede zu Heideggers achtzigstem Geburtstag, deren Manuskript sie ihm schickte mit der Widmung *«Für Dich zum 26. September 1969, nach fünfundvierzig Jahren, wie seit eh und je. Hannah»*[73]. Der zeitliche Hinweis erinnerte an den November 1924, als ihr Blick Heidegger am Katheder wie ein Blitz aus heiterem Himmel getroffen hatte. Noch immer fühlte sie sich berührt und angeregt von seinem *«leidenschaftlichen* Denken, in dem Denken und Lebendigsein eins werden»[74].

Zwei Monate später, am 27. November 1969, hat sich Heidegger für diese vergegenwärtigende Erinnerung bedankt und sich ein letztes Mal zu Platons Eros als Triebkraft seines Philosophierens bekannt. «Du hast vor allen anderen die innere Bewegung meines Denkens und der Lehrtätigkeit getroffen. Sie ist seit der Sophistes-Vorlesung dieselbe geblieben.»[75]

1970 brachte schließlich ein Schlaganfall, den Heidegger während eines Rendezvous in Augsburg erlitt, seinen unbeherrschbaren *daimon* zur Ruhe, sodass das alte Ehepaar seine letzten Jahre gemeinsam in gelassener Ruhe erleben konnte. Am Morgen des 26. Mai 1976 wachte Heidegger nicht mehr auf. Die nächste Nacht schlief Elfride in ihrem Ehebett ein letztes Mal an der Seite ihres toten Mannes.[76] Sie starb am 21. März 1992 und wurde neben ihrem Mann in Meßkirch beerdigt.

Hannah Arendt erlitt am 4. Dezember 1975 in ihrer New Yorker Wohnung einen tödlichen Herzinfarkt, während sie gerade am letzten, dritten Teil ihrer Trilogie *The Life of the Mind* (*Vom Leben des Geistes*) zu arbeiten begann. In ihrer Schreibmaschine steckte die erste, noch leere Manuskriptseite mit der Überschrift «JUDGING» (Das Urteilen). Im Anschluss an die *Kritik der Urteilskraft*[77], in der Immanuel Kant das Verhältnis zwischen allgemeinen Regeln, Gesetzen und Prinzipien und jeweils besonderen Fällen in ihrer individuellen Mannigfaltigkeit aufgeklärt hatte, wollte Hannah Arendt das «reflektierende» gegen das «bestimmende» Urteilsvermögen stärken und aufwerten. Es komme weniger darauf an, Einzelfälle unter etwas Allgemeines zu «subsumieren», sondern viel mehr darauf, die komplexe Vielfalt besonderer Erfahrungen und Handlungen ernst zu nehmen, zu «reflektieren» und kritisch gegen allgemeine Vor-Urteile zu richten.

Was von dieser ganzen Liebesgeschichte zu halten ist, in der Martin Heidegger, Hannah Arendt und Elfride Heidegger die Hauptrollen spielten, von all ihren Erwartungen und Enttäuschungen, Offenbarungen und Verschleierungen, Glücksmomenten und Verzweiflungen, hat Hannah Arendt in einem Gedenkblatt formuliert, das

Heidegger zu seinem achtzigsten Geburtstag, September 1969, in einer *Tabula gratulatoria* überreicht worden ist. Ein feststehendes Urteil über den Denker, den sie liebte, hat sie nicht gefällt, sondern nur einen Wunsch geäußert, der auch an uns gerichtet ist: «Mögen diejenigen, die nach uns kommen, wenn sie unseres Jahrhunderts und seiner Menschen gedenken und ihnen die Treue zu halten versuchen, auch der verwüstenden Sandstürme nicht vergessen, die uns alle, jeden auf seine Weise, umhergetrieben haben, und in denen dennoch so etwas wie dieser Mann und sein Werk möglich waren.»[78]

NEUNTES KAPITEL

Ich hoffe, dass ich an einer Überdosis Lust sterbe

Michel Foucaults problematischer Gebrauch des Lustprinzips

«Wir müssen verstehen, dass sich mit unseren Begierden und durch sie neue Formen von Beziehungen, neue Formen von Liebe und neue Formen von Schöpfung herstellen lassen. Der Sex ist nichts Schicksalhaftes; er ist eine Möglichkeit, Zugang zu einem schöpferischen Leben zu erhalten.»[1]

MICHEL FOUCAULT

U m 1975 muss etwas Einschneidendes geschehen sein, das Michel Foucault, bald 50 Jahre alt, dazu motivierte, den Stil seines Denkens und Schreibens radikal zu verändern. Es war ein Bruch, der sich nicht allmählich eingestellt hat. «Ganz plötzlich, seit 1975–1976, habe ich mich voll und ganz von diesem Stil gelöst»[2], der ihn berühmt gemacht hatte. Es war eine rhetorisch ausgefeilte Sprache gewesen, voller überraschender Wendungen und Bilder, ein sprach-gedankliches Feuerwerk, das er auf dem weiten Feld der europäischen Zivilisation veranstaltete. Als kritischer Historiker unserer Kultur führte er die Disziplinarmächte vor Augen, die in Gefängnissen, Kliniken und psychiatrischen Krankenhäusern praktisch am Werk waren, aber auch in vorherrschenden Denkformen, Diskursformationen und Wissenssystemen. Er entwarf zwar keine alternativen Modelle, aber in der Art und Weise, wie er Machtphänomene in ihrer Struktur und Vielfalt erforschte, brachte er sie zum Tanzen. All seine großen Bücher, in denen er Machtbeziehungen analysierte, waren auch lange Vorreden zur Überschreitung. Sie erkundeten und erprobten die Grenzen, die wir überschreiten können, um mündig zu werden. Foucault wollte keine Macht als universal, notwendig und obligatorisch anerkennen. Mit seinem äußerst geschärften historisch-kritischen Blick auf die Ordnung der Dinge folgte er dem philosophischen Ethos einer «*Grenzhaltung*»[3], bei der die Kritik dessen, was wir sind und tun, zugleich die geschichtliche Analyse der uns gesetzten Grenzen und eine Probe auf ihre mögliche Überschreitung war.

So war es jedenfalls bis 1976, als der erste Band seiner *Histoire de la sexualité* erschien, in dem er die Macht analysierte, die sich im Wissensdiskurs über die Sexualität verbarg und durchzusetzen versuchte. Es war ein irritierendes Buch, in dem Foucault weiterführte, was er zuvor getan hatte, aber zwischen den Zeilen auch eine neue Perspektive eröffnete. Am Ende wollte er nicht mehr von Sex reden. Er deutete eine Umkehr, eine Umdrehung und einen Gegenangriff an: «Nein zum König Sex!»[4] Was sollte an seine Stelle treten? Es waren nur zwei Wörter, mit denen er das Neue andeutete, das ihn in dieser Zeit des Umbruchs zu interessieren begonnen hatte: «Körper» und «Lüste»[5].

In den kommenden Jahren bemühte er sich klarzumachen, was diese Wendung bedeuten sollte. Foucault fand zu einer neuen Denk- und Schreibweise. Der funkelnde Stil seiner Machtanalysen wurde aufgegeben zugunsten einer klaren, reinen und glatten Schreibweise. In den Fokus seiner Aufmerksamkeit rückten menschliche Subjekte, die sich um ihre Körper und Lüste sorgten. An die Stelle der Systeme der Macht rückte eine *Ästhetik der Existenz*, die sich am *Gebrauch der Lüste*[6] erproben ließ.

Was war geschehen? Was gab den Anstoß zu dieser plötzlichen sexistenziellen Neuorientierung 1975/76, die Foucault selbst überrascht haben soll? Sie wurde nicht durch geistige Arbeit herbeigeführt. Es waren körperliche Erlebnisse und Erfahrungen, die ihn anregten oder motivierten, einen neuen Weg einzuschlagen, der ihn schließ-

lich bis zu sokratischen Anfängen im antiken Griechenland zurück-
führte. Es war um ihn selbst gegangen, nicht um fremde Mächte und
Diskurse. Nicht ohne Grund hat Foucault davon gesprochen, dass
seine Werke auch Bruchstücke seiner Autobiographie seien. Für sich
selbst nahm er in Anspruch, was er einmal über Leben und Werk des
Schriftstellers Raymond Roussel geschrieben hatte. «Das private Leben eines Individuums, seine sexuellen Vorlieben und sein Werk sind
untereinander verbunden, nicht weil das Werk das Sexualleben ausdrückt, sondern weil es das Leben ebenso wie auch den Text umfasst.
Das Werk ist mehr als das Werk: Das Subjekt, das schreibt, ist Teil des
Werkes.»[7]

Wir wollen dieser Richtlinie folgen und lassen uns dabei durch
eine Arbeitshypothese leiten, die Didier Eribon in seiner Biographie
Michel Foucault (1926–1984) lapidar auf den Punkt gebracht hat:
«Amerikanisches Glück Foucaults: die endlich vollzogene Versöhnung
mit sich selbst. Er ist glücklich in und mit seiner Arbeit. Er ist glücklich in den Lüsten des Körpers.»[8] Um dieses Glück, das tragischerwei-
se mit seinem frühen Tod verbunden ist, nachvollziehen zu können,
müssen wir zunächst den Wegen folgen, die Foucault bis zu diesem
Wendepunkt Mitte der siebziger Jahre geführt haben.

Ein unglücklicher junger Homosexueller

Im Dezember 1948 wollte sich Michel Foucault zum ersten Mal selbst
töten. Er war 22 Jahre alt und seit zwei Jahren Schüler an der Pariser
Eliteschule École Normale Supérieure (ENS) in der Rue d'Ulm, die allen Studierenden, die sie nach harten Prüfungen aufgenommen hatte,
eine erfolgreiche Karriere verhieß. Er war äußerst fleißig. Vor allem
die Philosophie forderte seinen scharfen Geist heraus. Auch das Leben in der französischen Hauptstadt war viel abwechslungsreicher
und aufregender als das provinzielle Dasein in seiner Geburtsstadt
Poitiers, wo er am 15. Oktober 1926 als Sohn des Chirurgen Paul Foucault und seiner Frau Anne, die ebenfalls aus einer Familie von Me-

dizinern stammte, geboren worden war. Auch ihr Sohn Paul Michel sollte Arzt und Professor für Medizin werden. Doch er hatte anderes im Sinn und fand sich in Konflikte verstrickt, aus denen er keinen Ausweg sah. Sein seelisches Gleichgewicht war so gestört, dass ihm nur der Selbstmord eine Lösung zu bieten schien.

Schon seine Kindheit in Poitiers, der südlich von Paris gelegenen alten Römerstadt, war nicht glücklich gewesen. Sein Leben lang erinnerte sich Foucault sehr gut daran, dass es nicht gewöhnliche kindliche Erlebnisse gewesen waren, die ihn erschüttert und verwirrt hatten, sondern vor allem die politischen Ereignisse. Das erste Mal will er ein großes Entsetzen empfunden haben, als er im Juli 1934 erfahren hatte, dass der österreichische Bundeskanzler Engelbert Dollfuß während eines nationalsozialistischen Putsches ermordet worden war. Eine große Todesfurcht hatte ihn ergriffen. Dann kamen viele spanische Flüchtlinge nach Poitiers. Der Spanische Bürgerkrieg und der Einfall italienischer Truppen in Abessinien (Äthiopien) erschreckten ihn. Seine Kindheit war in große historische Ereignisse verstrickt, die den jungen Paul Michel und die Kinder seiner Generation verunsicherten. «Der drohende Krieg war unser Hintergrund, der Rahmen unserer Existenz. Dann kam der Krieg. Weit mehr als die Szenen des Familienlebens sind diese die Welt betreffenden Ereignisse die Substanz unseres Gedächtnisses ... Es lastete eine wirkliche Bedrohung auf unserem privaten Leben. Das ist der Grund, weshalb ich von der Geschichte und von dem Verhältnis zwischen der persönlichen Erfahrung und den Ereignissen, in die wir uns einschreiben, fasziniert bin. Darin liegt, denke ich, der Kern meiner theoretischen Begierden.»[9]

Es waren nicht allein die politischen Verhältnisse, die in Frankreich, nach der Niederlage gegen Hitler-Deutschland, eine kollaborationsbereite «Neue Ordnung» bildeten, die Foucault zu einem scharfsichtigen Analytiker und Kritiker von Machtverhältnissen werden ließen, die das private Dasein des Einzelnen völlig zu überwältigen drohten. Denn nach dem Krieg erlebte er diese Unfreiheit und Fremdbestimmung als persönliches Drama. Seine Lehrjahre an der École in der Rue d'Ulm waren zwar intellektuell anregend und durch geistige Offenheit geprägt. Aber er fühlte sich existenziell furchtbar eingeschränkt, weil er nicht so leben konnte, wie er es wollte. Schon als Schüler in Poitiers, wo er sich zum ersten Mal in andere Jungen verliebt hatte, war ihm klargeworden, dass er homosexuell war. Er hatte es für sich akzeptiert, und in der Erinnerung wird er später damit kokettieren, dass seine Intelligenz nicht zuletzt durch seine gleichgeschlechtliche Vorliebe angestachelt worden sei. Er habe nämlich, um sich bei einem sehr attraktiven Jungen, der etwas dümmer als er gewesen war, einschmeicheln zu können, dessen Hausaufgaben gemacht, «und auf diese Weise wurde ich immer schlauer. Ich musste mich sehr anstrengen, um ihm ein bißchen vorauszubleiben, damit ich ihm helfen konnte.»[10]

Doch der zwanzigjährige Student, seit 1946 «normalien» an der ENS, musste enttäuscht erfahren, dass er mit seiner homosexuellen Neigung gegen die sexualpolitischen Normen verstieß. Er hatte zwar das Glück, in diesem Jahr seinen ersten Geliebten zu finden, einen Musiker, der ihn mit dieser für ihn rätselhaften Kunst der Musik vertraut machte, die in der französischen Kultur hinter der Malerei und der Literatur zurückstand. Doch er fühlte sich in einen Geheimbund gesellschaftlicher Außenseiter verdrängt. Es fiel ihm nicht leicht, sich anzupassen. Auch war er sehr unglücklich wegen seiner äußeren Erscheinung. Er glaubte, nicht gut auszusehen und unattraktiv zu sein. Foucault begann sich abzusondern und entwickelte sonderbare Eigenarten, die seine Kommilitonen erschreckten. Sie waren zwar noch bereit, seine intellektuelle Energie und geistige Schärfe anzuerkennen, mit der er das Lehrmaterial durcharbeitete und sie in hitzige Diskussionen zu verstricken wusste. Doch immer unerträglicher wurden seine verletzenden Sticheleien und die witzelnde Kälte, mit der er sich über viele seiner Mitschüler lustig machte. Fast mit allen stritt er, aggressiv und arrogant, wobei seine Angriffslust nach außen mit einer übermächtig werdenden Einsamkeit nach innen verquickt war. Als Homosexueller, dessen Begehren an der ENS unsichtbar und mit einem absoluten Verbot belegt war, hatte er die Heteros zu seinen Widersachern erklärt, gegen die er mit Hohn und Spott ankämpfte.

Sein Verhalten drohte immer bizarrer zu werden. Eines Tages fand ihn ein Lehrer auf dem Boden liegend, wobei er seine Brust mit einem Rasiermesser verletzt hatte; und eines Nachts sah man ihn einen anderen Schüler mit einem Dolch verfolgen. Sein Zimmer hatte er mit Stichen von Goyas gequälten und gefolterten Kriegsopfern dekoriert, an denen er seine eigene leidende Situation zu erkennen glaubte. Paul Veyne war einer der wenigen Schulfreunde, die den Grund von Foucaults Drama erahnen konnten. «Als Opfer eines sexuellen Vorurteils hatte er sich dank seines Stolzes dafür entschieden, sich gegen seine Widersacher zu behaupten und er selbst zu sein … Damals war er noch ein junger Mann, und voller Bitterkeit und Aggression hatte er sich in seiner Andersartigkeit und seiner Verachtung für die anderen und sich selbst eingerichtet.»[11]

Als diese belastende Situation, in der Vereinsamung, Selbstquälerei und Überlegenheitsgefühl unheilvoll zusammenspielten, immer unerträglicher wurde, kam es Dezember 1948 zu Foucaults erstem Selbstmordversuch. Sein Vater brachte ihn ins psychiatrische Krankenhaus Saint-Anne zu Prof. Jean Delay, der als große Kapazität der französischen Psychiatrie anerkannt war. Das war Foucaults erster Kontakt mit jener Macht, die den Verrückten vom Zurechnungsfähigen, den geistig Kranken vom psychisch Gesunden abgrenzen zu können beanspruchte. Danach wurde er in einem Einzelzimmer im Krankenrevier der ENS untergebracht, wo er für sich studieren und sich auf seine Prüfungen vorbereiten konnte. Doch auch so wurde er die Beunruhigung nicht los, die ihn verstörte. Er blieb besessen von der Idee, sich selbst zu töten, und unternahm am 17. Juni 1950 einen weiteren Selbstmordversuch. Dr. Étienne, der Arzt der École, zog sich zwar hinter seine ärztliche Schweigepflicht zurück. Aber er gab zu erkennen, dass die Störungen, unter denen Foucault litt, «von einer sehr schlecht ausgelebten und verarbeiteten Homosexualität»[12] herrührten.

Er konnte sein sexuelles Begehren nicht offen zeigen. Also musste er möglichst unbeobachtet nächtliche Ausflüge in die Bars oder Gegenden unternehmen, wo sich Homosexuelle trafen. Es war eine Zeit der Scham und der Heimlichkeit. Denn immer, wenn er von diesen Erkundungen zurückkam, fühlte er sich stundenlang deprimiert und völlig zerstört. Dr. Étienne hatte sich häufig um ihn zu kümmern, um ihn vom Selbstmord abzuhalten, den er noch in einer späten Notiz (1979) mit der Erfahrung der Homosexualität verband, auch wenn er sich darüber lustig zu machen versuchte: «Homosexuelle begehen oft Selbstmord, heißt es in einer psychiatrischen Abhandlung. Dieses ‹oft› macht mir Spaß.»[13] Denn es sei doch «ein so schlichtes Vergnügen» für jedermann, sich umzubringen, wenn man es aus freiem Willen wolle. Man solle den Selbstmord also nicht den unglücklichen Homosexuellen zuschreiben, «die ihn verpatzen und zu einer elenden Angelegenheit machen»[14]. Das sollte souverän oder ironisch klingen. Aber spürbar ist, dass Foucault sich auch noch drei Jahrzehnte nach seinen frühen Versuchen, sich das Leben zu nehmen, an diesen großen, mageren, unansehnlichen Jungen mit allzu blassen Wangen erinnerte, der er selbst einst gewesen war, als er aus Scham und Verzweiflung nicht wusste, wie er mit seiner gleichgeschlechtlichen Orientierung glücklich leben sollte.

Auch Drogen, die er bei seinem Vater auftreiben konnte, und ein übermäßiger Alkoholkonsum sollten ihm nicht nur dazu helfen, die Grenzen des alltäglichen Denkens und Erlebens zu überschreiten auf der Suche nach außergewöhnlichen Erlebnissen und intensiven Freuden. Es war auch eine Flucht in die Betäubung, um der Ausgrenzung und Verachtung zu entkommen, mit der sich Homosexuelle in den fünfziger Jahren herumplagen mussten. Als er fürchten musste, den Rauschmitteln zu verfallen und damit seine geistige Arbeit zu gefährden, entschloss er sich zu Entziehungskuren und begann eine Psychotherapie. Und vielleicht konnte ihm auch das Studium psychoanalytischer Schriften zeigen, «dass es durchaus gut und gesund ist, vor der Wahrheit des Begehrens nicht die Augen zu verschließen»[15].

Langsam begann Foucault sich sicherer und selbstbewusster zu fühlen. Die gesellschaftliche Ausgrenzung der Homosexualität sollte ihn nicht länger demütigen und verzweifeln lassen. Vielleicht hatte er von Heidegger, dessen Werke er 1951 zu lesen begann und der für sein philosophisches Werden eine entscheidende Wegmarke bildete, einzusehen gelernt, dass ihn das allgemeine Gerede und Getue, was «man» für richtig hielt, nicht bestimmen sollte. Er musste sich um sich selbst in seiner Eigenart sorgen. Statt sich tiefer ins unglückliche Bewusstsein seines Schwulseins zu verkriechen, begann er sich den Vorschriften der «Normalität» zu verweigern. Er wollte kein sexueller Paria mehr sein, der am Rande der Gesellschaft lebte, auch kein gefügiges Opfer eines herrschenden sexuellen Vorurteils.

Foucault schlug drei Wege der Befreiung ein. 1952 verliebte er sich in einen Mann, der ihn mit einer neuen Welt rauschhafter Erlebnisse vertraut machte; er ließ sich durch erotische Schriftsteller der «Überschreitung» und der «Grenzerfahrung» faszinieren; und er unterzog die herrschenden Humanwissenschaften, sofern sie den Menschen als wissenschaftliches Untersuchungsobjekt vergegenständlichen und seine Sexualität zu normalisieren versuchen, tief bohrenden «archäologischen» Untersuchungen, die Michel Foucault zu einem der einflussreichsten und kreativsten Denker des zwanzigsten Jahrhunderts werden ließen.

Jean Barraqué. Seinen ersten Liebhaber, einen Musiker, hatte Foucault bereits gefunden, als er zwanzig Jahre alt gewesen war und die École Normale Superieure zu besuchen begann. Mehr hat er über ihn nicht berichtet. «Später hatte ich einen anderen Freund, der Komponist war und der jetzt tot ist. Dank seiner kenne ich die ganze Generation von Boulez. Das war eine sehr wichtige Erfahrung für mich.»[16] Auch über diesen Freund wollte Foucault in dem Interview nichts preisgeben, das er im Juni 1982 über sein Leben und Werk geführt hat. Er verwies nur auf die Bedeutung der Musik als Kunstform, für die ihn die Liebesbeziehung zu diesem jungen Komponisten im Kreis um Pierre Boulez, der tonangebenden Leitfigur der Seriellen Musik, die Ohren geöffnet habe. Boulez hatte er bereits Ende Juli 1951 eine Klaviersonate spielen gehört. Doch was diese neue Art der Musik mit ihrer strengen «Arbeit am Formalen»[17] kulturell bedeutete, war ihm erst durch diesen «anderen Freund» klargeworden, dem er ein Jahr später begegnete und mit dem ihn drei Jahre lang eine stürmische amouröse Leidenschaft verband: Jean Barraqué (1928–1973). Dabei kann es nicht dessen körperliche Erscheinung gewesen sein, die ihn für Foucault attraktiv machte. Er hatte ein blässliches, aufgeschwollenes Gesicht, das von einer dicken Brille eingerahmt war. Er soll, wie Foucault selbst bemerkte, «hässlich wie die Nacht»[18] gewesen sein, doch zugleich auf eine irre Weise spirituell und mit einem genialen Geist begabt, der Foucault fassungslos machte und eine Welt erkunden ließ, die er bisher noch nicht gekannt hatte. Als Komponist wusste er den strengstens kontrollierten Kampf um das musikalisch Formale mit einer delirierenden, freien Intensität zu verbinden. Durch Barraqué und seine Musik erlebte Foucault «den ersten großen kulturellen Choc»[19], der ihn aus den Ordnungen herausriss, in denen er sich zuvor kulturell aufgehoben fühlte. Wenn es bei seinen musikalischen Kompositionen noch um Denken ging, dann nur in der Erwartung, «dass es ihn immer wieder in die Lage versetzte, etwas anderes zu tun, als er gerade tat. Er erwartete, dass es ihm in dem so stark geregelten und reflektierten Spiel, das er spielte, einen neuen Freiraum eröffnete.»[20] Musik bedeutete für Barraqué: Drama, Pathos, Intensität, umfassende Erregung, Rausch, Überschreitung, ein Wagnis, das am Rande des Selbstmords pulsiert. «Wenn die Musik dies nicht ist, wenn sie nicht alle Grenzen sprengt, dann ist sie nichts.»[21]

Georges Bataille und Marquis de Sade. In den drei Jahren, die Foucaults leidenschaftliche Liebesbeziehung zu Barraqué dauerte, bevor er im Herbst 1955 Frankreich verließ, wo er sein persönliches Leben als furchtbar eingeschränkt empfunden hatte[22], hat er nicht nur die Musik als Medium der sinnlichen Entregelung und Entgrenzung zu schätzen gelernt. Auf der Suche nach der Wahrheit seines Begehrens intensivierte er seine philosophischen und psychologischen Studien.

Er arbeitete sich ein in Schriften von Friedrich Nietzsche und Martin Heidegger, die keine systematisch zwingenden Theorien entwickelt hatten, sondern das Geheimnis der menschlichen Existenz in ihrer Endlichkeit zur Sprache bringen wollten. Er studierte Werke von Immanuel Kant, Georg Friedrich Wilhelm Hegel und Karl Marx, um sich über die Strukturen und Zwänge klarzuwerden, die das vergesellschaftete menschliche Subjekt beherrschten. Bei Søren Kierkegaard suchte er nach einer Existenz-Möglichkeit, wie der Mensch sein Leben ästhetisch gestalten könnte, mit dem Musikalisch-Erotischen als Leitfigur. Ihn interessierte die Philosophie, sofern sie über die Eigenart des menschlichen Daseins aufzuklären vermochte. In dieser Hinsicht begann er auch die existenzielle Psychiatrie zu studieren und zu kommentieren, die der Schweizer Psychiater Ludwig Binswanger im Anschluss an Heideggers Daseinsanalyse entwickelte. Und er beteiligte sich an psychologischen Studien, die Professor Jean Delay verantwortlich leitete, von dem er 1948 nach seinem ersten Selbstmordversuch psychiatrisch behandelt worden war und der ihm nun «die Welt der Verrückten zur Kenntnis brachte»[23], über die Foucault seine erste große historisch-kritische Arbeit schreiben wird, in der er die Grenze zwischen Vernunft und Wahnsinn zu erkunden und aufzuheben versuchte.

Doch für seine sexuelle Selbsterforschung waren es in den fünfziger und sechziger Jahren bevorzugt literarische Schriftsteller, die ihn interessierten. Er begeisterte sich für Werke von Antonin Artaud, Maurice Blanchot, René Char, Pierre Klossowski, Raymond Roussel und Jean Genet. Was er zunächst in der Musik als Rausch der Überschreitung erlebt hatte, suchte er in ihren Texten zu finden, in denen die erotische Erfahrung bis zu den äußersten Grenzen des Sagbaren getrieben wurde. Vor allem das obszöne Werk von Georges Bataille und die Schriften des Marquis de Sade zogen ihn in ihren Bann.

Nachdem er Ende 1960 wieder nach Frankreich zurückgekehrt war, veröffentlichte Foucault mehrere *Schriften zur Literatur*, in denen er zwar die stabile Rolle und Identität eines schreibenden Subjekts zerstörte, um sprachliche Bewegungen in ihrer eigenen Dynamik zur Geltung zu bringen. Doch er brachte dabei immer auch sich selbst zur Sprache, zwar nicht biographisch, aber doch erkennbar an der stilistischen und gedanklichen Eigenart, in der sich seine eigenen Lebens- und Denkprobleme ausdrückten. Dabei spielte die Sexualität eine wesentliche Rolle in seiner *Préface à la transgression*, die 1963 in der von Georges Bataille gegründeten Zeitschrift *Critique* erschien. Denn Foucault sprach in dieser *Vorrede zur Überschreitung* nicht nur von den großen erotischen Werken dieses Autors, der kurz zuvor gestorben war und den er für einen der wichtigsten Schriftsteller seines Jahrhunderts hielt, weil er über die menschliche Sexualität und das erotische Begehren Dinge zu erzählen wusste, die so noch nie erzählt worden waren.[24] Er sprach auch von seinem eigenen Unbehagen an einer alltäglichen, normalisierten Sexualität, die profanisiert worden war. Sie hatte verloren, was Bataille den *heiligen Eros*[25] genannt hatte, der sich im intensiven Rausch und ohnmächtigen Verströmen, in mystischer Ekstase und orgiastischem Fest, in grausamer Ausschweifung und Überschreitung offenbaren kann. In einer Welt, in der Gott tot oder abwesend sei, drohe auch der sexuelle Akt nur noch eine gewöhnliche, profane körperliche Arbeit zu sein, die der einfachen Dialektik von Bedürfnis und Bedürfnisbefriedigung unterliege. Dagegen gelte es mit Bataille die Erinnerung an einen höheren, sakralen, heiligen oder göttlichen Sinn wachzuhalten, der nicht dialektisch zu begreifen sei, sondern sich nur im Wagnis der Grenzüberschreitung manifestieren könne. «Die Entdeckung der Sexualität, der Himmel einer endlosen Unwirklichkeit, in den Sade sie von Beginn an versetzte, die systematischen Formen des Verbots, in denen man sie jetzt gefangen weiß, die Überschreitung, deren Gegenstand und Instrument sie in allen Kulturen ist, zeigen in einer recht gebieterischen Weise die Unmöglichkeit auf, der höheren Erfahrung, die sie für uns konstituiert, eine Sprache wie die tausendjährige der Dialektik zu verleihen.»[26]

Durch Batailles erotische Romane, Erzählungen und Reflexionen war Foucault das gefährliche Spiel mit der Grenze und dem Verbot, mit der Überschreitung, dem Exzess und der Ekstase bewusst geworden. Das war kein Wunsch, der sich einfach erfüllen ließ. Es verwies, wenn man es wirklich ernst meinte, auf etwas «Unwirkliches», das lebenspraktisch nicht realisiert werden kann, ganz so, wie es Marquis de Sade in der schrecklichen Einsamkeit seiner jahrzehntelangen Gefangenschaft wie in einem Schmelztiegel phantasiert hatte, «in dem die bewussten Grenzen der Menschen eine langsame Zerstörung erfuhren durch das Feuer einer Leidenschaft, die in Ohnmacht überging»[27]. Sade war, im Anschluss an Bataille, nicht nur für Foucault, sondern für viele seiner kulturkritischen Weggefährten der maßlose Schriftsteller, der sich der unendlichen Aufgabe der Überschreitung verschrieben hatte, weil er alles sagen wollte, was überhaupt sexuell vorstellbar war. Er war der «ruchlose Philosoph», der keiner ehrenwerten Dialektik von Wünschen und Wunscherfüllungen, Mittel und Zwecken, Begehren und Befriedigung folgte, sondern im Denken und Schreiben «die *Aktivität zur höchstmöglichen Leidenschaft* zu entfalten»[28] versuchte.

Pierre Klossowski, Philippe Sollers, Georges Bataille, Roland Barthes und viele andere Zeitgenossen Foucaults haben *Das Denken von Sade* zum Anlass genommen, die Gesetze schreibend zu überschreiten, «die eine Gesellschaft, eine Ideologie, eine Philosophie sich geben, um sich in einer schönen Bewegung historischer Einsicht aufeinander abzustimmen»[29]. Auch Foucault nahm in den sechziger Jahren an dieser transgressiven Denkbewegung teil. Am 18. Mai 1962 notierte er sich, Marquis de Sade habe «den Tod und die Sexualität in den Körper des abendländischen Menschen eingepflanzt, diese zwei Erfahrungen, die so wenig natürlich, so sehr durch Überschreitung geprägt, so stark von der Macht absoluten Infragestellens beladen sind»[30]. Ein Jahr später schrieb er einen langen Essay über diese «unwirkliche» Erfahrung, die seit dem Werk von Sade das Denken und Sprechen über Begierde und Sexualität durchziehe. Er sprach nicht davon, was dessen endloses, monologisches Schreiben von Texten, die niemand lesen konnte, damals für diesen gefangen gehaltenen Mann bedeuten konnte. «Ich spreche davon, was diese Worte gegenwärtig sind, und von der Existenz, in der sie sich bis zu uns verlängern. In dieser

Sprache besteht die Anmaßung, alles zu sagen, nicht nur darin, die Verbote zu durchbrechen, sondern bis ans Ende dessen zu gehen, was möglich ist.»[31]

Die repressive Ordnung der Dinge. In den fünf Jahren 1955 bis 1960, die Foucault als Repräsentant der französischen Kulturpolitik in Uppsala, Warschau und Hamburg verbrachte, konzentrierte er sich auch auf seine wissenschaftliche Arbeit, die ihn zur universitären Forschung und Lehre befähigen sollte. Er schrieb seine Doktorarbeit, die einer deutschen Habilitation entsprach. In diesem *Doctorat d'état*, den er im Februar 1960 abschloss, konzentrierte er sich auf *Folie et Déraison*, Wahnsinn und Unvernunft, wobei er auf Erfahrungen zurückgriff, die er während seiner Tätigkeit im psychiatrischen Krankenhaus Sainte-Anne gemacht hatte. Ursprünglich sollte es sich um eine kurze Geschichte der Psychiatrie handeln. Doch schon bald war ihm klargeworden, dass er es sich nicht so einfach machen konnte. Denn die Psychiatrie als institutionalisierte Wissenschaft und ärztliche Praxis war ja nur durch eine grundlegende Grenzziehung möglich geworden, die Foucault als äußerst problematisch empfand. Die philosophischen und literarischen Texte, die er gelesen und studiert hatte, machten es ihm unmöglich, die Begriffe und Urteile der Psychiatrie als stabile Elemente eines wissenschaftlichen Diskurses anzuerkennen, der sich sachhaltig bestätigen ließe. Er hatte sich zu viel mit den Grenzen der gewöhnlichen Sprache und ihren «unvernünftigen» literarischen Überschreitungen beschäftigt, um die psychiatrische Trennung zwischen Vernunft und Unvernunft, Normalität und Wahnsinn, Sinn und Irrsinn unkritisch anerkennen zu können.

Als er gefragt wurde, wie ihm die Idee zu seiner Dissertation gekommen war, antwortete Foucault in *Le Monde*, 22. Juli 1961, mit dem Hinweis, dass es vor allem literarische Werke gewesen seien, deren poetische Protestbewegung der Erfahrung des Wahnsinns eine Tiefe und ein Offenbarungsvermögen zurückgegeben hatte, die durch die gesellschaftliche Abgrenzung und Ausschließung der Unvernünftigen und Wahnsinnigen vernichtet worden waren.[32] Was literarisch möglich geworden war, sollte auch für jenen Wahnsinn gelten, der sich in keinem Werk mitteilen konnte. Wenn einerseits die Texte von Artaud, Blanchot und Roussel, von Bataille und Sade zur Sprache mit all ihren Möglichkeiten gehörten, dann gelte es andererseits, den Wahnsinn als *«Fehlen einer Arbeit»* und «Abwesenheit eines Werkes»[33] anzuerkennen, ohne ihn abzugrenzen oder auszuschließen.

Foucault musste also einen Weg suchen, um seine literarischen Vorlieben mit der wissenschaftlichen Erforschung von Wahnsinn und Unvernunft verbinden zu können. Er fand ihn, indem er sich auf die Geschichte konzentrierte, in der zu einer bestimmten Zeit, die Foucault als Zeitalter der Vernunft *(l'âge classique)* vom 17. bis ans Ende des 18. Jahrhunderts situierte, der Wahnsinn vom sogenannten gesunden Menschenverstand abgespalten oder ausgeschlossen und als «Geisteskrankheit» identifiziert worden war. Während Foucault die Zäsur, den Schnitt, die Trennung von Sinn und Irrsinn historisch zu rekonstruieren versuchte, erkannte er immer deutlicher, dass der Wahrheitsanspruch der Psychiatrie das Ergebnis einer vorgängigen Entscheidung war, die es aufzuhellen und aufzuheben galt. Ihn interessierte also nicht mehr die Geschichte der Psychiatrie als Wissenschaft, die eigentlich sein Dissertationsthema hätte sein sollen. Stattdessen konzentrierte er sich auf die einschneidende Geste, die den Wahnsinn abgetrennt und ins Schweigen verdrängt hatte. «Die Sprache der Psychiatrie, die ein Monolog der Vernunft *über* den Wahnsinn ist, hat sich nur auf einem solchen Schweigen errichten können. Ich habe nicht versucht, die Geschichte dieser Sprache zu schreiben, vielmehr die Archäologie dieses Schweigens.»[34]

Die *Histoire de la folie à l'âge classique* wurde 1961 veröffentlicht. Die akademische Prüfungskommission warf Foucault zwar vor, nur ein neues «Lob der Torheit» verfasst zu haben, das in wissenschaftstheoretischer Hinsicht nicht wirklich durchdacht war. Dagegen war das öffentliche Publikum sofort neugierig geworden auf diesen Autor, der mit *Folie et déraison* nicht nur ein einzelnes faszinierendes Werk vorgelegt hatte, sondern das Modell oder Paradigma einer neuen Untersuchungsmethode, die er «Archäologie» nannte. Er wollte weder die formalen Bedingungen noch den empirischen Sachbezug der wissenschaftlichen Erkenntnis rational rekonstruieren. Stattdessen wollte er die geschichtlichen und gesellschaftlichen Gründe freilegen, durch die Phänomene, Erfahrungen, Denk- und Lebensformen zu Erkenntnisgegenständen «verobjektiviert» werden, die sich einem allgemeinen, unpersönlichen Subjekt des Wissens zu erkennen geben, das den institutionalisierten Spielregeln der Wissensproduktion folgen muss. Und diese archäologische Arbeit musste zugleich «kritisch» sein. Archäologie hieß immer auch: eine Kultur über ihre Grenzziehungen und Verbote zu befragen, die es zu überschreiten gelte, wenn sie sich als nicht-notwendig und willkürlich erweisen sollten und der Repression dienten. Es gehörte zum philosophischen Ethos Foucaults, sich gedanklich und politisch an den Grenzen zu bewegen und sich für ihre mögliche Überschreitung zu engagieren. Seine Archäologie war eine «*Grenzhaltung*»[35], die mit dem Ausgegrenzten sympathisierte.

Was Foucault 1961 modellartig an der Geschichte des Wahnsinns durchgeführt hatte, dehnte er in den folgenden fünfzehn Jahren auf mehrere Untersuchungsfelder der Humanwissenschaften aus. Mit einer ungeheuren Arbeitsenergie konzentrierte er sich auf die Geburt der Klinik und eine *Archäologie des ärztlichen Blicks* (1963), auf eine *Archäologie der Humanwissenschaften* mit ihrer *Ordnung der Dinge* (1966), auf die *Archäologie des Wissens* und seiner Diskursordnungen (1969) und auf die *Geburt des Gefängnisses* mit seiner Disziplinarmacht (1975).

Programmatisch hatte Foucault auch eine archäologische Untersuchung der Sexualität in Aussicht gestellt. Bereits im Vorwort seines Wahnsinns-Buchs – Hamburg, den 5. Februar 1960 – hatte er sich selbst die Aufgabe gestellt: «Man muß auch die Geschichte der sexuellen Verbote schreiben. Man muß in unserer Kultur von den ständig sich bewegenden und obstinaten Formen der Repression sprechen und nicht nur, um die Chronik der Moral und der Toleranz zu verfassen, sondern um als Grenze der abendländischen Welt und als Ursprung ihrer Moral die tragische Abtrennung der glücklichen Welt der Lust an den Tag zu bringen.»[36]

Seit Anfang der siebziger Jahre, nachdem Foucault auf seinen Lehr-stuhl am *Collège de France* berufen worden war, wo er sich ohne Prü-fungs- und Verwaltungspflichten der Erforschung der «Geschichte der Denksysteme» und der *Ordnung des Diskurses*[37] widmen konn-te, flottierte das Gerücht, dass er an einer großen Geschichte der Se-xualität arbeiten würde. Man war neugierig geworden und erwartete eine engagierte Kampfschrift gegen die sexualpolitische Repression und für die Libertinage, in der er weiter ausführte, was er mehrmals im Anschluss an den Marquis de Sade angedeutet hatte. Bereits in *Wahnsinn und Gesellschaft* war zu lesen gewesen: «Sadismus ist nicht ein Name, der schließlich einer ebenso alten Praktik, wie der Eros ist, gegeben wurde, sondern eine massive zivilisatorische Tatsache, die genau am Ende des achtzehnten Jahrhunderts erschienen ist und eine der größten Wandlungen der abendländischen Vorstellungskraft bildet: die zum Delirium des Herzens, zum Wahnsinn der Lust, zum wahnsinnigen Dialog der Liebe und des Todes in der grenzenlosen Anmaßung der Begierde gewordenen Unvernunft.»[38] Sollte in der sa-distischen Libertinage die «glückliche Welt der Lust» erlebt werden können? Und welche Rolle würde die Homosexualität in dieser *His-toire de la Sexualité* spielen?

Foucault war bemüht, sein Privatleben abzuschirmen. Aber er war seit den politischen Unruhen und Aktivitäten der späten sechziger Jahre auch eine bekannte Persönlichkeit des öffentlichen Lebens. Bei zahlreichen Protestaktionen und großen politischen Demonstratio-nen sah man ihn in der ersten Reihe. In allgemein beachteten Reden und Schriften griff er staatliche, gesellschaftliche und ökonomische Mächte an. Er engagierte sich für die Rechte aller Unterdrückten. Seine Sade-Begeisterung, mit der er die sexuelle Überschreitung be-schwor, verkoppelte sich mit einer linksradikalen Revolte, wobei er einen Liebhaber an seiner Seite hatte, der entscheidend zu seiner Po-litisierung beitrug. Bereits Ende 1960 war ihm der damals 23-jährige Philosophiestudent Daniel Defert vorgestellt worden, mit dem er drei

Jahre später eine Liebesbeziehung einging, die bis an sein Lebensende dauern sollte. Zusammen mit Defert begann Foucault ein «politisches Leben»[39] zu führen, zunächst in der maoistisch inspirierten linken Bewegung «Gauche prolétarienne» (G. P.), die im Mai 1970 von der Regierung wegen staats- und verfassungsfeindlicher Aktivitäten aufgelöst wurde, ab 1971 vor allem in einer Organisation, die sich für die Rechte von Gefängnisinsassen einsetzte: die «Groupe d'information sur les prisons» (G. I. P.), die wissen wollte, was in den Gefängnissen wirklich los war, in die jeder, der sich politisch radikalisierte und gegen die repressiven Mächte ankämpfte, eingeschlossen werden konnte. Mit Defert war sich Foucault einig: «Niemand von uns ist vor dem Gefängnis sicher. Heute weniger denn je. Der Ring der polizeilichen Kontrolle schließt sich immer enger um unser alltägliches Leben, auf Plätzen und Straßen, um Ausländer und Jugendliche; das Meinungsdelikt ist wieder da; die Maßnahmen zur Drogenbekämpfung vergrößern noch die Willkür. Der Polizeigewahrsam hängt wie ein Damoklesschwert über uns ... Es ist gut, zu wissen, was uns bedroht; aber es ist auch gut, zu wissen, wie wir uns verteidigen können.»[40]

Dabei war vielen, die sich durch dieses «wir» angesprochen fühlten, bewusst, dass es sich bei diesem alltäglichen Leben auch um Foucaults Drogengebrauch und Homosexualität handelte, die er zwar nicht offensiv zur Schau stellte, aber auch nicht mehr verbergen oder verschweigen wollte. Noch viele Jahre später hat er sich (1981) zu seinem Leben mit Daniel Defert mit der Liebeserklärung bekannt: «Ich lebe seit achtzehn Jahren in einem Zustand der Leidenschaft gegenüber jemandem oder zu jemandem. Vielleicht ist aus dieser Leidenschaft irgendwann einmal Liebe geworden. In Wirklichkeit handelt es sich um einen Zustand der Leidenschaft zwischen uns beiden, einen permanenten Zustand, der keinen anderen Grund hat aufzuhören als sich selbst und in dem ich vollkommen aufgehe, der mich durchdringt. Ich glaube, nichts, gar nichts in dieser Welt könnte mich aufhalten, wenn es darum geht, zu ihm zu gehen und mit ihm zu sprechen.»[41]

Es gab also Grund genug, die Veröffentlichung der von Foucault

schon seit langem angekündigten Archäologie von Lust und Leidenschaft, Sexualität und Liebe ungeduldig zu erwarten. Im August 1976
beendete Foucault die Arbeit am ersten Band seines großen Projekts.
Als Programmbuch sollte es eine Reihe von sechs Untersuchungen
eröffnen, deren Spektrum von den frühchristlichen «Geständnissen
des Fleisches» bis zu den gegenwärtigen «Perversionen» reichen
sollte. Im Dezember erschien die französische Erstausgabe mit dem
Titel *Histoire de la sexualité, I: La volonté de savoir*, ein Jahr später
die deutsche Übersetzung: *Sexualität und Wahrheit 1: Der Wille zum
Wissen.*

Dieses Manifest war für alle, die am antirepressiven Kampf für
ein befreites, grenzüberschreitendes Sexualleben interessiert waren,
eine große Enttäuschung. Es schien so gar nicht zu Foucault zu pas-
sen. Denn von Grenzen und Überschreitungen, von Normierungen
und Ekstasen war in diesem diskurskritischen Entwurf nicht die
Rede. Gegen die vielen Enttäuschten, die von Foucault erfahren wollten, wie die Menschen im Verlauf der Jahrhunderte geliebt haben, wie
es ihnen vorgeschrieben oder verboten worden war, rechtfertigte er
sich mit dem Hinweis, dass er mit seiner Sexualitätsgeschichte nur
untersuchen wolle, was ihn bereits seit fünfzehn Jahren, seit seiner
Geschichte des Wahns im Zeitalter der Vernunft (1961), interessierte.
Er habe archäologisch freizulegen versucht, wie die Sexualität zu einem Wissensobjekt erklärt worden war und wie sich der Diskurs der
Sexualität mit seinem Wahrheitsanspruch durchsetzen konnte. Deshalb habe er sich auf die Traditionen des Geständnisses, der Beichte
und der Gewissensprüfung rückbezogen, in denen das sexuelle Begehren sich offenbaren sollte. Vor allem an der *Scientia sexualis*, die
seit dem 19. Jahrhundert den wissenschaftlichen Willen zum Wissen
beherrschte, wollte er nachweisen, wie versucht wurde, alles zu erforschen und über alles zu sprechen, was die Menschen sexuell taten
oder zu tun wünschten. Für Foucault erreichte diese Enthüllungs-
bewegung ihren Kulminationspunkt in der Psychoanalyse, die zu Beginn des 20. Jahrhunderts programmatisch forderte: Wir sollen unsere Selbsterkenntnis von dem erwarten, was als unser eigentliches

sexuelles Begehren tabuisiert, verdrängt oder verworfen werde. Unsere dunkle und sprachlose Libido müsse ans Licht und zur Sprache gebracht werden, damit wir uns als die Wesen erkennen und befreien können, die wir wirklich sind.

Foucault wollte nicht behaupten, dass es keine Unterdrückung oder Verdrängung der Sexualität gegeben habe und nicht auch immer noch gebe. Aber die Frage, die er stellen und beantworten wollte, lautete nicht: Weshalb und wie werden wir unterdrückt? Sondern: «Weshalb sagen wir mit solcher Leidenschaft, mit solchem Groll gegen unsere jüngste Vergangenheit, gegen unsere Gegenwart und gegen uns selbst, daß wir unterdrückt werden? Durch welchen Spiralgang sind wir dahin gelangt, zu bejahen, daß der Sex verneint wird, ostentativ zu zeigen, daß wir ihn verbergen, zu sagen, daß wir ihn verschweigen – und das gerade dadurch, daß wir explizit darüber reden?»[42] Also begann er sein Buch mit einer furiosen Kritik an der «Repressionshypothese»[43], die sich auf Untersagungen, Eingrenzungen, Zensuren, Verhinderungen und Verbergungen konzentriert. Ihn dagegen interessierte das Problem, wie es zu dieser krebsartig wuchernden Produktion von Diskursen über den Sex kommen konnte und zu diesem mächtigen «Begehrens-Wert» des Sexes: «ihn zu haben, zu ihm Zugang zu haben, ihn zu entdecken, ihn zu befreien, ihn diskursiv zu artikulieren, seine Wahrheit zu formulieren»[44].

Foucault wollte sich in *Sexualität und Wahrheit 1* von diesem Wert distanzieren. Er lehnte die Repressionshypothese ab. Er kritisierte die Überproduktion des sexuellen Diskurses. Er attackierte die Psychoanalyse. Er verlor kein Wort mehr über die Schriftsteller und Philosophen, die ihn früher begeistert hatten, als er sich für die sexuelle Befreiung und Grenzüberschreitung engagiert hatte. Stattdessen wollte er die «komplexere und globalere Strategie»[45] herausarbeiten, die den Diskurs über die Sexualität in *Dispositive der Macht*[46] verwickelte. Foucaults Zusammenführung von Sexualität, Wissen, Wahrheitsansprüchen und Machtverhältnissen in einem komplexen und vielfältig wirkenden «Sexualitätsdispositiv» musste verwirrend klingen. Der *Wille zum Wissen* machte es seinen Lesern nicht leicht und provozierte eine Reihe von Kommentaren und Interpretationen, um verstehen zu können, worauf Foucault hinauswollte. In mehreren Interviews wurde Foucault befragt, um seine Position zu klären, die voller Unklarheiten zu sein schien. Spielten für ihn Macht, Unterdrückung und Ausgrenzung keine Rolle mehr? Kulturjournalisten der großen französischen Tageszeitungen zeigten sich geschockt. Ausgerechnet der progressive Denker, der für die sexuelle Freiheit kämpfte, «hat die Nase voll vom Sex ... Diesen Schock gilt es erst einmal zu verkraften.»[47] Welches Erkenntnisinteresse verfolgte er mit seiner mehrbändig projektierten Histoire de de la sexualité? Sollte der Begehrens-Wert wertlos sein? Und wie sollte man die Umwertung oder Umkehrung dieses Werts verstehen, auf die Foucault gegen Ende seines Buchs rätselhaft hingewiesen hatte: «Man muß sich von der Instanz des Sexes frei machen, will man die Mechanismen der Sexualität taktisch umkehren, um die Körper, die Lüste, die Wissen in ihrer Vielfältigkeit und Widerstandsfähigkeit gegen die Zugriffe der Macht auszuspielen. Gegen das Sexualitätsdispositiv kann der Stützpunkt des Gegenangriffs nicht das Sex-Begehren sein, sondern die Körper und die Lüste.»[48]

Wenn man Foucaults Hinweisen folgen will, dass seine sexuellen Vorlieben und sein Werk untereinander verbunden waren und vieles, was er dachte und schrieb, einen biographischen Hintergrund besaß, drängt sich die Frage auf: Warum haben um 1975 die alten Leitkonzepte «Grenze» und «Überschreitung» ausgedient und sind durch «Körper» und «Lüste» als neue Kampfbegriffe ersetzt worden? Und wie kam es dazu, dass Foucault zwischen «Begehren» und «Lust» zu unterscheiden begann, zwischen der Diskurswahrheit des Geschlechtlichen und den Intensitäten der Lust? Ein Blick in seinen Lebenslauf bietet eine Antwort an, deren Plausibilität sich durch mehrere Indizien unterstützen lässt: Es waren seine erotischen Erfahrungen in Kalifornien, die ihn die Körper-Lüste für sich entdecken ließen.

Spätes Glück, früher Tod

Im April 1975 ist Michel Foucault zum ersten Mal nach Kalifornien gereist, im Herbst 1983 ein letztes Mal. Leo Bersani hatte ihn ans *Department of French Literature* der Universität in Berkeley eingeladen. Er hielt einen Vortrag über «*Discours et répression*», wobei er in groben Linien skizzierte, was er dann in *La volonté de savoir* als Repressionshypothese weiter ausführte. Doch neu für ihn war nicht das, was an der Universität über Sexualität gewusst, gesagt und diskutiert wurde. Fasziniert und überwältigt hat Foucault, was er im nahe gelegenen San Francisco erleben und tun konnte. Denn dort lernte er eine hedonistische homosexuelle Lust-Kultur kennen, die ihn mit offenen Armen aufnahm. Was er in seinem ersten großen Werk *Wahnsinn und Gesellschaft* als «tragische Abtrennung der glücklichen Welt der Lust» beklagt hatte, wurde ihm durch sein kalifornisches Abenteuer vermittelt: amerikanisches Glück in den Lüsten des Körpers.

Zuvor hatte Foucault jahrelang in aller Stille die Geschichte der Sexualität erforscht, wobei er sich in einem immer komplexer werdenden Sexualitätsdispositiv zu verirren drohte. Er hatte in Bibliotheken und Archiven riesige Textmaterialien zusammengetragen und in eine Archäologie des sexuellen Wissens zu integrieren versucht. Über den Stand seiner Forschungen hat er an der *University of California* in Berkeley Auskunft gegeben. Doch als ihn schwule Kollegen über die Bay Bridge mit nach San Francisco nahmen, dieses Mekka sexueller Freizügigkeit und Vielfalt, gewann er einen völlig neuen Einblick. Es war eine Erfahrung, die ihn veränderte. Denn in San Francisco begann Foucault eine Freiheit zu genießen, von der er sich bisher nichts hatte träumen lassen.

Während er tagsüber an der Universität lehrte, wo seine Vorlesungen ein immer größer werdendes Publikum anzogen, stürzte er sich nachts in die zahlreichen Bars und Clubs, die in den Gegenden um die Castro Street, Polk Street und Folsom Street eingerichtet worden waren. Er tauchte ein in eine große, gut organisierte *Gay community*, die entschlossen war, ihre Rechte als Homosexuelle wahrzunehmen und durchzusetzen. Auch freute den bald Fünfzigjährigen, dass das homosexuelle Vergnügen keine Altersgrenzen zu kennen schien. Auf den Straßen konnte er alte Männer in Jeans und Lederjacken spazieren gehen sehen, die sich an den Händen hielten, sich öffentlich umarmten und küssten. Foucault suchte spezielle Badehäuser und Orgienräume auf, in denen er ekstatisch erleben konnte, was er sich zuvor nicht hatte vorstellen können. Er ließ sich auf anonyme libidinöse Kontakte ein, in denen es nicht um das Interesse an Personen ging, sondern um die pure Lust an Körpern. An die Stelle eines Begehrens, das in die komplizierten Liebesspiele von Annährung, Verführung und Vereinigung eingebunden war, trat der nackte sinnliche Genuss. Als hätte er keine personale Identität mehr, lernte Foucault, sich in einen lustvollen Schwebezustand zu versetzen, der ihn vergessen ließ, wer er war und wogegen er als Homosexueller schon so lange ankämpfte.

Auch der Gebrauch von Drogen spielte bei seinen kalifornischen Erfahrungen eine wichtige Rolle. Er hatte zwar schon früher immer wieder einmal Drogen benutzt, vor allem Opium oder Kokain, um sich zu entspannen oder zur Arbeit anzureizen. Doch sein «amerikanisches Glück» ließ ihn Rauschzustände erleben, die ihn aus der realen Welt der Macht und der Arbeit, des Kampfes und des Forschens befreiten und eine überirdische Lust evozierten. In einer Nacht in diesem Frühjahr 1975, am Zabriskie Point im Death Valley, wohin er mit zwei Freunden gefahren war, machte er, wie er später berichtet hat, eine der schönsten Erfahrungen seines Lebens. Er hatte eine Kapsel LSD geschluckt und fühlte sich zunehmend entpersonalisiert, als wäre er nur noch ein reines Lustsubjekt außerhalb von Raum und Zeit.[49] Seit dieser Epiphanie wollte Foucault den Drogengebrauch nicht mehr als juridisches Problem von Verbot oder Erlaubnis diskutieren, sondern in einer erotischen Perspektive sehen und genießen. «Frage: *Als Quelle von Lust?* Antwort: Ja, als Quelle von Lust. Wir müssen die Drogen studieren. Wir müssen die Drogen versuchen. Wir müssen *gute* Drogen herstellen – die fähig sind, eine äußerst intensive Lust hervorzubringen. Ich denke, dass der Puritanismus, der hinsichtlich der Droge angesagt ist, ein Puritanismus, der impliziert, das man entweder dafür oder dagegen ist, eine irrige Einstellung ist.»[50]

Der erste Besuch Foucaults in den USA, dem noch viele andere folgen sollten, war nicht nur ein Wendepunkt in seinem Liebesleben. Er veränderte auch seinen forschenden Blick auf die Sexualität. Die Subjekte der sexuellen Erfahrungen, die sie in einem freien Handlungsspielraum machen können, begannen ihn mehr zu interessieren als die Machtsysteme, auf die er sich zuvor konzentriert hatte. Von dieser Transformation konnte er sich selbst nicht ausnehmen. Als Subjekt, das schreibt, musste er sich in seinem Werk zu erkennen geben, mit dem er nach 1976 neue Wege einschlug.

SM-Spiele statt Marquis de Sade. In den sechziger Jahren, in denen Foucault seinen eigenen sexuellen Freiraum gegen die herrschenden Repressionen erkunden wollte, war ihm dieser maßlose und ruchlose Libertin als eine Art von Vorbild erschienen. Er wollte zwar nicht die tatsächliche sadistische Libertinage mit ihren Grausamkeiten nachleben. Aber er stellte sich vor, dass die transgressive Leidenschaft des Marquis de Sade, die sich in seinen Schriften widerspiegelte, eine sexuelle Befreiung denkbar werden ließ, nach der auch er sich sehnte. Er schloss den Ersten Teil seiner *Ordnung der Dinge* (1966) mit einer Apologie Sades ab, der alles zur Sprache bringen wollte, was das sexuelle Verlangen, bis in den Tod, befriedigen könnte. Foucault wollte Sades Welt «wieder in unseren Diskurs, in unsere Freiheit, in unser Denken aufzunehmen versuchen»[51].

Dagegen distanzierte sich Foucault Ende 1975, nach seiner ersten Kalifornien-Reise, entschieden von Sade. In einem Interview für die Filmzeitschrift *Cinématographe* anlässlich einiger Filme von Pier Paolo Pasolini, Liliana Cavani und Alejandro Jodorowsky, in denen sadistische Motive verarbeitet worden waren, stellte er fest, dass Sade keinesfalls als Vorbild dienen und heiliggesprochen werden sollte. Denn er habe eine Erotik zu Papier gebracht, die nicht befreiend wirke, sondern zu einer reglementierten und hierarchisierten Gesellschaft gehöre, in der Gehorsam, Ausbeutung und Überwachung vorherrschten. Sade sei ein Mensch der Disziplin gewesen, «ein Offizier des Geschlechts, ein Buchhalter der Ärsche und ihrer Äquivalente». Davon gelte es wegzukommen. Gegen die transgressiven Träumereien des sadistischen Libertins richtete Foucault seinen neuen hedonistischen Imperativ: «Man muss mit dem Körper, mit seinen Elementen, seinen Oberflächen, seinen Binnenräumen und seinen Dichten eine nicht-disziplinäre Erotik erfinden: die des Körpers im flüchtigen und diffusen Zustand, mit seinen Zufallsbegegnungen und Lüsten ohne Kalkül.»[52]

Foucault wies Sade in sein Jahrhundert zurück. Für seine neue Perspektive waren dagegen die kalifornischen Körpererlebnisse anregend, wobei auch sadomasochistische Experimente und Begegnungen eine wichtige Rolle spielten. SM statt Sade. Seine Ablehnung des Sadismus fiel zusammen mit seiner Begeisterung für die ritualisierten SM-Aktivitäten der schwulen Subkultur, die er voller Neugier und Lust praktisch erkundete. Er trug schwarze Lederjacken, schwarze Lederkappen und -masken. Auch mit Schwanzringen und Brustklemmen, Handschellen und Peitschen begann er zu spielen. Es war kein sexuelles Begehren, das ihn einen Partner suchen ließ, sondern die körperliche Intensität, die er in zufälligen Begegnungen mit anderen gleichgesinnten Männern zu steigern versuchte. Dabei wurde vordringlich nicht die genitale Befriedigung angestrebt, sondern eine ganzkörperliche Lust, die sich aus dem Spiel von Dominanz und Unterwerfung, Herr und Sklave ergab.

Foucault war nicht an Grausamkeit oder Grenzerfahrung interessiert, wie es James Miller in seinem Enthüllungsbuch über die *Leidenschaft des Michel Foucault* dargestellt hat, dessen *Passion* eine Leidensgeschichte gewesen sein soll, mit SM als qualvollem Höhepunkt, in dem sich ein dämonischer Todestrieb zu erkennen gebe.[53] Ihn faszinierte vielmehr das wechselhafte und fließende Rollenspiel, in dem die Strategien der realen Macht imitiert, kontrolliert und außer Kraft gesetzt werden konnten. Sadomasochismus als schöpferische Lebens- und Liebeskunst, die Lust bereiten kann! Ab 1975 hat Foucault sie ausgelebt und offensiv als einen Teil der sexuellen

Freiheit gepriesen, die der Mensch in einer Welt voller Disziplinarmächte genießen kann. «Dieses strategische Spiel ist sehr interessant als Quelle physischer Lust. Aber ich würde nicht sagen, dass es innerhalb der erotischen Beziehung eine Reproduktion der Struktur der Macht ist. Es ist eine Inszenierung der Strukturen der Macht, durch ein strategisches Spiel, das fähig ist, eine sexuelle oder physische Lust zu verschaffen.»⁵⁴

Ästhetisierung der Existenz. Auch in den kommenden Jahren reiste Foucault immer wieder gern nach New York oder San Francisco, während er sein Leben in Frankreich als kontrolliert und eingeengt empfand. Aber statt über die Einschränkungen seiner sexuellen Freiheit zu reden, die er in seiner Heimat erlebte, sprach er in vielen Interviews von den Freiheitsräumen, die er in Amerika kennengelernt hatte. An die Stelle des revoltierenden Appells «Befreien wir unsere Sexualität!» rückte er die Empfehlung: «Nutzen und gestalten wir die Praktiken der sexuellen Freiheit!» Er setzte auf die produktive Energie sexueller Lebensformen, die es kreativ zu kultivieren galt. Das neue Zauberwort hieß «schöpferische Kraft», und die Innovationsgrenze, an der er sich sah, war nicht mehr der Kampf gegen die Unterdrückung, sondern die Schaffung und Gestaltung neuer Formen der Lust.

Was Foucault in der schwulen SM-Kultur als Möglichkeiten eines lustvollen schöpferischen Lebens erfahren hatte, erweiterte er zu einer allgemeinen Empfehlung für eine ästhetisch-erotische Lebensform. Von einer *scientia sexualis* hatte er sich endgültig verabschiedet. Der Diskurs des wahren Wissens interessierte ihn nicht mehr. Am Horizont seines Denkens tauchte eine *ars erotica* auf, also keine Erkenntnis sexueller Dinge und Tatsachen, sondern eine *Ästhetik der Existenz*, wobei er einen erweiterten Kunstbegriff ins Spiel brachte. In einem Überblick über seine laufende Forschungsarbeit stellte er fest: «Was mich erstaunt, ist, dass in unserer Gesellschaft die Kunst nur noch eine Beziehung mit den Objekten und nicht mit den Individuen oder mit dem Leben hat, und auch, dass die Kunst ein spezialisierter Bereich ist, der Bereich von Experten, nämlich den Künstlern. Aber könnte nicht das Leben eines jeden Individuums ein Kunstwerk sein? Warum sind ein Gemälde oder ein Haus Kunstobjekte, aber nicht unser Leben?»[55]

Sexualität und Wahrheit 2, 3, 4. Über den Stand seiner sexualgeschichtlichen Forschungen erfuhr man kaum etwas in den Jahren zwischen 1976 und 1984, in denen keine größere Publikation Foucaults erschien. Im April 1983 gab er nur bekannt, dass er weiterhin intensiv daran arbeite, aber den ursprünglichen Plan der fünf Bände, die er 1976 in *Sexualität und Wahrheit 1: Der Wille zum Wissen* angekündigt hatte, nicht mehr verfolge. Er sei zu sehr auf den Diskurs der Sexualwissenschaften ausgerichtet gewesen, habe also nicht mehr der Schwerpunktverlagerung zu den schöpferischen Energien und Lüsten entsprochen, die es wie Kunstwerke zu gestalten gelte.

Doch es gab mehrere Vorträge und Gespräche, die deutlich machten, in welche Richtung sich die Untersuchungen und Gedanken des späten Foucault bewegten. Die Sexualität stand dabei zwar nicht im Mittelpunkt. Aber sie wurde mehrfach als ein besonderer Fall erwähnt, an dem sich erforschen und darstellen ließ, was es heißt, eine Ästhetik der Existenz zu entwickeln. Neu daran war die radikale Wende zum wollenden und handelnden «Subjekt», das in den früheren Arbeiten Foucaults nur eine marginale Rolle gespielt hatte. Institutionen, Strukturen, Formationen, Dispositive, Ordnungen und Diskursformen hatten ihn interessiert, wobei die menschlichen Individuen und ihre «Subjektivität» oft völlig zu verschwinden drohten. Wenn nun jedoch, nach seinen amerikanischen Erfahrungen, er selbst sein Leben wie ein Kunstwerk gestalten und genießen wollte, dann musste er dieses «Selbst» als Subjekt thematisieren. Und er musste dabei von der Ästhetik auch zur Ethik fortschreiten oder weiterdenken. Die große alte Frage «Was soll ich tun?» musste gestellt und zu beantworten versucht werden.

Foucault ging dabei nicht systematisch vor. Er formulierte keine ethische Theorie. Er war auch nicht an einer Klärung moralischer Urteile interessiert, wie es in der analytischen Philosophie üblich war. Foucault blieb der kritische Historiker, der sein Handwerkszeug der geschichtlichen Rekonstruktion perfekt beherrschte. Folgerichtig rückte er die moralische Problematik in eine kulturhistorische Perspektive und blickte von der Moderne durch das Christentum bis zu den Anfängen in der griechischen Antike zurück.

Die Genealogie der Ethik war das große Thema, mit dem sich Foucault seit Anfang der achtziger Jahre beschäftigte. Die Rückkehr der Moral führte zu einem neuen Leitbegriff und theoretischen Ausgangspunkt, um den seine späten Werke kreisen. Er fand ihn in der griechischen Philosophie. Es war nicht das Gebot des delphischen Orakels – «Erkenne dich selbst!» *(gnôthi seautón)* –, sondern die Maxime: «Sorge dich um dich selbst!» *(epimeleia heauton)*. Es ging Foucault nicht um Wissen oder Selbsterkenntnis, um das verborgene Geheimnis der Sexualität zu lüften, sondern um eine «Selbstsorge», die nicht nur ein theoretischer Grundsatz sein konnte, sondern eine Lebensform, eine Lebenskunst *(technê tou biou)* oder eine «Technologie des Selbst»[56] sein sollte.

Zum ersten Mal sprach Foucault von dieser Sorge um sich 1981/82 in Vorlesungen am *Collège de France* über die *Hermeneutik des Subjekts*. Er stellte sie auf Kongressen und in Gesprächen zur Diskussion[57] und setzte sie als Leitfaden ein, um sich durch die komplexe und vielfältige Geschichte der Sexualität hindurchzufinden, an der er bis kurz vor seinem Tod unermüdlich arbeitete.

Der erste, programmatische Band von 1976 fand seine Fortsetzung und seinen Abschluss in *Sexualität und Wahrheit 2, 3, 4: Der Gebrauch der Lüste* in der antiken griechischen Kultur; *Die Sorge um sich* in den beiden ersten nachchristlichen Jahrhunderten und *Die Geständnisse des Fleisches* in der frühen christlichen Doktrin des sündigen libidinösen Lustprinzips, von Justin dem Märtyrer bis Johannes Chrysostomos und Aurelius Augustinus. Sie erschienen viel später als vorgesehen und in einer ganz anderen Form. Die allgemeinen Wissensformationen und Machtsysteme hatten an Bedeutung gegenüber den historisch besonderen Erfahrungen verloren, durch die Individuen dazu gebracht werden, sich als sexuelle Subjekte anzuerkennen und in ethischer Hinsicht auf sich selbst zu achten. «Indem ich so von der Moderne durch das Christentum hindurch zur

Antike zurückstieg, schien es mir unvermeidlich, eine zugleich sehr einfache und sehr allgemeine Frage zu stellen: warum ist das sexuelle Verhalten, warum sind die dazugehörigen Betätigungen und Genüsse Gegenstand moralischer Sorge und Beunruhigung? Wieso diese ethische Sorge? ... Die Frage, die als Leitfaden dienen sollte, schien mir also folgende zu sein: wie, warum und in welcher Form ist die sexuelle Aktivität als moralischer Bereich konstituiert worden? Warum diese so insistierende ethische Sorge, die gleichwohl in ihren Formen und in ihrer Intensität variiert? Warum diese ‹Problematisierung›?»[58]

Der Tod des Philosophen. Das Liebes- und Sexualleben in Antike und Frühchristentum hat Foucault nicht als vorbildlich dargestellt. Er war ein kritischer Historiker, der vor dem sexuellen Elend und den gesellschaftlichen Machtbeziehungen in den virilen Kulturen Griechenlands und des Römischen Reichs nicht die Augen verschloss. Aber er schätzte das philosophische Ethos, mit dem damals Erotik, Sexualität, Leidenschaft, Lust und Liebe in ethischer Hinsicht problematisiert worden waren. Sie wurden als Möglichkeiten des Lebens anerkannt und danach befragt, welchen Wert sie für die Selbstsorge, die auch die Sorge um den anderen mit einbegriff, spielen können sollte. Denn im Bereich der Sexualität gehe es auch darum, «zu wissen, wie man sich zu anderen in den Beziehungen der Lust ethisch zu verhalten hat»[59]. So war zum Beispiel im antiken Griechenland der Gebrauch der Lüste in der Beziehung zu Knaben nicht grundsätzlich verboten, aber durchaus problematisch. Die Päderastie war eine «freie» Praxis, die jedoch durch eine ethische Sorge um sich und um das Wohl des Knaben kontrolliert und reflektiert werden musste.[60] An ein solches verantwortungsvolles Ethos wollte Foucault anknüpfen. Es ging ihm nicht um Grenzen und Überschreitungen, um Repressionen und Befreiungen, sondern um die ethische Problematisierung dessen, was er für sich als Freiheit und Schönheit der homosexuellen Lebensform gefunden hatte. Am 20. Januar 1984 sprach er über *Die Ethik der Sorge um sich als Praxis der Freiheit*, wobei er auf das Problem zu sprechen kam, auf das er in Bezug auf die Sexualität gestoßen war: «Hat es Sinn zu sagen: ‹Befreien wir unsere Sexualität›? Besteht das Problem nicht eher darin, diejenigen Praktiken der Freiheit zu definieren zu suchen, durch die man definieren könnte, was die sexuelle Lust, die erotischen, leidenschaftlichen Liebesbeziehungen zu anderen sind? Dieses ethische Problem der Praktiken der Freiheit ist, wie mir scheint, sehr viel wichtiger als die etwas repetitive Beteuerung, dass man die Sexualität oder das Begehren befreien müsse.»[61] 1960 hatte Foucault über «die tragische Abtrennung der glücklichen Welt der Lust» geklagt. Mitte der siebziger Jahre fand er dieses Glück in der hedonistischen schwulen Subkultur Kaliforniens, während er an seinem sexualgeschichtlichen Projekt zu arbeiten begonnen hatte. Seitdem bildeten die Praktiken der sexuellen Freiheiten den neuen Fokus seines Lebens und Denkens. Er schien ein glücklicher Mensch geworden zu sein, versöhnt mit sich selbst, glücklich in seiner Arbeit und in den Lüsten des Körpers.

Doch ausgerechnet an diesem entscheidenden Wendepunkt seines Lebens hatte er sich mit einem Virus infiziert, das etwa acht Jahre später seinen frühen Tod verursachte. Die gedankliche Verbindung von Lust und Tod war ihm zwar nicht fremd gewesen. Er war ihr in den literarischen Werken von Bataille und Sade gefolgt. Und am 22. Juni 1982 hatte er, interviewt von Stephen Riggins, von seinem Wunsch und seiner Hoffnung gesprochen, «dass ich an einer Überdosis Lust sterbe». Denn die wahre und vollkommene Lust stellte er sich als so intensiv vor, dass sie ihn vollständig überschwemmen würde, «dass ich es nicht überleben würde. Ich würde daran sterben.»[62]

War Foucaults Libido also doch vom Todestrieb beherrscht? Hatte der Gegenspieler der sexuellen Lebenstriebe, den Sigmund Freud 1920 noch *Jenseits des Lustprinzips*[63] verortet hatte, sich ins Innere der Lust eingenistet? Dafür gibt es keine Indizien oder Beweise. Foucaults Beschwörung des Todes im Konjunktiv spricht dafür, dass er damit nur eine Ahnung von der ungeheuren, übermenschlichen Macht jener Lust vermitteln wollte, nach der er strebte, ohne sie jemals erreichen zu können. Foucault starb jedenfalls nicht an einer Überdosis Lust, sondern an den Nachwirkungen einer viralen Infektion, die mysteriöserweise nur Homosexuelle zu betreffen schien.

Viele von ihnen starben an dieser merkwürdigen neuen Krankheit, die 1982 den Namen Aids erhielt und über deren Ursache man noch sehr wenig wusste. Foucault soll seinem Tod mit stoischer Gelassenheit entgegengesehen haben. Er hatte keine Angst vor dem Tod seit jener Nahtoderfahrung im Juli 1978, an einem wunderschönen Tag mit herrlichem blauem Himmel, nachdem er vor seinem Haus von einem Auto angefahren worden war. Der Unfall hatte ihm offenbart: «Jetzt ist Schluss. Ich werde sterben. Sehr gut. Ich war einverstanden.»[64] Dieses Erlebnis sollte eine seiner schönsten Erinnerungen bleiben und soll ihm auch während seines qualvollen Sterbens geholfen haben.

Beschränken wir uns zum Schluss auf einige Daten und Tatsachen, die bekannt sind.

Juli 1982: Michel Foucault leidet an einer chronischen Stirnhöhlenvereiterung.

Sommer 1983: Er beginnt hartnäckig, trocken und krampfartig zu husten. Er klagt über diese elende «Grippe». Auch überfallen ihn fürchterliche Migräneanfälle. Er kann sich zwar vorstellen, an Aids erkrankt zu sein, will es aber nicht wahrhaben. Er misstraut dem ärztlichen Wissen. Er wehrt die Angst ab, die zu grassieren beginnt. Dass nur homosexuelle Männer betroffen sein sollen, hält er für einen schlechten Witz. Er fühlt sich oft müde und erschöpft.

29. Dezember 1983: Dr. Jean-Paul Escaude veranlasst eine genaue Untersuchung seiner Lunge.

Januar 1984: Seine Lungenerkrankung wird mit Antibiotika behandelt. Er gewinnt seine Vitalität zurück.

Februar: Er informiert nahe Freunde, dass er glaube, Aids zu haben, aber nicht sicher sei. Denn eine energische Behandlung habe ihn wieder auf die Beine gebracht.

März: Er wird regelmäßig im Krankenhaus Tanier behandelt. Einen Arzt, der mit ihm über die Krankheitsdiagnose sprechen will, unterbricht er mit einer abwehrenden Handbewegung. Er will nur wissen: «Wieviel Zeit bleibt mir noch?»

14. Mai: Der Gebrauch der Lüste wird veröffentlicht.

2. Juni: Er bricht in seiner Küche zusammen. Sein Geliebter Daniel Defert findet ihn bewusstlos in seinem Blut liegend.

3. Juni: Von seinem Bruder Denys wird er ins Krankenhaus Saint-Michel gebracht. Er fühlt sich unwohl und wird einer schmerzhaften Lumbalpunktion unterzogen, die misslingt.

9. Juni: Er wird in die neurologische Abteilung der Salpêtrière eingeliefert. Es werden mehrere nicht mehr behebbare Schädigungen des Gehirns festgestellt.

10. Juni: Er wird in die Intensivstation verlegt.

12. Juni: Sein Freund Hervé Guibert sieht ihn «vom Flur aus hinter der Glasscheibe, mit geschlossenen Augen in den weißen Laken, man hatte ihm das Hirn punktiert, er trug das Mal des Lochs auf der Stirn»[65].

20. Juni: Er erhält während einer Besserungsphase den gerade publizierten dritten Band der Geschichte der Sexualität: *Die Sorge um sich.*

25. Juni: Michel Foucault stirbt. Er wurde 57 Jahre alt.

Auf Bitte der Familie veröffentlichen Prof. Paul Castaignac, Leiter der neurologischen Abteilung der Salpêtrière, und Dr. Bruno Dauron ein ärztliches Kommuniqué, in dem zu lesen ist: «Monsieur Michel Foucault ist am 9. Juni 1984 in die Klinik für Krankheiten des Nervensystems der Salpêtrière überwiesen worden, und zwar zur Abwicklung bestimmter Ergänzungstests, die durch neurologische Symptome notwendig geworden waren, die ihrerseits durch einen Zustand septischer Blutvergiftung kompliziert wurden. Diese Untersuchungen haben die Existenz von zerebralen Suppurationsherden (Eiterungen) ergeben. Die Behandlung mit Antibiotika nahm anfangs einen günstigen Verlauf; eine Remission hat es M. Michel Foucault erlaubt, von den ersten Reaktionen auf das Erscheinen seiner beiden Bücher Kenntnis zu nehmen. Eine jähe Verschlechterung des Gesundheitszustandes hat dann jede Hoffnung auf therapeutische Wirksamkeit zunichte gemacht, und der Tod ist am 25. Juni 1984 um 13 Uhr 15 eingetreten.»[66]

Es scheint, als sei mit Foucaults Tod 1984 auch die Epoche der Körper und der Lüste zu Ende gegangen. Jedenfalls ist festzustellen, dass seitdem in kulturwissenschaftlichen und philosophischen Theorien über Sexualität eine nachhaltige Verschiebung stattgefunden hat, die sich nicht an Foucaults «glücklicher Welt der Lust» orientiert, sondern an seinem früheren kritischen Programm einer «Archäologie der Sexualität». Das «natürliche» biologische, anatomische Geschlecht *(sex)*, die sexuelle Unterscheidung von Männern und Frauen *(binary sex)*, «Zwangsheterosexualität» und «phallogozentrische» Geschlechterhierarchie werden als diskursiv erzeugte Formationen und Machtbeziehungen entschlüsselt und kritisiert. Sie werden zurückgedrängt zugunsten einer kulturell, gesellschaftlich und performativ bedingten Geschlechtsidentität *(gender)*, die immer dezentrierter, differenzierter und vielfältiger wird. Nach Foucault konzentrieren sich die *Gender Studies*, um 1984 vor allem durch Monique Wittig, Gayle S. Rubin, Eve Sedgwick und Judith Butler initiiert, auf geschlechtlich bestimmte Subjekte *(gendered subjects)*, deren körperliche Lust zur Nebensache erklärt wird und nur Unbehagen bereite. «Lustprinzip» und «Triebschicksale» haben als sexualtheoretische Konzepte ausgespielt. Sigmund Freud ist passé. Die *«sexed subjects»* werden marginalisiert. Eros liegt in Agonie. Alle wollen Liebe, viele suchen nach ihren wahren Geschlechtsidentitäten, aber keine*r hat mehr Lust.[67]

Anmerkungen

Vorwort

1 Martin Heidegger: Grundprobleme der Phänomenologie. Frühe Freiburger Vorlesung Wintersemester 1919/20. In: Gesamtausgabe, Band 58, S. 263. Die «viel lebendigere Funktion» des Eros brachte Heidegger zur Sprache, als er sich in die junge Hannah Arendt verliebte und ihr am 27. Februar 1925 in einem seiner ersten Liebesbriefe schrieb: «Das Dämonische hat mich getroffen.» Hannah Arendt – Martin Heidegger: Briefe 1925–1975. Hg. von Ursula Ludz. Frankfurt / Main 2002, S. 14

2 Platon: Das Gastmahl. Übersetzt und herausgegeben von Thomas Paulsen. Stuttgart 2008. Zur Einführung vgl. das schöne Buch von Wiebrecht Ries: Platon für Anfänger. Symposion. München 2003

3 Platon: Das Gastmahl. Ebd., S. 40

4 Ebd., S. 48

5 Platon schrieb das «Symposion» um 380 v. Chr., also etwa 40 Jahre nach dem Ereignis im Haus des Agathon. Er will damit nacherzählt haben, was er von Apollodoros gehört hat, der allerdings bei diesem Trinkgelage nicht dabei war, sondern sich wiederum auf Mitteilungen stützte, die er von Aristodemos als

Teilnehmer des Symposions im Jahre 416 v. Chr. erhalten hatte.

6 Vgl. Anders Nygren: Eros und Agape. Gestaltwandel der christlichen Liebe. Berlin 1955; Edith Dünsing und Hans-Dieter Klein (Hg.): Geist, Eros und Agape. Untersuchungen zu Liebesdarstellungen in Philosophie, Religion und Kunst. Würzburg 2009

7 Vgl. Hannah Arendt: Der Liebesbegriff bei Augustin. Hildesheim – Zürich – New York 2006; Martha C. Nussbaum: Konstruktionen der Liebe, des Begehrens und der Fürsorge. Stuttgart 2002; Helmut Kuhn: «Liebe». Geschichte eines Begriffs. München 1975; Markus Tiedemann: Liebe, Freundschaft und Sexualität. Fragen und Antworten der Philosophie. Hildesheim 2014; Martin Hähnel, Annika Schlitte und René Torkler (Hg.): Was ist Liebe? Philosophische Texte von der Antike bis zur Gegenwart. Stuttgart 2015. In einer langen Reihe kurzer Denkbilder, die von der romantischen Liebe bis zu Liebe, Tod und Verlassen reicht, hat der Philosoph Peter Trawny die vielfältigen Erscheinungen der Liebe dargestellt, die er als den Sinn eines Lebens versteht, auf dem noch der Abglanz des Paradieses liegen soll. Peter Trawny:

Philosophie der Liebe. Frankfurt/Main 2019. Das haben, wie er meint, die Philosophen selbst nicht verstanden, deren Liebesbegriff nur abstrakt, allgemein oder universell sein könne. «Die Liebe der Philosophen» (S. 156–160) sei deshalb eine Täuschung oder «Lüge», weil sie den mannigfaltigen Lebenssinn des Liebens verfehle. Wie verschiedene Philosophen wirklich liebten und über ihre Liebe reflektierten, hat Trawny verschwiegen.

8 Sigmund Freud: Massenpsychologie und Ich-Analyse (1921). In: Gesammelte Werke. Band XIII, S. 99

9 Funny Face. USA 1957. Regie: Stanley Dolen. Deutscher Verleihtitel: Ein süßer Fratz. Ich danke meinem Nachbarn Sönke Nissen-Knaack, Maler und Lebensphilosoph, für diesen Hinweis.

10 Vgl. Michel Onfray: Der sinnliche Philosoph. Über die Kunst des Genießens. Frankfurt–New York–Paris 1992

11 Matthias Gronemeyer: Vögeln. Eine Philosophie vom Sex. Selbstverlag, August 2016, S. 101 f.

12 Wilhelm Weischedel: Die philosophische Hintertreppe. 34 große Philosophen in Alltag und Denken. München 1975, S. 9

13 Michel Foucault: Dits et Écrits. Schriften in vier Bänden. Band IV: 1980–1988. Frankfurt/Main 2005, S. 744

14 Manfred Geier: Wittgenstein und Heidegger. Die letzten Philosophen. Reinbek 2017, S. 369

15 Ludwig Wittgenstein: Philosophische Untersuchungen Nr. 66. In: Schriften. Frankfurt/Main 1960, S. 324

16 Niklas Luhmann: Liebe als Passion. Zur Codierung von Intimität. Frankfurt/Main 1982, S. 14

17 Vgl. Sigmund Freud: Jenseits des Lustprinzips (1920). In: Gesammelte Werke. Band XIII, S. 1–69; S. Freud: Triebe und Triebschicksale (1915). In: Gesammelte Werke. Band X, S. 209–232.

18 Es war die besondere Leistung Foucaults, den «Gebrauch der Lüste» durch den Rückblick auf das sokratisch-platonischen Eros moralisch problematisiert zu haben. Vgl. Michel Foucault: Sexualität und Wahrheit. Zweiter Band: Der Gebrauch der Lüste. Frankfurt/Main 1986; Wilhelm Schmid: Die Geburt der Philosophie im Garten der Lüste. Michel Foucaults Archäologie des platonischen Eros. Frankfurt/Main 2000

ERSTES KAPITEL
Nichts anderes behaupte ich zu verstehen als die Liebesdinge

1 Søren Kierkegaard: Über den Begriff der Ironie. Mit ständiger Rücksicht auf Sokrates. (EA Kopenhagen 1841). Frankfurt/Main 1976, S. 189

2 Xenophon: Das Gastmahl. Übersetzt und herausgegeben von Ekkehard Stärk. Stuttgart 1986. 1. (19). Die griechischen Quellentexte des Xenophon wer-

den, wie standardisiert, nach Büchern, Abschnitten, Sätzen zitiert. So bezeichnet zum Beispiel «II. 8. (3)» Buch II, Abschnitt 8, Satz 3.

3 Platon: Symposion 215 b. Ich zitiere Platons Schriften nach der Übersetzung von Friedrich Schleiermacher. Platon: Sämtliche Werke. Herausgegeben von Walter F. Otto, Ernesto Grassi und Gert Plamböck. Reinbek bei Hamburg, ab 1957. Zur Physiognomie Platons als Silen vgl. Ekkehart Martens: Die Sache des Sokrates. Stuttgart 1992. Kapitel 2: Das Bild des weisen Silenen, S. 24–45

4 Platon: Menon 80 a 7

5 Platon: Apologie des Sokrates 30 e 6

6 Aristophanes: Die Wolken. Stuttgart 1963, S. 94. Die Erstaufführung dieser Komödie fand 423 v. Chr. statt.

7 Ebd., S. 22

8 Platon: Symposion 215 b

9 Platon: Symposion 177 d. Vgl. Gernot Böhme: Der Typus Sokrates. Frankfurt/Main 1988, S. 71. Dass Sokrates *Erotiker* werden musste, um seine «furchteinflößende Häßlichkeit» in Faszination umwenden zu können, hat Friedrich Nietzsche als «Das Problem des Sokrates» bezeichnet. «Ich habe zu verstehen gegeben, womit Sokrates abstoßen konnte: es bleibt um so mehr zu erklären, *daß* er faszinierte ... Er faszinierte, indem er an den agonalen Trieb der Hellenen rührte – er brachte eine Variante in den Ringkampf zwischen jungen Männern und Jünglingen. Sokrates war auch ein großer *Erotiker*.» Friedrich Nietzsche. Götzen-Dämmerung. In: Werke III. Herausgegeben von

Karl Schlechta. Frankfurt/Main–Berlin–Wien 1969, S. 954

10 Platon: Phaidros 275 e. Vgl. Manfred Geier: Als die Philosophen schreiben lernten. In: Jürgen Trabant (Hg.): Sprache denken. Frankfurt/Main 1995, S. 127–144

11 Vgl. Andreas Patzer (Hg.): Der historische Sokrates. Darmstadt 1987; Andreas Patzer: Studia Socratica. Zwölf Abhandlungen über den historischen Sokrates. Tübingen 2012

12 Xenophon: Das Gastmahl. Übersetzt und herausgegeben von Ekkehard Stärk. Stuttgart 1986. 5. (5–7)

13 Vgl. Eduard Zeller: Zur Ehrenrettung der Xanthippe. In: E. Zeller: Vorträge und Abhandlungen. Erste Sammlung. Zweite Auflage. Leipzig 1875, S. 56–67; Fritz Mauthner: Xanthippe. Eine wahre Geschichte aus dem Altertum und der Gegenwart. Dresden–Leipzig 1884; Alfredo Panzini: Sokrates und Xanthippe. Ernst und Ironie um den Weisesten aller Menschen (ital. EA 1914). München 1938; Paul Lebeau: Xanthippe. Ein Roman. Bonn 1955; Vera Prill, Margarethe Rudorff und Erika Slawinski: Das Gastmahl der Xanthippe. Rastatt 1959; Maria Regina Kaiser: Xanthippe. Schöne Braut des Sokrates. Hamburg 1992; Michael Weithmann: Xanthippe und Sokrates. Frauen und Männer im alten Athen. Darmstadt 2010, bes. Schlusskapitel: Xanthippe – Mythos und Motiv, S. 157–187

14 Xenophon: Das Gastmahl 2. (9/10)

15 Xenophon: Erinnerungen an Sokrates. Übersetzt von Rudolf Preiswerk. Stuttgart 1985. II. 2. (1)

16 Xenophon: Erinnerungen an Sokrates II. 2. (10)

17 Platon: Phaidon 60 a

18 Platon: Phaidon 117 d

19 Vgl. Romano Guardini: Der Tod des Sokrates. Hamburg 1956, S. 104

20 Diogenes Laertius: Leben und Meinungen berühmter Philosophen. Hamburg 1990, 3. Aufl., S. 92

21 Friedrich Nietzsche: Menschliches – Allzumenschliches, Nr. 433. In: Werke I. Herausgegeben von Karl Schlechta. Frankfurt / Main – Berlin – Wien 1980, S. 661

22 Xenophon: Die sokratischen Schriften – Memorabilien, Symposion, Oikonomikos. Übersetzt von Ernst Bux. Stuttgart 1965. Oikonomikos 3. (11)

23 Xenophon: Erinnerungen an Sokrates II. 2. (1)

24 Xenophon: Erinnerungen an Sokrates II. 6. (28/29)

25 Xenophon: Erinnerungen an Sokrates II. 6. (36); vgl. Xenophon: Oikonomikos 3. (14)

26 Platon: Menexenos 235 e

27 Platon: Menexenos 249 d

28 Platon: Symposion 201 d. Der sokratische Dichter Aischines hat in seinem Dialog «Aspasia», zwischen 393 und 385 v. Chr. zu datieren, dargestellt, dass sich Aspasia als bekannte, berühmte und berüchtigte Hetäre in Athen der Wirkkraft des Eros klar bewusst war und dass sie durch Erfahrung und Reflexion zu einer Kenntnis der Erotika gelangt war, die sie auch Sokrates vermitteln konn-te. Vgl. Barbara Ehlers: Eine vorplatonische Deutung des sokratischen Eros. Der Dialog Aspasia des Sokratikers Aischines. München 1966. Ehlers geht jedoch davon aus, dass eine wesentliche Differenz zwischen Diotima und Aspasia bestand, da die übermenschliche Priesterin und Seherin in den meisten Punkten der Hetäre überlegen war. Vgl. ebd. S. 134

29 Xenophon: Erinnerungen an Sokrates III. 11. (1)

30 Xenophon: Erinnerungen an Sokrates III. 11. (3)

31 Xenophon: Erinnerungen an Sokrates III. 11. (10)

32 Xenophon: Erinnerungen an Sokrates III. 11. (16)

33 Xenophon: Erinnerungen an Sokrates III. 11. (18)

34 Platon: Symposion 201 d

35 Friedrich Nietzsche: Ueber das Verhältniß der Rede des Alcibiades zu den übrigen Reden des platonischen Symposions (1864). In: Jugendschriften 1861–1864. Hg. von Hans Joachim Mette. München 1984, S. 423. Zum wilden Liebesleben des Alkibiades vgl. bereits Plutarchs Bericht (erstes nachchristliches Jahrhundert) in: Plutarch: Griechische Heldenleben. Themistokles, Perikles, Alkibiades, Alexander, Pyrrhos. Stuttgart 1942, 3. Aufl, S. 79 – 122, bes. S. 86. Zu Alkibiades als Staatsmann und Feldherr vgl. Herbert Heftner: Alkibiades. Darmstadt 2011

36 Platon: Symposion 217 a

37 Platon: Symposion 217 b

38 Platon: Symposion 217 c

39 Platon: Symposion 218 c

40 Platon: Symposion 219 b / c

41 Friedrich Nietzsche: Die Geburt der Tragödie. In: Werke I (s. Anm. 21). S. 78

42 Platon: Symposion 217 a

43 Vgl. Michel Foucault: Der Gebrauch der Lüste. Frankfurt / Main 1989, Kap. IV: Erotik, S. 237–286; Michel Foucault im Gespräch mit Hubert L. Dreyfus und Paul Rubinow, April 1983, in: H. L. Dreyfus und P. Rubinow: Michel Foucault. Jenseits von Strukturalismus und Hermeneutik. Frankfurt / Main 1987, S. 269; Paul Albin Lesky: Vom Eros der Hellenen. Göttingen 1976, S. 78–86; Carola Reinsberg: Ehe, Hetärentum und Knabenliebe im antiken Griechenland. München 1989; Martha C. Nussbaum: The Sleep of Reason. Erotic Experience and Sexual Ethics in Ancient Greece and Rome. Chicago 2002; J. Bremmer: Adolescents, Symposion, and Pederasty. In: Oswyn Murray (Hg.): Sympotica. A Symposium on the Symposion. Oxford 1990, S. 135–147

44 Platon: Symposion 184 c / e

45 Platon: Charmides 153 d

46 Platon: Charmides 155 c / d

47 Xenophon: Erinnerungen an Sokrates III. 3. (13)

48 Offen zur Schau gestellte Homosexualität lehnte Sokrates entschieden ab. Es gehöre sich nicht für einen guten Mann, das gleichgeschlechtliche Objekt seiner Begierde «wie ein Bettler anzusehen und der Bitte noch etwas hinzuzufügen, freilich nichts Gutes». Es schien ihm, als würden verliebte Homosexuelle «etwas Schweinisches durchmachen», wenn sie sich (wie beim intercruralen Schenkelverkehr) an ihren Geliebten «zu reiben begehren, wie die jungen Schweine an Steinen». Xenophon: Erinnerungen an Sokrates. I. 2. (30). In diesem Zusammenhang spielte Xenophon auch auf die «Odyssee» Homers an, in der die Gefährten des Odysseus, die über keine sexuelle Selbstbeherrschung verfügten, in Schweine verwandelt wurden. Ebd., I. 3. (7). Vgl. Kenneth James Dover: Homosexualität in der griechischen Antike. München 1983, S. 140–147. Auch öffentliche Küsse zwischen Männern empfand Sokrates als bedrohlich und gefährlich, weshalb er Kritobulos kritisierte, der den Sohn des Alkibiades zu küssen versuchte. «Du Tor, glaubst du nicht, daß auch die Schönen denen, die sie küssen, etwas einflößen, das du nicht siehst? Weißt du nicht, daß dieses ‹Tier›, welches sie ‹schön› und ‹rein› nennen, in dem Maße gefährlicher ist als die Spinnen, als jene zwar durch Berührung, dieses aber nicht einmal durch Berührung, sondern schon, wenn es einer ansieht – mag es auch noch so weit weg sein – etwas einflößt, das Raserei entfacht?» I. 3. (13)

49 Platon: Charmides 176 b

50 Platon: Symposion 222 b. Vgl. Gernot Böhme: Der Typus Sokrates. Frankfurt / Main 1988, bes. Kapitel: Sokrates als Erotiker, S. 64–78

51 Vgl. Michel Foucault: Hermeneutik des Subjekts. Vorlesung am Collège de France (1981/82). Frankfurt / Main 2004, S. 15 ff. und S. 93 ff.

ZWEITES KAPITEL
Was mich fest umstrickt hielt, war die Frau

1 Ludwig Wittgenstein: Vermischte Bemerkungen. Frankfurt / Main 1977, S. 59

2 Die biographischen Daten lassen sich finden in: Henri Marrou: Augustinus. Hamburg 1958: Peter Brown: Augustinus von Hippo. Eine Biographie. Frankfurt / Main 1973; Therese Fuhrer: Augustinus. Darmstadt 2004; Kurt Flasch: Augustin. Einführung in sein Denken. Stuttgart 2013, 4. bibl. ergänzte Aufl. 2013; Klaus Rosen: Augustinus. Genie und Heiliger. Darmstadt 2017, 2., korrigierte Auflage.

3 Der Brief des Paulus an die Römer 9,15

4 Die 13 Bücher der Bekenntnisse werden zitiert nach: Augustinus: Confessiones. Bekenntnisse. Lateinisch / deutsch. Übersetzt, herausgegeben und kommentiert von Kurt Flasch und Burkhard Mojsisch. Ditzingen 2009. Angegeben werden das jeweilige Buch, der Abschnitt und die Seitenzahl in der genannten Ausgabe: also z. B. II, 6, S. 87

5 Vgl. Kurt Flasch: Logik des Schreckens. Augustinus von Hippo: Die Gnadenlehre von 397. Mainz 1990; T. G. Rink: Bruch oder Entwicklung im Gnadenbegriff Augustins? In: Augustiana 44 (1994), S. 31–113; Volker Henning Drecoll: Die Entwicklung der Gnadenlehre Augustins. Tübingen 1999

6 Vgl. Manfred Geier: Wittgenstein und Heidegger. Reinbek 2017, S. 232–236

7 Ludwig Wittgenstein: Vermischte Bemerkungen. Frankfurt / Main 1977, S. 63

8 IX, 19, S. 437

9 II, 2, S. 81

10 II, 2, S. 83

11 II, 2, S. 81

12 II, 5, S. 85

13 II, 6, S. 87

14 II, 7, S. 87

15 III, 1, S. 107

16 III, 1, S. 107

17 III, 1, S. 107/109

18 IV, 2, S. 149

19 III, 8, S. 117. Vgl. Erich Feldmann: Der Einfluss des Hortensius und des Manichäismus auf das Denken des jungen Augustinus von 373. Diss. Münster 1975

20 Cicero: Hortensius. Zit. nach Peter Brown: Augustinus von Hippo. Frankfurt / Main 1973, S. 42

21 III, 8, S. 119

22 Brief des Apostel Paulus an die Römer 13,12

23 Vgl. Das Evangelium des Johannes 14,26; 16,7–15. Vgl. Volker Henning Drecoll: Augustin und der Manichäismus. Tübingen 2011. Zum Manichäismus vgl. Geo Wildengren (Hg.): Der Manichäismus. Darmstadt 1977; Alexander Böhlig: Die Gnosis. Dritter Band: Der Manichäismus. Zürich–München 1980

24 VIII, 17, S. 383

25 III, 21, S. 145

26 III, 19, S. 141

27 Ambrosius. Zit. nach Peter Brown: Augustinus von Hippo. Frankfurt / Main 1973, S. 68

28 Ebd., S. 69

29 VI, 9, S. 263

30 VI, 18, S. 283

31 VI, 21, S. 289

32 VI, 22, S. 291

33 Gesetzlich war es geregelt, dass Mädchen mit zwölf Jahren heiratsfähig waren. Das von seiner Mutter für Augustinus gesuchte Mädchen soll bereits zwölf Jahre alt gewesen sein, aber noch zu kindlich, um verheiratet zu werden. Vermutlich wünschten sich die zukünftigen Schwiegereltern eine zweijährige Verlobungszeit, bis ihre Tochter das vierzehnte Lebensjahr erreicht habe.

34 VI, 25, S. 295/297

35 VIII, 11, S. 371/373

36 VII, 26, S. 347. Gemeint waren Bücher von Plotin und Porphyrios. Vgl. Martin Heidegger: Augustinus und der Neuplatonismus. Frühe Freiburger Vorlesung Sommersemester 1921. In: Gesamtausgabe Band 60, S. 157–299

37 Vgl. Brief des Apostel Paulus an die Römer 7,22; Anders Nygren: Der Römerbrief. Göttingen 1967, 4. Aufl.; Holger Tiedemann: Die Erfahrung des Fleisches. Paulus und die Last der Lust. Stuttgart 1998

38 Das Evangelium nach Matthäus 19, 12

39 VIII, 2, S. 357. Vgl. Uta Ranke-Heinemann: Eunuchen für das Himmelreich. Katholische Kirche und Sexualität. München 2001

40 VIII, 2, S. 357

41 VIII, 10, S. 371

42 VIII, 10, S. 371

43 Vgl. Anton van Hooff: Der Willenskampf. In: Norbert Fischer und Cornelius Meyer (Hg.): Die Confessiones des Augustinus von Hippo. Einführung und Interpretationen zu den 13 Büchern. Freiburg–Basel–Wien 2004, S. 362–372

44 VIII, 22, S. 393

45 VIII, 26, S. 399

46 VIII, 27, S. 399

47 VIII, 29, S. 403

48 VIII, 29, S. 403. Augustinus zitiert aus dem Brief des Apostels Paulus an die Römer 13,13/14

49 VIII, 30, S. 405

50 VIII, 30, S. 405

51 IX, 1, S. 407

52 IX, 2, S. 409

53 IX, 4, S. 411. Vgl. Therese Fuhrer: Körperlichkeit und Sexualität in Augustins autobiographischen und moraltheoretischen Schriften. In: Barbara Feichtinger und Helmut Seng (Hg.): Die Christen und der Körper. Aspekte der Körperlichkeit in der christlichen Literatur der Spätantike. München–Leipzig 2001, S. 173–188

54 Augustinus: De beata vita. Über das Glück. Lateinisch / deutsch. Stuttgart 1982, S. 35

55 Aurelius Augustinus: Selbstgespräche. Von der Unsterblichkeit der Seele. Lateinisch/deutsch. Einführung, Übertragung, Erläuterungen und Anmerkungen von Hanspeter Müller. München–Zürich 1986, S. 43

56 IX, 14, S. 427

57 IX, 26, S. 445

58 IX, 28/29, S. 449

59 IX, 28, S. 447

60 IX, 41, S. 519

61 X, 42, S. 521

62 Michel Foucault: Sexualität und Einsamkeit. In: Michel Foucault: Dits et Écrits. Schriften. Band IV. Frankfurt/Main 2005. S. 218. Vgl. Michel Foucault: Der Kampf um die Keuschheit. In: Ebd., S. 353–368; und zuletzt Michel Foucault: Sexualität und Wahrheit. Band 4: Die Geständnisse des Fleisches. Berlin 2019, S. 449 ff.

63 Possidius von Calama: Vita Augustini. Zweisprachige Ausgabe. Hg. von Wilhelm Geelings. Paderborn–München–Wien–Zürich 2005, S. 77

64 Das Buch Genesis 3, 7. Nach seiner Schrift «De peccato originali» (Über die Ursünde) von 418 setzte sich Augustinus in zwei Schriften «De nuptiis et concupiscentia» (Ehe und Begierlichkeit) 418 bzw. 421 mit Bischof Pelagius und seinen Anhängern auseinander, die ihm vorwarfen, dass er mit seiner Lehre von der Erbsünde die Ehe verurteile und deren Frucht als Teufelswerk bezeichne. – Michel Foucault hat in seinem letzten Werk zur Geschichte der Sexualität nachgewiesen, dass für Augustinus die Jungfräulichkeit zwar über der Ehe stand, die jedoch selbst kein Übel war. Auch sexueller Kontakt in der Ehe zur Zeugung von Kindern war gottgewollt. Abgelehnt hat er dagegen die «Libidinisierung des Sexes», der nach dem Sündenfall durch das Wollustprinzip beherrscht werde. Vgl. Michel Foucault: Sexualität und Wahrheit 4: Die Geständnisse des Fleisches. Berlin 2019, S. 434–481

65 Vgl. Aurelius Augustinus: Schriften gegen die Pelagianer. Band III: Ehe und Begierlichkeit (De nuptiis et concupiscentia libri duo). Würzburg 1977, S. 164 ff.

66 Ebd., S. 65. Vgl. auch Sankt Augustinus. Der Seelsorger. Deutsche Gesamtausgabe seiner moraltheologischen Schriften. 11 Bände. Hg. von Alalbero Kunzelmann und Adolar Zumkeller. Würzburg 1949–1975, bes. Die Enthaltsamkeit; Das Gut der Ehe; Heilige Jungfräulichkeit; Die ehebrecherischen Verbindungen. Auch in seinem «Gottesstaat» (De civitate dei), an dem er dreizehn Jahre lang arbeitete (413 bis 426), hat Augustinus dem «beschämenden Übel der geschlechtlichen Begierde» als Folge des sündhaften Ungehorsams der ersten Menschen ein eigenes Buch gewidmet. Aurelius Augustinus: Der Gottesstaat. Erster Band. Buch XIV. Paderborn–München–Wien–Zürich 1979, S. 911–989

67 I, 12, S. 51

68 VIII, 2, S. 357

69 IX, 1, S. 407

70 VII, 24, S. 343

71 Im Anschluss an Martin Heideggers Augustinus-Rezeption hat Hannah Arendt «*Amor qua appetitus*» 1928 in ihrer Doktorarbeit philosophisch interpretiert. Vgl. Der Liebesbegriff bei Augustin. Berlin–Wien 2003, bes. S. 29–65. Vgl. dazu Tatjana Noemi Tömmel: Wille und Passion. Der Liebesbegriff bei Heidegger und Arendt. Frankfurt / Main 2013, bes. S. 191 ff.

72 Vgl. Peter Brown: Die Keuschheit der Engel. Sexuelle Entsagung, Askese und Körperlichkeit im frühen Christentum. München 1991. 19. Kapitel: Augustinus: Sexualität und Gesellschaft, S. 395–437. «Sublimierung» ist ein psychoanalytischer Fachbegriff, der Handlungen erklären soll, die scheinbar ohne Bezug zur Sexualität sind, deren unbewusst treibende Kraft aber der Sexualtrieb ist. «Verschiebung» bezeichnet die Triebarbeit (Traumarbeit), die den Akzent, die Bedeutung und die Intensität einer Vorstellung von ihr lösen und auf eine andere, ursprünglich schwach besetzte Vorstellung verlagern, wobei Assoziationsketten benutzt werden. Eine psychoanalytische Studie zu Augustinus' Liebesleben, mit besonderer Berücksichtigung seiner «ödipalen» Mutterbeziehung, hat Charles Kligerman vorgelegt: A Psychoanalytical Study of the Confessions of St. Augustine. In: Journal of the American Psychoanalytical Association 5 (1957), S. 469–484

DRITTES KAPITEL
Die Natur hat mich nicht für den Genuss geschaffen

1 Jean-Jacques Rousseau: Die Bekenntnisse. Übersetzt von Alfred Semerau. München 1981, S. 410

2 Jean-Jacques Rousseau: Diskurs über die Ungleichheit. Paderborn–München–Wien–Zürich 1990, 2. Aufl.

3 J.-J. Rousseau: Die Bekenntnisse (s. Anm. 1), S. 406 f.

4 Vgl. zu Rousseaus Verarbeitung der Ereignisse bes. J.-J. Rousseau: Briefe vom Berge. In: J.-J. Rousseau: Schriften. Band 2. Hg. von Henning Ritter. Frankfurt / Main–Berlin–Wien 1981, S. 7–252

5 J.-J. Rousseau: Die Bekenntnisse (s. Anm. 1), S. 7. Nach seinen Bekenntnissen, an denen er von 1764 bis 1769 arbeitete, schrieb Rousseau von 1772 bis 1775 «Rousseau richtet über Jean-Jacques», danach von 1776 bis 1778 seine «Träumereien eines einsamen Spaziergängers». Zur Biographie vgl. bes. Georg Holmsten: Jean-Jacques Rousseau. Reinbek bei Hamburg 1972; Christiane Landgrebe: Zurück zur Natur? Das wilde Leben des Jean-Jacques Rousseau. Weinheim–Basel 2012

6 J.-J. Rousseau: Die Bekenntnisse (s. Anm. 1), S. 9. Zum fundamentalen Problem, wie sein Leben transparent dargestellt werden sollte, ohne dadurch neue Dunkelheiten zu erzeugen, vgl. Jean Starobinski: Rousseau – Eine Welt von Widerständen. München 1988

7 Vgl. kommentierend Claire Salomon-Bayet: J.-J. Rousseau. In: Francois Chatelet (Hg.): Geschichte der Philoso-

phie. Band IV. Frankfurt/Main–Berlin–Wien 1974, S. 141

8 J.-J. Rousseau: Die Bekenntnisse (s. Anm. 1), S. 12

9 Ebd., S. 12

10 Ebd., S. 110

11 Ebd., S. 21

12 Ebd., S. 13

13 Ebd., S. 19

14 Ebd., S. 18

15 Ebd., S. 19

16 Ebd., S. 20

17 Ebd., S. 31

18 Ebd., S. 21

19 Ebd., S. 90

20 Ebd.

21 Ebd., S. 91

22 Ebd.

23 Ebd., S. 110

24 Jacques Derrida: Grammatologie. Frankfurt/Main 1973, S. 250

25 J.-J. Rousseau: Die Bekenntnisse (s. Anm. 1), S. 70

26 Ebd., S. 52

27 Ebd., S. 194

28 Ebd., S. 192

29 Ebd., S. 193

30 Ebd., S. 195

31 Ebd., S. 196

32 Ebd.

33 Ebd., S. 116

34 Vgl. Claude Lévi-Strauss: Die elementaren Strukturen der Verwandtschaft. Frankfurt/Main 1981; Georges Bataille: Der heilige Eros. Darmstadt 1963, S. 258–288

35 J.-J. Rousseau: Die Bekenntnisse (s. Anm. 1), S. 259

36 Ebd., S. 261

37 Ebd., S. 261 f. Zu dieser Affäre vgl. den skurrilen Roman von Karl-Heinz Ott: Wintzenried. Hamburg 2011

38 J.-J. Rousseau: Die Bekenntnisse (s. Anm. 1), S. 261

39 Ebd. S. 265

40 Ebd. Saint-Marie war der ältere der beiden Mably-Söhne, ziemlich klug, lebhaft, ausgelassen und «von einer heiteren Bosheit».

41 Ebd., S. 312

42 Ebd., S. 311

43 Ebd., S. 312

44 Ebd.

45 Ebd., S. 315

46 Ebd., S. 316

47 Ebd., S. 317. «Hänschen, lass die Frauen und studiere Mathematik»

48 Ebd., S. 315

49 Ebd., S. 325 f.

50 Ebd., S. 326

51 Ebd.

52 Ebd., S. 327

53 Ebd., S. 409

54 Ebd., S. 328

55 Ebd., S. 339

56 Ebd., S. 353

57 J.-J. Rousseau: Émile oder Über die Erziehung. Stuttgart 1963, S. 131

58 J.-J. Rousseau: Die Bekenntnisse (s. Anm. 1), S. 348

59 J.-J. Rousseau: Abhandlungen über die Wissenschaften und Künste. In: Schriften. Band 1. Frankfurt/Main–Wien–Berlin 1981, S. 37. Vgl. zur Ursprungsgeschichte dieses kulturkritischen Einfalls Manfred Geier: Geistesblitze. Eine andere Geschichte der Philosophie. Reinbek 2013, S. 81–114

60 J.-J. Rousseau: Die Bekenntnisse (s. Anm. 1), S. 420 f.

61 Ebd., S. 433

62 Ebd.

63 Ebd., S. 412

64 Ebd., S. 439

65 Ebd., S. 438

66 Ebd., S. 425

67 Jean-Jacques Rousseau: Julie oder die Neue Héloise. München 1978, S. 63

68 Ebd., S. 353

69 Ebd., S. 147

70 Ebd.

71 Ebd., S. 148

72 Vgl. zur «Fadheit» und «Schalheit» des Erinnerten, sobald es aufgeschrieben wird, Gottfried Wilhelm Friedrich Hegel: Phänomenologie des Geistes. In: Werke in 20 Bänden. Band 3. Frankfurt/Main 1970, S. 84

73 Vgl. zu diesem «doppelten Menschen», als Natur- und Kulturwesen, Manfred Geier: Fake. Leben in künstlichen Welten. Reinbek 1999, S. 36–69. Literarisch hat diese Doppelung Ludwig Harig entfaltet in seinem Roman: Rousseau. Der Roman vom Ursprung der Natur im Gehirn. Frankfurt/Main 1990

74 J.-J. Rousseau: Die Bekenntnisse (s. Anm. 1), S. 409

75 James Boswell: Besuch bei Rousseau und Voltaire. Frankfurt/Main 1981, S. 49 f.

76 Ebd., S. 52

77 Ebd., S. 63, Anm. 1

78 Vgl. Boswell on the Grand Tour. Italy, Corsica and France 1765–1766. Volume II. Ed. by Frank Brady and Frederick A. Pottle. Melbourne–London–Toronto 1955, S. 293 f.

79 Ebd., S. 294

VIERTES KAPITEL
Die Phantasie ist der Stachel der Lüste

1 Pierre Klossowski: Sade – mein Nächster. Wien 1996, S. 24

2 Jacques Lacan: Kant mit Sade. In: Marquis de Sade: Die Philosophie im Boudoir. München 1972, S. 325–363. (Frz. EA in Critique Nr. 191 [1963])

3 Ebd., S. 326

4 Ebd., S. 330. Es zeichnet Kants Kategorischen Imperativ aus, dass er verallgemeinerbar ist, also für jeden gelten kann. Die eigenen Lebensmaximen sollen zur Grundlage einer allgemeinen Gesetzgebung gemacht werden können. Das ist bei Lacans Formulierung nicht der Fall; denn das libertine Genussrecht kann nur für Despoten gelten, aber nicht für ihre Lustobjekte.

5 Max Horkheimer und Theodor W. Adorno: Dialektik der Aufklärung. In: Max Horkheimer: Gesammelte Schriften. Band 5. Frankfurt / Main 1987, S. 25

6 Ebd., S. 18

7 Ebd., S. 22

8 Kant hat 1784 in seiner «Beantwortung der Frage: Was ist Aufklärung?» das «Sapere aude!» des Horaz zum Wahlspruch der Aufklärung erhoben: Habe Mut, dich deines *eigenen* Verstandes zu bedienen, ohne Leitung eines anderen. In: Immanuel Kant: Werke in sechs Bänden. Hg. von Wilhelm Weischedel. Band VI. Frankfurt / Main 1964, S. 53

9 Zur Biographie vgl. Iwan Bloch (Pseudonym Eugen Dühren): Der Marquis und seine Zeit. Leipzig 1900; Otto Flake: Marquis de Sade. Berlin 1930; Maurice Heine: Le Marquis de Sade. Paris 1950; Geoffrey Gorer: Marquis de Sade, Wiesbaden 1959; Gilbert Lely: Leben und Werk des Marquis de Sade. Düsseldorf 1961, 2. Aufl.; Walter Lennig: Marquis de Sade in Selbstzeugnissen und Bilddokumenten dargestellt. Reinbek 1969; Donald Thomas: Marquis de Sade.

München 1976; Maurice Lever: Marquis de Sade. Die Biographie. Wien – München 1995; Neil Schaeffer: The Marquis de Sade. A Life. London – New York – Toronto 1999

10 Zum ausschweifenden Leben dieses Edelmannes und Libertins, der ein Liebling der Frauen war, aber sexuell auch zu jungen Männern neigte, vgl. M. Lever: Marquis de Sade (s. Anm. 9), S. 23–61

11 Marquis de Sade: Aline und Valcour oder Der philosophische Roman. Gifkendorf 1990, 2. Aufl., S. 22

12 Ebd., S. 24

13 Zit. in M. Lever (s. Anm. 9), S. 129

14 Vgl. N. Schaeffer (s. Anm. 9), S. 55 ff.; M. Lever (s. Anm. 9), S. 128 ff.; Marquis de Sade: Ausgewählte Werke. Sechs Bände. Hg. von Marion Luckow. Band 6, Frankfurt / Main 1972, S. 37 ff.

15 Brief an den Polizeidirektor Sartine, 2. November 1763. In: Ausgewählte Werke. Band 6 (s. Anm. 14), S. 40

16 Bericht des Polizeileutnants Gersant, Kommandant der Brigade von Bourge-la-Reine. Zit. in: G. Lely (s. Anm. 9), S. 64

17 Vgl. G. Lely (s. Anm. 9), S. 65–945; M. Lever (s. Anm. 9), S. 157–179; N. Schaeffer (s. Anm. 9), S. 88–112

18 G. Lely (s. Anm. 9), S. 74

19 G. Gorer (s. Anm. 9), S. 32

20 G. Lely (s. Anm. 9), S. 115. Der Analverkehr war für Sade der zentrale Ausgangspunkt, um die sexuelle Lust vom Zeugungsakt abzuspalten. Sein beson-

derer Reiz bestand darin, dass er als «Koitus gegen die Natur» zugleich wie der «normale» genitale Akt funktioniert. – Während im deutschen Sprachgebrauch «Sodomie» besonders den Geschlechtsverkehr mit Tieren meint, bezeichnet das französische Wort allgemein den Analverkehr, wobei das Geschlecht keine Rolle spielt.

21 Ebd., S. 117

22 Ebd., S. 118

23 de Sade: Aline und Valcour (s. Anm. 11), S. 35

24 Ebd. S. 36

25 G. Lely (s. Anm. 9), S. 149

26 Zur «Affäre der kleinen Mädchen» vgl. Ebd., S. 166 ff.

27 Vgl. Ebd., S. 178–186; M. Lever (s. Anm. 9), S. 276–296

28 Brief vom 8. März 1777 an seine Frau. Zit. in M. Lever (s. Anm. 9), S. 288. Zur Rolle der «lettres de cachet» vgl. Arlette Farge und Michel Foucault (Hg.): Familiäre Konflikte. Die «Lettres de cachet» aus den Archiven der Bastille im 18. Jahrhundert. Frankfurt / Main 1989

29 Brief vom 8. März 1777 an seine Frau (s. Anm. 28), S. 299

30 Vgl. Marquis de Sade: Der Greis von Charenton. Letzte Aufzeichnungen und Kalkulationen. München 1972; zur dramatischen Gestaltung vgl. Peter Weiss: Die Verfolgung und Ermordung Jean Paul Marats, dargestellt durch die Schauspieltruppe des Hospizes zu Charenton unter Anleitung des Herrn de Sade. Frankfurt / Main 1964

31 Zit. in M. Lever (s. Anm. 9), S. 312

32 Vgl. Philipp Blom: Böse Philosophen. München 2010; Manfred Geier: Aufklärung. Das europäische Projekt. Reinbek 2012, S. 93–165. Zum Verhältnis Rousseau–de Sade vgl. Camille Paglia: Die Masken der Sexualität. Berlin 1992, S. 286–307

33 Paul Thiry d'Holbach: System der Natur, oder von den Gesetzen der physischen und der moralischen Welt. Berlin (Ost) 1960, S. 11

34 Brief an seine Frau vom 27. Juli 1780. Zit. in: G. Lely (s. Anm. 9), S. 229. Zur literarischen und philosophischen Eigenart der Werke de Sades vgl. bes. Roland Barthes: Sade, Fourier, Loyola. Frankfurt / Main 1974; Tel Quel (Hg.): Das Denken von Sade. München 1969; Georges Bataille: Der heilige Eros. Neuwied am Rhein 1963, S. 214–257; Hugues Jallon: D. A. F. Marquis de Sade. Eine Einführung. Düsseldorf 1999. Die Vielschichtigkeit von Sades Naturkonzeption hat klar und klug Monika Treut herausgearbeitet: Die grausame Frau. Zum Frauenbild bei de Sade und Sacher-Masoch. Basel–Frankfurt / Main 1984, bes. S. 69–81

35 19. August 1782. Zit. in: Ausgewählte Werke. Band 6 (s. Anm. 14), S. 188

36 «Grand lettre» vom 20. Februar 1781 an seine Frau. Zit. in G. Lely (s. Anm. 9), S. 232

37 In: Ausgewählte Werke. Band 1 (s. Anm. 14), S. 18

38 Ebd., S. 17

39 Ebd., S. 23

40 Marquis de Sade: Die 120 Tage von Sodom. München 1974. Die Reinschrift des Textes fertigte Sade 1785 in der Bastille an.

41 Marquis de Sade: Aline und Valcour oder der philosophische Roman. Geschrieben in der Bastille, ein Jahr vor der Französischen Revolution. Gifkendorf 1990. Mit der Kennzeichnung «philosophischer Roman» lehnte sich Sade an das damals populäre Genre der «livres philosophiques» an, das die Grenze zwischen Philosophie und Pornographie aufzuheben versuchte und sich als eine aufklärende subversive Literaturform verstand. Vgl. Robert Darnton: The Forbidden Best-Sellers of Revolutionary France. London 1996; Susan Neiman: Das Böse denken. Frankfurt / Main 2006, S. 206 ff.

42 Im Juli 1787 schrieb Sade die Erzählung «Les infortunes de la vertu», die er 1788 zu dem Roman «Les malheurs de la vertu» erweiterte.

43 Marquis de Sade: Aline und Valcour (s. Anm. 41), S. 245

44 Ebd., S. 283

45 Ebd., S. 338–475

46 Zit. nach: Die utopische Insel Tamoé, 1788. In: Georg Rudolf Lind (Hg.): D. A. F. Marquis de Sade. Schriften aus der Revolutionszeit (1788–1795). Frankfurt / Main 1969, S. 23–143, S. 27

47 Vgl. Ebd., S. 108 f.

48 Ebd., S. 83

49 Ebd., S. 141

50 Marquis de Sade: Die Philosophie im Boudoir. München 1972, S. 85

51 Ebd., S. 101

52 Ebd., S. 149

53 Ebd., S. 107 bzw. 133

54 Ebd., S. 206 f.

55 Ebd., S. 183

56 Ebd., S. 229–290

57 Ebd., S. 229

58 Ebd., S. 201

59 Ebd., S. 271

60 Jean-Jacques Rousseau: Émile oder Über die Erziehung. Stuttgart 1963, S. 107

61 Immanuel Kant: Bemerkungen in den «Beobachtungen über das Gefühl des Schönen und Erhabenen». Hg. von Marie Rischmüller. Hamburg 1991. S. 38. Vgl. Manfred Geier: Rousseau hat mich zurecht gebracht. In: ders.: Geistesblitze. Reinbek 2013, S. 115–142

62 I. Kant: Beobachtungen über das Gefühl des Schönen und Erhabenen. In: Werke in sechs Bänden. Hg. von Wilhelm Weischedel. Band I. Wiesbaden 1960, S. 850–868

63 Ebd., S. 863

64 Ebd., S. 861

65 Vgl. Manfred Geier: Kants Welt. Reinbek 2003, S. 223–268

66 In: Werke. Band IV, S. 51

67 In: Werke. Band IV, S. 293

68 In: Werke. Band IV, S. 193

69 In: Werke. Band VI, S. 92

70 In: Werke. Band VI, S. 602

71 In: Werke. Band VI, S. 89

72 Friedrich Schiller an Immanuel Kant, Jena, den 13. Juni 1794. In: Immanuel Kant: Briefwechsel. Mit einer Einleitung von Rudolf Malter und Joachim Kopper. Hamburg 1986. Dritte, erw. Aufl., S. 668.

73 Wilhelm von Humboldt: Werke Band I: Schriften zur Anthropologie und Geschichte. Darmstadt 2004. Vierte Aufl., S. 269.

74 Immanuel Kant an Friedrich Schiller, Königsberg, den 30. März 1795. In: Kant: Briefwechsel (s. Anm. 72), S. 694

75 In: Werke. Band IV, S. 389 f.

76 Marquis de Sade: Die Philosophie im Boudoir (s. Anm. 50), S. 149

77 In: Werke. Band IV, S. 557 f.

78 In: Werke. Band IV, S. 506

79 Ebd., S. 504

80 Ludwig Ernst Borowski. In: Felix Groß (Hg.): Immanuel Kant. Sein Leben in Darstellungen von Zeitgenossen. Darmstadt 1993, S. 46

81 In: Werke. Band IV, S. 503

82 Ebd.

83 Zit. in G. Gorer (s. Anm. 9), S. 216

84 In: Werke. Band VI, S. 376

85 Reinhold Bernhard Jachmann In: Felix Groß (Hg.): Immanuel Kant (s. Anm. 80), S. 162

86 Vgl. Kant: Werke. Band VI, S. 371–393; Hartmut Böhme und Gernot Böhme: Das Andere der Vernunft. Zur Entwicklung der Rationalitätsstrukturen am Beispiel Kants. Frankfurt/Main 1985, bes. S. 427–495; Michel Onfray: Der sinnliche Philosoph. Frankfurt/Main – New York – Paris 1992, S. 140–146; Jean-Baptiste Botul: Das sexuelle Leben des Immanuel Kant. Leipzig 2001

87 E. A. Ch. Wasianski. In: Felix Groß (Hg.): Immanuel Kant (s. Anm. 80), S. 203

88 L. E. Borowski. In: Ebd., S. 167

89 Hartmut Böhme und Gernot Böhme: Das Andere der Vernunft (s. Anm. 86), S. 447

90 L. E. Borowski. In: Felix Groß (Hg.): Immanuel Kant (s. Anm. 80), S. 47

91 In: Werke. Band I, S. 850

92 Ebd., S. 854

93 Ebd., S. 863

94 R. B. Jachmann. In: Felix Groß (Hg.): Immanuel Kant (s. Anm. 80), S. 128

95 Diesen Hinweis verdanke ich Prof. Neil Saccamano, Cornell University, Ithaca, USA

96 In: Werke. Band V, S. 311

97 Ebd., S. 411

98 L. E. Borowski. In: Felix Groß (Hg.): Immanuel Kant (s. Anm. 80), S. 60

99 Johann Daniel Metzger. In: Rudolf Malter (Hg.): Immanuel Kant in Rede und Gespräch. Hamburg 1990, S. 137. Kant verwies auf den wörtlichen Sinn von «con-iugium» = gemeinsames Joch.

FÜNFTES KAPITEL
Dieses ewige Treiben in mir

1 Anna von Sydow (Hg.): Wilhelm und Caroline von Humboldt in ihren Briefen. 1787–1835. Sieben Bände. Berlin 1909–1916. Band II, S. 260. Im Folgenden zitiert als: *Briefe*, mit Bandangabe. – Dieses Kapitel ist eine thematisch zentrierte Zusammenfassung von Darstellungen und Überlegungen aus meiner Doppelbiographie: Die Brüder Humboldt. Reinbek 2009. – Zur Biographie der beiden Brüder vgl. Herbert Scurla: Alexander von Humboldt. Berlin 1955; Hanno Beck: Alexander von Humboldt. Zwei Bände. Wiesbaden 1959/1961; Adolf Meyer-Abich: Alexander von Humboldt in Selbstzeugnissen und Bilddokumenten. Reinbek 1967; Rüdiger Schaper: Alexander von Humboldt. Der Preuße und die neuen Welten. München 2018; Otmar Ette (Hg.): Alexander von Humboldt Handbuch. Leben – Werk – Wirkung. Stuttgart 2018; Peter Berglar: Wilhelm von Humboldt mit Selbstzeugnissen und Bilddokumenten. Reinbek 1970; Paul R. Sweet: Wilhelm von Humboldt oder Die Idee des Menschen. Paderborn 2008; Michael Maurer: Wilhelm von Humboldt. Ein Leben als Werk. Köln – Weimar – Wien 2016; Andrea Wulf: Alexander von Humboldt und die Erfindung der Natur. München 2016

2 An Caroline, 9. September 1814. Briefe II, S. 385

3 Alexander von Humboldt: Aus meinem Leben. Autobiographische Bekenntnisse. Zusammengestellt von Kurt-Reinhard Biermann. München 1989, 2. Aufl., S. 50

4 Briefe I, S. 55

5 Wilhelm von Humboldt: Gesammelte Schriften. Hg. von Albert Leitzmann u. a. Siebzehn Bände. Berlin 1903–1936. Im Folgenden zitiert als *GS* mit Bandangabe. GS VII b, S. 464

6 Henriette Herz in Erinnerungen, Briefen und Zeugnissen. Hg. von Rainer Schmitz. Frankfurt / Main 1984, S. 49

7 Ebd., S. 210

8 Ebd., S. 82

9 Ebd., S. 227

10 Die Jugendbriefe Alexander von Humboldts. 1787–1799. Hg. von Ilse Jahn und Fritz G. Lange. Berlin 1973, S. 7. Im Folgenden zitiert als *Jugendbriefe*.

11 Jugendbriefe, S. 5

12 Jugendbriefe, S. 24–26

13 Jugendbriefe, S. 501 f.

14 Jugendbriefe, S. 502

15 Zit. in Rudolf Freese: Wilhelm von Humboldt. Sein Leben und Wirken, dargestellt in Briefen, Tagebüchern und Dokumenten seiner Zeit. Berlin 1955, S. 69

16 Jugendbriefe, S. 31

17 Vgl. Briefe I, S. 85

18 Hanno Beck: Alexander von Humboldt. Erster Band (s. Anm. 1), S. 68

19 Kurt-Reinhard Biermann: Alexander von Humboldt. Leipzig 1983, 3. Aufl., S. 88

20 Wolfgang-Hagen Hein (Hg.): Alexander von Humboldt. Frankfurt/Main 1985, S. 41. Amerikanische Germanisten gingen mit diesem Thema unverkrampfter um. Vgl. Robert Tobin: Warm Brothers. Queer Theory and the Age of Goethe. Philadelphia 2000. Vor allem durch Tobins Arbeit ließ sich Rosa von Praunheim zu seinem spielerischen Dokumentarfilm anregen: Männerfreundschaften. Deutschland 2018, der um die Frage kreist: Wie schwul waren Goethe, Schiller und ihre Zeitgenossen, zu denen auch Alexander von Humboldt zählte? Ein neuer Versuch, über Humboldts «unterschlagene Sexualität» ohne Vorurteil aufzuklären, findet sich in der Biographie von Rüdiger Schaper: Alexander von Humboldt. Der Preuße und die neuen Welten. München 2018. Kapitel 5: Das wissenschaftliche Geschlecht, S. 62–78

21 An Wilhelm Gabriel Wegener, 27.1.1789. In: Jugendbriefe, S. 36

22 An Ephraim Beer, 14.10.1787. In: Jugendbriefe, S. 3

23 Jugendbriefe, S. 4

24 27.3.1789. In: Jugendbriefe, S. 47

25 Jugendbriefe, S. 46 f.

26 Jugendbriefe, S. 81

27 Alexander von Humboldt: Aus meinem Leben (s. Anm. 3), S. 34

28 Ebd.

29 Ebd., S. 51

30 Steven Jan van Geuns: Tagebuch einer Reise mit Alexander von Humboldt durch Hessen, die Pfalz, längs des Rheins und durch Westfalen im Herbst 1789. Hg. von Bernd Kölbel und Lucie Terken. Berlin 2007

31 Alexander von Humboldt: Aus meinem Leben (s. Anm. 3), S. 40

32 An Wegener, 23.9.1790. In: Jugendbriefe, S. 107

33 Jugendbriefe, S. 156

34 Jugendbriefe, S. 153

35 Jugendbriefe, S. 157

36 Jugendbriefe, S. 173

37 Jugendbriefe, S. 388. Vgl. Albert Leitzmann: Eine Jugendfreundschaft Alexander von Humboldts. In: Deutsche Rundschau 162 (1915), S. 106–126

38 Jugendbriefe, S. 478

39 Brief aus Madrid vom 11.4.1799, kurz vor seiner Amerika-Reise, an David Friedländer. In: Jugendbriefe, S. 658

40 Henriette Herz in Erinnerungen, Briefen und Zeugnissen (s. Anm. 6), S. 75

41 Jugendbriefe, S. 8

42 GS XIV, S. 69.

43 GS XIV, S. 45. Zu Therese Heyne, die zunächst mit Georg Forster verheiratet war und dann Ludwig Ferdinand Huber geheiratet hat, vgl. Therese Huber: Die reinste Freiheitsliebe, die reinste Männerliebe. Hg. von Andrea Hahn. Berlin 1989

44 Albert Leitzmann (Hg.): Wilhelm von Humboldts Briefe an eine Freundin. Leipzig 1910. Band 1, S. 6

45 Briefe IV, S. 406

46 Briefe I, S. 3

47 Briefe I, S. 4

48 Briefe I, S. 6

49 Briefe I, S. 7

50 GS XIV, S. 70

51 GS XIV, S. 71

52 GS XIV, S. 75

53 Briefe I, S. 17 f.

54 GS XIV, S. 79

55 GS XIV, S. 235

56 GS I, S. 56

57 Briefe I, S. 68

58 Briefe an Forster. Georg Forsters Werke. 18. Band. Berlin 1982. Nr. 247, S. 382

59 GS XV, S. 456

60 Friedrich von Gentz an Christian Garve. In: Friedrich Carl Wittichen (Hg.): Briefe von und an Friedrich von Gentz. Erster Band. München–Berlin 1909, S. 197

61 Briefe I, S. 391

62 Humboldt an Brinkmann, 9. 11. 1790. In: Albert Leitzmann (Hg.): Wilhelm von Humboldts Briefe an Karl Gustav von Brinkmann. Leipzig 1939, S. 12

63 Ebd., S. 15 f.

64 Briefe I, S. 372

65 Brief an Georg Forster Nr. 317 (s. Anm. 58), S. 454

66 Einladung zur Mitarbeit. In: Schillers Werke. Nationalausgabe Band 22. Vermischte Schriften. Weimar 1958, S. 103

67 Friedrich Schiller an Christian Gottfried Körner, 12. 9. 1794. Zit. in: Karl Bruhns (Hg.): Alexander von Humboldt. Leipzig 1892, S. 205

68 Vgl. Leo Kreutzer; Alexander von Humboldt und die *Gruppe 94*. In: Welfengarten 4 (1994), S. 78–96

69 GS I, S. 343

70 Briefe II, S. 5

71 Briefe I, S. 433

72 Brief an Friedrich Schiller, 4. 9. 1797. In: Wilhelm von Humboldt: Werke. In fünf Bänden. Hg. von Andreas Flitner und Klaus Giel. Stuttgart 1960–1981. Band V, S. 331

73 GS I, S. 318

74 GS I, S. 312

75 In: Alexander von Humboldt: Ansichten der Natur. Frankfurt / Main 2004, S. 423–430, S. 427

76 Ebd. 430

77 Jugendbriefe, S. 280

78 Ebd.

79 Brief an Caroline, 3. 6. 1791. In: Briefe I, S. 477

80 Brief an Brinkmann, 18. 3. 1793. In: Albert Leitzmann (Hg.): Wilhelm von Humboldts Briefe an Karl Gustav von Brinkmann. Leipzig 1939, S. 62

81 Brief an Gottlob Johann Christian Kunth, 3. 8. 1804. In: Ulrike Moheit (Hg.): Das Große und Gute wollen. Alexander von Humboldts Amerikanische Briefe. Berlin 1999, S. 182

82 Brief an Goethe. In: Ludwig Geiger

(Hg.): Goethes Briefwechsel mit Wilhelm und Alexander von Humboldt. Berlin 1909, S. 269

83 Brief an Johanna Motherby, 7. 3. 1810. In: Rudolf Freese: Wilhelm von Humboldt. Berlin 1955, S. 645

84 Brief an Johanna Motherby, 24. 4. 1813. In: Ebd., S. 697 f.

85 Vgl. Hazel Rosenstrauch: Wahlverwandt und ebenbürtig. Caroline und Wilhelm von Humboldt. Frankfurt / Main 2009; Dagmar von Gersdorff: Caroline von Humboldt. Eine Biographie. Berlin 2011

86 Briefe II, S. 260

87 Briefe II, S. 256

SECHSTES KAPITEL
Vielleicht bin ich überhaupt zu reflektiert für die Liebe?

1 Ludwig Wittgenstein: Denkbewegungen. Frankfurt / Main 1999, S. 43

2 S. Kierkegaard: Die Schriften über mich selbst. (= Gesammelte Werke und Tagebücher. Aus dem Dänischen übersetzt und mit wissenschaftlichen Anmerkungen versehen von Emanuel Hirsch, Hayo Gerdes und Hans Martin Junghans. 38 Abteilungen in 32 Einzelbänden. Eugen Diederichs Verlag, Düsseldorf, Köln 1950–1974. Neuauflage im Grevenberg Verlag, Simmerath 2003/04. Format, Bandeinteilung und Paginierung wurden beibehalten. Die Tagebücher sind die Bände 28 bis 32 / Abteilung 38, I–V.) Ich zitiere die Werke und Tagebücher im Folgenden als Abt. bzw Bd. Das Zitat über Kierkegaards Reflexions-Martyrium findet sich in: Abt. 33 / Bd. 23, S. 79

3 Vgl. Frater Taciturnus: Zuschrift an den Leser. In: S. Kierkegaard: Stadien auf des Lebens Weg. Abt. 15 / Bd. 9, S. 455–462

4 Søren Kierkegaard: Tagebucheintragung 1855. Papirer XI 1 A 272. Zitiert

nach Joakim Garff: Søren Kierkegaard. München–Wien 2004, S. 229.

Zur Biographie vgl. auch Walter Lowrie: Das Leben Søren Kierkegaards. Düsseldorf, Köln 1955; Peter P. Rohde: Søren Kierkegaard. Hamburg 1959; Hayo Gerdes: Søren Kierkegaard. Berlin 1966; Konrad Paul Liessmann: Søren Kierkegaard zur Einführung. Hamburg 1993; Harald von Mendelssohn: Søren Kierkegaard. Ein Genie in einer Kleinstadt. Stuttgart 1995

5 Abt. 15 / Bd. 9, S. 210

6 Johannes Climacus: De omnibus dubitandum est. Eine Erzählung. In: Abt. 10 / Bd. 6, S. 114

7 Ebd., S. 115

8 Abt. 38, I / Bd. 28, S. 16

9 Ebd., S. 17

10 Ebd.

11 Abt. 38, I / Bd. 28, S. 93. Es wurde auch vermutet, dass sich Kierkegaard bei einem Bordellbesuch mit Syphilis angesteckt und deshalb von Regine getrennt habe. Auch sei er daran gestor-

ben. Vgl. Harald von Mendelssohn: Søren Kierkegaard. Stuttgart 1995, S. 113 f.
bzw. S. 293 f.

12 Abt. 38, I / Bd. 28, S. 221

13 Ebd., S. 222

14 Ebd., S. 221

15 Erinnerung des Bruders Peter
Christian Kierkegaard, zit. nach Peter
P. Rohde: Søren Kierkegaard (s. Anm. 4),
S. 41. Vgl. Abt. 38, II / Bd. 29, S. 28

16 Abt. 15 / Bd. 9, S. 265

17 Vgl. Joakim Garff: Søren Kierkegaard (s. Anm. 4), S. 402–410

18 Abt. 15 / Bd. 9, S. 299

19 Abt. 15 / Bd. 9, S. 245 f.

20 Abt. 11./12. / Bd. 7, S. 73

21 Abt. 38, III / Bd. 30, S. 299–317. Eng
an die Quellentexte angelehnt ist der
Liebesroman von Finn Jor: Søren und
Regine. Kierkegaard und seine unerfüll-
te Liebe. München–Zürich 1997

22 Abt. 38, III / Bd. 30, S. 315

23 Abt. 38, III / Bd. 30, S. 301

24 Abt. 38, I / Bd. 28, S. 181–218

25 Abt. 38, I / Bd. 28, S. 183

26 Abt. 38, I / Bd. 28, S. 237–248. Der
platonisch-sokratische Eros spielte eine
wichtige Rolle in Kierkegaards Dissertation «Über den Begriff der Ironie mit
ständiger Rücksicht auf Sokrates», an
der er während seiner Verlobungszeit
arbeitete. Abt. 31 / Bd. 21, S. 40–53

27 Abt. 38, I / Bd. 28, S. 246

28 Abt. 38, III / Bd. 30, S. 302

29 Ebd.

30 Abt. 35 / Bd. 25, S. 23

31 Abt. 35 / Bd. 25, S. 28

32 Abt. 23 / Bd. 25, S. 21; vgl. Abt. 38, III /
Bd. 30, S. 301

33 Abt. 35 / Bd. 25, S. 42. Kierkegaard zitiert Platons Symposion 197 c

34 Abt. 35 / Bd. 25, S. 22

35 Ebd., S. 51

36 Abt. 38, III / Bd. 30, S. 303

37 Ebd.

38 Abt. 35 / Bd. 25, S. 55

39 Abt. 35 / Bd. 25, S. 59; vgl. Abt. 15 /
Bd. 9, S. 349 f.

40 Abt. 38, III / Bd. 30, S. 304

41 Abt. 38, II / Bd. 29, S. 55 f.; vgl. Abt. 38,
III / Bd. 30, S. 305

42 Abt. 38, I / Bd. 28, S. 268

43 Abt. 38, II / Bd. 29, S. 232

44 Abt. 38, III / Bd. 30, S. 316

45 Abt. 38, I / Bd. 28, S. 265

46 Brief an Emil Boesen, 14. Dezember
1841. In: Abt. 35 / Bd. 25. S. 75

47 Abt. 1 / Bd. 1, S. 14. Zu «Entweder –
Oder» vgl. Jörg Splett und Herbert
Frohnhofen (Hg.): Entweder / Oder.
Herausgefordert durch Kierkegaard.
Frankfurt / Main 1988; zu Kierkegaards
«Verführung» im Kontext seiner Äs-
thetik vgl. Birgit Haustedt: Die Kunst
der Verführung. Zur Reflexion der
Kunst im Motiv der Verführung bei Jean
Paul, E. T. A. Hoffmann, Kierkegaard
und Brentano. Stuttgart 1992; Kon-

rad Paul Liessmann: Ästhetik der Verführung. Kierkegaards Konstruktion
der Erotik aus dem Geist der Kunst.
Frankfurt / Main 1991; Sophie Wenner-
scheid: Das Begehren nach der Wunde.
Religion und Erotik im Schreiben Kierkegaards. Berlin 2008. Zu Kierkegaards
existenzphilosophischem Konzept des
«Einzelnen» im Spannungsfeld zum allgemeinen «man» vgl. Odo Marquard:
Der Einzelne. Vorlesungen zur Exis-
tenzphilosophie. Stuttgart 2013, S. 98–
180

48 Abt. 1 / Bd. 1, S. 521

49 Ebd., S. 484

50 Abt. 38, III / Bd. 30, S. 308 f.

51 Abt. 38, I / Bd. 28, S. 302

52 Ebd., S. 305

53 Ebd., S. 306

54 Ebd., S. 307

55 Abt. 15 / Bd. 9, S. 424

56 Ebd., S. 430

57 Abt. 38, II / Bd. 29, S. 299; vgl. Abt. 38,
III / Bd. 30, S. 187

58 Abt. 38, III / Bd. 30, S. 309

59 Abt. 35 / Bd. 25, S. 223–239

60 Ebd., S. 225

61 Ebd., S. 238

62 Abt. 38, IV / Bd. 31, S. 281

63 Abt. 38, V / Bd. 32, S. 127. Zur Rolle
der «Geste» im Liebesleben Kierkegaards vgl. Georg von Lukács: Die Seele
und die Formen. Berlin 1911, S. 61–90

64 Abt. 38, V / Bd. 32, S. 377

SIEBTES KAPITEL
Vielleicht ein Glück mit Schmerzen, aber ein Glück

1 Arthur Schopenhauer: Parerga und
Paralipomena 2. Sämtliche Werke in
fünf Bänden. Frankfurt / Main 1986.
Band V, S. 765. – Zur Biographie Ludwig
Wittgensteins vgl. Kurt Wuchterl und
Adolf Hübner: Wittgenstein. Reinbek
1979; Norman Malcolm: Erinnerun-
gen an Wittgenstein. Frankfurt / Main
1987; Brian McGuinness: Wittgensteins
frühe Jahre. Frankfurt / Main 1988; Ray
Monk: Wittgenstein. Das Handwerk
des Genies. Stuttgart 1994; Joachim
Schulte: Ludwig Wittgenstein. Leben,
Werk, Wirkung. Frankfurt / Main 2005;
Michael Nedo: Wittgenstein. Ein bio-
graphisches Album. München 2012;
Manfred Geier: Wittgenstein und

Heidegger. Die letzten Philosophen.
Reinbek 2017. – Zur Familiengeschich-
te vgl. Alexander Waugh: Das Haus
Wittgenstein. Geschichte einer unge-
wöhnlichen Familie. Frankfurt / Main
2009

2 Arthur Schopenhauer: Parerga und
Paralipomena 1. Sämtliche Werke IV,
S. 427

3 Arthur Schopenhauer: Parerga und
Paralipomena 2 (s. Anm. 1), S. 765

4 Ludwig Wittgenstein an seine
Schwester Hermine, November 1929.
In: Ludwig Wittgenstein: Familienbrie-
fe. Hg. von Brian McGuinness, Maria

Concetta Ascher und Otto Pfersmann.
Wien 1996, S. 119

5 Brian McGuinness: Wittgensteins
frühe Jahre (s. Anm. 1), S. 91

6 Ebd., S. 97

7 Ebd.

8 Ebd., S. 98

9 David Hume Pinsent: Reise mit Witt-
genstein in den Norden. Hg. von Georg
Henrik von Wright. Wien–Bozen 1994,
S. 181 f.

10 Vgl. Brian McGuinness: Wittgen-
steins frühe Jahre (s. Anm. 1), S. 244; Ray
Monk: Wittgenstein (s. Anm. 1), S. 83. Zu
den «Aposteln» vgl. Paul Levy: George
Edward Moore and the Cambridge Apo-
stles. London 1979, bes. S. 262–274;
William C. Lubenow: The Cambridge
Apostles. 1820–1914. Cambridge 1998;
Hans Veigl: Wittgenstein in Cambridge.
Wien 2004, S. 81–104

11 Brief von J. M. Keynes an L. Strachey.
Zit. in: Ray Monk: Wittgenstein (s. Anm.
1), S. 83

12 Ludwig Wittgenstein: Briefe. Briefwechsel mit B. Russell, G. E. Moore,
J. M. Keynes u. a. Hg. von B. F. McGuinness und G. H. von Wright. Frankfurt / Main 1980, S. 18

13 Vgl. William James: Die Vielfalt religiöser Erfahrung. Eine Studie über die
menschliche Natur. Olten und Freiburg
im Breisgau 1979, Vorlesung VI und
VII, S. 129–164

14 D. H. Pinsent: Reise mit Wittgenstein in den Norden (s. Anm. 9), S. 27

15 Vgl. D. H. Pinsent: Reise mit Wittgenstein in den Norden (s. Anm. 9);

Manfred Geier: Wittgenstein und Heidegger (s. Anm. 1), S. 77–86

16 D. H. Pinsent: Reise mit Wittgenstein in den Norden (s. Anm. 9), S. 139;
vgl. Justus Noll: Ludwig Wittgenstein
und David Pinsent. Die andere Liebe
des Philosophen. Berlin 1998

17 Ludwig Wittgenstein: Geheime Tagebücher. 1914–1916. Hg. von Wilhelm
Baum. Wien–Berlin 1991, S. 14. Eintragung vom 15. August 1914

18 Ebd., S. 17. Eintragung vom 17. August 1914

19 Ebd., S. 19. Eintragung vom 2. September 1914

20 Ebd.

21 Leo Tolstoi: Kurze Darlegung des
Evangeliums. Leipzig 1892, S. 38–49

22 Ludwig Wittgenstein: Geheime Tagebücher (s. Anm. 17), S. 21. Eintragung
vom 12. September 1914

23 Ebd., S. 59. Eintragung vom 18. März
1915

24 Ebd., S. 55. Eintragung vom 17. Februar 1915

25 Zit. in: Brian McGuinness: Wittgensteins frühe Jahre (s. Anm. 1), S. 363

26 L. Wittgenstein: Tagebücher 1914–
1916. In: L. Wittgenstein: Schriften.
Band 1. Frankfurt / Main 1960, S. 166.
Eintragung vom 6. Juli 1916

27 Fjodor M. Dostojewski: Die Brüder
Karamasow. I. Band. Leipzig 1981, S. 471

28 L. Wittgenstein: Geheime Tagebücher (s. Anm. 17), S. 64. Eintragung vom
16. April 1916

29 L. Wittgenstein: Tagebücher (s. Anm. 26), S. 166 f. Eintragung vom 8. Juli 1916

30 D. H. Pinsent: Reise mit Wittgenstein in den Norden (s. Anm. 9), S. 179 f.

31 Ebd., S. 182. Der handschriftlichen Endfassung seiner Abhandlung stellte Wittgenstein die versprochene Danksagung voran: «Dem Andenken meines Freundes David H. Pinsent gewidmet».

32 Brief an Paul Engelmann, 24. 4. 1920. In: Wittgenstein – Paul Engelmann. Briefe, Begegnungen, Erinnerungen. Hg. von Ilse Somavilla. Innsbruck– Wien 2006, S. 54; vgl. Ray Monk: Wittgenstein (s. Anm. 1), S. 203); Brian McGuinness. Wittgensteins frühe Jahre (s. Anm. 1), S. 438

33 William Warren Bartley III: Wittgenstein. Ein Leben. München 1983, S. 40 f.

34 Wittgenstein – Paul Engelmann. Briefe, Begegnungen, Erinnerungen (s. Anm. 32). S. 55

35 Ebd., S. 151

36 Zit. in: August Sarnitz: Die Architektur Wittgensteins. Wien–Köln–Weimar 2011, S. 57; vgl. M. Geier: Wittgenstein und Heidegger (s. Anm. 1); S. 120

37 Zit. in: Ray Monk: Wittgenstein (s. Anm. 1), S. 259

38 Margaret an ihren Bruder Ludwig, Ende November, Anfang Dezember 1929. In: Familienbriefe (s. Anm. 4), S. 123

39 Zit. in: Ray Monk: Wittgenstein (s. Anm. 1), S. 303

40 Ebd., S. 304

41 Ludwig Wittgenstein: Denkbewegungen. Tagebücher 1930–1932; 1936– 1937. Hg. von Ilse Somavilla. Frankfurt / Main 1999, S. 19

42 Ebd., S. 23 f.

43 Ebd., S. 26

44 Ebd., S. 27

45 Ebd., S. 30. Eintragung vom 2. Oktober 1930

46 Ebd., S. 31

47 Ebd., S. 42

48 Paulus: Erster Brief an die Korinther. 13, 4-7

49 Ludwig Wittgenstein: Denkbewegungen (s. Anm. 41), S. 67

50 Ebd., S. 60. Eintragung vom 7. November 1931

51 Ebd., S. 61

52 Marguerite Sjögren, geborene Respinger, seit 1949 mit Benoît Chambrier verheiratet: Granny et son temps. Privatdruck 1978. Zit in: Ray Monk: Wittgenstein (s. Anm. 1), S. 362

53 L. Wittgenstein: Denkbewegungen (s. Anm. 41), S. 21

54 L. Wittgenstein: Familienbriefe (s. Anm. 4), S. 131

55 Hermine an Ludwig, 1. November 1931. In: Ebd., S. 132

56 Vgl. Allan Janik und Stephen Toulmin: Wittgensteins Wien. München– Wien 1984

57 Tractatus logico-philosophicus 6.52. In: Schriften 1. Frankfurt / Main 1960

58 Gespräche über Freud (mit Rush Rhees). In: Ludwig Wittgenstein: Vorlesungen und Gespräche über Ästhetik, Psychoanalyse und religiösen Glauben. Hg. von Cyrill Barrett. Düsseldorf–Bonn 1996, 2. Aufl., S. 73 f.

59 Vgl. ebd, S. 61; Norman Malcolm: Erinnerungen an Wittgenstein (s. Anm. 1), S. 65

60 Ludwig Wittgenstein: Vermischte Bemerkungen. Hg. von Georg Henrik von Wright. Frankfurt / Main 1977, S. 43. Zu Weininger / Wittgenstein vgl. Jacques Le Rider: Der Fall Otto Weininger. Wurzeln des Antifeminismus und Antisemitismus. Wien–München 1985; David G. Stern (Hg.): Wittgenstein reads Weininger. Cambridge 2004

61 Otto Weininger: Geschlecht und Charakter. Eine prinzipielle Untersuchung. Wien 1903. Nachdruck München 1980, S. 442 f.

62 Ebd., S. 318

63 Ebd., S. 317

64 Ebd., S. 456 f.

65 Maurice O'C. Drury; Bemerkungen zu einigen Gesprächen mit Wittgenstein. In: Rush Rhees (Hg.): Ludwig Wittgenstein. Porträts und Gespräche. Frankfurt / Main 1987, S. 135. Zu Wittgensteins möglicher Frauenfeindschaft vgl. Béla Szabados: Wittgenstein's Women. The philosophical significance of Wittgenstein's misogyny. In: Journal of Philosophical Research 22 (1997), S. 483–508

66 Ray Monk: Wittgenstein (s. Anm. 1), S. 355

67 Zit. in: Ebd., S. 363 f.

68 Fania Pascal: Meine Erinnerungen an Wittgenstein. In: Rush Rhees (Hg.): Ludwig Wittgenstein (s. Anm. 65), S. 81

69 Zit. in: Ray Monk: Wittgenstein (s. Anm. 1), S. 400

70 Zit. ebd., S. 403

71 Zit. ebd.

72 Zit. ebd., S. 403 f.

73 Zit. ebd., S. 453

74 Zit. ebd., S. 451. Eintragung vom 13. Juni 1940

75 Zit. ebd. Eintragung vom 7. Oktober 1940

76 Zit. ebd., S. 453

77 Ebd., S. 620

78 Ludwig Wittgenstein: Schriften. Band 8. Frankfurt / Main 1982, S. 30

79 Zit. in: Ray Monk: Wittgenstein (s. Anm. 1), S. 535

80 Zit. ebd., S. 534

81 Zit. ebd.

82 Zit. ebd.

83 «Tell them, I've had a wonderful life.» Vgl. Norman Malcolm: Erinnerungen an Wittgenstein. Frankfurt / Main 1987, S. 132. Vgl. auch S. 135, Anm. 4, zur Frage, ob Wittgensteins Leben «äußerst unglücklich» gewesen war oder ob es doch vieles gab, das «wundervoll» war.

1 Hannah Arendt: Vita activa oder Vom tätigen Leben. München–Zürich 2002, S. 309. – Zu Heideggers Biographie vgl. Rüdiger Safranski: Ein Meister aus Deutschland. Heidegger und seine Zeit. Wien 1994; Manfred Geier: Martin Heidegger. Reinbek 2005; Anton M. Fischer: Martin Heidegger. Der gottlose Priester. Zürich 2008; Manfred Geier: Wittgenstein und Heidegger. Die letzten Philosophen. Reinbek 2017

2 Martin Heidegger: Aus der Erfahrung des Denkens (1910–1976), S. 3 (= Band 13 von Martin Heidegger: Gesamtausgabe letzter Hand. 102 Bände. Frankfurt / Main 1976 ff.) Im Folgenden zitiert als GA

3 Alfred Denker und Elsbeth Büchin (Hg.): Martin Heidegger und seine Heimat. Stuttgart 2005, S. 38 f.

4 Zit. in: Martin Heidegger / Heinrich Rickert. Briefe 1912 bis 1933 und andere Dokumente. Hg. von Alfred Denker. Frankfurt / Main 2002, S. 17

5 M. Heidegger: Die Kategorien- und Bedeutungslehre des Duns Scotus. In: GA 1, S. 189–411

6 «Mein liebes Seelchen!» Briefe Martin Heideggers an seine Frau Elfride 1915–1970. Hg. von Gertrud Heidegger. München 2005, S. 20

7 Ebd., S. 21

8 Ebd., S. 28

9 Ebd., S. 29

10 A. Denker und E. Büchin (Hg.), (s. Anm. 3), S. 38 f.

11 Martin Heidegger: Briefwechsel mit seinen Eltern und Briefe an seine Schwester. Hg. von Jörg Heidegger und Alfred Denker. Freiburg–München 2013, S. 14

12 «Mein liebes Seelchen!» (s. Anm. 6), S. 315. Vgl. GA 81, S. 15 f.

13 Ebd., S. 96

14 Ebd., S. 113

15 Ebd., S. 112

16 Ebd., S. 380

17 Hannah Arendts Charakterisierung, in: Hannah Arendt / Heinrich Blücher. Briefe 1936–1968. Hg. von Lotte Köhler. München–Zürich 1996, S. 208. Zum Verhältnis von H. Arendt und M. Heidegger vgl. Elzbieta Ettinger: Hannah Arendt – Martin Heidegger. Eine Geschichte. München–Zürich 1995; Dana R. Villa: Arendt and Heidegger. The Fate of the Political. Princeton, NJ 1995; Ludger Lütkehaus: Hannah Arendt – Martin Heidegger. Eine Liebe in Deutschland. Marburg / Lahn 1999; Antonia Grunenberg: Hannah Arendt und Martin Heidegger. Geschichte einer Liebe. Zürich 2006; literarisch dargestellt von Catherine Clément: Martin und Hannah. Roman. Berlin 2006

18 Hannah Arendt / Martin Heidegger: Briefe 1925 bis 1975 und andere Zeugnisse. Hg. von Ursula Ludz. Frankfurt / Main 2002, 3., durchgesehene und erweiterte Auflage, S. 98

19 Ebd., S. 74 f.

20 Hannah Arendt: Denken ohne Geländer. München 2006, S. 201

21 Ebd., S. 203

22 Hannah Arendt: Schatten. In: H. Arendt / M. Heidegger: Briefe (s. Anm. 18), S. 22; zu Hannah Arendts Biographie vgl. Elisabeth Young-Bruehl: Hannah Arendt. Leben, Werk und Zeit. Frankfurt / Main 2015, 4. Aufl.

23 Vgl. H. Arendt / M. Heidegger: Briefe (s. Anm. 18), S. 180 bzw. S. 182; Karl Löwith: Mein Leben in Deutschland vor und nach 1933. Stuttgart 1986, S. 42 ff.: Wolfram Eilenberger: Zeit der Zauberer. Das große Jahrzehnt der Philosophie 1919–1929. Stuttgart 2018

24 H. Arendt / M. Heidegger: Briefe (s. Anm. 18), S. 182

25 Vgl. zu «Faktizität» zuerst Heideggers Freiburger Seminar Wintersemester 1919/20: Grundprobleme der Phänomenologie. In: GA 58; dann Phänomenologische Interpretationen zu Aristoteles WS 1921/22 und SS 1922. In: GA 61 und GA 62

26 H. Arendt / M. Heidegger: Briefe (s. Anm. 18), S. 14

27 GA 19, S. 10

28 Vgl. Platon: Das Gastmahl. Stuttgart 2008, S. 48; Wiebrecht Ries: Platon für Anfänger. Symposion. Eine Lese-Einführung. München 2003

29 H. Arendt / M. Heidegger: Briefe (s. Anm. 18), S. 11

30 Ebd., S. 12 f.

31 Ebd., S. 19

32 Vgl. GA 80.1, S. 103–157. Kasseler Vortrag: Wilhelm Diltheys Forschungsarbeit und «der gegenwärtige Kampf um eine historische Weltanschauung»

33 H. Arendt / M. Heidegger: Briefe (s. Anm. 18), S. 23

34 Ebd., S. 24

35 Ebd., S. 25

36 Ebd.

37 Vgl. § 41 von «Sein und Zeit»: Das Sein des Daseins als Sorge. In: GA 2, S. 254–261

38 H. Arendt / M. Heidegger: Briefe (s. Anm. 18), S. 24

39 GA 2, S. 247

40 Vgl. Heideggers Vortrag «Der Begriff der Zeit», Juli 1924, vor Marburger Theologen. In: GA 64, S. 116 f.

41 H. Arendt / M. Heidegger: Briefe (s. Anm. 18), S. 27

42 Ebd.

43 Ebd.

44 Ebd., S. 31

45 Augustinus: Sermo Lambot 27/3; vgl. Anmerkung von Ursula Ludz zum Brief vom 13. Mai 1925. In: H. Arendt / M. Heidegger: Briefe (s. Anm. 18), S. 269 f.; Tatjana Noemi Tömmel: Wille und Passion. Der Liebesbegriff bei Heidegger und Arendt. Frankfurt / Main 2013, S. 121 ff.

46 GA 60, S. 291 f.

47 Augustinus: Tractatus in Epistolam Ioannis ad Parthos. VIII, 10. Vgl. Aurelius Augustinus: Gott ist die Liebe. Pre-

digten des heiligen Augustinus über den ersten Johannesbrief. Freiburg 1938, S. 108 und S. 112 ff.; vgl. Arendts Kommentar in: Hannah Arendt: Der Liebesbegriff bei Augustin. Berlin–Wien 2003, S. 102; T. N. Tömmel: Wille und Passion (s. Anm. 45), S. 214; Julia Kristeva: Das weibliche Genie I. Hannah Arendt. Berlin–Wien 2001, S. 71

48 H. Arendt / M. Heidegger: Briefe (s. Anm. 18), S. 33

49 Ebd., S. 36

50 Ebd., S. 48

51 Ebd., S. 54

52 Ebd., S. 76

53 Hannah Arendt: Der Liebesbegriff bei Augustin. Versuch einer philosophischen Interpretation. Berlin–Wien 2003. Die Dissertation, obwohl noch nicht ganz abgeschlossen, wurde im Herbst 1928 von Karl Jaspers angenommen. Deutsche Erstveröffentlichung Berlin 1929

54 H. Arendt / M. Heidegger: Briefe (s. Anm. 18), S. 26 (Brief vom 24. April 1925)

55 Ebd., S. 65

56 Ebd., S. 66. Hannah Arendt hat Günther Stern, der journalistisch unter dem Pseudonym Günther Anders arbeitete, Anfang 1929 in Berlin wiedergetroffen. Die an Heideggers Geburtstag geschlossene Ehe wurde 1937 geschieden, nachdem Hannah Arendt im Frühjahr 1936 Heinrich Blücher in Paris begegnet war. Im Januar 1940 haben sie geheiratet und sind bis zu Blüchers Tod im Oktober 1970 zusammengeblieben.

57 H. Arendt / Heinrich Blücher: Briefe 1936–1968. Hg. von Lotte Köhler. München–Zürich 1996, S. 83

58 Ebd., S. 150. Blücher an Arendt, 16. Juli 1946

59 Martin Heidegger – Elisabeth Blochmann: Briefwechsel 1918–1969. Hg. von Joachim W. Storck. Marbach am Neckar 1990, S. 23

60 Ebd., S. 31

61 «Mein liebes Seelchen!» (s. Anm. 6), S. 169

62 Ebd., S. 249

63 Ebd., S. 304

64 Ebd., S. 313

65 Ebd., S. 314 f.

66 Hannah Arendt: Vita activa oder Vom tätigen Leben. München 2002, S. 309. Die amerikanische Erstausgabe erschien mit dem Titel «The Human Condition» in Chicago 1958. H. Arendt ließ durch den Kohlhammer Verlag die deutsche Erstausgabe 1960 an Heidegger schicken. Das Buch hatte keine Widmung. Doch auf einem Notizzettel findet sich Arendts nachdenklicher Hinweis: «Wie sollte ich es Dir widmen, dem Vertrauten, dem ich die Treue gehalten und nicht gehalten habe, und beides in Liebe.» Vgl. H. Arendt / M. Heidegger: Briefe (s. Anm. 18), S. 319

67 Vgl. H. Arendt: The Origins of Totalitarianism. New York 1951. Die deutschsprachige Ausgabe «Elemente und Ursprünge totaler Herrschaft» erschien Frankfurt / Main 1955, übersetzt von H. Arendt und von Karl Jaspers mit einem Vorwort versehen.

68 H. Arendt / M. Heidegger: Briefe (s. Anm. 18), S. 73

69 Ebd., S. 76. Vgl. H. Arendt: Besuch in Deutschland. Berlin 1993; Joachim Fest: Das Mädchen aus der Fremde. Hannah Arendt und das Leben auf lauter Zwischenstationen. In: ders.: Begegnungen. Über nahe und ferne Freunde. Reinbek 2004, S. 176–214

70 H. Arendt / M. Heidegger: Briefe (s. Anm. 18), S. 74 und S. 89

71 Ebd., S. 264. Brief vom 14. Februar 1950

72 Ebd., S. 153

73 Ebd., S. 179. Die Rede «Martin Heidegger ist 80 Jahre alt» wurde am 25. September 1969 in New York aufgenommen und im «Nachtstudio» vom Bayerischen Rundfunk ausgestrahlt. Die erste Druckfassung erschien in: Merkur 23 (1969), S. 893–902

74 H. Arendt / M. Heidegger: Briefe (s. Anm. 18), S. 184

75 Ebd., S. 193

76 «Mein liebes Seelchen!» (s. Anm. 6), S. 381

77 Vgl. H. Arendt: Das Urteilen. Texte zu Kants Politischer Philosophie. München–Zürich 1985; vgl. Manfred Geier: Aufklärung. Das europäische Projekt. Reinbek 2012, S. 295–304

78 Gedenkblatt zu Heideggers Geburtstag, überreicht in einer «Tabula gratulatoria». In: H. Arendt / M. Heidegger: Briefe (s. Anm. 18), S. 192 f.

NEUNTES KAPITEL
Ich hoffe, dass ich an einer Überdosis Lust sterbe

1 Michel Foucault, ein Interview: Sex, Macht und die Politik der Identität. Juni 1982. In: Michel Foucault: Schriften IV, S. 910. Ich zitiere Foucaults Reden, Interviews, Aufsätze, Nachrichten und Gespräche nach der Ausgabe: Dits et Écrits. Schriften in vier Bänden. Hg. von Daniel Defert und Francois Ewald. Mitarbeit von Jacques Lagrange. Band I: 1954–1969. Frankfurt / Main 2001; Band II: 1970–1975. Frankfurt / Main 2002; Band III: 1976–1979. Frankfurt / Main 2003; Band IV: 1980–1988. Frankfurt / Main 2005. – Zu Foucaults Leben / Werk vgl. Daniel Defert: Zeittafel (Chronologie). In: Schriften I, S. 15–105; Didier Eribon: Michel Foucault. Eine Biographie: Frankfurt / Main 2017, 5. Aufl.; David M. Halperin: Saint Foucault. Towards a Gay Hagiography. New York–Oxford 1995; Clemens Kammler, Rolf Parr, Ulrich Johannes Schneider (Hg.): Foucault-Handbuch. Stuttgart–Weimar 2008; David Macey: The Lives of Michel Foucault. London 1993; James Miller: Die Leidenschaft des Michel Foucault. Eine Biographie. Köln 1995; Bernhard H. F. Taureck: Michel Foucault. Reinbek bei Hamburg 1997

2 Die Rückkehr der Moral. In: Schriften IV, S. 859

3 Was ist Aufklärung? In: Schriften IV, S. 702

4 Michel Foucault: Dispositive der Macht. Über Sexualität, Wissen und Wahrheit. Berlin 1978, S. 176–198

5 Michel Foucault: Sexualität und Wahrheit. Erster Band: Der Wille zum Wissen. Frankfurt/Main 1977, S. 187

6 Vgl. Michel Foucault: Ästhetik der Existenz. Schriften zur Lebenskunst. Frankfurt/Main 2007; Michel Foucault: Sexualität und Wahrheit. Zweiter Band: Der Gebrauch der Lüste. Frankfurt/Main 1989

7 Archäologie einer Leidenschaft. Gespräch mit Charles Ruas 1984. In: Schriften IV, S. 744

8 Didier Eribon: Michel Foucault (s. Anm. 1), S. 457

9 Interview mit Stephen Riggins, 22. Juni 1982. In: Schriften IV, S. 645 f.

10 Bericht von Edmund White über ein Gespräch mit Foucault. Zit. in: James Miller: Die Leidenschaft des Michel Foucault (s. Anm. 1), S. 80 f.

11 Paul Veyne: Foucault. Der Philosoph als Samurai. Stuttgart 2010, S. 170

12 Didier Eribon: Michel Foucault (s. Anm. 1), S. 55

13 Ein so schlichtes Vergnügen. In: Schriften III, S. 970

14 Ebd., S. 972

15 Maurice Pinguet in: Le Débat 41 (1986). Zit. in: Daniel Defert: Zeittafel (s. Anm. 1), S. 19

16 Interview mit Stephen Riggins, 22. Juni 1982. In: Schriften IV, S. 653

17 Pierre Boulez, der durchstoßene Schirm. In: Schriften IV, S. 266

18 Zit. in: Daniel Defert: Zeittafel (s. Anm. 1), S. 22

19 Gespräch mit Paolo Caruso (1967). In: Michel Foucault: Von der Subversion des Wissens. Hg. von Walter Seitter. München 1974, S. 22

20 Schriften IV, S. 168 f.

21 Jean Barraqué: Propos impromptus. Zit. in: James Miller: Die Leidenschaft des Michel Foucault (s. Anm. 1), S. 115; Eribons Übersetzung: «Wenn die Musik das nicht ist, wenn sie keine Überschreitung bis an die Grenzen ist, ist sie nichts.» D. Eribon: Michel Foucault (s. Anm. 1), S. 112

22 Im Herbst 1955 trat Foucault seine Stelle als Lektor und Leiter des Maison de France in Uppsala (Schweden) an, im Oktober 1958 ging er nach Warschau (Polen), ein Jahr später nach Hamburg (BRD), wo er das Institut français leitete und sich gern in St. Pauli herumtrieb. Vgl. Rainer Nicolaysen: Foucault in Hamburg. In: Zeitschrift des Vereins für Hamburgische Geschichte 102 (2016), S. 71–112. Im Oktober 1960 kehrte Foucault nach Frankreich zurück.

23 Der Wahnsinn existiert nur in der Gesellschaft. In: Schriften I, S. 234

24 Vgl. Georges Bataille: Das Blau des Himmels. München 1969; Georges Bataille: Das obszöne Werk. Hamburg 1972

25 Vgl. Georges Bataille: Der heilige Eros. Neuwied am Rhein 1963; Georges Bataille: Die Tränen des Eros. München 1981

26 Vorrede zur Überschreitung. In: Michel Foucault: Schriften zur Literatur. Frankfurt/Main 2003, S. 83

27 Georges Bataille: Die Literatur und das Böse. München 1987, S. 114

28 Pierre Klossowski: Der ruchlose Philosoph. In: Tel Quel (Hg.): Das Denken von Sade. München 1969, S. 7

29 Roland Barthes: Sade, Fourier, Loyola. Frankfurt / Main 1974, S. 14

30 Zit. in: Daniel Defert: Zeittafel (s. Anm. 1), S. 34

31 Die Sprache, unendlich. In: Schriften I, S. 350

32 Der Wahnsinn existiert nur in der Gesellschaft. In: Schriften I, S. 234–237

33 Michel Foucault: Wahnsinn und Gesellschaft. Eine Geschichte des Wahns im Zeitalter der Vernunft. Frankfurt / Main 1973, S. 11; vgl. Michel Foucault: Der Wahnsinn, Abwesenheit eines Werkes. In: Schriften zur Literatur (s. Anm. 26), S. 175–185

34 Michel Foucault: Wahnsinn und Gesellschaft (s. Anm. 33), S. 8

35 Was ist Aufklärung? In: Schriften IV, S. 702

36 Michel Foucault: Wahnsinn und Gesellschaft (s. Anm. 33), S. 10

37 Vgl. Michel Foucault: Die Ordnung des Diskurses. Inauguralvorlesung am Collège de France – 2. Dezember 1970. München 1974

38 Michel Foucault: Wahnsinn und Gesellschaft (s. Anm. 33), S. 367 f.

39 Vgl. Daniel Defert: Ein politisches Leben. Berlin 2015

40 Manifest der G. I. P., 8. Februar 1971. In: Schriften II, S. 212 f.

41 Gespräch mit Werner Schroeter, 3. 12. 1981. In: Schriften IV, S. 306 f.

42 Michel Foucault: Sexualität und Wahrheit. Erster Band. Frankfurt / Main 1977, S. 18

43 Ebd., S. 25–66

44 Ebd., S. 186

45 Ebd., S. 8

46 Vgl. Michel Foucault: Dispositive der Macht. Berlin 1978; Marvin Chlada und Marc-Christian Jäger (Hg.): Das Spiel der Lüste. Sexualität, Identität und Macht bei Michel Foucault. Aschaffenburg 2008

47 In L'Express., 24. Januar 1977. Zit. in: Daniel Defert: Zeittafel (s. Anm. 1), S. 79

48 Michel Foucault: Sexualität und Wahrheit. Erster Band. Frankfurt / Main 1977, S. 187

49 Simeon Wade, Assistenzprofessor für Geschichtswissenschaft an der Claremont Graduate School, und sein Partner, der Musiker Michael Stoneman, hatten Foucault zu diesem Trip in der Wüste eingeladen, bei dem nicht nur LSD, sondern auch die Musik von Richard Strauss, Charles Ives, Karlheinz Stockhausen und Frederic Chopin eine hochgradig stimulierende Wirkung ausübte. «Wir fuhren zum Zabriskie Point, um die Venus am Himmel aufsteigen zu sehen. Michael stellte um uns herum Lautsprecher auf, und wir hörten ‹Vier letzte Lieder› von Richard Strauss, gesungen von Elisabeth Schwarzkopf. Ich sah Tränen in Foucaults Augen. In einem der Hohlräume legten wir uns auf den Rücken und sahen von dort aus erst die Venus aufsteigen, später die Sterne erscheinen. Wir blieben etwa zehn Stunden in Zabriskie Point.» Gespräch mit Simeon Wade: LSD am Zabriskie Point. In: Philosophie Magazin Sonderausgabe 12: Michel Foucault, Mai 2019, S. 83. Vgl. Simeon Wade: Foucault in California. Berkeley 2019; James Miller: Die Leidenschaft des Michel Foucault (s. Anm. 1), S. 360 ff.

50 Gespräch mit B. Gallagher und A. Wilson, Toronto 1982. In: Schriften IV, S. 913; vgl. Interview mit Stephen Riggins. In: Schriften IV, S. 652

51 Michel Foucault: Die Ordnung der Dinge. Eine Archäologie der Humanwissenschaften. Frankfurt / Main 1971, S. 264

52 Sade, Offizier des Geschlechts. Interview mit Gérard Dupont, anlässlich der Filme «Salò» (nach Motiven von Sades «120 Tage von Sodom») von Pasolini, «Der Nachtportier» von Cavani, und «El topo» von Jodorowsky. In: Schriften II, S. 1023

53 Vgl. James Miller: Die Leidenschaft des Michel Foucault (s. Anm. 1), S. 381 ff.; vgl. dagegen Didier Eribon: Michel Foucault und seine Zeitgenossen. Grafrath 1998, bes. S. 52 ff.

54 Sex, Macht und die Politik der Identität. In: Schriften IV, S. 919

55 Zur Genealogie der Ethik. In: Schriften IV, S. 757 f.

56 In: Schriften IV, S. 966–999

57 Vgl. Hubert J. Dreyfus und Paul Rubinow: Michel Foucault. Jenseits von Strukturalismus und Hermeneutik.

Frankfurt / Main 1987; Michel Foucault: Hermeneutik des Subjekts. Frankfurt / Main 2004; Die Rückkehr der Moral. In: Schriften IV, S. 859–873; Die Ethik der Sorge um sich als Praxis der Freiheit. In: Schriften IV, S. 875–902

58 Michel Foucault: Sexualität und Wahrheit. Zweiter Band: Der Gebrauch der Lüste. Frankfurt / Main 1989, S. 17. Der vierte, letzte Band «Die Geständnisse des Fleisches», der sich mit der frühchristlichen Abwehr des libidinösen Lustprinzips beschäftigt, erschien erst im Mai 2019 aus dem Nachlass.

59 Die Ethik der Sorge um sich als Praxis der Freiheit. In: Schriften IV, S. 879

60 Vgl. Michel Foucault: Sexualität und Wahrheit. Zweiter Band: Der Gebrauch der Lüste. Frankfurt / Main 1989, S. 235–286; Wilhelm Schmid: Die Geburt der Philosophie im Garten der Lüste. Frankfurt / Main 2000, S. 65 ff.

61 Schriften IV, S. 877

62 Michel Foucault, interviewt von Stephen Riggins. In: Schriften IV, S. 652

63 Vgl. Sigmund Freud: Jenseits des Lustprinzips. In: Gesammelte Werke. Band XIII, S. 1–69; Manfred Geier: Die hölzerne Spule. Wie Sigmund Freud ein gewöhnliches Kinderspiel interpretierte, um den Dämon des Todestriebs erscheinen zu lassen. In: Manfred Geier: Die kleinen Dinge der großen Philosophen. Hamburg 2001, S. 89–118

64 Zit. in: Daniel Defert: Zeittafel (s. Anm. 1), S. 87; vgl. Schriften IV, S. 652: «Der Himmel war herrlich blau. Dieser Tag, das bleibt eine meiner schönsten Erinnerungen.»

65 Hervé Guibert: Dem Freund, der mir das Leben nicht gerettet hat. Reinbek bei Hamburg 1993, S. 100

66 Zit. in: Didier Eribon: Michel Foucault (s. Anm. 1), S. 473 f.

67 Zur spannungsreichen Wirkungsgeschichte Foucaults im Rahmen der *Gender Studies* vgl. bes. Judith Butler: Gender Trouble. Feminism and the Subversion of Identity. New York 1990; dt. Ausgabe: Das Unbehagen der Geschlechter. Frankfurt / Main 1991. Den «Sex Trouble» zwischen den Geschlechtern, der die körperliche Lust als unerträgliche Last verwirft, hat Elfriede Jelinek in ihrer bösartigen literarischen Persiflage der demütigenden und gewalttätigen Triebhaftigkeit eines geilen Fabrikdirektors in Zeiten der neuesten Krankheit Aids dargestellt. E. Jelinek: Lust. Reinbek 1989. Auch philosophisch ist mit großem Nachdruck darauf hingewiesen worden, «dass die Liebe, in dem starken Sinn, den eine lange historische Tradition ihr einräumt, bedroht ist, vielleicht schon tot, jedenfalls sehr krank». Alain Badiou: Die Liebe wieder erfinden. Vorwort in: Bjung-Chul Han: Agonie des Eros. Berlin 2017, S. 7. Dagegen scheint, wie Han eindringlich fordert, nur eine Rückkehr zu den Anfängen des philosophischen Denkens in der griechischen Antike zu helfen. Es gelte, den platonischen «eros philósophos» wieder neu zu beleben, in dem das Lob der Liebe und die Lust am Denken eine intime Beziehung eingegangen waren. «Der Logos ist kraftlos ohne die Macht des Eros» (S. 87), wobei jedoch Martin Heideggers Einsicht nicht übersehen werden sollte, dass dieser Eros tatsächlich noch eine «viel lebendigere Funktion» hat als bei Platon, wie «Die Liebe der Philosophen» dokumentieren konnte.

Namenregister